METODOLOGIA QUANTITATIVA
TÉCNICAS E EXEMPLOS DE PESQUISA

Editora Appris Ltda.
1.ª Edição - Copyright© 2024 dos autores
Direitos de Edição Reservados à Editora Appris Ltda.

Nenhuma parte desta obra poderá ser utilizada indevidamente, sem estar de acordo com a Lei nº 9.610/98. Se incorreções forem encontradas, serão de exclusiva responsabilidade de seus organizadores. Foi realizado o Depósito Legal na Fundação Biblioteca Nacional, de acordo com as Leis nos 10.994, de 14/12/2004, e 12.192, de 14/01/2010.

Catalogação na Fonte
Elaborado por: Josefina A. S. Guedes
Bibliotecária CRB 9/870

M593m 2024	Metodologia quantitativa: técnicas e exemplos de pesquisa / Adriana Benevides Soares ... [et al.] (orgs.). – 1. ed. – Curitiba: Appris, 2024. 352 p. ; 23 cm. – (Psicopedagogia).
	Inclui referências. ISBN 978-65-250-5778-1
	1. Pesquisa quantitativa. 2. Psicologia. 3. Testes psicológicos. 4. Psicodiagnóstico. I. Soares, Adriana Benevides. II. Título. III. Série.
	CDD – 518.2

Livro de acordo com a normalização técnica da ABNT

Appris editora

Editora e Livraria Appris Ltda.
Av. Manoel Ribas, 2265 – Mercês
Curitiba/PR – CEP: 80810-002
Tel. (41) 3156 - 4731
www.editoraappris.com.br

Printed in Brazil
Impresso no Brasil

Adriana Benevides Soares
Marcia Cristina Monteiro
Maria Eduarda de Melo Jardim
Rejane Ribeiro
Cesar Augusto Cobellas de Medeiros

(Org.)

METODOLOGIA QUANTITATIVA
TÉCNICAS E EXEMPLOS DE PESQUISA

FICHA TÉCNICA

EDITORIAL	Augusto Coelho
	Sara C. de Andrade Coelho
COMITÊ EDITORIAL	Marli Caetano
	Andréa Barbosa Gouveia - UFPR
	Edmeire C. Pereira - UFPR
	Iraneide da Silva - UFC
	Jacques de Lima Ferreira - UP
SUPERVISOR DA PRODUÇÃO	Renata Cristina Lopes Miccelli
REVISÃO	Camila Dias Manoel
PRODUÇÃO EDITORIAL	Renata Miccelli
DIAGRAMAÇÃO	Andrezza Libel
CAPA	Julie Lopes
REVISÃO DE PROVA	Bruna Holmen
	Renata Cristina Lopes Miccelli

COMITÊ CIENTÍFICO DA COLEÇÃO PSICOPEDAGOGIA, EDUCAÇÃO ESPECIAL E INCLUSÃO

DIREÇÃO CIENTÍFICA	**Ana El Achkar (Universo/RJ)**
CONSULTORES	Prof.ª Dr.ª Marsyl Bulkool Mettrau (Uerj-Universo)
	Prof.ª Dr.ª Angelina Acceta Rojas (UFF-Unilasalle)
	Prof.ª Dr.ª Adriana Benevides Soares (Uerj-Universo)
	Prof.ª Dr.ª Luciene Alves Miguez Naiff (UFRJ)
	Prof.ª Lucia França (UFRJ-Universo)
	Prof.ª Dr.ª Luciana de Almeida Campos (UFRJ-Faetec)
	Prof.ª Dr.ª Mary Rangel (UFF-Uerj-Unilasalle)
	Prof.ª Dr.ª Marileide Meneses (USP-Unilasalle)
	Prof.ª Dr.ª Alessandra CiambarellaPaulon (IFRJ)
	Prof.ª Dr.ª Roseli Amábili Leonard Cremonese (INPG-AEPSP)
	Prof.ª Dr.ª Paula Perin Vicentini (USP)
	Prof.ª Dr.ª Andrea Tourinho (Faculdade Ruy Barbosa-BA)

AGRADECIMENTOS

Agradecemos à Fundação de Amparo à Pesquisa do Estado do Rio de Janeiro, pelo apoio financeiro ao projeto, e a todos os pesquisadores que contribuíram para a elaboração deste livro.

PREFÁCIO

Escrever um prefácio é sempre uma atividade acompanhada de emoção, que ativa boas memórias e propõe reflexões. Difícil ler esta obra e não se lembrar de meu início profissional distante, no início da década de 1990, quando o trabalho era solitário e o pouco reconhecimento de pares de outras áreas de conhecimento da Psicologia, em relação às pessoas que acreditavam nos métodos quantitativos. Olhar para a relação de autores jovens que elaboraram este livro, recém-doutores ou ainda em formação, acompanhados de outros pesquisadores com grande experiência, reafirma aquela expectativa quase juvenil de três décadas passadas, de que a medida em Psicologia seria reerguida e que sua importância para a prática do psicólogo seria resgatada. Mas esse assunto voltará a ser abordado ao final do texto.

Este livro dá sequência ao anterior (*Metodologia Qualitativa – Técnicas e Exemplos de Pesquisa*), que assim como este se destina a estudantes e pós-graduandos, além de pesquisadores, por que não? Mas, por que publicar um livro que trate especialmente da metodologia quantitativa? Qual a relevância? Quem se beneficiará desse conteúdo? A este respeito, convém retomar o objetivo da ciência, qual seja, delinear, analisar, interpretar e predizer os fenômenos que nos impactam. Assim, o quantitativo e o qualitativo, como métodos norteadores de investigações científicas, sempre estiveram presentes na Ciência Psicológica, mas a relação entre eles não era, necessariamente, de complemento, e sim, de contraposição (Paranhos et al., 2016). Na verdade, havia uma marcada dicotomia entre o método qualitativo e o quantitativo, e somente mais recentemente, multimétodos foram reconhecidos (Hunter & Brewer, 2015), recebendo cada um deles voz e relevância.

A presente obra se dedica à metodologia quantitativa de pesquisa, mais notadamente, às Ciências Humanas e Sociais, constituídas por uma pluralidade que não somente as define, mas permite uma vastidão de compreensões teóricas e metodológicas e aplicações em um universo de contextos e perspectivas de intervenção (Bastos & Giannini, 2022). No caso da Psicologia, por ser uma ampla área de conhecimento, e, portanto, muito plural como afirmado, determinados campos escolhem procedimentos quantitativos, enquanto outros, preferem os qualitativos. Desde a história pregressa, a análise quantitativa serve à sociedade, e de algum modo, a rege. Acredita-se, por exemplo, que a construção das pirâmides do Egito foi antecedida por um levantamento quantitativo (Vendramini, 2017).

Nesta mesma linha de argumentos, é possível afirmar que todos os campos de saber necessitam da medida, pois elas são amplamente usadas para as tomadas de decisões em avaliações educacionais em larga escala, em estudos randomizados na área da saúde, em decisões políticas e econômicas, entre outras. Usamos medidas para pesar alimentos, para calcular a distância entre localidades, para organizar o tempo dispendido às nossas atividades de trabalho, ou para estimar o terreno de nossas residências. Inicialmente, uma área de conhecimento que fortemente fez uso dos procedimentos quantitativos foi a avaliação psicológica, particularmente minha área de estudo, e, por isto, foi altamente criticada, ao tentar quantificar fenômenos psicológicos como inteligência e personalidade (Cohen et al., 2014).

Respondendo às problematizações feitas nos parágrafos anteriores, a quantificação, e a metodologia que a subsidia, é altamente relevante e justifica a composição de uma obra com esta. A análise de dados permite o avanço de teorias. À medida que você desafia conceitos teóricos e os coloca à prova, contribui-se com a comprovação ou refutação de argumentos teóricos, permitindo o aprimoramento dos conceitos e da ciência (Primi, 2010). Ao lado disso, as análises quantitativas atribuem números às observações, de modo a permitir uma melhor compreensão dos fenômenos (Revelle, 2021).

A metodologia quantitativa não é um saber específico de matemáticos e estatísticos. É crescente, e bastante desejável, que pesquisadores de várias, para não dizer todas, as áreas de conhecimento tenham pleno domínio de suas análises, o que engrandecerá a interpretação e discussão de fenômenos da realidade (Irwing et al., 2018). A medida em si é bem complexa e como destacam Hauck Filho e Zanon (2015), decidir a melhor forma de medir fenômenos humanos não diretamente observados requer excelência. Em acréscimo, os autores levam a refletir sobre os princípios da ciência: modelos e hipóteses devem ser apresentados de modo a serem testáveis, mais detalhadamente, os princípios teóricos devem ser colocados à prova. Conhecer os métodos estatísticos e saber aplicá-los traz autonomia ao pesquisador. Desta feita, ter obras que apresentam fundamentos teórico-metodológicos voltados ao olhar quantitativo, são imprescindíveis. Uma escolha equivocada de uma determinada análise pode comprometer o trabalho de anos de investigação. Além de inviabilizar que seus achados sejam compartilhados em periódicos científicos.

Conclui-se, portanto, que esta obra tem uma grande relevância. Reúne quase quarenta autores, muitos deles vinculados às instituições brasileiras de ensino superior, embora alguns estejam em universidades no exterior. Estão presentes pesquisadores e docentes de Sergipe, Bahia, Brasília, Espírito Santo, Rio de Janeiro, Minas Gerais e São Paulo. O interessante é que uma rede se forma, maximizando os saberes e fortalecendo as produções. São autores pesquisadores bastante experientes, que já formaram mais de uma dezena de mestres e doutores, sendo que alguns estão como autores também. Parece-nos que um bom tema e a colaboração participativa e integradora são as marcas necessárias para produzir uma obra relevante. Desejo a todos uma excelente leitura.

Ana Paula Porto Noronha

Psicóloga, mestre em Psicologia Escolar e doutora em Psicologia Ciência e Profissão pela Pontifícia Universidade Católica de Campinas, com estágio pós-doutoral na Universidade do Minho, Portugal. É professora de avaliação psicológica há 32 anos. Docente do Programa de Pós-Graduação Stricto Sensu em Psicologia da Universidade São Francisco. Coordena o Laboratório de Avaliação das Características Positivas – LabC+ USF. Bolsista produtividade em pesquisa 1A do CNPq.
E-mail: ana.noronha8@gmail.com

REFERÊNCIAS

Bastos, A. V. B., & Giannini, R. (2022). FENPB: Um dispositivo coletivo para afirmar a diversidade, pluralidade e unidade na Psicologia brasileira. In F. Degani-Carneiro, T. H. Lima, S. S. Fukusima, & A. V. B. Bastos (Orgs.), *Entidades nacionais da Psicologia brasileira*: O FENPB e suas histórias (pp. 10-22). 1ª ed. Conselho Federal de Psicologia.

Cohen, R. J., Swerdlik, M. E., & Sturman, E. D. (2014). *Testagem e avaliação psicológica*. 8ª ed. AMGH Editora Ltda.

Hunter, A., & Brewer, J. D. (2015) Designing multimethod research. In S. N. Hesse-Biber, & R. B. Johnson (Eds.), *The Oxford handbook of multimethod and mixed methods research inquiry* (pp. 183-215). 1st ed. Oxford University Press.

Irwing, P., Booth, P., & Hughes, D. J. (2018). *The Wiley handbook of psychometric testing*: A multidisciplinary reference on survey, scale, and test development. 1st ed. Wiley Blackwell.

Primi, R. (2010). Avaliação psicológica no Brasil: Fundamentos, situação atual e direções futuras. *Psicologia: Teoria e Pesquisa, 26*(num spe), 91-102.

Revelle, W. (2021). Prefácio. In C. Faiad, M. N. Baptista, & R. Primi (Orgs.), *Tutoriais em análise de dados aplicados à psicometria* (pp. 7-10). 1ª ed. Editora Vozes.

Vendramini, C. M. M. (2017). Estatística e delineamentos de pesquisa. In M. N. Baptista, & D. C. Campos (Orgs.), *Metodologias de pesquisa em ciências – análises quantitativas e qualitativas* (pp. 163-182). 2ª ed. LTC, Livros Técnicos e Científicos Editora.

Paranhos, R., Figueiredo Filho, D. B., Rocha, E. C., Silva Júnior, J. A., & Freitas, D. (2016). Uma introdução aos métodos mistos. *Sociologias, 18*(42), 384-411. http://dx.doi.org/10.1590/15174522-018004221

SUMÁRIO

INTRODUÇÃO 15

1
ANÁLISE DE VARIÂNCIA (ANOVA) E DE MEDIDAS REPETIDAS 19
Emmy Uehara Pires
Wanderson Fernandes de Souza
Micheline Roat Bastianello

2
O PASSO A PASSO DA ANÁLISE DE REGRESSÃO LINEAR 41
Jeanne dos Santos Oliveira Marques Dantas
José Augusto Evangelho Hernandez

3
ESTUDO DAS RELAÇÕES ENTRE VARIÁVEIS SEGUNDO ANÁLISES DE MODERAÇÃO E
MEDIAÇÃO 63
Josemberg Moura de Andrade
Flávia Lucena Barbosa
Igor Gomes Menezes
Jairo Eduardo Borges-Andrade

4
ANÁLISE FATORIAL EXPLORATÓRIA UTILIZANDO O FACTOR 87
Matheus Svóboda Caruzo
José Augusto Evangelho Hernandez

5
ANÁLISE FATORIAL CONFIRMATÓRIA: EXEMPLO PRÁTICO NO MPLUS E NO R 107
Larissa Maria David Gabardo-Martins

6
INDICADORES DE ACURÁCIA DIAGNÓSTICA PARA AVALIAÇÃO EM SAÚDE MENTAL 129
André Pereira Gonçalves
Gisele Magarotto Machado
Lucas de Francisco Carvalho

7
TESTES DE INVARIÂNCIA DE ESCALAS PSICOMÉTRICAS: ASPECTOS TEÓRICOS E PRÁTI-
COS 139
Alexsandro Luiz de Andrade
Júlia Mulinari Peixoto

8

COMO CONTROLAR A AQUIESCÊNCIA E DESEJABILIDADE SOCIAL POR MEIO DA ESCRITA DOS ITENS? ALGUMAS POSSÍVEIS SAÍDAS 153

Paloma Pereira de Almeida

9

MODELOS FATORIAIS DE INTERCEPTO RANDÔMICO: COMPREENSÃO TEÓRICA E APLICAÇÃO PRÁTICA..165

Maynara Priscila Pereira da Silva
Evandro Morais Peixoto
Gustavo Henrique Martins

10

IDENTIFICANDO AGRUPAMENTOS NÃO OBSERVADOS: COMO FAZER ANÁLISE DE CLASSE/ PERFIL LATENTE 187

Ariela Raissa Lima-Costa
Bruno Bonfá-Araujo
Gisele Magarotto Machado
Felipe Valentini
André Pereira Gonçalves
Pedro Afonso Cortez

11

USO DA ANÁLISE DE CONGLOMERADOS (CLUSTERS) E DA ANÁLISE DISCRIMINANTE 205

Zenith Nara Costa Delabrida
Vicente Cassepp-Borges

12

TEORIA DE RESPOSTA AO ITEM EM PSICOLOGIA 219

Amanda Londero dos Santos
Edmilson Rodrigues Pinto

13

COMO MEDIR RELAÇÕES INTRA E INTERGRUPAIS 249

Elisa Maria Barbosa de Amorim-Ribeiro
Marcelo do Vale Cunha

14

MÉTODO JT: ESTRATÉGIA PARA AVALIAR A EFETIVIDADE DAS INTERVENÇÕES..............269

Clarissa Pinto Pizarro de Freitas
Paulo Roberto Soares da Silva Alves
Maria Eduarda de Melo Jardim
Adriana Benevides Soares

15

DELINEAMENTO LONGITUDINAL: FUNDAMENTOS CONCEITUAIS, METODOLÓGICOS E ANALÍTICOS 287
Pedro Afonso Cortez
Francine Náthalie Ferraresi Rodrigues Queluz
Ligia de Santis
Joyce Aguiar

16

ANÁLISE DE FUNÇÃO DE OTIMIZAÇÃO SITUACIONAL 305
Vithor Rosa Franco

SOBRE OS ORGANIZADORES...327

SOBRE OS AUTORES...329

ÍNDICE REMISSIVO...339

INTRODUÇÃO

Este livro pretende dar sequência à obra anterior, *Metodologia Qualitativa: técnicas e exemplos de pesquisa*, contribuindo com estudantes de graduação e pós-graduação quanto à utilização de métodos acurados e confiáveis para coleta e análise de dados quantitativos. O emprego de técnicas quantitativas em psicologia tem possibilitado análises estatísticas cada vez mais robustas. A importância dos métodos quantitativos nos trabalhos científicos permite resultados e generalizações para populações, compreendendo de forma mais ampla (no sentido amostral) determinados fenômenos e possibilitando encontrar padrões ou tendências para explicação dos fatos investigados. Entretanto, independentemente do método utilizado numa pesquisa, é necessário conhecer bem o objeto de estudo para definir o caminho metodológico que será utilizado, uma vez que caminhos incorretos levam a destinos equivocados.

A pesquisa quantitativa consiste na quantificação dos dados, transformando as informações em números. Especificamente em psicologia, pode ser definida como o estudo dos métodos e das técnicas para a mensuração de características das pessoas por meio da modelagem estatística e matemática dos processos psicológicos. Tem como finalidade avaliar variáveis, quantificá-las e analisar os resultados obtidos. Os resultados são alcançados mediante análise estatística, são organizados e representados para uma melhor compreensão em tabelas, gráficos ou quadros. O avanço tecnológico tem trazido uma quantidade de programas que podem fazer os cálculos necessários e com rapidez.

Este livro traz a lume 16 capítulos e 38 autores de diferentes instituições universitárias brasileiras. O exemplar tem como objetivo contribuir com estudantes e pesquisadores interessados na utilização de metodologia quantitativa para coleta e análise de dados. Ao longo dos capítulos, é apresentada uma pluralidade de estratégias quantitativas que permitem a triangulação de resultados por meio de métodos estatísticos voltados para identificação de frequência, distribuição, estabelecimento de comparações, relações e análises.

No primeiro capítulo, "Análise de Variância (Anova) e de Medidas Repetidas", de autoria de Emmy Uehara Pires, Wanderson Fernandes de Souza e Micheline Roat Bastianello, os autores abordam um teste de médias que permite comparar três ou mais condições simultaneamente e comparar médias de uma ou mais variáveis que se baseiam em observações repetidas. O capítulo esclarece que a utilização desses testes exige condicionalidades como: a distribuição normal da variável sob investigação, a homogeneidade da variância, normalidade, independência e esfericidade. São testes estatísticos muito utilizados, considerando a repetição de coleta de dados ao longo do tempo, caracterizando um delineamento longitudinal.

O segundo capítulo, de autoria de Jeanne dos Santos Oliveira Marques Dantas e José Augusto Evangelho Hernandez, intitulado "O Passo a Passo da Análise de Regressão Linear", aborda um modelo estatístico cujo objetivo é indicar qual será o comportamento de uma ou mais variáveis critério em relação às variáveis explicativas. São apresentados aos leitores caminhos para a associação de variáveis, sendo possível prever um valor de resposta com uma precisão maior que o simples acaso. A leitura do capítulo conduz à compreensão de que uma única variável explicativa (preditora) frequentemente não é capaz de explicar muito a respeito da variável critério. Assim, se, em vez de uma forem introduzidas várias variáveis explicativas, passar-se a ter uma análise de regressão linear múltipla, isto permitirá estimar a relação entre as variáveis.

O capítulo 3 é intitulado "Estudo das Relações entre Variáveis segundo Análises de Moderação e Mediação", de autoria de Josemberg Moura de Andrade, Flávia Lucena Barbosa, Igor Gomes Menezes e Jairo Eduardo Borges-Andrade. As análises de mediação e moderação são empregadas para testar hipóteses com o objetivo de explicar como certos efeitos acontecem ou explicam certos resultados facilitando-os ou inibindo-os. A moderação afeta a direção ou a intensidade da relação de variável explicativa com a de critério. A mediação é uma análise que busca responder sobre como uma variável explicativa afeta uma variável critério. O tutorial elaborado pelos autores orienta o leitor no passo a passo das análises no Jamovi, um programa gratuito e de código aberto para análises estatísticas.

No quarto capítulo, os autores Matheus Svóboda Caruzo e José Augusto Evangelho Hernandez apresentam "Análise Fatorial Exploratória Utilizando o Factor" por meio de pacote estatístico, que otimiza o tempo de trabalho em pesquisa quantitativa. Muitos pacotes de software têm um custo de aquisição relativamente elevado, mas, entre aqueles de domínio público utilizados para análise de dados, encontra-se o Factor. Os autores conduzem o leitor à compreensão do programa, que traz diversas opções de rotação e é bastante atualizado, acompanhando o desenvolvimento das técnicas de análise fatorial exploratória.

Larissa Maria David Gabardo-Martins, no quinto capítulo, intitulado "Análise Fatorial Confirmatória: exemplo prático no Mplus e no R", traz para o leitor o emprego de dois programas robustos de análise de dados. A autora aborda um procedimento cujo propósito se centra nos modelos para instrumentos de medida, analisando as relações entre um conjunto de indicadores observáveis e uma ou mais variáveis latentes ou fatores. Na forma de um tutorial, apresenta a análise no programa Mplus e no R. O Mplus traz uma interface limitada, e toda a interação é feita por meio de uma sintaxe relativamente simples no editor fornecido pelo programa. O R é uma linguagem de programação sofisticada, além de ser um ambiente de análises estatísticas, confecção de gráficos, produção de documentos e relatórios, criação de sites interativos e aplicativos.

"Indicadores de Acurácia Diagnóstica para Avaliação em Saúde Mental", de André Pereira Gonçalves, Gisele Magarotto Machado e Lucas de Francisco Carvalho, é o sexto capítulo do livro. O capítulo apresenta fundamentos teórico-metodológicos para o refinamento de instrumentos de medidas de construtos que sejam válidas e confiáveis na área da saúde. Os autores abordam as explicações e execução no programa R, tornando o tema de fácil compreensão para pesquisadores e estudantes interessados sobre o assunto.

"Testes de Invariância de Escalas Psicométricas: aspectos teóricos e práticos" é o capítulo 7, de autoria de Alexsandro Luiz de Andrade e Júlia Mulinari Peixoto. A análise de invariância de medidas já apresenta um longo percurso, mas, segundo os autores, a partir da expansão da literatura sobre o tema e dos softwares é que houve um alargamento do emprego da análise. Por meio de tutorial no software livre JASP, os autores abordam a análise fatorial confirmatória multigrupo com método de estimação e índice de ajuste determinados para melhor conduzir de forma prática a análise para os leitores.

O capítulo 8, "Como Controlar a Aquiescência e Desejabilidade Social por meio da Escrita dos Itens? Algumas possíveis saídas", é de autoria de Paloma Pereira de Almeida. A aquiescência é compreendida como a tendência de concordar com itens de um instrumento inobstante do conteúdo apresentado, principalmente em escalas Likert. A autora, por meio de modelos, traz alternativas para estudantes e pesquisadores sobre o controle da aquiescência nas pesquisas, principalmente sobre testes ou avaliação psicológica.

"Modelos Fatoriais de Intercepto Randômico: compreensão teórica e aplicação prática" é o nono capítulo do livro e tem como autores Maynara Priscila Pereira da Silva, Evandro Morais Peixoto e Gustavo Henrique Martins. Na psicometria, conduzir estudos sobre evidências de validade interna da estrutura de instrumentos é fundamental, considerando os vieses nas respostas. Os vieses devem ser controlados para evitar fatores espúrios ou não relacionados ao conteúdo dos itens.

"Identificando Agrupamentos Não Observados: como fazer análise de classe/perfil latente", de autoria de Ariela Raissa Lima-Costa, Bruno Bonfá-Araujo, Gisele Magarotto Machado, Felipe Valentini, André Pereira Gonçalves e Pedro Afonso Cortez, é o décimo capítulo do livro. Análise de classe/perfil latente tem por objetivo identificar subgrupos de indivíduos respectivamente exclusivos conforme a variável latente de interesse, com base em diversas variáveis categóricas observadas e relacionadas à variável latente. Pode ser compreendida como similar à análise de *cluster*. Gradualmente os autores expõem a realização da análise por meio do RStudio. O RStudio permite a execução de análises cujo objetivo é entrar com dados ou programar uma função, editá-la e executá-la novamente.

O capítulo 11, "Uso da Análise de Conglomerados (*Clusters*) e da Análise Discriminante", de Zenith Nara Costa Delabrida e Vicente Cassepp-Borges, aborda a análise de conglomerados, que é uma técnica exploratória que permite estudar a estrutura de grupos, a dimensionalidade dos dados, identificar *outliers* e levantar hipóteses sobre as associações dos objetos. A análise discriminante é uma técnica multivariada utilizada quando se pretende mostrar que um conjunto de variáveis explicativas tem seu comportamento diferenciado entre dois ou mais grupos.

Amanda Londero dos Santos e Edmilson Rodrigues Pinto são os autores do 12º capítulo, intitulado "Teoria de Resposta ao Item em Psicologia". É uma teoria estatística utilizada pela psicometria e pela área educacional para construção, avaliação e evidências de validade de instrumentos. Toda a análise estatística da teoria de resposta ao item pode ser realizada por meio de recursos computacionais, e os autores fazem-no de forma inteligível para o leitor.

O 13º capítulo, "Como Medir Relações Intra e Intergrupais", é de Elisa Maria Barbosa de Amorim-Ribeiro e de Marcelo do Vale Cunha. A pesquisa em redes objetiva investigar a interação entre os atores sociais como unidade de análise, ressaltando a identificação, a visualização e a interpretação das relações. De forma objetiva e compreensível, os autores orientam os leitores quanto aos softwares disponíveis e adequados para mensurar as análises.

Clarissa Pinto Pizarro de Freitas, Paulo Roberto Soares da Silva Alves, Maria Eduarda de Melo Jardim e Adriana Benevides Soares são os autores do capítulo 14, com o título "Método JT: estratégia para avaliar a efetividade das intervenções". A apresentação esclarecedora possibilita ao leitor aprender ou aprofundar conhecimentos sobre o método. O método avalia intervenções, buscando evidências empíricas de eficácia e efetividade ancorado em dois conceitos centrais: a significância clínica e o índice de mudança confiável para diferenças individuais.

Pedro Afonso Cortez, Francine Náthalie Ferraresi Rodrigues Queluz, Ligia de Santis e Joyce Aguiar são os autores do capítulo 15, intitulado "Delineamento Longitudinal: fundamentos conceituais, metodológicos e analíticos". Os estudos longitudinais permitem investigar a evolução de fenômenos ou variáveis e que sejam feitas observações, de forma sequencial, da transformação ou evolução do fenômeno de interesse da pesquisa. O capítulo esclarece que esse tipo de desenho de pesquisa permite que dados sejam coletados em diferentes momentos ou intervalos de tempo para fazer inferências sobre mudanças no objeto de estudo, seus determinantes e suas consequências.

Por fim, Víthor Rosa Franco é o autor do 16º capítulo e traz para o leitor conhecimentos sobre um tema de grande interesse para a psicometria. Com o título "Análise de Função de Otimização Situacional", o capítulo discorre sobre a análise de como as pessoas reagem a uma situação que preestabelece certos comportamentos "ótimos".

Os organizadores

ANÁLISE DE VARIÂNCIA (ANOVA) E DE MEDIDAS REPETIDAS

Emmy Uehara Pires
Wanderson Fernandes de Souza
Micheline Roat Bastianello

Introdução

A Análise de Variância (ou Anova, do inglês "*ANalysis Of VAriance*") pode ser definida como um método paramétrico para testar a igualdade de três ou mais médias populacionais, sendo baseado na análise das variâncias amostrais. A análise é realizada por meio da separação em grupos segundo um fator (ou tratamento). Este último é uma característica que permite distinguir diferentes populações, em que cada fator apresenta dois ou mais grupos (Callegari-Jacques, 2009; Howell, 2002).

A Anova é um tipo de teste que compara médias inferindo se as médias de três ou mais grupos são iguais. É um procedimento parecido com o teste *t* de Student (paramétrico) e o teste de Mann-Whitney (não paramétricos), porém, em vez de comparar apenas dois grupos, vai comparar as médias de três ou mais grupos ao mesmo tempo. Portanto, existe uma relação direta entre esses testes. De tal forma que, ao usar a Anova, em uma situação comparando apenas duas condições, os resultados serão equivalentes àqueles obtidos por meio do teste *t* de Student, ressalta Garcia-Marques (1997).

Desse modo, a Anova permite fazer a comparação global de diversas amostras ou subamostras, minimizando a probabilidade de erro amostral. Uma vez que o número de amostras aumenta, o total de comparações entre pares aumenta exponencialmente.

Por exemplo:

Pergunta 1: Será que o estado civil (solteiro, em relacionamento/casado, divorciado, viúvo) afetam o humor?

Variável independente: Estado civil
Variável dependente: Humor (pontuação de uma escala).

Pergunta 2: Qual curso de graduação em exatas tem maior taxa de evasão da universidade X?

Variável independente: Curso de graduação da área de exatas
Variável dependente: Quantitativo de alunos que abandonaram a universidade

Pergunta 3: A faixa etária, o sexo ou o nível de escolaridade influenciam o valor gasto numa loja virtual?

Variável independente: Idade, sexo e nível de escolaridade

Variável dependente: Quantia gasta em reais

Afinal, quais são as premissas básicas para se aplicar a Anova?

I. *Normalidade*: É um parâmetro que deve ser atendido em todos os testes ditos paramétricos. Significa dizer que as pontuações na variável dependente (por exemplo, ansiedade) devem seguir a tão conhecida distribuição normal. Devem ser aplicados testes de normalidade, também chamados de testes de qualidade de ajuste, como Shapiro-Wilk, Anderson-Darling e Kolmogorov-Smirnov. De posse dos resultados desses testes, deve-se ter bastante cuidado para não cometer erros de interpretação;

II. Homocedasticidade: Significa dizer que as variâncias dos sujeitos da amostra são semelhantes. Devemos lembrar que variância é um tipo de variabilidade e dispersão, que, por sua vez, aumenta quanto maior a variabilidade ou dispersão das pontuações. Para verificar a suposição de homoscedasticidade, pode-se utilizar o teste de Levene, o teste F ou o teste de Barlett;

III. Independência: Refere-se à independência das pontuações entre si, ou seja, que a correlação entre as pontuações seja zero. Para garantir que a independência seja atendida, é preciso garantir que a amostra seja aleatória simples e as observações não dependam umas das outras. Quando esse parâmetro não é atendido a análise fica enviesada acarretando resultados não confiáveis;

IV. Esfericidade: É a condição em que as variâncias das diferenças entre todas as combinações de grupos são iguais. Para testar a hipótese de esfericidade, utiliza-se o teste de Mauchly. Ao testar a esfericidade estamos diminuindo a probabilidade de se detectar significância do resultado erroneamente, ou seja, a não esfericidade faz aumentar o erro tipo 1.

Tipos de Anova

Segundo Andy (2020), a Anova pode ser dividida basicamente em três tipos, e a diferença entre eles depende do número de variáveis independentes do teste:

- Anova de um fator/via (*one-way*). Uma variável independente;

- Anova de dois fatores/vias (*two-ways*) ou fatorial. Duas, pelo menos, variáveis independentes;

- Anova de medidas repetidas (*repetead measures*).

Anova de um Fator/Via (One-Way)

Esse tipo de Anova apresenta uma variável independente (também chamada de fator), dividida em dois ou mais níveis, categorias ou grupos. É importante lembrar que, tanto nesse tipo de Anova quanto no teste *t* de amostras independentes, é possível comparar as médias de dois grupos. No entanto, somente na Anova de um fator/via é possível comparar as médias em três ou mais grupos.

Quadro 1.1 *Exemplos de Anova de um Fator*

Exemplo 1:

O cientista gostaria de testar uma intervenção (Terapia Cognitivo Comportamental, Medicação e Placebo) sobre a incidência de depressão em uma amostra clínica.

Exemplo 2:

Uma pessoa está realizando uma dieta e deseja diminuir a ingestão de açúcares. Dentre o açúcar demerara, açúcar mascavo, xilitol e stevia, qual desses adoçantes é a melhor opção para diminuição do nível glicêmico?

Nota. Elaborado pelos autores.

Nota. Exemplo 1: O cientista gostaria de testar uma intervenção (terapia cognitivo-comportamental, medicação e placebo) sobre a incidência de depressão em uma amostra clínica. Exemplo 2: Uma pessoa está realizando uma dieta e deseja diminuir a ingestão de açúcares. Entre o açúcar demerara, o açúcar mascavo, o xilitol e a stevia, qual desses adoçantes é a melhor opção para diminuição do nível glicêmico?

Anova de Dois Fatores/Via (Two-Ways) ou Fatorial

Para essa Anova, há duas ou mais variáveis independentes categóricas e uma variável dependente contínua com distribuição normal (intervalo ou nível de razão). Nestes casos, as variáveis independentes dividem os casos em dois ou mais níveis, categorias ou grupos.

Quadro 1.2 *Exemplos de Anova de Dois Fatores*

Exemplo 1:

O psicólogo quer verificar se os efeitos do nível de escolaridade (analfabeto, ensino fundamental, médio, superior), estado civil (solteiro, em relacionamento/casado, divorciado, viúvo) e status de trabalho (desempregado, empregado, autônomo e aposentado) influenciam na incidência de ansiedade em uma amostra urbana da cidade do Rio de Janeiro.

Exemplo 2:

Um curso preparatório quer verificar se o desempenho dos alunos nas provas de redação do ENEM tem relação com área do curso escolhido por eles (humanas, exatas, agrárias, artes, ciências) e o trabalho desenvolvido por um grupo de professores de língua portuguesa (três professores).

Nota. Elaborado pelos autores.

Nota. Exemplo 1: O psicólogo quer verificar se os efeitos do nível de escolaridade (analfabeto, ensino fundamental, médio, superior), estado civil (solteiro, em relacionamento/casado, divorciado, viúvo) e status de trabalho (desempregado, empregado, autônomo e aposentado) influenciam a incidência de ansiedade em uma amostra urbana da cidade do Rio de Janeiro. Exemplo 2: Um curso preparatório quer verificar se o desempenho dos alunos nas provas de redação do Exame Nacional do Ensino Médio (Enem) tem relação com área do curso escolhido por eles (humanas, exatas, agrárias, artes, ciências) e o trabalho desenvolvido por um grupo de professores de língua portuguesa (três professores).

Anova de Medidas Repetidas (Repetead Measures)

Nesse tipo de Anova, haverá a comparação de médias de uma ou mais variáveis que se baseiam em observações repetidas, tendo, pelo menos, uma variável dependente. Assemelha-se à Anova de um fator/via, mas para grupos relacionados não dependentes. Em pesquisas com delineamentos longitudinais, costuma ser uma ferramenta estatística muito utilizada, visto que em muitos desses estudos há a repetição da coleta de dados ao longo do tempo.

Quadro 1.3 *Exemplos de Anova de Medidas Repetidas*

Exemplo 1:
Um bistrô deseja saber quais vinhos (tinto 1, tinto 2, tinto 3) possuem maior grau de aceitação por cinco enólogos brasileiros para iniciar as vendas aos consumidores finais.
Exemplo 2:
Após o uso de um analgésico, foram realizados em três medições (15min, 30min, 1hora) para saber o efeito do alívio da dor em quatro pacientes com fibromialgia.
Exemplo 3:
Um pesquisador deseja testar se um tipo de psicoterapia para o tratamento de transtorno de ansiedade tem resultados iguais para pacientes, que passaram pela intervenção, obtendo medidas de cada um antes do início da psicoterapia, três e seis meses depois. Deste modo, a ansiedade de cada paciente é medida em três tempos, ocorrendo o pareamento de cada um (cada unidade amostral).

Nota. Elaborado pelos autores. *Nota.* Exemplo 1: Um bistrô deseja saber quais vinhos (tinto 1, tinto 2, tinto 3) têm maior grau de aceitação por cinco enólogos brasileiros para iniciar as vendas aos consumidores finais. Exemplo 2: Após o uso de um analgésico, foram realizados em três medições (15 min, 30 min, 1 h) para saber o efeito do alívio da dor em quatro pacientes com fibromialgia. Exemplo 3: Um pesquisador deseja testar se um tipo de psicoterapia para o tratamento de transtorno de ansiedade tem resultados iguais para pacientes que passaram pela intervenção, obtendo medidas de cada um antes do início da psicoterapia, três e seis meses depois. Deste modo, a ansiedade de cada paciente é medida em três tempos, ocorrendo o pareamento de cada um (cada unidade amostral).

O Tamanho da Amostra

Antes de realizar uma Anova, precisamos definir o tamanho da amostra. Para tanto, é necessário que seja realizado um cálculo amostral. No programa estatístico, deve-se entrar com a média e o desvio-padrão aproximados ou estimados para os grupos pesquisados, e assim é possível obter o número adequado de sujeitos para seu estudo. Pode-se conseguir esses dados por meio de estudos similares ao que se pretende conduzir. Com essa definição, é possível diminuir: a probabilidade de erro amostral, o desperdício de tempo e dinheiro com amostras de tamanho desnecessário, e resultados não confiáveis.

Significado da Análise de Variância

Como ressaltado, a Anova procurará por diferenças não apenas entre as médias dos diferentes grupos investigados (variância entre grupos), mas também na variação existente dentro de cada grupo (variância intragrupo). Considere o exemplo a seguir, em que estão listados os escores, em uma escala de ansiedade, de pessoas em três diferentes condições de depressão (leve, moderada e grave). Note que as médias entre os grupos variam de 10,86 a 18,14. Entretanto, existem diferentes variações dentro de cada um dos grupos. Enquanto o grupo de depressão leve teve variação de 10 a 12, essa variação chegou a 16 a 20 no grupo de depressão grave.

Tabela 1.1 *Escores de Ansiedade Obtidos em Três Condições de Depressão*

Leve	Moderada	Grave	
10	12	18	
11	12	20	
11	10	16	
11	11	18	
12	12	20	
10	14	19	
11	12	16	
$\bar{X} = 10,86$	$\bar{X} = 11,86$	$\bar{X} = 18,14$	Média = 13,62

O que a Anova fará será comparar se a variância encontrada entre os grupos é significativamente maior que a variância interna desses grupos. Isso é realizado por meio do cálculo da razão F, sendo a razão F a relação entre a variância entre os grupos/variância intragrupo. Ou seja, quanto maior for a variância entre os grupos, em comparação à variação dentro dos grupos, maior o indicativo de que ao menos um desses grupos é significativamente diferente da média geral.

Razão F = Variância entre os grupos

Variância intragrupo

Testes de *Post-Hoc* (Teste Posteriori)

Quando se compreende como os grupos dentro da variável independente diferem, pode-se começar a entender qual deles faz conexão com a variável dependente. Contudo, a Anova informará se há ou não diferença entre os grupos, ela vai rejeitar ou não a hipótese de igualdade de médias populacionais de diversos grupos, mas não informará qual deles tem uma média significativamente maior ou menor. Para esta informação, de acordo com Kucuk et al. (2016), utilizam-se os testes de *post-hoc*, tais como Tukey, Bonferroni, *Least Significant Difference* (LSD) e Scheffe.

Os testes de *post-hoc* são executados para confirmar onde ocorreram as diferenças entre os grupos, mas só deverão ser utilizados quando houver diferença geral estatisticamente significativa nas médias dos grupos, isto é, resultados de Anova de um fator/via estatisticamente significativo. Seu uso é uma tentativa de controlar a taxa de erro experimental (normalmente, ∞ = 0,05), da mesma forma que a ANOVA de um fator/via é utilizada em vez de vários testes *t*. Os testes *post-hoc* são denominados testes posteriori, ou seja, realizados após o evento. Na Anova de dois fatores/vias, o *post-hoc* será realizado para cada um dos níveis ou fatores do modelo.

Como mencionado, há diversos testes que podem ser utilizados. No entanto, é necessário utilizar um teste de cada vez. Para uma Anova de um fator/via, por exemplo, provavelmente se descobrirá que apenas dois testes precisam ser considerados. Se seus dados atenderem à suposição de homogeneidade de variâncias, use o teste *post-hoc* de Tukey. Por exemplo, aplica-se o teste de Tukey para comparar médias duas a duas (*pairwise comparison*). Então, comparam-se todos os pares de médias que tiver. Caso não atendam, pode-se utilizar o Games Howell.

Em estudo analisando os artigos brasileiros publicados utilizando Anovas de um fator/via, Cordeiro et al. (2018) observaram diversas variáveis, entre elas o uso dos *post-hoc*. Os autores listaram oito tipos de testes de *post-hoc* utilizados no decorrer dos anos de 2004-2014, porém apenas quatro destes apresentaram seu uso em mais de um trabalho. Tukey, Bonferroni, LSD e Scheffe foram os de maior frequência. Em todos os anos, exceto no triênio 2008-2010, o teste de Tukey foi uma das opções mais aplicadas. Somente no triênio 2008-2010, o teste de Bonferroni foi o teste mais utilizado. Apesar de este ser o único triênio em que foi mais utilizado, totaliza um quantitativo maior que os testes de LSD e Scheffe, que não apresentaram nenhuma ocorrência neste triênio citado. Segundo os autores, uma hipótese para o uso desses testes mais rigorosos, como Tukey e Bonferroni, e menos flexíveis, como LSD, seria a preocupação em não apresentar resultados falsamente positivos, isto é, controle do erro tipo 1.

Princípios Gerais para o Cálculo da Anova

Em linhas gerais, todos os tipos de Anova seguem os princípios básicos descritos a seguir. No entanto, à medida que o número de grupos e os efeitos da interação aumentam, as fontes de variação tornam-se mais complexas (Dancey; Reidy, 2018).

1. Calcula-se a média de cada um dos grupos, e posteriormente uma média geral será calculada para todos os grupos combinados;

2. Assim, dentro de cada grupo, é calculado o desvio-padrão total da pontuação de cada indivíduo em relação à média do grupo. Com esse procedimento, observa-se se os indivíduos do grupo tendem a ter pontuações semelhantes ou se há muita variabilidade entre diferentes pessoas no mesmo grupo (chamada de variação DENTRO do grupo/*BETWEEN groups*);

3. Depois, calcula-se quanto a média de cada grupo se desvia da média geral (chamada de variação ENTRE grupos/*WITHIN groups*);

4. Ao fim, é calculada uma estatística valor F, ou seja, a razão entre a variação ENTRE grupos e a variação DENTRO do grupo.

5. Caso haja uma variação significativamente maior ENTRE os grupos do que DENTRO dos grupos (ou seja, quando a estatística valor F for maior), será provável que a diferença entre os grupos seja estatisticamente significativa.

Como Fazer uma Anova? Execução e Interpretação da Saída/*Output* no SPSS®

Anova de um Fator (One-Way)

A seguir apresentaremos o passo a passo de como realizar uma Anova de um fator (*one-way*) e alguns princípios básicos para a sua interpretação. Tomaremos como exemplo uma pesquisa que visava avaliar se o tempo médio de execução de um jogo de quebra-cabeças era significativamente diferente entre crianças de três categorias de idade distintas: Grupo 1 (4 e 5 anos), Grupo 2 (6 a 8 anos) e Grupo 3 (9 a 11 anos). As crianças teriam até 600 segundos para a finalização do quebra-cabeças, e a variável dependente refere-se ao tempo cronometrado, em segundos, até a completa resolução do quebra-cabeças. A hipótese da pesquisa era de que crianças mais jovens precisariam de um tempo médio maior para a execução do quebra-cabeças que as crianças mais velhas.

O banco de dados apresentado nesse exemplo foi organizado no programa Statistical Package for Social Sciences (SPSS®, Pacote Estatístico para Ciências Sociais). Diferentes versões do SPSS podem apresentar pequenas alterações de nomenclatura, mas todas seguem o mesmo caminho e a mesma lógica para a execução da análise.

Para realizar a Anova, vamos a:

ANALISAR → COMPARAR MÉDIAS → ANOVA A UM FATOR

Figura 1.1 *Passo 1 na Realização de uma Anova a Um Fator*

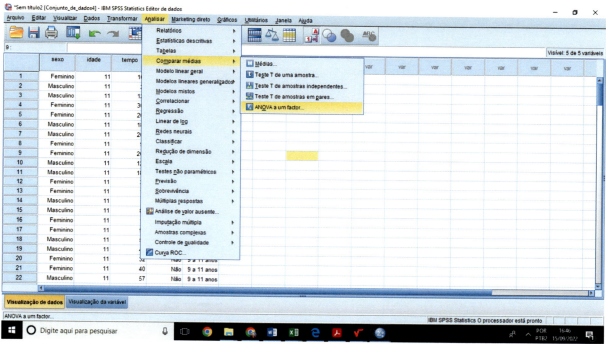

Uma caixa de diálogos será aberta para a inserção das variáveis de interesse para a análise. Colocaremos o "TEMPO" de execução do quebra-cabeças como variável dependente e as "Categorias de Idade" como variável independente. Lembremos que estamos fazendo uma Anova porque que as idades estão divididas em três estratos. Se fossem apenas dois grupos etários, poderíamos realizar um teste *t* tradicional.

Figura 1.2 *Passo 2 na Realização de uma Anova a Um Fator: seleção das variáveis de interesse*

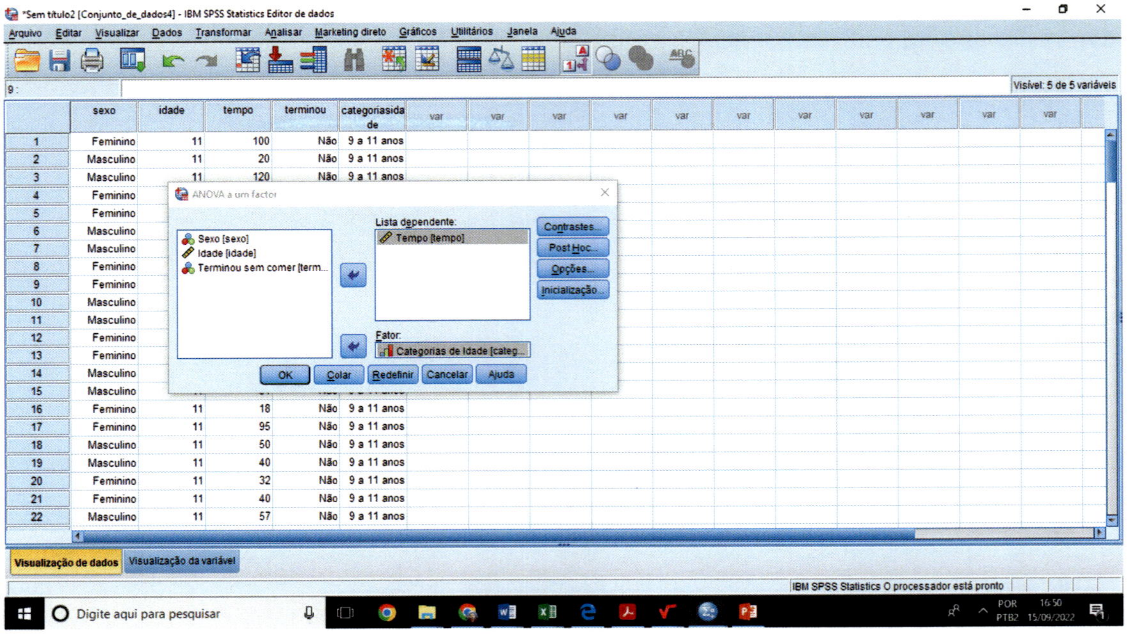

Caso não seja feita a marcação de nenhum teste *post-hoc*, a Anova será realizada identificando apenas a existência ou não de diferença entre os grupos etários, mas não nos será permitido identificar quais grupos diferem entre si. Neste exemplo, vamos selecionar o teste *post-hoc* de Tukey. Caso não seja encontrada diferença entre os grupos, o comando de execução do teste *post-hoc* será simplesmente ignorado pelo programa. Por fim, antes de rodar a análise, também poderíamos ir à caixa de "Opções" e marcar a opção "Descritivo". A seleção desta opção faz com que o SPSS apresente os dados descritivos entre os grupos antes de realizar as análises subsequentes. Depois disso, poderemos clicar "Continuar".

Figura 1.3 *Passo 3 na Realização de uma Anova a Um Fator: seleção do teste post-hoc*

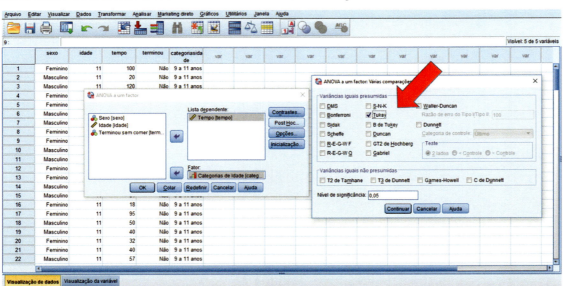

Figura 1.4 *Passo 4 na Realização de uma Anova a Um Fator: solicitando ao SPSS a tabela de dados descritivos*

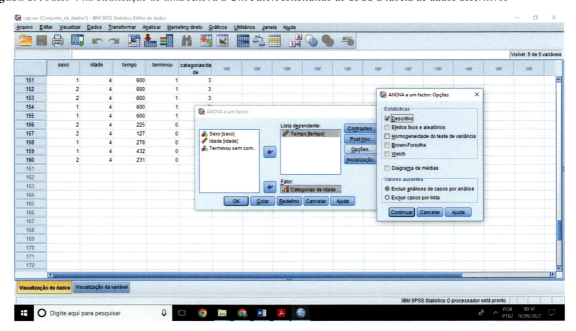

Como acontece com o resultado de qualquer análise realizada no programa, o SPSS abrirá uma janela de "Saída/*Output*" com o resultado da análise. Nossa interpretação será realizada com base nas três primeiras tabelas apresentadas. A primeira é a tabela descritiva que pedimos entre as opções anteriores, conforme **Tabela 1.2**. Ela inclui os valores médios e desvio-padrão do tempo gasto no quebra-cabeças por cada um dos grupos etários, assim como intervalo de confiança e valores mínimos e máximos. Na **Tabela 1.2**, podemos notar que há uma redução do tempo médio para a execução do quebra-cabeças entre as crianças mais velhas, que levaram, em média, menos de 2 minutos (M = 108,3; DP = 71,23), quando comparadas ao grupo intermediário (M = 249,3; DP = 179,5) e o grupo mais jovem, que levou, em média, quase 8 minutos (M = 468,8; DP = 182,5) para a conclusão. Mas ainda não temos como saber se essa diferença é estatisticamente significativa. A não superposição dos intervalos de confiança entre os três grupos já nos dá uma informação prévia de que o resultado da Anova identificou uma diferença estatisticamente significativa.

Antes de olharmos para o resultado da Anova, poderíamos olhar, também, um Gráfico de Caixas/*Boxplot* para identificar o comportamento dos três grupos. A **Figura 1.5** permite-nos observar de uma outra maneira o que a **Tabela 1.2** já nos havia sugerido.

Tabela 1.2 *Dados Descritivos com Média e Desvio-Padrão para cada Grupo Etário*

Tempo

	N	Média	Desvio Padrão	Erro Padrão	95% Intervalo de Confiança Lower Bound	95% Intervalo de Confiança Upper Bound	Mínimo	Máximo
9 a 11 anos	60	108,33	71,225	9,195	89,93	126,73	7	300
6 a 8 anos	60	249,30	179,507	23,174	202,93	295,67	29	600
4 e 5 anos	60	468,78	182,538	28,862	410,40	527,15	120	600
Total	160	251,31	204,022	16,129	219,45	283,16	7	600

Figura 1.5 *Boxplot do Tempo Médio Necessário para a Finalização do Quebra-Cabeças em cada Categoria Etária*

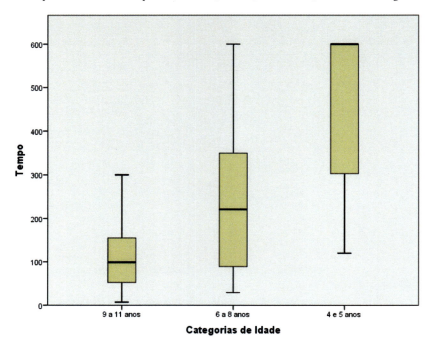

O resultado da Anova encontra-se na **Tabela 1.3**. Caso não tivéssemos marcado nenhuma opção de teste *post-hoc* na janela apresentada na **Figura 1.6**, esta seria a última tabela a ser analisada. Ela nos traz tanto o cálculo da variância entre os grupos quanto a variância intragrupo. As duas últimas colunas representam o valor de F e o nível de significância (p-valor), respectivamente. Neste exemplo, o p-valor foi de 0,000. Esta é uma resposta-padrão do SPSS para quando a chance é menor que 1 em 1.000 (< 0,001). Como tradicionalmente consideramos chances menores que 5% como estatisticamente significativas, nossa interpretação aqui é de que há uma diferença estatisticamente significativa entre os grupos. Ou seja, há diferença entre os grupos etários quanto ao tempo de execução do quebra-cabeças. Agora nos resta interpretar entre quais grupos essa diferença se manifesta.

Tabela 1.3 *Estatística Teste da Anova*

ANOVA

Tempo

	Soma dos Quadrados	gl	Quadrado Médio	F	Sig.
Entre os Grupos	3118423,085	2	1559211,543	69,943	,000
Intragrupo	3499944,908	177	22292,643		
Total	6618367,994	179			

A saída apresentada na **Tabela 1.4** representa o resultado do teste de Tukey. Cada linha representa o pareamento de dois grupos etários. Note que alguns valores parecerão repetidos, pois os resultados são iguais ao compararmos AxB e BxA. Em outras palavras, a primeira linha traz o tamanho da diferença entre o grupo de 9 a 11 anos, quando comparado ao grupo de 6 a 8 anos (Diferença = -140,97). Já na terceira linha da **Tabela 1.4**, temos a comparação de 6 a 8 anos com o grupo de 9 a 11 anos (Diferença = 140,97). Ou seja, são os mesmos grupos sendo comparados de forma inversa, logo o resultado da diferença será o mesmo. A quantidade de linhas nas tabelas referentes ao resultado do teste de Tukey, por exemplo, dependerá do número de estratos existentes para comparação. No nosso caso, são três grupos, então teremos: 1 vs 2; 1 vs 3 e 2 vs 3. Entretanto, se tivéssemos quatro grupos diferentes, os pareamentos possíveis aumentariam consideravelmente: 1 vs 2; 1 vs 3; 1 vs 4; 2 vs 3; 2 vs 4; 3 vs 4. Quanto maior o número de estratos, maior o número de comparações e, consequentemente, o número de linhas de resultados na análise do teste. É fácil notar que a interpretação de teste de Tukey pode ficar relativamente complexa quando comparamos variáveis independentes com muitos grupos comparativos simultaneamente.

Mais uma vez, a coluna identificada como "SIG" indica-nos o nível de significância (p-valor). Na **Tabela 1.4**, a interpretação final é de que existe uma diferença estatisticamente significativa entre todos os três grupos etários. O tempo médio gasto pelo grupo de 4 a 5 anos é significativamente maior que o tempo gasto tanto pelo grupo de 6 a 8 anos quanto pelo grupo de 9 a 11. Por fim, o grupo de 6 a 8 anos também precisou de mais tempo para finalizar a tarefa, quando comparado ao grupo de 9 a 11 anos.

Tabela 1.4 *Resultado do Teste de Tukey*

Dependent Variable: Tempo
Tukey HSD

(I) Categorias de Idade	(J) Categorias de Idade	Diferença entre Médias (I-J)	Erro Padrão	Sig.	95% Intervalo de Confiança	
					Lower Bound	Upper Bound
9 a 11 anos	6 a 8 anos	-140,967*	27,260	,000	-205,47	-76,47
	4 e 5 anos	-360,442*	30,477	,000	-432,56	-288,33
6 a 8 anos	9 a 11 anos	140,967*	27,260	,000	76,47	205,47
	4 e 5 anos	-219,475*	30,477	,000	-291,59	-147,36
4 e 5 anos	9 a 11 anos	360,442*	30,477	,000	288,33	432,56
	6 a 8 anos	219,475*	30,477	,000	147,36	291,59

*. Diferença significativa quando p<0,05

Anova de Dois Fatores (Two-Ways)

Aqui usaremos como referência o mesmo exemplo anterior, mas desta vez vamos adicionar o efeito do gênero na função de variável independente adicional. Portanto, avaliaremos o efeito tanto da idade quanto do gênero no tempo de execução do quebra-cabeças. Lembremos que no nosso banco a variável "Categoria de idade" tem três níveis, mas estamos trabalhando com apenas duas opções de gênero nesse banco (masculino e feminino). No SPSS, o caminho para a realização de uma Anova de dois fatores é um pouco diferente da análise que fizemos anteriormente.

Para realizar a Anova de dois fatores, vamos a:

ANALISAR → MODELO LINEAR GERAL → COM UMA ÚNICA VARIÁVEL

Figura 1.6 *Passo 1 na Realização de uma Anova de Dois Fatores*

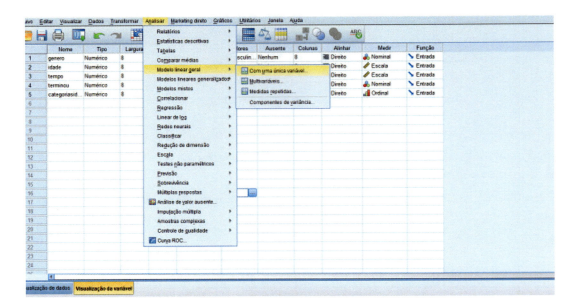

Uma caixa de diálogo vai se abrir, e nela selecionaremos a variável dependente "Tempo" e as duas variáveis independentes: "Gênero" e "Categoria de Idade" (**Figura 1.10**). Entretanto, antes de continuar, devemos ir ao menu "*Post-hoc*" e selecionar o teste *post-hoc* que preferimos para cada uma das variáveis independentes. Como gênero, no nosso banco de dados, apresenta apenas duas opções de resposta, não é necessária a escolha de um teste *post-hoc* para esta variável. Antes de seguirmos, podemos também escolher a exibição de estatísticas "descritivas" na aba "Opções" (**Figura 1.9**). Ao finalizarmos a seleção na caixa de diálogo, o resultado da análise será apresentado na saída/*output*.

Figura 1.7 *Passo 2 na Realização de uma Anova de Dois Fatores: seleção das variáveis*

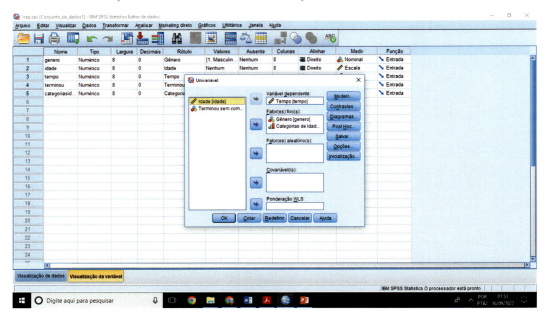

Figura 1.8 *Passo 3 na Realização de uma Anova de Dois Fatores*

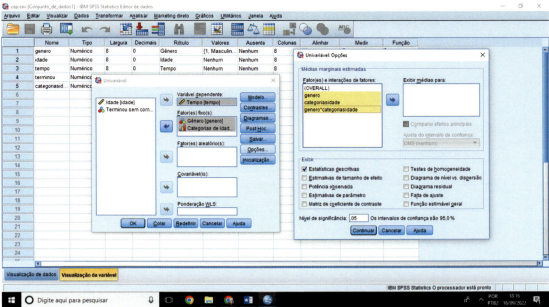

Tal qual o caso anterior na Anova de um fator, será apresentada uma estatística descritiva, mas desta vez ela aparece estratificada pela segunda variável sob investigação. Portanto, desta vez o SPSS apresenta-nos o tempo médio de cada categoria de idade, tanto no banco geral quanto estratificada por categorias de gênero. Na **Tabela 1.5**, a diferença de tempo médio no quebra-cabeças parece ser pouco influenciada pelo gênero, mas veremos melhor se isso se reflete na estatística teste ao avaliarmos a **Tabela 1.6**.

Tabela 1.5 *Dados Descritivos com Média e Desvio-Padrão para cada Grupo Etário Estratificado por Gênero*

Estatística Descritiva

Dependent Variable: Tempo

Gênero	Categorias de Idade	Média	Desvio-Padrão	N
Masculino	9 a 11 anos	111,07	69,443	30
	6 a 8 anos	238,40	179,247	30
	4 e 5 anos	475,80	169,683	20
	Total	250,00	201,936	80
Feminino	9 a 11 anos	105,60	74,048	30
	6 a 8 anos	260,20	182,158	30
	4 e 5 anos	461,75	198,741	20
	Total	252,61	207,353	80
Total	9 a 11 anos	108,33	71,225	60
	6 a 8 anos	249,30	179,507	60
	4 e 5 anos	468,78	182,538	40
	Total	251,31	204,022	160

Finalizando a análise, a Tabela **1.6** representa a saída mais importante da Anova de dois fatores. Ela mostra se existe associação entre cada uma das variáveis independentes com a variável dependente, mas também avalia se existe interação entre as duas variáveis independentes. Ou seja, no nosso caso, se o efeito da idade fosse diferente para cada um dos gêneros. Como podemos observar na **Tabela 1.6**, na coluna do "SIG", a variável "Categoria de idade" mais uma vez apresenta associação estatisticamente significativa com o tempo, o que já havíamos identificado anteriormente, mas também percebemos a não existência de associação entre o tempo de execução e gênero (p = 0,975). Ou seja, os participantes do gênero masculino e feminino tiveram desempenhos semelhantes no quebra-cabeças. Da mesma forma, não foi encontrada interação entre gênero e categoria de idade (p = 0,815).

Tabela 1.6 *Resultado da Anova de Dois Fatores*

Tests of Between-Subjects Effects

Dependent Variable: Tempo

Source	Type III Sum of Squares	df	Mean Square	F	Sig.
Corrected Model	3127973,98[a]	5	625594,795	27,602	,000
Intercept	11707726,86	1	11707726,86	516,558	,000
genero	22,344	1	22,344	,001	,975
categoriasidade	3118423,085	2	1559211,543	68,794	,000
genero * categoriasidade	9277,885	2	4638,943	,205	,815
Error	3490394,017	154	22664,896		
Total	16723141,00	160			
Corrected Total	6618367,994	159			

a. R Squared = ,473 (Adjusted R Squared = ,455)

Anova de Medidas Repetidas

Vamos pensar neste exemplo:

Um bistrô está escolhendo novos vinhos para colocar em sua carta. Para isso, pediu ajuda a sete *sommeliers* amigos para que degustassem, de maneira cega, quatro vinhos e darem nota para cada um dos rótulos.

Variável independente: *Sommeliers* (sete degustadores)

Variável independente: Tipos de vinhos (1 Malbec, 2 Cabernet, 3 Merlot, 4 Syrah)

Variável dependente: Nota dos vinhos (0 a 10)

Modelo 1.   Abra o SPSS. Insira as variáveis e tabule os dados.

Figura 1.9 *Passo 1*

Sommelier	Vinho1	Vinho2	Vinho3	Vinho4
1	10,0	8,0	9,2	9,0
2	9,5	8,0	9,0	10,0
3	9,0	7,5	9,5	9,5
4	9,8	7,0	8,8	8,7
5	10,0	7,0	8,5	9,3
6	8,5	8,5	10,0	8,5
7	10,0	7,5	8,7	9,0

Modelo 2. No cabeçalho, clique "**Analisar/***Analyze*" no menu superior.

Modelo 3. Ao abrir uma janela, escolha "**Modelo Linear Geral/ General Linear Model**".

Modelo 4. Em seguida, escolha "**Medidas Repetidas/***Repetead Measures...*".

Figura 1.10 *Passos 2, 3 e 4*

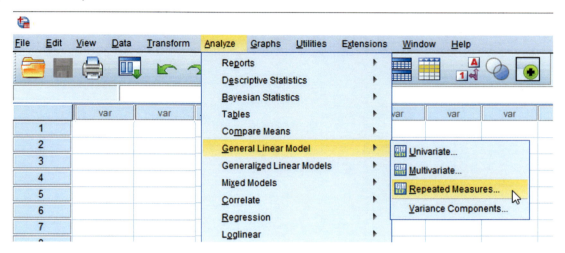

Modelo 5. Uma caixa de diálogo como esta aparecerá e você deverá inserir as variáveis e os níveis dos fatores **ENTRE/***WITHIN* dos grupos.

Figura 1.11 *Passo 5*

Modelo 6. Transfira as variáveis dos momentos das fases (T1, T2, T3) selecionando-as e clicando a primeira seta referente ao primeiro quadro. Posteriormente, clique "**Opções/***Options*".

Figura 1.12 *Passo 6*

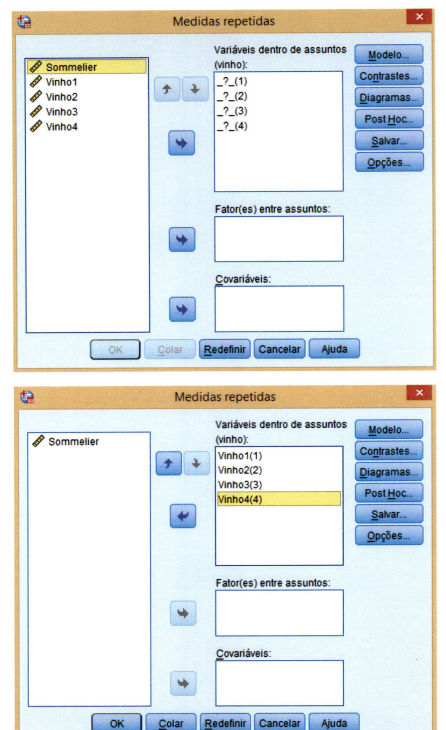

Modelo 7. Ao clicar "Opções/*Options*", esta janela se abrirá. Nela, habilite os quadrados "Estatísticas descritivas/*Descriptive statistics*" e "Estimativas de tamanho de efeito/*Estimates of effect size*".

Figura 1.13 *Passo 7*

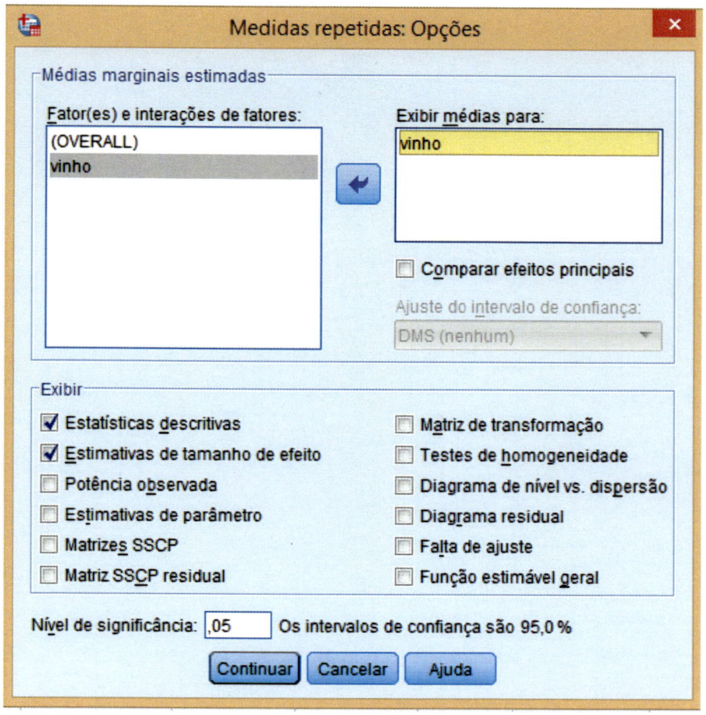

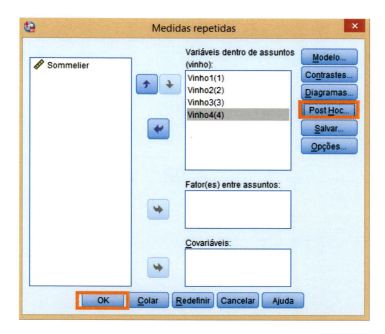

Modelo 8.   Clique no botão "**Post Hoc**". Selecione o teste posteriori de preferência. Clique "**Continuar**".

Figura 1.14 *Passo 8*

Modelo 9.   Clique o botão "**Continue**". Isso fará com que o *output* dos dados seja gerado.

Figura 1.15 *Passo 9*

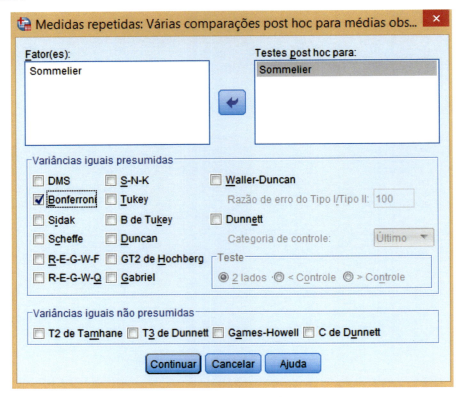

Como é a Interpretação do *Output* no SPSS?

O SPSS gera algumas figuras nesse tipo de análise. Serão mostradas apenas as principais tabelas necessárias para a compreensão dos resultados. Nesta primeira tabela a seguir, temos as estatísticas descritivas das médias de cada vinho que foi avaliado por cada *sommelier*.

Tabela 1.7 *Estatísticas Descritivas das Médias de cada Vinho Avaliado pelo Sommelier*

Descriptive Statistics

	Mean	Std. Deviation	N
Vinho1	9.543	.5884	7
Vinho2	7.643	.5563	7
Vinho3	9.100	.5164	7
Vinho4	9.143	.5062	7

Em relação ao **teste de esfericidade de Mauchly**, houve violação da hipótese de esfericidade $\chi^2(5) = 6.821$, p = 0.243, havendo um viés na estatística valor F, além de maior probabilidade de erro tipo 1. Desse modo, olharemos os valores de "**Greenhouse-Geisser**".

METODOLOGIA QUANTITATIVA: TÉCNICAS E EXEMPLOS DE PESQUISA

Tabela 1.8 *Teste de esfericidade de Mauchly*

Mauchly's Test of Sphericity[a]

Measure: MEASURE_1

Within Subjects Effect	Mauchly's W	Approx. Chi-Square	df	Sig.	Epsilon[b]		
					Greenhouse-Geisser	Huynh-Feldt	Lower-bound
factor1	.236	6.821	5	.243	.560	.754	.333

Tests the null hypothesis that the error covariance matrix of the orthonormalized transformed dependent variables is proportional to an identity matrix.

a. Design: Intercept
Within Subjects Design: factor1

b. May be used to adjust the degrees of freedom for the averaged tests of significance. Corrected tests are displayed in the Tests of Within-Subjects Effects table.

A **Tabela 1.9** informa-nos se houve diferença significativa geral entre as médias nos diferentes vinhos. Com base nela, podemos descobrir o valor F para o fator "Fases", seu nível de significância associado e tamanho de efeito (*"**Partial ETA squared**"*). Como os dados violaram a suposição de esfericidade, analisamos os valores na linha "**Greenhouse-Geisser**", conforme indicado em laranja. É possível relatar que, ao usar uma Anova com medidas repetidas com essa correção, as idades foram estatisticamente diferentes e significativas (F $(1.681, 10.087)$ = 14.120, p < 0,05.

Tabela 1.9 *Nível de Significância entre as Médias dos Diferentes Vinhos*

Tests of Within-Subjects Effects

Measure: MEASURE_1

Source		Type III Sum of Squares	df	Mean Square	F	Sig.	Partial Eta Squared	Noncent. Parameter	Observed Power[a]
factor1	Sphericity Assumed	14.597	3	4.866	14.120	.000	.702	42.359	.999
	Greenhouse-Geisser	14.597	1.681	8.683	14.120	.002	.702	23.737	.977
	Huynh-Feldt	14.597	2.262	6.454	14.120	.000	.702	31.934	.995
	Lower-bound	14.597	1.000	14.597	14.120	.009	.702	14.120	.876
Error(factor1)	Sphericity Assumed	6.203	18	.345					
	Greenhouse-Geisser	6.203	10.087	.615					
	Huynh-Feldt	6.203	13.570	.457					
	Lower-bound	6.203	6.000	1.034					

a. Computed using alpha = .05

Os resultados apresentados na **Tabela 1.9** informaram-nos que há uma diferença global significativa nas médias, mas não sabemos onde essas diferenças ocorreram. A **Tabela 1.10**, logo a seguir, apresentam-se os resultados do teste *post-hoc* de Bonferroni, que nos permite descobrir quais médias específicas diferiram.

Lembre-se: Se o resultado geral da Anova não for significativo, não se deve examinar a **Tabela 1.10**. Nela, devemos observar cada par de vinhos. Por exemplo:

- No primeiro retângulo dos pares de vinho, o vinho 1 (Malbec) é comparado com os demais. De acordo com os dados, observa-se que ele possui uma diferença significativa somente com o vinho 2 (Cabernet);

- No segundo retângulo comparativo, o vinho 2 (Cabernet) é comparado com os vinhos 1, 3 (Merlot) e 4 (Syrah). É possível observar diferença significativa entre ele e todos os demais;

- No terceiro retângulo comparativo, o vinho 3 difere apenas do vinho 2;

- No quarto retângulo, o vinho 4 diferente apenas do vinho 2.

Tabela 1.10 *Comparações por Pares/Pairwise Comparisons*

Pairwise Comparisons

Measure: MEASURE_1

(I) factor1	(J) factor1	Mean Difference (I-J)	Std. Error	Sig.[b]	95% Confidence Interval for Difference[b]	
					Lower Bound	Upper Bound
1	2	1.900[*]	.388	.016	.401	3.399
	3	.443	.407	1.000	-1.129	2.015
	4	.400	.271	1.000	-.646	1.446
2	1	-1.900[*]	.388	.016	-3.399	-.401
	3	-1.457[*]	.134	.000	-1.976	-.938
	4	-1.500[*]	.296	.014	-2.643	-.357
3	1	-.443	.407	1.000	-2.015	1.129
	2	1.457[*]	.134	.000	.938	1.976
	4	-.043	.309	1.000	-1.238	1.152
4	1	-.400	.271	1.000	-1.446	.646
	2	1.500[*]	.296	.014	.357	2.643
	3	.043	.309	1.000	-1.152	1.238

Based on estimated marginal means

*. The mean difference is significant at the ,05 level.

b. Adjustment for multiple comparisons: Bonferroni.

Outra forma de observar é pelo gráfico da **Figura 1.19**. Visualmente, há sobreposição do intervalo de confiança entre os vinhos 1, 3 e 4, sendo o vinho 2 o único que difere dos demais.

Questão-problema: Isto é, pensando no dilema do dono do bistrô, talvez o vinho 2 seja um vinho que não deva ser escolhido para sua nova carta de vinhos, privilegiado, assim, os demais.

Figura 1.19 *Gráfico de Médias Marginais Estimadas*

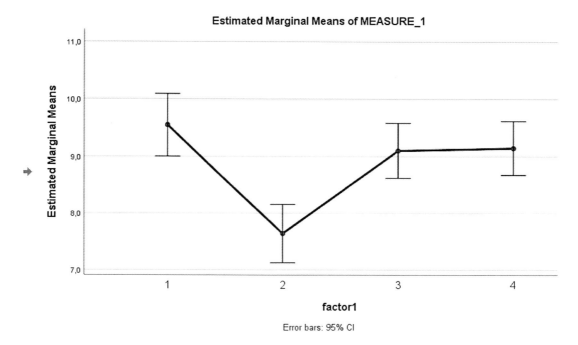

Considerações Finais

No presente capítulo, procuramos apresentar de forma sucinta os principais tópicos que precisam ser considerados para se utilizar uma análise de variância. A Anova é um teste paramétrico muito utilizado em ciências humanas e sociais. É muito útil quando queremos comparar médias de uma ou mais variáveis que se baseiam em observações únicas, repetidas e/ou pareadas. Entretanto, a Anova pode apenas indicar que, pelo menos, um grupo em sua análise é diferente de outro. Ela não informa quantos grupos ou quais grupos se diferem estatisticamente.

Ainda, faz-se necessário verificar se os dados atendem aos pressupostos de normalidade, homocedasticidade, independência e esfericidade. No que concerne à normalidade, a Anova, ao comparar apenas as medianas, supõe que o conjunto de dados está uniformemente distribuído. Caso os dados não estejam, de fato, distribuídos em uma curva normal e houver valores anormais, a Anova não será o processo indicado para interpretar os dados. No caso de ocorrer uma violação do pressuposto de esfericidade, o nível de significância tenderá a ser superestimado, o que elevará consideravelmente a chance de se cometer um erro do tipo 1. Com relação ao pressuposto de independência, espera-se que as amostras utilizadas na Anova sejam aleatórias simples, isto é, as amostras de indivíduos devem ser tiradas de uma população maior e ser independentes (os indivíduos não afetam uns aos outros). Caso isso não ocorra, os resultados das análises ficarão enviesados. No entanto, independentemente do tipo de Anova escolhida, seja o modelo mais simples (Anova de um fator/via), seja mais elaborado (Anova de medidas repetidas, por exemplo), o pesquisador deverá se atentar aos pontos mencionados anteriormente.

Dessa forma, é importante ressaltar que a escolha de um teste estatístico não deve ser realizada de maneira aleatória ou sem fundamento. Isto é, faz-se necessário um bom planejamento inicial e de pesquisa para que as perguntas sejam acompanhadas de análises estatísticas adequadas.

Referências

Andy, F. (2020). *Descobrindo a estatística usando SPSS* (5th ed.). Artmed.

Callegari-Jacques, S. M. (2009). *Bioestatística: Princípios e aplicações*. Artmed.

Cordeiro, E. D., Melo, M. B., & Fernandes, S. C. (2018). Um estudo sobre a utilização da Anova de uma via na produção científica na área de psicologia. *Revista Meta: Avaliação, 10*(28), 139-153. https://doi.org/10.22347/2175-2753v10i28.1455.

Dancey, C., & Reidy, J. (2018). *Estatística sem matemática para psicologia* (7. ed.). Penso.

Garcia-Marques, T. (1997). A hipótese de estudo determina a análise estatística: Um exemplo com o modelo Anova. *Análise Psicológica, 15*(1), 19-28. http://hdl.handle.net/10400.12/5668.

Howell, D.C. (2002). *Statistical methods for psychology* (5th ed.). Duxbury.

Kucuk, U., Eyuboglu, M., Kucuk, H. O., & Degirmencioglu, G. (2016). Importance of using proper post hoc test with Anova. *International Journal of Cardiology, 209*, 346. https://doi.org/10.1016/j.ijcard.2015.11.061.

Vieira, V. A. (2011). Experimental designs using Anova. *Revista de Administração Contemporânea, 15*(2), 363-365. https://doi.org/10.1590/S1415-65552011000200016.

2

O PASSO A PASSO DA ANÁLISE DE REGRESSÃO LINEAR

Jeanne dos Santos Oliveira Marques Dantas
José Augusto Evangelho Hernandez

Introdução

O termo "regressão" aparece na história pela primeira vez no século XIX, nos estudos do pesquisador Francis Galton (1885). Em suas observações, ele verificou que filhos cujos pais tinham altura menor do que a média da população tendiam a ser mais altos que os próprios pais. Por outro lado, quando os pais tinham altura acima da média, a tendência era de que os filhos fossem mais baixos que os pais.

Ou seja, Galton demonstrou que a altura dos filhos tende a regredir para a média, e não a se igualar à altura dos pais. Com base nos estudos de Galton, Pearson (1896) apresentou uma definição teórica para o coeficiente de regressão com base na teoria matemática da evolução. Dessa forma, a análise de regressão refere-se a um grupo de técnicas estatísticas que permitem estimar quanto uma ou mais variáveis preditoras ou explicativas preveem um desfecho ou resultado de uma ou mais variáveis critério, também denominadas, com frequência, variáveis independentes e variáveis dependentes, respectivamente.

Conforme Field (2020), é comum, em alguns programas estatísticos, as variáveis na regressão serem rotuladas como independentes e dependentes. No entanto, essa classificação somente é válida se considerada numa perspectiva teórica. Na realidade, essas variáveis podem efetivamente desempenhar essas funções apenas em pesquisas com delineamentos experimentais. Nos experimentos, devido ao controle de variáveis, é possível determinar relações de causa e efeito entre elas. Desta forma, assumiriam as funções de independência e dependência. A variável independente causaria o efeito observado na variável dependente. Ou seja, a mudança da variável dependente dependeria da independente, e dessa relação causal deriva a nomenclatura.

Nas pesquisas correlacionais, as variáveis são mensuradas simultaneamente em condições não controladas. Portanto, não é correto usar as denominações independente e dependente, haja vista que não é testada uma relação de causa e efeito. Por isso, nas análises de regressão, recomenda-se o uso dos termos "variável preditora ou explicativa" e "variável critério, saída ou resultado" (Field, 2020).

Há vários tipos de regressão que compõem esse conjunto de técnicas estatísticas, cuja definição varia em função das quantidades e características das variáveis mensuradas e, também, dos procedimentos adotados (Dancey & Reidy, 2019; Field, 2020; Hair Jr. et al., 2019). O objetivo deste capítulo é apresentar, de forma teórica e prática, as regressões lineares simples e múltiplas. Mas, antes, é melhor recuperar o conceito de correlação, base para a compreensão da regressão.

O que é Análise de Correlação?

De forma bem simples, trata-se de uma técnica estatística que avalia quanto duas variáveis estão relacionadas ou associadas entre si, também chamada análise de correlação bivariada. Nessa técnica investigamos a covariância entre as variáveis, e isso significa que, quando os valores de uma variável são alterados, os valores da outra variável também mudam, podendo ser no mesmo sentido ou no sentido oposto.

Como explicado antes, isso não necessariamente implica causalidade, mas associação (Dancey & Reidy, 2019; Field, 2020). Além disso, é fundamental que o pesquisador não apenas observe que as relações entre as variáveis sejam estatisticamente significativas, mas que, principalmente, expressem uma relação ancorada em uma teoria científica (Dancey & Reidy, 2019). Pearson (1896), entre outros, desenvolveu vários estudos com variáveis chamadas "espúrias", em que verificou apenas o relacionamento estatístico, e não uma relação real entre elas.

Por meio da técnica estatística de coeficiente de correlação linear de Pearson (r), pode-se calcular o grau de correlação entre duas variáveis quantitativas. O valor do coeficiente r pode variar de -1, passando por 0, até +1. Quando o coeficiente $r = +1$, dizemos que há um relacionamento linear positivo perfeito (**Figura 2.1**). Quando, r = -1, trata-se de um relacionamento linear negativo perfeito (**Figura 2.2**).

Figura 2.1 *Correlação Positiva Perfeita*

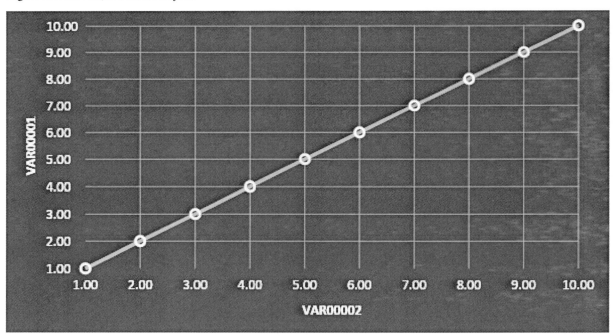

Figura 2.2 *Correlação Negativa Perfeita*

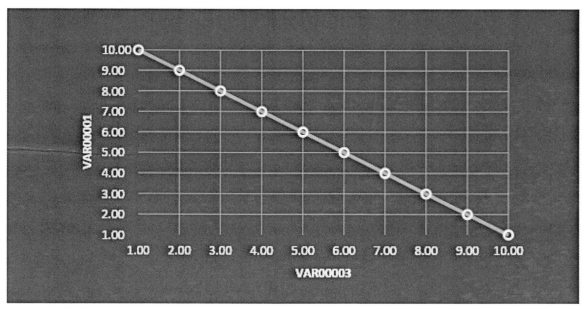

O *r* = 0 indica a ausência total de relacionamento linear (**Figura 2.3**). Na prática, quando efetivamente medimos e calculamos a correlação entre duas variáveis, essas situações extremas nunca serão obtidas, ou seja, são apenas lógicas. Considerando que sempre há alguma relação positiva ou negativa entre duas variáveis, o *r* nunca será 0, e também nunca elas terão uma variação absolutamente igual, +1, ou oposta, -1 (Field, 2020). Na **Figura 2.4**, há uma simulação do que seria uma correlação positiva não perfeita, mas possível ou realista.

Figura 2.3 *Ausência de Correlação*

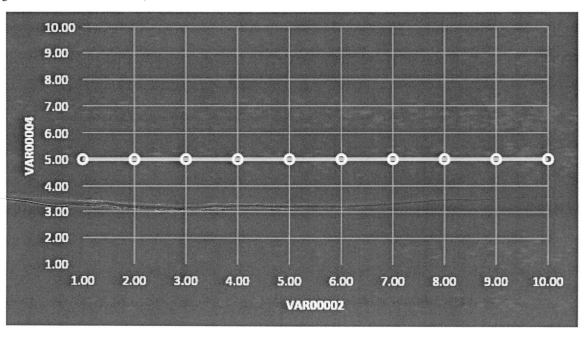

Figura 2.4 *Correlação Positiva Não Perfeita*

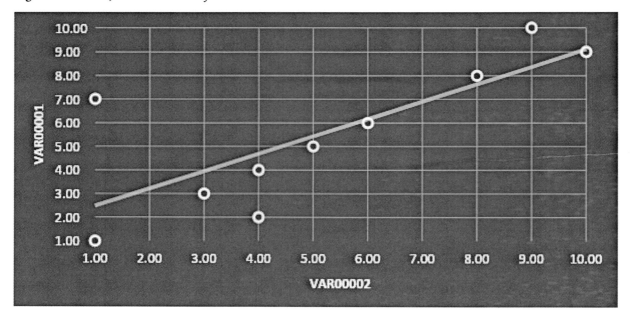

A correlação de Pearson é uma técnica estatística paramétrica. As variáveis analisadas, contínuas ou discretas, devem estar numa escala de medida intervalar ou de razão, e os seus escores devem apresentar uma distribuição normal. Quando a relação entre as variáveis não é linear ou elas não atendem aos requisitos, o coeficiente de correlação de Pearson não é possível. Para estas análises, podem ser utilizadas técnicas de correlação não paramétricas, como a correlação de Spearman e a correlação Kendall Tau-*b* (Myers & Sirois, 2006; Xu et al., 2013).

A correlação linear tem como objetivo revelar o grau ou a magnitude da relação entre duas variáveis analisadas. Segundo Rumsey (2021), coeficiente de correlação menor que 0,30 é fraco; de 0,30 a 0,50, moderado; e de 0,70 ou mais, correlação forte.

A relação entre duas variáveis também pode ser avaliada por meio do coeficiente de determinação (R^2). Elevando o valor do coeficiente de correlação (r) ao quadrado, obtém-se o R^2, que representa o tamanho do efeito ou percentual da variância que é explicado na relação das variáveis, ou seja, a quantia da variância que é compartilhada por elas. Por exemplo, $r = 0,30$ ($R^2 = 0,09$) significa que 9% da variação de uma variável é explicada pela variação da outra, o que indica que a relação é fraca. Em contrapartida, observe que 91% da variabilidade total não tem explicação. Por outro lado, um $r = 0,90$ ($R^2 = 0,81$) indica que 81% da variância é explicada na relação das variáveis, e isto é uma correlação forte; apenas 19% da variância total não tem explicação.

Como pode ser feita a análise de correlação de Pearson? Pode ser realizada com o auxílio de vários softwares (tais como SPSS, Jamovi, Mplus, R etc.), mas nesta demonstração será por meio do software JASP, versão 0.16.3 (JASP Team, 2022). O JASP é um software ou pacote estatístico *free* (grátis) e pode ser baixado em https://jasp-stats.org/download/. JASP significa Jeffrey's Amazing Statistics Program.

O primeiro passo é ter um conjunto de dados para analisar. O JASP pode abrir e analisar arquivos de vários tipos: .csv (Excel), .txt (texto), .tsv (Excel), .sav (SPSS), .ods. A tela do JASP com os dados importados da planilha do SPSS pode ser vista na **Figura 2.5**. Utilizando banco de dados de Hernandez e Baylão (2020), será mostrado o passo a passo da análise de correlação bivariada *soft*. Neste exemplo, será analisada a relação entre as variáveis Intimidade (componente do amor) e Satisfação Conjugal. Será que essas duas variáveis têm relação? Vamos descobrir por meio da técnica estatística de coeficiente de correlação de Pearson.

Figura 2.5 *Planilha do JASP com os Dados da Pesquisa de Hernandez e Baylão (2020)*

	b8_1	b9_1	b13_1	b17_1	Masculinidade	Feminilidade	Papéis	paixão	intimidade	compromisso	Satisfação
1	2	1	2	4	4.75	2.6	indiferenciado	5.6	6.4	6.6	4.285714286
2	2	2	1	3	4.375	4	indiferenciado	5.4	4	4.2	3.142857143
3	5	2	2	4	4.125	2.8	indiferenciado	4.8	4.8	3.6	3.285714286
4	1	1	1	1	4	6	feminino típico	6.2	5.6	7	4.142857143
5	2	2	2	4	5.625	2.6	masculino típico	5.8	6	7	3.857142857
6	2	3	4	3	4.125	4.6	feminino típico	6.2	6	6.6	4
7	3	4	1	4	4.625	3.4	indiferenciado	5.8	7	7	4.571428571
8	1	1	4	1	3.25	4	indiferenciado	5.6	6.4	6.6	3.857142857
9	3	2	4	3	6.375	2	masculino típico	6	6.6	5.8	4
10	1	1	2.006036217	4	5.424143145	3.6	masculino típico	5.8	6	6.8	4.142857143
11	7	4	2	4	4.875	4.6	andrógino	5.6	6.8	7	4.571428571
12	2	4	2	3	4.75	4.4	indiferenciado	2.8	4.8	5.6	3.142857143
13	2	1	1	2	4.75	4.8	feminino típico	5.8	7	7	4.142857143
14	3	3	2	3	6	3.6	masculino típico	5.8	7	7	4.857142857
15	1	1	1	2	5.125	4.8	andrógino	5.4	6.4	5.8	4.571428571
16	7	7	3	7	3.875	2.6	indiferenciado	4.8	2.4	4.4	3.571428571
17	1	1	1	1	5.625	6	andrógino	5.6	6.4	6.6	4.571428571
18	3	2	1	1	5.25	6.2	andrógino	6.2	7	7	4.714285714
19	4	1	5	7	6.125	4.4	masculino típico	4.6	7	7	4.571428571
20	4	1	2	2	4.625	5	feminino típico	5	6.2	4.4	3.571428571
21	4	1	2	5	3.625	3.8	indiferenciado	6	5.6	6.6	4.428571429

Nota. Banco de dados dos autores.

Na barra superior do JASP, clique *Regressão*, abrirá um menu, clique *Correlação*. Pronto, abrirá uma janela para a configuração da análise. As variáveis que serão correlacionadas (Intimidade e Satisfação Conjugal) devem ser transferidas para o espaço destinado às *variáveis*. Ainda, será necessário marcar, no *Coeficiente de Correlação Amostra*, o *r de Pearson*; e na *Hipótese alternativa*, o *correlacionado*. *Opções adicionais* também poderão ser marcadas, como *Reportar significância*, *Sinalizar correlações significantes* e até *Intervalos de Confiança*. Os *Gráficos de dispersão* podem trazer subsídios visuais. Tudo isso ajudará na interpretação dos resultados (**Figura 2.6**). Automaticamente, os resultados aparecerão no *output/saída* (**Tabela 2.1**).

Figura 2.6 *Configurando uma Análise de Correlação de Pearson no JASP*

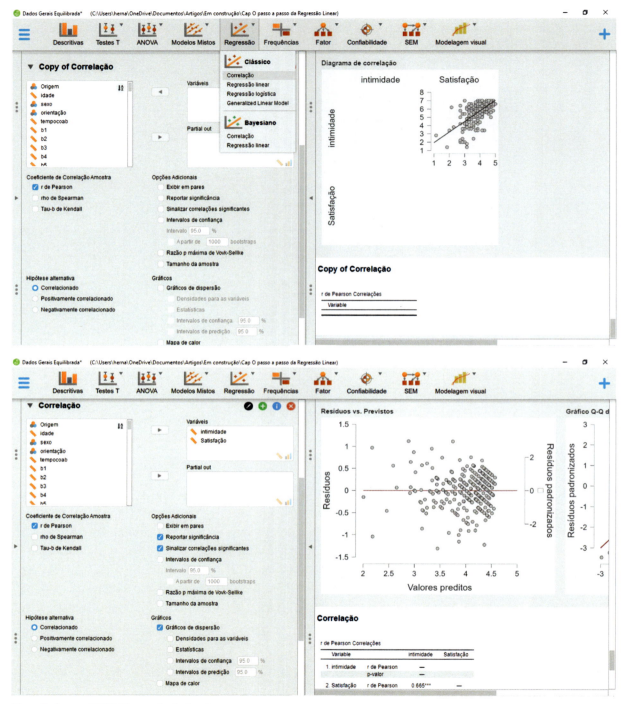

Nota. Software JASP. Banco de dados dos autores.

O *output/saída* do JASP (**Tabela 2.1**) mostra a matriz de correlação com o valor *r* de Pearson e seu *p*-valor. Verifica-se uma correlação significativa (*p* < 0,001), com o valor de *r* = 0,665. Neste caso, a hipótese nula (H_0) pode ser rejeitada.

Tabela 2.1 *Matriz de Correlação de Pearson*

Variável		Intimidade		Satisfação
1. Intimidade	r de Pearson	—		
	p-valor	—		
	IC superior a 95%	—		
	IC inferior a 95%	—		
2. Satisfação	r de Pearson	0,665	***	—
	p-valor	< 0,001		—
	IC superior a 95%	0,721		—
	IC inferior a 95%	0,600		—

Nota. $* p < 0,05$, $** p < 0,01$, $*** p < 0,001$. Banco de dados dos autores.

O coeficiente de correlação ($r = 0,665$) elevado ao quadrado resulta no coeficiente de determinação ($R^2 = 44,2\%$). Esta é uma medida estatística da proporção da variância em uma variável que é explicada pela outra variável, também chamado de tamanho do efeito. Baseado nesses dados, pode-se relatar os resultados da seguinte maneira:

- "Há uma correlação significativa ($p < 0,001$) moderada forte 0,67 [IC 95% (0,60-0,72)] entre as variáveis Intimidade e Satisfação Conjugal. Isso indica que a Intimidade explica 44,2% da variação da Satisfação Conjugal".

Análise de Regressão Linear Simples

Enquanto a correlação permite verificar a força, a magnitude ou o tamanho do efeito da relação entre as variáveis investigadas, a análise de regressão linear simples permite obter respostas para perguntas do tipo: Quanto a variável y mudará, se a variável x mudar? Ou: Se x mudar em certo valor, poderemos ter uma estimativa de qual será o valor de y?

Usando o mesmo exemplo, com a variação da Intimidade (x) poderemos prever a mudança na Satisfação Conjugal (y). O uso do termo "linear" é referência a um modelo baseado em uma linha reta, ou melhor, no agrupamento dos dados em torno de linha reta.

A regressão linear simples busca determinar quanto, na variação de uma variável (x), se acarreta de variação em outra variável (y). Convencionou-se denominar a variável preditora como (x) e a variável de critério como (y). Desta forma, elas podem ser visualizadas em um gráfico ou diagrama de dispersão. Por exemplo, na **Figura** 2.7, observe o gráfico de dispersão e a linha de melhor aderência estimada para os escores da relação entre Intimidade (x) e Satisfação Conjugal (y) do estudo de Hernandez e Baylão (2020).

Na **Figura** 2.7, cada ponto da dispersão representa um par ordenado dos escores nas variáveis (Intimidade e Satisfação Conjugal) de cada um dos participantes. Essa linha reta é também chamada de linha de melhor aderência, visto que ela passa pelas distâncias médias entre todos os pontos da dispersão e, portanto, representa o melhor ajuste estimado para o conjunto de dados empíricos. As variadas distâncias dos pontos até a reta (representadas por linhas vermelhas) são os resíduos, alguns positivos e outros negativos, também chamados de erros de previsão (Dancey & Reidy, 2019).

O método dos mínimos quadrados é a base de avaliação do modelo de regressão, a maneira de encontrar a linha que melhor representa os dados. Com base na soma dos quadrados dos resíduos (SQ$_r$), será verificado quanto os pontos dos dados reais estão na linha de regressão modelada. Essas distâncias entre os pontos de dados e a linha de regressão prevista são conhecidas como resíduo. Os resíduos são elevados ao quadrado para remover os números negativos e somados, resultando na SQ$_r$. Este será o erro estimado do modelo e indicará a qualidade do ajuste; quanto menor o valor, menor o erro no modelo (Field, 2020).

Figura 2.7 *Gráfico de Dispersão com Linha de Aderência e Resíduos*

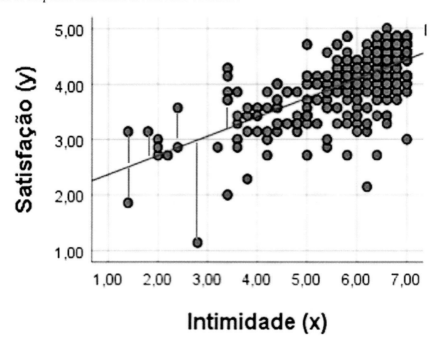

Nota. Banco de dados dos autores.

Como mencionado antes, o objetivo da análise de regressão linear simples é investigar a relação entre uma variável preditora e uma variável critério. Porém, essa análise não deve ser realizada de forma aleatória, deve haver uma razão teórica que apoie as relações entre as variáveis analisadas.

Como pode ser feita essa análise? Utilizando, mais uma vez, o mesmo banco de dados de Hernandez e Baylão (**Figura 2.5**), na barra de ferramentas do JASP, clica-se o ícone da *Regressão* e, depois, *Regressão Linear*. Abrirá a janela mostrada na **Figura 2.8**.

Da lista de variáveis à esquerda, deve-se movimentar (usando a seta) a variável critério para o lugar *Variável Dependente*; e a variável explicativa para o lugar *Covariáveis*. Neste caso, como há apenas uma variável explicativa, o método usado para estimar a regressão simples será o *inserir*.

Figura 2.8 *Janelas da Regressão Linear no JASP*

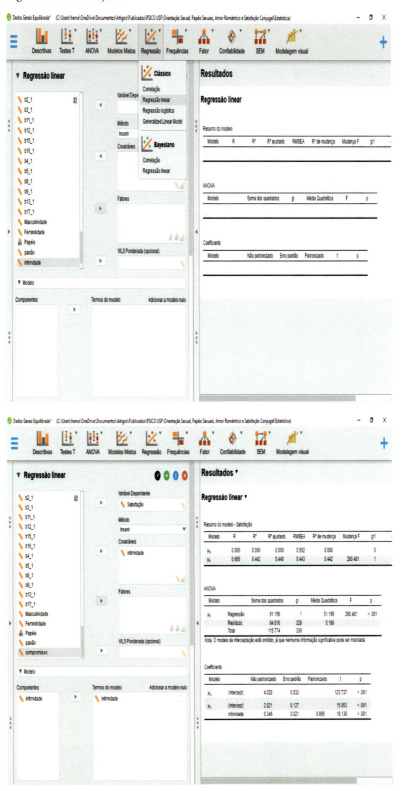

Nota. Software JASP. Banco de dados dos autores

Nas *Estatísticas*, marcar *Estimativas*, *Ajuste do modelo* e *Teste de Durbin-Watson* (**Figura 2.9**). O *output* da regressão apresenta várias Tabelas (**Tabela 2.1, 2.2 e 2.3**). A regressão testa a hipótese nula (H_0), ou seja, que não haverá predição significativa da variável dependente (critério), Satisfação Conjugal, pela variável preditora, Intimidade.

Figura 2.9 *Configuração da Análise de Regressão*

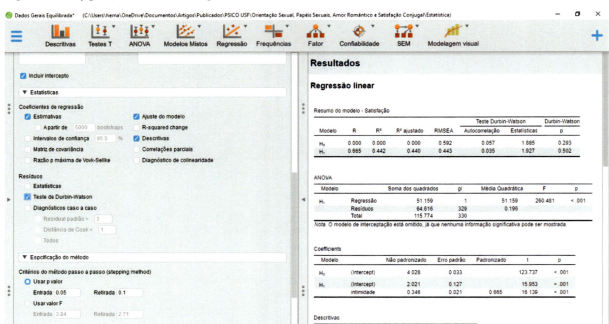

Nota. Software JASP.

Na **Tabela 2.2**, pode-se observar que a correlação (*R*) entre a Intimidade e a Satisfação Conjugal é moderada/alta (0,67). O R^2 é similar ao coeficiente de determinação da correlação, mostra quanto da variação na variável de critério pode ser previsto pela variável preditora. No exemplo, o valor R^2 de 0,44 diz-nos que a Intimidade é responsável por 44% da variação da Satisfação Conjugal. O R^2 é otimista demais, pois está baseado em uma amostra, e não na população. Para generalizar os resultados para a população, o $R^2_{ajustado}$ fornece uma estimativa mais realista. Neste caso, os valores ficaram iguais. O teste Durbin-Watson verifica as correlações entre os resíduos, o que pode invalidar o teste, o valor do teste deve estar acima de 1 e abaixo de 3, o ideal em torno de 2.

Tabela 2.2 *Resumo do Modelo: Intimidade*

Modelo	R	R^2	$R^2_{ajustado}$	RMSEA	Teste Durbin-Watson Autocorrelação	Estatísticas	Durbin-Watson p
H_1	0,67	0,44	0,44	0,44	0,04	1,927	0,502

Nota. Banco de dados dos autores.

Na **Tabela 2.3**, a estatística F é significativa $p < 0,001$. Isso nos mostra que a linha de regressão (linha de melhor aderência) é significantemente diferente de 0. Quer dizer que ela prevê melhor do que esperaríamos apenas pelo acaso. Isso significa que não é provável que tal resultado tenha ocorrido por erro amostral, sendo a hipótese nula verdadeira.

Tabela 2.3 *Resultado do Teste da Análise de Variância (Anova)*

Modelo		Soma dos quadrados	Gl	Média quadrática	F	p
H₁	Regressão	51,159	1	51,159	260.481	< 0,001
	Resíduos	64,616	329	0,196		
	Total	115,774	330			

Nota. Banco de dados dos autores.

A linha de melhor aderência, linha de regressão linear, pode ser representada pela equação de regressão ou equação da reta. O y é um valor da variável a ser prevista; x é um valor da variável preditora; b é a inclinação da linha; a é a constante, quer dizer, o lugar onde a linha intercepta o eixo-y (Dancey & Reidy, 2019). A equação da reta de regressão é o que permitirá prever o comportamento de y conforme x. Desta forma, ela pode ser visualizada da seguinte forma:

A **Tabela 2.4** fornece os coeficientes não padronizados que definem a linha de regressão linear e podem ser substituídos na equação linear. Esses valores podem ser incluídos na equação da reta.

Tabela 2.4 *Coeficientes de Regressão Não Padronizado e Padronizado*

Modelo	Não padronizado	Erro-padrão	Padronizado	t	P	95% IC
H₁ (Intercepto)	2,02	0,13		15,953	< 0,001	1,77-2,27
Idade	0,35	0,02	0,67	16,139	< 0,001	0,30-0,39

Nota. Banco de dados dos autores.

Substituindo os valores encontrados na análise de regressão simples (**Tabela 2.4**) na equação de regressão linear, para qualquer valor de x seria possível estimar o valor de y. A equação com os coeficientes inseridos ficaria da seguinte forma:

$a = 2,02$

$b = 0,35$

No estudo de Hernandez e Baylão (2020), foi verificada a relação entre Intimidade e Satisfação Conjugal. Neste caso, y é a Satisfação, x é a Intimidade. O b_x é o grau de quanto x (Intimidade) impacta y (Satisfação); e a refere-se ao valor do escore do desfecho quando o preditor é igual a 0. Ou seja, qual era o valor da Satisfação quando a Intimidade era 0?

Assim, a análise de regressão permite traçar uma linha que explica a influência da variável preditora na variável de critério. Se a altura da constante/intercepto for alta, menor tenderá a ser a força da preditora. Quanto mais íngreme ou inclinada, para cima ou para baixo, for essa linha, maior a influência de x em y (**Figura 2.10**).

Figura 2.10 *Gráfico de Dispersão com a Linha de Regressão e a Equação da Reta*

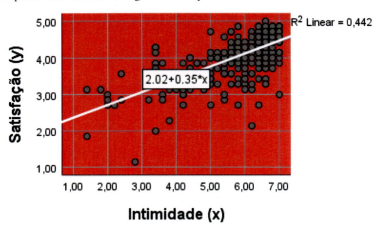

Nota. Banco de dados dos autores.

Ainda, pode-se verificar no JASP, por meio dos gráficos, se alguns pressupostos importantes na realização da análise de regressão linear simples estão sendo atendidos. Para isso, é necessário em *Gráficos* marcar *Resíduos vs. Previstos* e *Gráfico Q-Q de resíduos padronizados* (**Figura 2.11**).

Figura 2.11 *Gráficos de Resíduos versus Previstos*

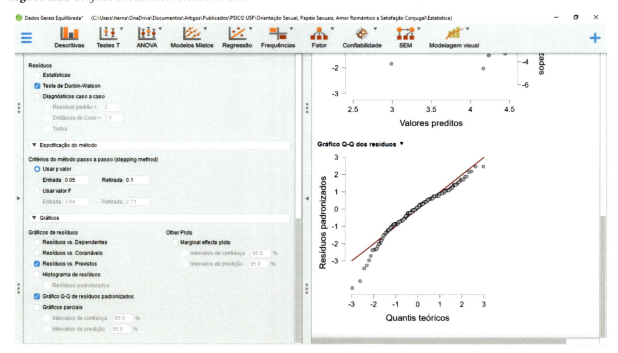

Nota. Banco de dados dos autores.

Ao usar a linha de melhor aderência para prever o escore de uma pessoa, exceto num relacionamento perfeito de variáveis, sempre haverá alguns erros. Alguns pontos dos pares ordenados dos dados estão na linha, outros mais distantes dela. Esses são os erros de previsão.

Se a linha de melhor aderência for um bom modelo, as diferenças entre os números verdadeiros e os previstos serão pequenas; se for um modelo ruim, as diferenças serão grandes. As diferenças entre os escores verdadeiros e os previstos são os resíduos.

Na **Figura 2.12**, o gráfico apresenta uma distribuição aleatória equilibrada dos resíduos em torno da linha de base, indicando que o pressuposto de homocedasticidade não foi violado. Ou seja, há homogeneidade de variâncias de resíduos. De acordo com o Field (2020), quando este pressuposto é violado, significa dizer que as diferenças entre os dados previstos e os observados estão mais frequentes próximas de 0 ou igual a 0, e que somente ocasionalmente ocorrem diferenças maiores que 0.

Figura 2.12 *Resíduos versus Previstos*

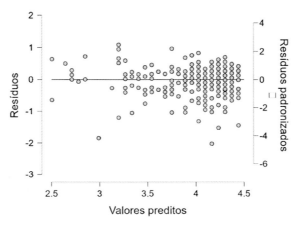

Nota. Banco de dados dos autores.

O gráfico Q-Q revela que os resíduos padronizados se ajustaram razoavelmente bem ao longo da diagonal. Isso indica que os pressupostos de normalidade e linearidade também não foram violados (**Figura 2.13**).

Figura 2.13 *Gráfico Q-Q dos Resíduo*

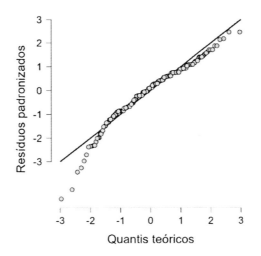

Nota. Banco de dados dos autores.

Para concluir a tarefa, o relato dos resultados desta análise de regressão linear simples poderia ser da seguinte maneira:

- "Uma análise de regressão linear simples foi conduzida para determinar o efeito da Intimidade sobre a Satisfação Conjugal. Nos resultados, constatou-se que, aumentando um desvio-padrão na Intimidade, o escore da Satisfação Conjugal aumenta 0,67 de desvio-padrão (vide o $b_{padronizado}$ na **Tabela 2.3**). O coeficiente de regressão para Intimidade foi 0,35 com o intervalo de 95% de confiança, 0,30 a 0,39. O resultado da Anova foi $F\,(1,\,329) = 260,481$; teve um nível de probabilidade associada de $p < 0,001$, demonstrando ser improvável que os resultados tenham sido obtidos por erro amostral".

OU

- "Foi realizada uma análise de regressão linear simples com o objetivo de investigar em que medida os níveis de Intimidade explicam os níveis de Satisfação Conjugal. A Intimidade apresentou influência estatisticamente significativa na Satisfação Conjugal $F\,(1,\,329) = 260,481$, $p < 0,001$; $R^2 = 0,44$). O coeficiente de regressão b ($b = 0,35$, 95% [IC = 0,30 – 0,39] indicou que, em média, o aumento de um desvio-padrão nos níveis de Intimidade repercutiu no aumento de 0,67 de desvio-padrão nos níveis de Satisfação Conjugal".

Análise de Regressão Linear Múltipla

A regressão linear múltipla é uma extensão da regressão linear simples. A variável de critério ainda é chamada de y, mas temos inúmeras variáveis explicativas, chamadas de x_1, x_2, x_3, e assim por diante. A regressão linear múltipla é capaz de fornecer informação sobre os modos de relacionamento das variáveis explicativas separadas, juntas ou combinadas com a variável de critério.

A equação da reta da regressão linear simples: $Y = a + bx + \varepsilon$

A equação da reta da regressão linear múltipla: $Y = a + b_1x_1 + b_2x_2 + b_3x_3 \ldots + \varepsilon$

Principais Pressupostos da Análise de Regressão Linear Múltipla

Hair Jr. et al. (2019) mapearam os estágios para a realização de um modelo de análise de regressão linear múltipla. No estágio 1, são definidas quais serão as variáveis independentes (preditoras ou explicativas) e as dependentes (critério/desfecho) com base no problema de pesquisa.

No estágio 2, é preciso considerar o tamanho da amostra adequado para garantir o poder estatístico e a generalização, como também deverá ser avaliada a necessidade de padronização das variáveis. No estágio 3, com o modelo de análise de regressão linear múltipla já definido, os pressupostos são testados nas variáveis individuais, e assim, se todos os pressupostos estão atendidos, o modelo é estimado (estágio 4) e os dados são interpretados e verificando-se o papel de cada variável (R^2) preditora no desfecho (estágio 5); e, na última etapa, é feita a validação dos resultados para garantir a generalização dos resultados para a população geral.

A questão central entre o cálculo dos coeficientes de regressão e da predição da variável de critério é verificar se os pressupostos da análise de regressão linear estão atendidos (Field, 2020; Hair et al., 2019). É fundamental que o pesquisador avalie cada um desses pressupostos.

O primeiro a ser verificado é a linearidade, cujo conceito é de que o modelo apresenta as propriedades de aditividade e homogeneidade. De forma simples, os modelos lineares preveem valores que se organizam em uma linha reta, por representar uma mudança de unidade constante — inclinação — da variável critério e para uma mudança de unidade constante da variável preditora.

Outro pressuposto é a variação não nula, ou melhor, as variáveis devem ter alguma variabilidade nos valores, não podem ter variância 0. Já a homocedasticidade é a descrição de dados para os quais a variância dos termos de erro (e) aparece constante ao longo do intervalo de valores de uma variável preditora. Significa que os resíduos a cada nível dos previsores devem ter a mesma variância.

De acordo com Hair Jr. et al. (2019), a multicolinearidade ocorre quando qualquer variável preditora é fortemente correlacionada com um conjunto de outras variáveis preditoras, o que pode provocar redundância no modelo. Diversos autores apontaram os impactos e os vieses provocados pela multicolinearidade (Daoud, 2017; Kim, 2019; Lavery et al., 2019; Shrestha, 2020; Thompson et al., 2017).

Em relação ao pressuposto dos erros independentes ou independência dos resíduos, significa dizer que os resíduos devem ser não correlacionados (ou independentes). Outro ponto: os erros devem ser normalmente distribuídos. Isto significa que as diferenças entre o modelo e os dados observados são com mais frequência 0 ou muito próximas a 0; e que diferenças muito maiores do que 0 acontecem apenas ocasionalmente.

Não é preciso que as variáveis preditoras tenham uma distribuição normal, mas os resíduos sim. Em outros termos, os erros não podem estar correlacionados. Se assim for, não é fruto do acaso, e possivelmente outra medida está impactando o modelo.

Em suma, os principais pressupostos a serem considerados para permitir uma análise mais robusta entre as variáveis (Field, 2020; Field & Wilcox, 2017; Gelman & Hill, 2006; Hair Jr. et al., 2019) são os seguintes:

1. Relação linear: Uma relação linear é aquela que pode ser representada por uma linha reta (**Figura 2.7**), e esta pode ser crescente, decrescente ou plana. Existem outros tipos de relações não lineares, tais como curvilíneas;

2. Normalidade multivariada: Requer que todas as relações entre as variáveis sejam normalmente distribuídas ou quase;

3. É importante verificar nos dados se há *outliers* ou valores extremos, uma vez que a regressão linear é sensível aos seus efeitos;

4. Homocedasticidade: Homogeneidade de variâncias de resíduos;

5. Ausência de multicolinearidade: As variáveis independentes não devem ser altamente correlacionadas entre si, conforme Dancey e Reidy (2019), com valores ≥ 0,80. Nesse caso, as variáveis seriam consideradas praticamente iguais;

6. Número suficientes de participantes: Não há um critério único para a determinação do tamanho da amostra, os autores não têm um consenso sobre essa questão. De qualquer forma, é necessário atentar para esse tópico e seguir algum critério.

Métodos de Entrada de Dados na Análise de Regressão Linear Múltipla

Na análise de regressão linear simples, o único método de entrada de dados possível é o *Inserir*. Porém, na análise de regressão linear múltipla, tem-se a possibilidade de utilizar outros métodos, haja vista a existência de mais de uma variável preditora. No entanto, é preciso considerar que os diversos métodos têm sido intensamente debatidos pelos experts. Cada um tem características, vantagens e desvantagens próprias que devem ser consideradas pelo pesquisador.

Se as variáveis preditoras ou explicativas não estiverem correlacionadas, a ordem de entrada delas terá pouco efeito no modelo. Contudo, na maioria dos casos, as variáveis preditoras são correlacionadas em algum grau. Assim, a ordem de inserção dessas variáveis na regressão pode fazer diferença. Listamos a seguir os métodos de entrada utilizados na análise de regressão linear múltipla:

Entrada forçada ou método Enter/Inserir: Todas as variáveis preditoras são forçadas a entrar no modelo na ordem que foram colocadas na caixa *Covariates/Covariáveis* do JASP (**Figura 2.14**). Esse método é o mais considerado para uso. Consiste em método simples e de fácil execução, e essa é a sua principal vantagem. Por outro lado, esse método não apresenta o R^2 de cada variável, ou melhor, não é possível verificar o tamanho do efeito de cada variável inserida no modelo. Além disso, não são consideradas as ausências de respostas (*missing/ausente*), o que pode interferir na análise.

Figura 2.14 *Variáveis Preditoras e Critério e Método Inserir na Regressão Linear Múltipla*

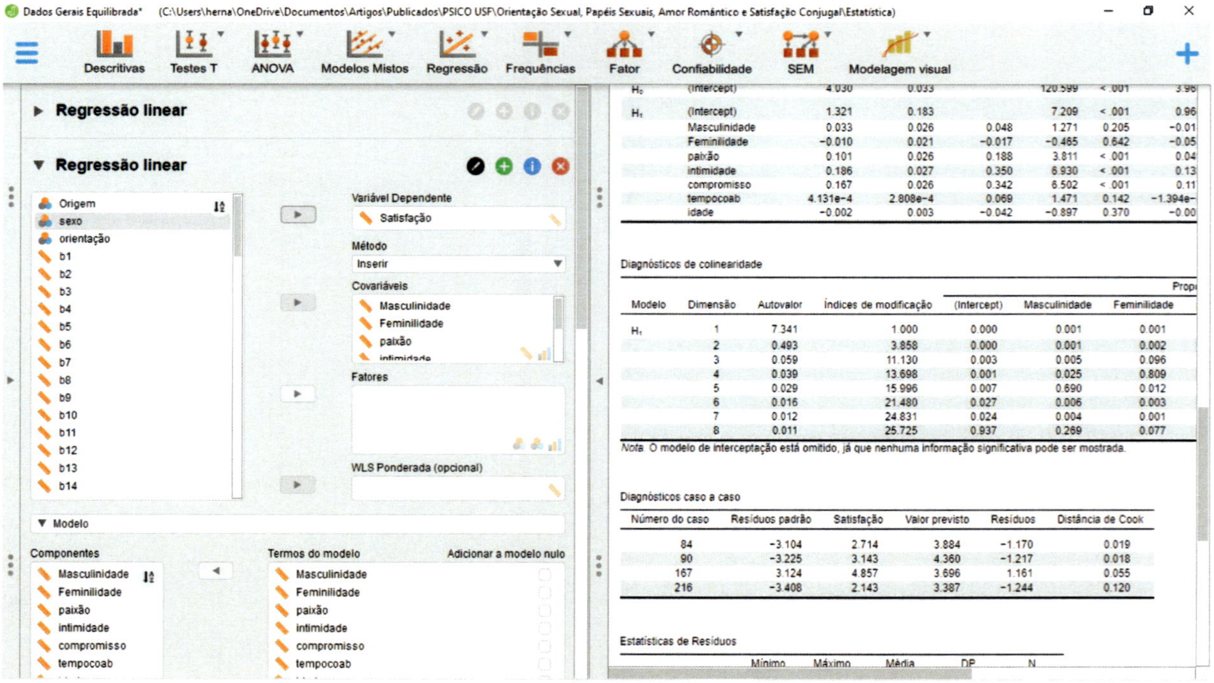

Nota. Software JASP. Banco de dados dos autores.

Entrada em Bloco ou Método Hierárquico: Baseado em conhecimento teórico prévio, em estudos empíricos anteriores e na importância da previsão, a ordem em que as variáveis preditoras serão inseridas é definida. Em etapas adicionais, são inseridas as variáveis preditoras adicionais.

Método por Passos (Backward/Voltar): Inicialmente, todas as variáveis preditoras são inseridas no modelo; na sequência, é calculada a contribuição de cada uma delas. São removidas as variáveis preditoras com menores níveis de contribuição. Ao fim do processo, restarão todas as variáveis preditoras estatisticamente significativas. A vantagem deste método é que ele elimina os possíveis erros de entrada do método *Forward/Avançar*.

Método por Passos (Forward/Avançar): A variável preditora com o grau de correlação mais elevado com a variável critério é a primeira a ser inserida. As variáveis preditoras subsequentes são selecionadas, também, com base no tamanho da correlação com a variável critério. Ao fim, serão incluídas no modelo todas as variáveis preditoras que contribuem com variância única significativa. Neste método, é possível analisar o R^2 de cada variável, sendo um modelo mais ponderado. A desvantagem principal é que, a cada nova variável inserida, a correlação parcial é alterada, permitindo uma flutuação nos resultados. Também é possível verificar o efeito supressor, que significa que uma variável só será estatisticamente significativa se uma outra variável estiver no modelo.

Entrada Stepwise/Passo a passo: Semelhante ao método *Forward/Avançar*, porém, sempre que uma variável preditora é adicionada ao modelo, uma remoção da preditora menos útil é efetuada. Para identificar possíveis remoções de preditoras redundantes, o modelo é frequentemente reavaliado. Neste modelo, é possível avaliar o tamanho do efeito de cada variável. Trata-se de um método mais equilibrado, pois considera exatamente o impacto de cada variável no modelo de forma hierarquizada; só entrará aquela variável que apresentar maior contribuição significativa para o desfecho. É possível que uma ou outra variável não integre o modelo. No método *Stepwise*, em termos de desvantagem, o tamanho da amostra impacta diretamente a significância de F. Outra desvantagem é o efeito supressor.

O método *Stepwise* de entrada de dados está associado a muitas desvantagens. Contudo, na exploração de preditoras não usadas ou para promover ajustes ao modelo com a seleção de melhores preditoras disponíveis, o método *Backward/Voltar* pode ser útil. Recomenda-se que o leitor busque na literatura especializada um aprofundamento sobre os métodos da regressão, haja vista que têm vantagens e desvantagens que precisam ser consideradas em cada pesquisa.

Segundo Hair Jr. et al. (2019), nenhum método específico é o melhor, e a estratégia mais prudente é empregar uma combinação de abordagens para capitalizar sobre os pontos fortes de cada um a fim de refletir a base teórica da questão de pesquisa. O **Quadro 2.5** apresenta de forma resumida cada um dos métodos de entrada de dados.

Quadro 2.5 *Métodos de Entrada de Dados da Regressão Linear Múltipla: vantagens e desvantagens*

Método	Inserção das variáveis	Vantagens	Desvantagens
Enter (Inserir)	De uma única vez.	Fácil execução.	Multicolinearidade. R^2 de cada variável não é apresentado. O *missing* não é considerado.
Stepwise (Por etapa)	Passo a passo, hierárquica, com base na significância de F.	R^2 de cada variável. Modelo mais ponderado.	O tamanho amostral impacta a significância de F. Efeito supressor.
Forward (Avançar)	Inseridas uma a uma com base na correlação parcial entre variável preditora e variável de critério.	R^2 de cada variável. Modelo mais ponderado.	A cada nova variável inserida, a correlação parcial é alterada. Efeito supressor.
Backward (Voltar)	Inclusão de uma vez e exclusão passo a passo.	Elimina os possíveis erros de entrada dos métodos *Stepwise* e *Forward*.	R^2 de cada variável não é apresentado.

Nota. Field (2020); Hair Jr. et al. (2019).

Passo a Passo para a Análise de Regressão Linear Múltipla no JASP

No seguinte exemplo, serão novamente utilizados os dados do estudo de Hernandez e Baylão (2020) no software JASP (**Figura 2.6**). Como na análise de regressão linear simples, para efetuar a técnica, clicar o menu da barra superior do JASP em *Regressão* e, depois, em *Regressão Linear* (**Figura 2.7**).

Na análise de regressão linear múltipla, incluem-se as variáveis preditoras/explicativas que serão analisadas e qual será o método utilizado para análise: *Enter/Inserir*, *Stepwise/Passo a passo*, *Forward/Avançar* ou *Backward/Voltar*. As variáveis preditoras foram Masculinidade, Feminilidade, Paixão e Intimidade, Compromisso, Idade e Tempo de Coabitação do Casal; e a variável de critério foi Satisfação Conjugal.

Anteriormente (**Figura 2.14**), o método de entrada de dados selecionado foi *Enter/Inserir*, todas as variáveis foram inseridas de uma única vez, sem critério de ordem. Na continuidade, marcam-se as seguintes opções em *Estatísticas*: *Estimativas* (*Estimates*), Ajuste do modelo (*Model fit*), Diagnóstico de colinearidade (*Collinearity diagnostics*) e Teste Durbin-Watson (**Figura 2.15**).

Figura 2.15 *Configuração da Análise de Regressão Linear Múltipla no JASP*

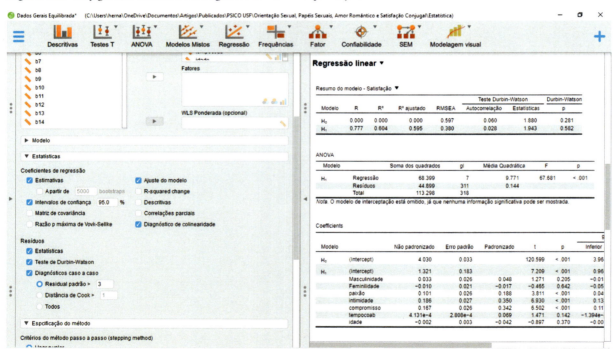

Nota. Software JASP. Banco de dados dos autores.

Isso fornece informações sobre um modelo baseado na hipótese H_0 (hipótese nula, sem preditores) e na alternativa H_1 (hipótese do pesquisador). O $R^2_{ajustado}$ (usado para vários preditores) mostra que eles podem prever 60% da variância do resultado. O teste Durbin-Watson verifica as correlações entre os resíduos e deve apresentar um valor entre 1 e 3 (**Tabela 2.6**).

Tabela 2.6 *Resumo do Modelo de Regressão para Satisfação Conjugal*

Modelo	R	R^2	$R^2_{ajustado}$	RMSEA	Teste Durbin-Watson Autocorrelação	Teste Durbin-Watson Estatísticas	Durbin-Watson P
H_0	0,00	0,00	0,00	0,60	0,06	1,88	0,28
H_1	0,78	0,60	0,60	0,38	0,03	1,94	0,58

Nota. Banco de dados dos autores.

A **Tabela 2.7** mostra que a linha de regressão (linha de melhor aderência) é significantemente diferente de 0, ou seja, prevê melhor do que seria esperado pelo acaso. Se a inclinação $b = 0$, a linha de melhor aderência seria horizontal. Neste caso, o valor $F = 67,681$, com uma probabilidade associada de $p < 0,001$. Isso significa que não é provável que o resultado seja devido ao erro amostral. Portanto, a hipótese nula pode ser rejeitada.

Tabela 2.7 *Anova*

Modelo		Soma dos quadrados	gl	Média quadrática	F	p
H_1	Regressão	68,399	7	9,771	67,681	0,001
	Resíduos	44,899	311	0,144		
	Total	113,298	318			

Nota. O modelo de interceptação está omitido, já que nenhuma informação significativa pode ser mostrada. Banco de dados dos autores.

A **Tabela 2.8** mostra os modelos H_0 e H_1 e os coeficientes da constante (intercepto) e da regressão (não padronizados) para todos os preditores forçados no modelo. Mesmo que a Anova mostre que o modelo é significativo ($p < 0,001$), apenas alguns dos coeficientes de regressão dos preditores são significativos.

No caso, são significativos a Paixão, a Intimidade e o Compromisso. Assim, após ajustados todos os parâmetros, a saída é semelhante a regressão linear simples. Porém os coeficientes de todas as variáveis preditoras selecionadas são apresentados.

As estatísticas de colinearidade, tolerância e *Variance Inflation Factor* (VIF) verificam o pressuposto de multicolinearidade. Como regra, se VIF > 10 e tolerância < 0,1, os pressupostos foram muito violados. Se o VIF médio > 1 e a tolerância < 0,2, o modelo pode ser tendencioso.

Tabela 2.8 *Modelos e Coeficientes*

Modelo		Não padro-nizado	EP	Padroni-zado	t	95% IC		Colinearidade	
						Inf	Sup	Tolerância	VIF
H_0	(Intercept)	4,03	0,03		120,60*	3,96	4,10		
H_1	(Intercept)	1,32	0,18		7,21*	0,96	1,69		
	Masculinidade	0,03	0,03	0,05	$1,27^{ns}$	-0,02	0,08	0,9	1,12
	Feminilidade	-0,01	0,02	-0,02	$-0,47^{ns}$	-0,05	0,03	0,9	1,08
	Paixão	0,10	0,03	0,19	3,81*	0,05	0,15	0,5	1,92
	Intimidade	0,19	0,03	0,35	6,93*	0,13	0,24	0,5	2,00
	Compromisso	0,17	0,03	0,34	6,50*	0,12	0,22	0,5	2,18
	Tempo Coabitação	4,e-4	2,e-4	0,07	$1,47^{ns}$	-1,e-4	9,e-4	0,6	1,72
	Idade	-0,00	0,00	-0,04	$-0,90^{ns}$	-0,007	0,00	0,6	1,68

Nota. EP = Erro-Padrão. *$*p < 0,001$. ns = não significativo. Banco de dados dos autores.

Considerando os resultados encontrados nesta análise de regressão linear múltipla com o método *Inserir/Enter*, o relato poderá ser feito da seguinte maneira:

- "A associação entre as variáveis de critério e explicativas é forte ($R_{múltiplo}$ = 0,78). Juntas, Paixão, Intimidade e Compromisso foram responsáveis por 60% da variância da Satisfação Conjugal ($R^2_{ajustado}$). Todas estão positivamente relacionadas à Satisfação Conjugal. O coeficiente de regressão para Paixão foi 0,10 (IC de 95% = 0,05 – 0,15), para Intimidade foi 0,19 (IC de 95% = 0,13 – 0,24) e para Compromisso foi 0,17 (IC de 95% = 0,12 – 0,22). Os coeficientes de regressão padronizados indicam que Intimidade (0,35) é mais forte, seguido do Compromisso (0,34) e da Paixão (0,19)".

Considerações Finais

Neste capítulo, primeiro, para melhor compreensão do leitor, foi abordado o conceito e a prática da análise de correlação, haja vista que esse é um conhecimento básico para entender a regressão estatística. Na sequência, foram apresentadas, de forma teórica e prática, as técnicas estatísticas de análise de regressão linear simples e análise de regressão linear múltipla. Foram descritas a equação de regressão, as premissas e os pressupostos teóricos que permitem aos pesquisadores a correta execução dos procedimentos em seus estudos. Os métodos de regressão também foram descritos, e um exemplo prático com o método *Enter/Inserir* foi demonstrado no software JASP. Os vários métodos de regressão trazem vantagens e desvantagens; recomenda-se a consulta à literatura específica para aprofundamento nesse tópico, que tem sua complexidade.

O objetivo do texto também foi apresentar o funcionamento do software JASP, bastante amigável, e os procedimentos, passo a passo, de como executar uma análise de regressão. Isso pode ajudar estudantes e pesquisadores iniciantes para que, de forma autônoma, possam replicar as instruções com os dados de suas pesquisas, obter os resultados e interpretá-los adequadamente. Contudo, para utilização eficaz dessa técnica, é necessário que haja um prévio arcabouço teórico que suporte as relações investigadas, do contrário estas poderão se revelar espúrias ou sem nenhum significado genuíno para as teorias psicológicas.

Outras técnicas estatísticas também permitem a análise das relações entre variáveis. Este capítulo não teve a intenção de esgotar o conteúdo sobre a análise de regressão, mas incentivar a prática e o desenvolvimento do estudo, mostrando que é possível a realização dela. Há vasta literatura disponível sobre essa técnica, o que permitirá aprofundamento futuro aos interessados. Recomenda-se como ponto de partida a utilização desta lista de referências para a continuidade e aquisição de novos conhecimentos acerca da técnica em foco.

Referências

Dancey, C., & Reidy, J. (2019). *Estatística sem matemática para psicologia*. Penso Editora.

Daoud, J. I. (2017). Multicollinearity and regression analysis. *Journal of Physics: Conference Series, 949*(1), 012009. https://doi.org/10.1088/1742-6596/949/1/012009.

Field, A. (2020). *Descobrindo a estatística usando o SPSS* (5. ed.). Penso Editora.

Field, A. P., & Wilcox, R. R. (2017). Robust statistical methods: A primer for clinical psychology and experimental psychopathology researchers. *Behaviour Research and Therapy, 98*, 19-38. https://doi.org/10.1016/j.brat.2017.05.013.

Galton, F. (1885). Anthropometric percentiles. *Nature, 31*, 223-225. https://galton.org/essays/1880-1889/galton-1885-nature-percentiles.pdf.

Gelman, A., & Hill, J. (2006). *Data analysis using regression and multilevel/hierarchical models*. Cambridge University Press. https://doi.org/10.1017/CBO9780511790942.

Goss-Sampson, M. A. (2020). *Análise estatística no JASP: Um guia para estudantes*. https://doi.org/10.6084/m9.figshare.9980744.

Hair Jr., J. F., Black, W. C., Babin, B. J., & Anderson, R. E. (2019). *Multivariate data analysis*. Cengage.

Hernandez, J. A. E., & Baylão, V. L. D. A. (2020). Papéis sexuais, amor e satisfação conjugal em indivíduos heterossexuais e homossexuais. *Psico-USF, 25*, 27-38. https://doi.org/10.1590/1413-82712020250103.

JASP Team (2022). *JASP* (Version 0.16.3). [Computer software].

Kim, J. H. (2019). Multicollinearity and misleading statistical results. *Korean Journal of Anesthesiology, 72*(6), 558. https://www.ncbi.nlm.nih.gov/pmc/articles/PMC6900425/.

Lavery, M. R., Acharya, P., Sivo, S. A., & Xu, L. (2019). Number of predictors and multicollinearity: What are their effects on error and bias in regression? *Communications in Statistics-Simulation and Computation, 48*(1), 27-38. https://doi.org/10.1080/03610918.2017.1371750.

Myers, L., & Sirois, M. J. (2006). Spearman correlation coefficients, differences between. In S. Kotz, C. B. Read, N. Balakrishnan, B. Vidakovic, & N. L. Johnson (Eds.), *Encyclopedia of statistical sciences* (pp. 1-2). John Wiley & Sons, Inc. https://doi.org/10.1002/0471667196.ess5050.pub2.

Pearson, K. (1896). VII. Mathematical contributions to the theory of evolution. III. Regression, heredity, and panmixia. *Philosophical Transactions of the Royal Society of London. Series A, Containing Papers of a Mathematical or Physical Character, 187*, 253-318. https://doi.org/10.1098/rsta.1896.0007.

Rumsey, D. J. (2021). How to interpret a correlation coefficient R (p. 26). *Statistics for Dummies*. https://www.dummies.com/article/academics-the-arts/math/statistics/how-to-interpret-a-correlation-coefficient-r-169792/.

Shrestha, N. (2020). Detecting multicollinearity in regression analysis. *American Journal of Applied Mathematics and Statistics*, *8*(2), 39-42. http://article.sciappliedmathematics.com/pdf/ajams-8-2-1.pdf.

Thompson, C. G., Kim, R. S., Aloe, A. M., & Becker, B. J. (2017). Extracting the variance inflation factor and other multicollinearity diagnostics from typical regression results. *Basic and Applied Social Psychology*, *39*(2), 81-90. https://www.tandfonline.com/doi/abs/10.1080/01973533.2016.1277529.

Xu, W., Hou, Y., Hung, Y. S., & Zou, Y. (2013). A comparative analysis of Spearman's rho and Kendall's tau in normal and contaminated normal models. *Signal Processing*, *93*(1), 261-276. https://doi.org/10.1016/j.sigpro.2012.08.005.

3

ESTUDO DAS RELAÇÕES ENTRE VARIÁVEIS SEGUNDO ANÁLISES DE MODERAÇÃO E MEDIAÇÃO

Josemberg Moura de Andrade
Flávia Lucena Barbosa
Igor Gomes Menezes
Jairo Eduardo Borges-Andrade

Introdução

Cada vez mais, a prática profissional baseada em evidências empíricas tem sido requerida. Nesse contexto, a pesquisa psicológica assume uma posição de destaque na nossa sociedade. Os resultados de tais pesquisas orientam os(as) psicólogos(as) nos mais variados contextos de atuação, indicando, por exemplo, tratamentos para indivíduos ou grupos com maiores probabilidades de sucesso ou intervenções organizacionais a fim de promover maior comprometimento dos colaboradores.

Imagine que queremos investigar se a quantidade de horas que a criança dedica a jogos violentos impacta os níveis de agressividade no ambiente escolar. Certamente, teríamos uma boa pergunta de pesquisa. Ou imagine que queremos saber se a quantidade de horas que a criança dedica ao dever de casa impacta o desempenho escolar. Para ambos os casos, podemos utilizar uma análise de regressão linear simples e verificar quanto a primeira variável (horas dedicadas a jogos violentos ou dever de casa) é preditora da segunda variável (agressividade ou desempenho escolar). Todavia, podemos chegar à conclusão de que considerar que agressividade ou desempenho escolar tenham apenas uma variável preditora seja muito simplista e que, assim, queremos analisar duas, três ou mais variáveis preditoras. Neste caso devemos utilizar a análise de regressão linear múltipla.

Acontece que o mundo real, felizmente ou infelizmente, é muito complexo, o comportamento humano é multideterminado e desejamos também saber se as predições daquela agressividade ou desempenho podem mudar em decorrência de características desse mundo ou das crianças. Por exemplo, valendo-se da literatura científica e de estudos empíricos anteriores, podemos querer investigar se a relação entre jogos violentos e agressividade no ambiente escolar é diferente entre meninos e meninas. Digamos que hipotetizamos que para meninas temos uma fraca associação entre quantidade de horas dedicadas a jogos violentos e agressividade no ambiente escolar, enquanto para meninos temos uma forte associação entre quantidade de horas dedicadas a jogos violentos e agressividade. Assim, a variável "sexo do estudante" afetaria a relação entre horas dedicadas a jogos violentos e agressividade no ambiente escolar. Neste caso, teremos que partir para uma análise de moderação, visando identificar como esses efeitos de jogos podem ser diferentes nos subgrupos "meninas" e "meninos". Esta análise é um dos focos do presente capítulo.

O segundo foco do presente capítulo é a análise de mediação. Por exemplo, podemos querer testar o impacto da instabilidade emocional na relação entre níveis de paixão e satisfação conjugal. Nossa hipótese de pesquisa é que existe uma relação positiva entre paixão e satisfação conjugal.

No entanto, para indivíduos com alto grau de instabilidade emocional, essa relação passa a ser diminuída (mediação parcial). Neste caso, a instabilidade emocional é mediadora da relação entre paixão e satisfação conjugal.

Mas por que estudar relações tão complexas por meio de análises de moderação e mediação? Uma justificativa é que estabelecer relações simples bidirecionais entre variáveis não implica uma compreensão profunda, mesmo quando uma associação causal pode ser estabelecida entre tais variáveis. Compreende-se melhor um determinado fenômeno quando se pode responder não apenas a se X afeta ou impacta Y, mas também como X exerce seu efeito sobre Y, quando X afeta Y e, também, quando não o afeta. A questão "como" relaciona-se com o processo psicológico, cognitivo ou biológico subjacente que liga causalmente X a Y, enquanto a questão "quando" se refere às condições limítrofes da associação causal — sob que circunstâncias, ou para quais tipos de pessoas, X exerce efeito sobre Y e em quais circunstâncias, ou para quais tipo de pessoas X não exerce efeito (Hayles, 2018). Nesse contexto, modelos de mediação e moderação são essenciais para a compreensão dos fenômenos psicológicos (Valentini et al., 2018).

Este capítulo apresenta as análises de moderação e de mediação como recurso para o estudo do relacionamento entre variáveis. Inclui um tutorial que busca capacitar o(a) leitor(a) a realizar tais análises no software Jamovi. Este pode ser baixado no seu próprio website (The Jamovi Project, 2022). Tais análises também podem ser realizadas no software Statistical Package for the Social Sciences (SPSS), a partir da instalação da ferramenta PROCESS (Hayes, 2018). O pacote "medmod" do software Jamovi é baseado nessa ferramenta. Leitores(as) interessados(as) poderão encontrar o passo a passo da utilização desse recurso nas obras de Field (2020) e Hayes (2018). Considerando que o SPSS não é um software de livre acesso, optou-se por exemplificar a aplicação das análises de moderação e mediação segundo o Jamovi. Destacamos, ainda, que tais análises podem ser realizadas conforme abordagem da análise de regressão linear ou com base na Modelagem por Equações Estruturais (MEE), considerando os modelos de variáveis de classe latente (Byrne, 2010; Kline, 2011; Weston et al., 2008). No presente capítulo, adotamos a primeira opção, ou seja, a abordagem da análise de regressão linear. Dessa forma, espera-se que o(a) leitor(a) compreenda os princípios básicos da modelagem linear usando análise de regressão. Uma breve explicação sobre a análise de regressão múltipla é apresentada a seguir.

Análise de Regressão Linear Múltipla

Valendo-nos da análise de regressão, podemos prever os valores de uma variável de resultado (também conhecida como variável predita) segundo uma ou mais variáveis previsoras (também conhecidas como variáveis preditoras ou antecedente). Na pesquisa experimental, a variável de resultado é sinônimo de variável dependente, enquanto a variável previsora é sinônimo de variável independente. Quando temos apenas uma variável previsora, a técnica é denominada regressão simples, mas, quando temos mais de uma variável previsora, é denominada regressão múltipla. Ambos são termos para o modelo linear. Especificamente na regressão linear simples ou múltipla, a variável dependente deve ser métrica, e a(s) variável(is) independentes podem ser métricas ou dicotômicas (*e.g.*, sim x não; acerto x erro). A equação 1, ilustrada a seguir, apresenta o modelo de análise de regressão. Nessa equação, podemos ver a ideia fundamental de que um resultado para uma pessoa i pode ser previsto conforme um modelo (o que está dentro dos parênteses) somado a um erro (ε) associado a essa previsão. Ainda, podemos avançar para a equação 2 e prever uma variável de resultado (Y_i) segundo uma variável previsora (X_1), prevendo um parâmetro, b_1, associado à variável previsora que quantifica a relação que ela tem com a variável de resultado (Dancey & Reidy, 2017; Field, 2020; Tabachnick & Fidell, 2019).

$$\text{resultado}_i = (b_0 + b_1 X_1) + \text{erro}_i \text{(equação 1)}$$
$$Y_i = (b_0 + b_1 X_1) + \varepsilon \text{ (equação 2)}$$

Não importa quantas variáveis previsoras serão inseridas no modelo (desde que se tenha justificativa teórica para isso). Sempre teremos uma constante (b_0) que representa o valor médio da variável de resposta quando a variável previsora for igual a 0 (no caso da regressão simples), ou quando as variáveis previsoras forem iguais a 0 (no caso da regressão múltipla) (Dancey & Reidy, 2017; Field, 2020; Tabachnick & Fidell, 2019; Thompson, 2006).

Como exemplo, vamos imaginar que queremos predizer a nota dos estudantes em uma prova de Língua Portuguesa (variável de resultado) de uma determinada escola do Distrito Federal conforme a quantidade de tarefas de casa entregues (variável previsora) pelos estudantes. A nota da prova variava de 0 a 10, enquanto a quantidade máxima de tarefas entregues era cinco. Poderíamos adaptar o modelo linear da equação 2 substituindo a variável previsora e de resultado pelos nomes das respectivas variáveis, conforme apresentado na equação 3.

$$\text{Nota em LP}_i = (b_0 + b_1 \text{ x Qtde de tarefas}) + \varepsilon_i \text{ (equação 3)}$$

Digamos que os valores foram estimados e b_0 foi igual a 1,0, enquanto b_1 foi igual a 1,8. Com essas informações, podemos inserir os valores na equação 3, resultando na equação 4, apresentada a seguir.

$$\text{Nota em LP}_i = (1 + 1,8 \text{ x Qtde de tarefas}) + \varepsilon_i \text{ (equação 4)}$$

Assim, a previsão de um aluno que entregou as cinco tarefas é de que ele obtenha a nota 10, ou seja 1 + 1,8 x 5 = 10,0. A literatura sobre determinantes do rendimento escolar é vasta (Andrade & Laros, 2007; Ferrão et al., 2017; Laros et al., 2012), e tal modelo teórico seria considerado muito simplista. Outras variáveis, tais como capacidades e dificuldades dos alunos (Rosa et al., 2020), autoconceito dos estudantes (Cia et al., 2012), envolvimento paterno (Cia et al., 2012), nível de escolaridade dos pais (Reis & Ramos, 2011), capital econômico da família (Tan, 2020), capital cultural da família (Tramonte & Willms, 2010), entre outras, poderiam ser inseridas no modelo. Além disso, variáveis não avaliadas ou erros de instrumental, por exemplo, poderiam aumentar o erro do modelo (ε).

Na análise de regressão, um importante índice é o R^2. Este representa a proporção da variância para uma variável dependente que é explicada por uma ou mais variáveis independentes em um modelo de regressão (Field, 2020). Entende-se que cada variável independente no modelo contribui para explicar a variação da variável dependente. O R^2 é a expressão numérica do percentual da variância e varia de 0 a 1,0. Dessa forma, basta mover a vírgula do valor do R^2 duas casas decimais para a direita para descobrir qual é a porcentagem de explicação da variável independente na variável dependente. Essa parte ficará mais elucidada no tutorial sobre mediação. O R^2 também é conhecido como o coeficiente de determinação (regressão simples) ou o coeficiente de determinação múltipla (regressão múltipla). Cabe ressaltar que se deve ter cuidado ao interpretar o valor do R^2. Um valor baixo não necessariamente implica uma estimação incorreta. Como já mencionado, o comportamento humano é multideterminado. É possível que outros fatores estejam afetando a variância da variável dependente (Dancey & Reidy, 2017; Field, 2020; Tabachnick & Fidell, 2019; Thompson, 2006).

A realização da análise de regressão múltipla requer que alguns pressupostos sejam respeitados para que os resultados não sejam comprometidos. São eles: tamanho da amostra, casos extremos (*outliers*), normalidade, linearidade, multicolinearidade, singularidade, homocedasticidade e independência das observações e dos resíduos (Field, 2020; Tabachnick & Fidell, 2019). Tais aspectos são apresentados resumidamente a seguir.

- **Amostra**: Existem diversos fatores que podem influenciar a seleção por um tamanho específico de amostra, tais como poder do teste, nível de significância, número de variáveis previsoras incluídos no modelo e tamanho do efeito esperado. Entretanto, como este capítulo se destina a pesquisadores(as) com objetivos diferentes, pode-se adotar a seguinte regra para a regressão múltipla: N maior ou igual a 50 + 8m (onde m = número de variáveis previsoras);

- **Casos extremos (*outliers*)**: São observações que apresentam grande afastamento da maioria dos dados de uma série (cerca de três desvios-padrão acima ou abaixo da média). Esses casos podem influenciar os resultados da regressão múltipla, uma vez que aumentam os resíduos do modelo. Por isso, é necessário realizar uma inspeção deles. Esta pode ser feita pela análise dos escores z para *outliers* univariados ou segundo a distância de Mahalanobis para *outliers* multivariados. O(a) pesquisador(a) deve decidir se excluirá os *outliers* (o que pode impactar o tamanho da amostra) ou se os transformará. Os *outliers* extremos são mais preocupantes do que os *outliers* moderados;

- **Normalidade**: O pressuposto da normalidade da distribuição dos dados na regressão múltipla aplica-se aos resíduos padronizados, não às variáveis independentes. Esses são os valores observados de *y* menos os valores preditos de *y*. Essa inspeção pode ser feita segundo observação do gráfico de dispersão (*scatter plots*) das variáveis. Os resíduos devem ser normalmente distribuídos em torno dos escores preditos da variável dependente e não formam padrões que indicam relações não lineares;

- **Homocedasticidade**: Equivale à igualdade de variâncias, ou seja, a variável dependente apresenta uma dispersão constante ao longo dos valores da variável independente;

- **Linearidade**: Deve existir uma relação linear entre as variáveis independentes e a variável dependente. Se o gráfico de dispersão (*scatter plot*) seguir um padrão linear (ou seja, não um padrão curvilíneo), isso mostrará que a suposição de linearidade foi atendida;

- **Independência das observações**: Todos os valores da variável critério devem ser derivados de pessoas diferentes;

- **Independência dos resíduos**: para qualquer par de observações, os termos de erro não devem ser correlacionados;

- **Multicolinearidade**: Para a regressão múltipla, é preciso que as variáveis independentes sejam fortemente correlacionadas com a variável dependente, mas que sejam pouco correlacionadas entre si. Se as variáveis independentes forem fortemente correlacionadas entre si, ocorrerá multicolinearidade. Isso pode significar que essas variáveis podem ser redundantes. Quando temos multicolinearidade entre duas variáveis, uma possibilidade é manter apenas uma das duas variáveis;

- **Singularidade**: Na análise de regressão, a singularidade é a forma extrema de multicolinearidade, ou seja, quando existe uma relação linear perfeita entre as variáveis ou, em outros termos, quando o coeficiente de correlação é igual a 1,0 ou -1,0. Novamente, isso indica redundância das variáveis (Tabachnick & Fidell, 2019).

Para interpretar uma análise de regressão múltipla, observam-se os resultados do valor p (*p-value*). O valor de p na regressão ajuda a determinar se as relações observadas na sua amostra também existem na população maior. O valor p da regressão linear para cada variável independente testa esta hipótese nula de que a variável não tem correlação com a variável dependente (Tabachnick & Fidell, 2019). Geralmente, utiliza-se como critério um valor $p < 0,05$. Valores maiores que 0,05 indicam que nenhum efeito foi observado.

A estatística F representa a razão entre a variância explicada pelo modelo de regressão (quadrado médio da regressão) e a variância não explicada (quadrado médio dos resíduos). Uma regra frequentemente usada na análise de regressão é esta: se $F > 2,5$, podemos rejeitar a hipótese nula. Concluímos que existe pelo menos um valor de parâmetro diferente de 0 (Field, 2020; Tabachnick & Fidell, 2019). Não confundir a estatística F com R^2. Enquanto a primeira indica se as variáveis independentes explicam, em conjunto, a variável dependente de maneira significativa, o R^2 mede a força do modelo.

A utilização da análise de regressão múltipla é muito útil na pesquisa científica para responder a hipóteses de pesquisas bem fundamentadas teoricamente. No entanto, a sua utilização precisa ser cuidadosa. Um dos principais aspectos a serem considerados é que a qualidade dos resultados dessa análise depende diretamente do modelo proposto pelo(a) pesquisador(a). Para isso, é necessário um profundo conhecimento teórico sobre o fenômeno a ser estudado, assim como a escolha cuidadosa das medidas que serão utilizadas. Se estas não apresentarem bons índices de fidedignidade, é possível que aumentem as chances de erro entre valores preditos e observados. Com isso, percebe-se quanto a análise de regressão múltipla é sensível à combinação das variáveis inseridas no modelo.

Os tipos de evidências de validade e estimativas de fidedignidade dos instrumentos psicológicos podem também ser aplicados a questionários e escalas de coleta de dados para pesquisas (Andrade & Valentini, 2018). Essas evidências devem ser levadas em conta, na fase de escolha dos instrumentos de coleta de dados, alinhadas aos demais procedimentos metodológicos, visando ao sucesso da pesquisa.

O resultado da análise de regressão linear apenas indica a direção e a magnitude do relacionamento entre as variáveis. Portanto, o(a) pesquisador(a) não pode atribuir uma relação causal ao fenômeno sem considerar esses procedimentos (Field, 2020; Tabachnick & Fidell, 2019). Na subseção a seguir discutiremos as análises de moderação e mediação.

Análise de Moderação

A análise de moderação objetiva avaliar em que medida os níveis ou categorias de uma variável moderadora mudam o impacto que uma variável X exerce sobre uma variável Y. Em outras palavras, uma associação entre duas variáveis X e Y é considerada moderada quando sua magnitude ou direção (positiva ou negativa) depende de uma terceira variável ou conjunto de variáveis W. A variável moderadora pode ser dicotômica do tipo acerto X erro, ou sim X não; ou pode ser dicotomizada quando for contínua, entre escores altos e baixos, por exemplo. Se a variável moderadora for dividida em três níveis, por exemplo, será criada uma reta de regressão para cada nível, e a angulação da reta refletirá a força da relação. Retas planas indicam ausência de relação, enquanto retas inclinadas indicam relação. Assim, quanto mais inclinada for a reta, mais forte será o relacionamento entre as variáveis. Uma dificuldade comum refere-se à definição de pontos de cortes da variável contínua em níveis. Quando trabalhamos com variáveis que apresentam pontos de cortes consolidados na literatura, como é o caso do Índice de Massa Corporal (IMC), isso é relativamente simples. Quando não temos esses pontos definidos, uma opção, conforme sugere Hayes (2018), é adotar os percentis 16, 50 e 84. Estatisticamente, a análise de moderação é normalmente realizada testando a interação linear entre *X* e *W* para predizer *Y* (**Figura 3.1**). Com evidências de que o efeito de *X* sobre *Y* é moderado por *W*, o(a) pesquisador(a) quantificará e descreverá a associação de *X* sobre *Y* com base nos vários valores (ou categorias) da variável moderadora (Hayes, 2018). A relação entre as variáveis *X* e *Y* é moderada pela variável *W*. Em outras palavras, a variável moderadora *W* influencia a magnitude do efeito de *X* sobre *Y*.

Figura 3.1 *Modelo de Moderação Simples com uma Única Variável Moderadora W Influenciando o Tamanho do Efeito de X em Y*

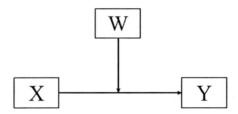

Nota. Hayes (2018).

Na literatura psicológica é possível encontrar uma série de pesquisas que utilizaram análise de moderação para responder a suas perguntas de pesquisa. Por exemplo, um estudo objetivou avaliar os índices de Sentido de Vida (SV), de Bem-Estar Psicológico (BEP) e de Qualidade de Vida (QV) em uma amostra de professores escolares, bem como observar como o SV poderia atuar como variável moderadora da relação entre o BEP e a QV geral. Para isso, os autores contaram com uma amostra de 517 professores, de 57 escolas públicas e privadas da cidade de Campina Grande/PB, sendo 174 homens e 343 mulheres, com média de idade igual a 36,5 anos (DP = 10,34). Os resultados indicaram que uma parcela significativa de professores apresentou índices negativos de SV, BEP e QV. Análises inferenciais indicaram o SV como uma variável preditora tanto de BEP quanto de QV, ao passo que o efeito moderador do SV foi confirmado, a saber: BEP e a QV geral apresentam correlações distintas para sujeitos com alto e com baixo nível de SV. A interação permitiu observar que, caso os índices de SV fossem menores, os professores apresentavam piores índices de BEP e de QV. Os autores concluíram, dos resultados, que intervenções focadas em aspectos existenciais da classe de professores podem ser uma estratégia eficaz para otimizar indicadores de BEP e de QV (Damásio et al., 2013).

Outro estudo objetivou testar o papel moderador de dois modos de regulação emocional (regulação ascendente de emoções positivas e regulação descendente de emoções negativas) na predição do Bem-Estar Subjetivo (BES). Para isso, foram consideradas como variáveis preditoras/ antecedentes os traços de personalidade de extroversão e de neuroticismo. O estudo foi realizado com uma amostra não probabilística de 310 trabalhadores. Os resultados do estudo indicaram os efeitos moderadores da regulação ascendente de emoções positivas nas relações entre os dois traços de personalidade (extroversão e de neuroticismo) e o BES. Os autores concluíram que a utilização de estratégias ascendentes beneficiou o BES de trabalhadores com traços de introversão e neuroticismo, de modo direto, aumentando o BES geral, ou indireto, diminuindo os níveis de afetos negativos (Ribeiro et al., 2018).

Em um terceiro exemplo, objetivou-se analisar o papel preditor do narcisismo em relação ao uso do Instagram, testando o papel moderador da autoestima. Para isso, contou-se com uma amostra de conveniência composta por 207 pessoas que indicaram usar a rede social Instagram, com idades variando entre 18 e 62 anos (M = 27,08; DP = 10,41). A maioria declarou ser do sexo feminino (65,7%), solteira (69,1%) e com ensino superior incompleto (43%). Os resultados indicaram que os participantes identificados como narcisistas passavam mais tempo no Instagram, postavam mais fotos e *stories*, atribuindo muita importância a receber feedback (curtidas e visualizações). O efeito de moderação foi confirmado, verificando-se que a importância atribuída a receber feedbacks foi mais forte entre os narcisistas com baixa autoestima, e receber curtidas e visualizações pode ser uma forma de compensação para os baixos níveis nesta variável. Os autores concluíram que o uso do Instagram pode ser explicado por meio do narcisismo, podendo haver interações com a autoestima. Os resultados do estudo fornecem importantes insights para se entender o uso problemático dessa rede social (Monteiro et al., 2020).

Um último exemplo foi o estudo realizado por Ramos et al. (2021), em que se investigou a relação da compatibilidade indivíduo-organização com a intenção de rotatividade, testando o efeito moderador da confiança do empregado na organização. Para o alcance do objetivo, os autores contaram com uma amostra de 381 respondentes, de ambos os sexos (61% do sexo feminino), com média de idade 39,23 anos. Responderam às versões on-line de medidas de valores organizacionais, de confiança do(a) empregado(a) na organização e de intenção de rotatividade. Os resultados indicaram que, quanto maior a compatibilidade entre o indivíduo e a organização, relacionada aos valores de conservadorismo e harmonia, menor a intenção de rotatividade. A hipótese de moderação foi confirmada, indicando que a confiança nos padrões éticos da organização moderou a relação da compatibilidade indivíduo-organização associada aos valores de autonomia e de domínio com a intenção de rotatividade. Os autores concluíram que a baixa confiança nos padrões éticos da organização contribuiu para acentuar a relação negativa entre a compatibilidade associada a tais valores e a intenção de rotatividade.

Como ilustramos, a aplicação da análise de moderação é amplamente utilizada na ciência psicológica, gerando conhecimento nas mais variadas subáreas de estudos. O mesmo acontece com a análise de mediação, nosso próximo tópico.

Análise de Mediação

A análise de mediação refere-se a uma situação em que a relação entre uma variável X e uma variável Y é explicada pelo relacionamento com uma terceira variável, a mediadora M. Considerando a variável X como independente ou preditora e a variável Y como dependente ou predita, para termos um modelo de mediação, precisamos assegurar que a variável X prevê a variável mediadora M; a variável mediadora, por sua vez, prevê a variável Y (predita ou de resultado); e, ainda, o relacionamento entre a variável X e Y será diferente quando a variável mediadora também estiver incluída no modelo (**Figura 3.2**). A mediação ocorre se a força da relação entre a variável X e a variável Y for reduzida ou anulada ao incluir a mediadora. Especificamente, a mediação total ocorre quando o relacionamento entre a previsora e a variável de resultado é completamente eliminado ao se incluir a mediadora no modelo. A mediação parcial, por sua vez, ocorre quando o relacionamento entre as variáveis previsoras e a variável de resultado é diminuído ao se incluir a mediadora no modelo (Field, 2020). A análise de mediação permite verificar em que medida o efeito de uma variável X em uma variável Y ocorre devido a uma outra variável M. Tal análise explica por que ou como uma variável X impacta uma variável Y.

Figura 3.2 *Um Modelo de Mediação Simples com uma Única Variável Mediadora M Localizada Causalmente entre X e Y*

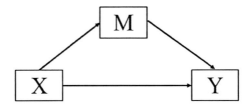

Nota. Hayes (2018).

Também é possível observar na literatura científica vários exemplos de pesquisa que utilizam análise de mediação. Por exemplo, um estudo objetivou responder ao seguinte problema de pesquisa: O contexto interno de mudança das organizações e as atitudes em face da mudança influenciam as reações comportamentais dos colaboradores nessas organizações? Diante de tal problema, foi testado um modelo de mediação das atitudes diante da mudança entre variáveis de contexto, de conteúdo e de processo e os comportamentos de apoio à mudança organizacional e resistência. Assim, foi utilizado um desenho de investigação transversal quantitativo em duas organizações públicas com 981 participantes, por Nery e Neiva (2015). O modelo foi parcialmente corroborado, indicando que as atitudes perante a mudança medeiam a relação entre contexto de mudança e os comportamentos de apoio às mudanças e resistência. Contudo, observou-se, também, que a variável aceitação não é mediadora na relação entre risco e os comportamentos de respostas à mudança, sejam eles comportamentos de apoio às mudanças, sejam de resistência. Isto indica que o risco do contexto interno de mudanças não influenciou as atitudes nem as respostas à mudança nas organizações investigadas.

Um estudo buscou investigar o impacto de duas dimensões de curiosidade (exploração alegre e sensibilidade à privação) sobre o esforço de aprendizagem informal (aprender consigo mesmo, aprender com os outros e aprender com fontes não interpessoais) e a atitude em relação ao compartilhamento de conhecimento. Além disso, foi explorado o efeito mediador da cultura de aprendizagem. De acordo com os dados obtidos de 403 trabalhadores(as) de organização que oferecem serviços de tecnologia (62% homens, 73% com mais de dez anos de experiência), a cultura de aprendizagem medeia parcial e significativamente a relação da exploração alegre com o esforço de aprendizagem informal e atitude em relação ao compartilhamento de conhecimento. Os resultados encontrados sugerem novos caminhos para intervenções no domínio do aprendizado e compartilhamento de conhecimento nas organizações (Baburaj & Kumar, 2022).

Um terceiro exemplo de pesquisa de mediação explorou a relação entre o *self* profissional futuro e a criatividade do funcionário para aumentar o desempenho da inovação. Foram analisados dados de 201 funcionários(as) do departamento de Pesquisa e Desenvolvimento em empresas de alta tecnologia da China. Os resultados indicaram que a aprendizagem informal no trabalho medeia a relação entre o *self* profissional futuro e a criatividade dessas pessoas, e que essa mediação é moderada pela personalidade proativa, de modo que o efeito indireto será mais forte para quem apresenta personalidade altamente proativa (Zhang et al., 2021). Esse estudo é uma ilustração mais complexa de um modelo que simultaneamente inclui análises de mediação e moderação.

O exemplo complexo anterior não é uma exceção na literatura. É comum o interesse em investigar simultaneamente variáveis moderadoras e mediadoras (Valentini et al., 2018; Zhao et al., 2010). Pela perspectiva dos modelos estruturais equacionais, os efeitos das terceiras variáveis — desde modelos de moderação e mediação mais simples, até modelos mais complexos de mediação moderada e moderação mediada — são discutidos por Ato e Vallejo (2011). A discussão desses últimos modelos foge do escopo do presente capítulo. Após essa breve discussão sobre análise de moderação e análise de mediação, passaremos para o tutorial no software Jamovi.

Tutorial

O banco de dados utilizado para os tutoriais de análises de moderação e mediação foi o "HBAT_200.sav" de Hair et al. (2019). Tal banco não apresenta casos ausentes, e pode ser obtido no endereço https://mvstats.com/downloads/ (Hair et al., n.d.). Esse website também contém a descrição do banco de dados.

Ao iniciar o Jamovi, pela primeira vez, você verá uma interface de usuário que se parece com a **Figura 3.3**.

Figura 3.3 *Tela Inicial do Jamovi*

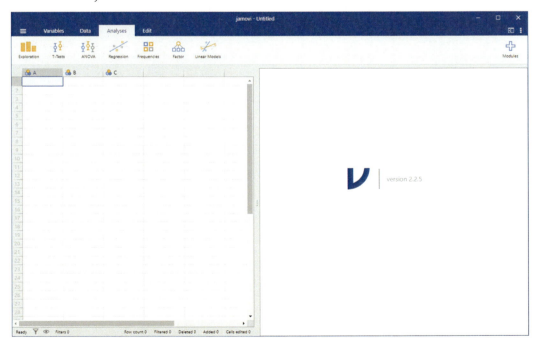

Para abrir o arquivo, clique o botão com as três linhas horizontais paralelas no topo esquerdo da tela. Aparecerá um menu de opções, conforme mostra a **Figura 3.4**. Em seguida, deve-se clicar *"Open"*.

Figura 3.4 *Menu de Opções*

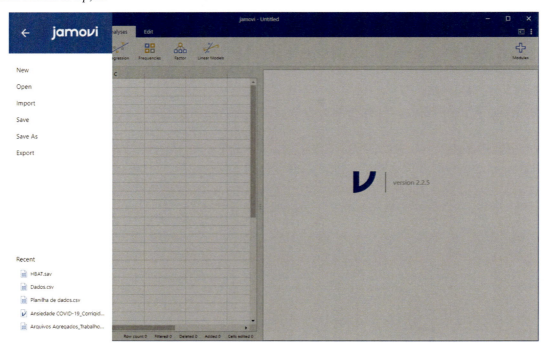

Em *"Data files"* (**Figura 3.5**), que aparece no canto inferior da tela, selecione "SPSS files (.sav, .zsav, .por)". Depois clique *"Browse"* e selecione o arquivo na pasta onde você fez o download do arquivo "HBAT_200.sav".

Figura 3.5 *Comandos para Abrir o Arquivo*

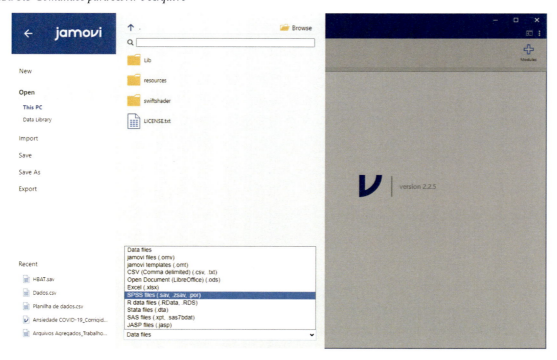

A **Figura 3.6** mostra o arquivo "HBAT_200.sav" aberto. É sugerido que o arquivo de trabalho no formato do Jamovi seja salvo. Tal arquivo de dados tem a extensão .omv. Para isso, basta voltar ao menu de opções das **Figuras 3.4 e 3.5** e clicar "*Save as*". Em seguida, deve-se clicar "*Browse*" e selecionar o diretório desejado. O Jamovi não salva automaticamente as análises. Portanto, é recomendado que os resultados das análises sejam salvos periodicamente. Essa base de dados possui 23 variáveis e 200 casos. O arquivo contém variáveis métricas e não métricas.

Figura 3.6 *Arquivo "HBAT_200"*

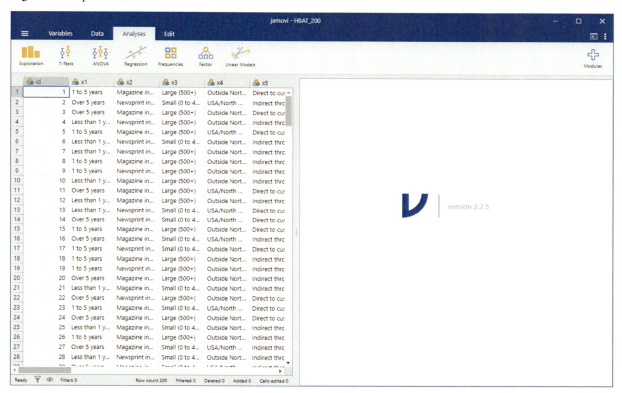

Para as análises de moderação e mediação, deve-se instalar um módulo próprio para essas análises. Para isso, clique o botão com um sinal + e escrito "*Modules*", no canto superior direito (**Figura 3.6**). Das opções que surgirão, clique "*medmod*" (**Figura 3.7**). A opção de análises de moderação e mediação surgirá na barra "*Analysis*". Antes de realizar as análises, é preciso verificar se as variáveis selecionadas cumprem os pressupostos necessários de ausência de multicolinearidade, casos extremos (*outliers*), valores ausentes (*missing values*), e presença de normalidade (Byrne, 2010; Weston et al., 2008). Algumas produções bibliográficas se dedicam ao estudo dos pressupostos estatísticos. Como o espaço deste capítulo é limitado, sugerimos, por exemplo, a leitura de Cunha et al. (2021), Field (2020), e Tabachnick e Fidel (2013).

Figura 3.7 *Instalando o Módulo de Moderação e Mediação*

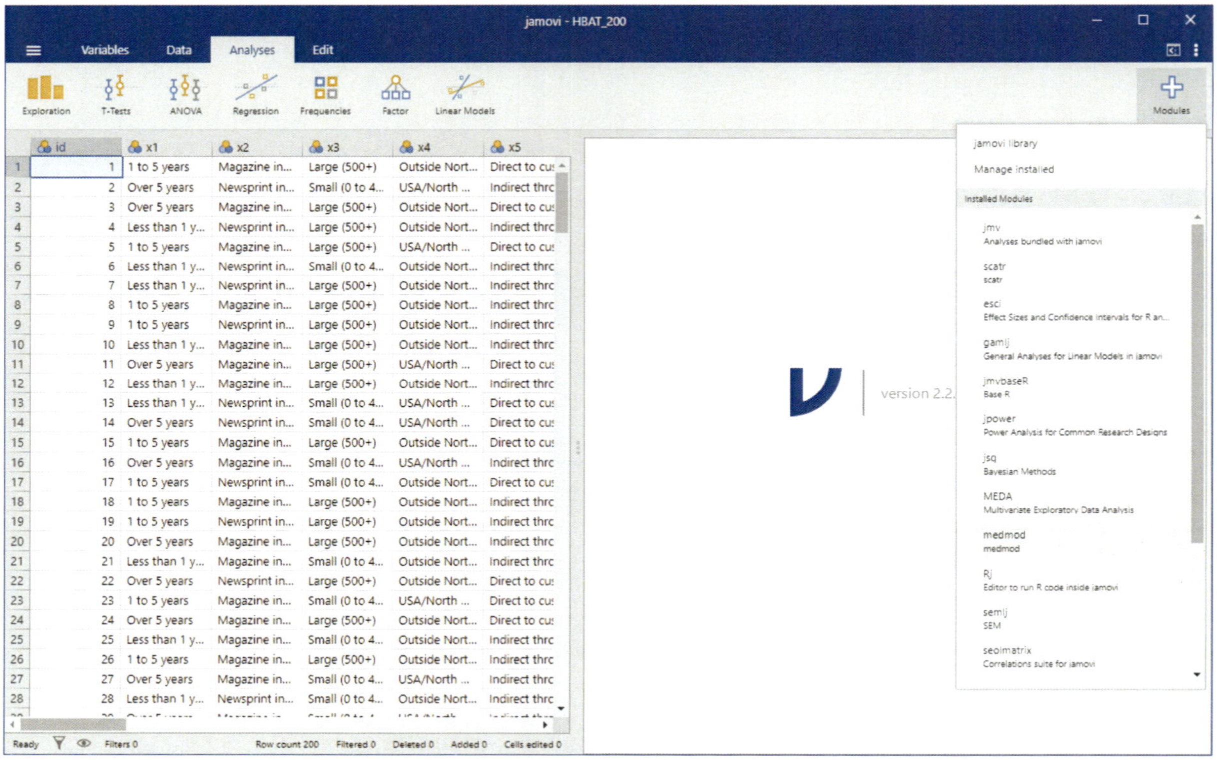

Moderação

Para exemplificar esta análise, investigaremos se a variável "sistema de distribuição" ("x5 - *Distribution system*", dividido entre 0 = "indireta por meio de corretor" e 1 = "direta ao cliente") modera a relação entre velocidade de entrega ("x18 - *Delivery Speed*", que varia de 0 = "ruim" a 10 = "excelente") e satisfação do cliente ("x19 – *Satisfaction*", que varia de 0 = "nem um pouco satisfeito" a 100 = "completamente satisfeito"). Para isso, clique o botão "*medmod*" recém-instalado na barra "*Analyses*" (**Figura 3.8**). Depois clique "*Moderation*".

Figura 3.8 *Zoom da Barra "Analyses"*

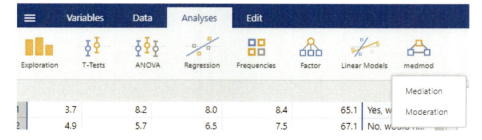

Ao clicar "*Moderation*", surgirá a janela de análise do Jamovi, conforme pode ser observado na **Figura 3.9**. Nessa janela, você deverá selecionar as variáveis que deseja analisar. No nosso caso, selecione a variável "x19" e clique a seta que aponta para a caixa "*Dependent Variable*". Faça o mesmo com a variável moderadora "x5" para a caixa *"Moderator"*; e para a variável preditora "x18" para a caixa *"Predictor"*. Após selecionar as variáveis, vá a *"Estimation Method for SE's"* e clique *"Bootstrap"* (o padrão do Jamovi é de mil amostras - *samples*, mas você pode inserir o número que desejar). Vá a *"Simple Slope Analysis"* e selecione *"Estimates"* e *"Plot"*. Por fim, vá a *"Estimates"* e selecione *"Test statistics"* e *"Confidence interval"* (o padrão do Jamovi é de 95%, mas você também pode inserir outro número).

Figura 3.9 *Zoom da Janela de Análise de Moderação*

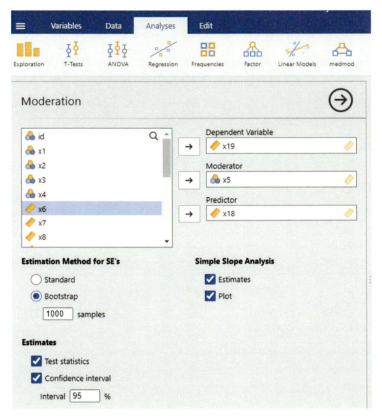

A janela de resultados fica à direita da janela de análises. Na **Figura 3.10** é possível observar que a tabela ilustrada assume um formato dinâmico, mudando conforme você seleciona as opções que mencionamos anteriormente. A mencionada tabela é a de estimativas da moderação. Ela apresenta as estimativas (valor-*b*) de cada variável preditora e do efeito de interação, bem como os erros-padrão associados (SE) e os intervalos de confiança de 95% (*Lower* e *Upper*). Em termos práticos, os intervalos de confiança indicam com 95% de confiança que na população a estimativa (valor *b*) varia do intervalo inferior até o intervalo superior. Ainda, cada estimativa é comparada a 0 usando um teste-*t*, que é calculado segundo o beta dividido pelo seu erro-padrão (Field, 2020). A interação entre "x18" e "x5" (última linha) apresentou efeito estatisticamente significativo (*p* = 0,021), indicando a ocorrência da moderação (**Figura 3.10**). Importante lembrar que, em países de cultura inglesa, o separador decimal é o ponto — como nesta tabela ilustrativa de moderação —, enquanto em países como o Brasil, é a vírgula. Assim, quando transcrever os seus resultados, faça essa conversão.

Figura 3.10 *Estimativas da Moderação*

Moderation Estimates

	Estimate	SE	95% Confidence Interval		Z	p
			Lower	Upper		
x18	0.921	0.0685	0.7864	1.063	13.45	< .001
x5	1.002	0.1201	0.7495	1.230	8.34	< .001
x18 ✳ x5	0.335	0.1451	0.0462	0.631	2.31	0.021

A segunda tabela — ilustrada na **Figura 3.11** — indica os efeitos de cada nível da variável moderadora. Para um sistema de distribuição ("x5") indireto por meio de corretor (categoria 0), a relação entre velocidade de entrega ("x18") e satisfação do cliente ("x19") foi positiva e significativa, B = 0,754; $p < 0,001$; IC 95% [0,585 - 0,936]. Já para sistema de distribuição ("x5") direto ao cliente (categoria 1), essa relação torna-se mais forte, B = 1,088; $p < 0,001$; IC 95% [0,872 - 1,314].

Figura 3.11 *Estimativas de Cada Nível da Variável Moderadora "x5"*

Simple Slope Estimates

	Estimate	SE	95% Confidence Interval		Z	p
			Lower	Upper		
Average	0.921	0.0693	0.785	1.063	13.29	< .001
Low (-1SD)	0.754	0.0874	0.585	0.936	8.63	< .001
High (+1SD)	1.088	0.1112	0.872	1.314	9.78	< .001

Note. shows the effect of the predictor (x18) on the dependent variable (x19) at different levels of the moderator (x5)

Esses mesmos resultados podem ser observados na **Figura 3.12**, que mostra o gráfico que o Jamovi gera com os dados anteriormente obtidos. Nesse gráfico, a linha de cor amarela representa o sistema de distribuição ('x5') direto ao cliente (categoria 1) e a linha cinza, o sistema de distribuição "'x5") indireto por meio de corretor (categoria 0). Os gráficos são importantes aliados para a interpretação dos resultados.

Figura 3.12 *Gráfico dos Níveis da Variável Moderadora "x5"*

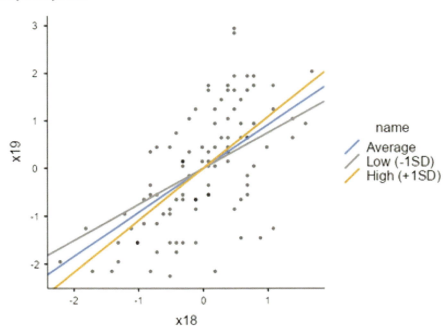

Com base nesses resultados da análise de moderação, podemos sugerir que existe uma relação mais forte do tipo de sistema de distribuição direta ao cliente com a satisfação do cliente. Assim, em um caso real em uma organização, esse tipo de distribuição poderia ser incentivado com vistas a aumentar a satisfação do cliente. Ressaltamos, todavia, que não podemos estabelecer uma relação de causa e efeito sem que tenhamos utilizado um desenho de investigação apropriado para isso.

Mediação

Para essa análise, investigamos se a velocidade de entrega ("x18 - *Delivery speed*", que varia de 0 = "ruim" a 10 = "excelente") medeia a relação entre tipo de cliente ("x1 - *Customer type*", dividida em 1 = "menos de 1 ano", 2 = "de 1 a 5 anos" e 3 = "mais de 5 anos") e a probabilidade de recomendação ("x20 - *Likely to recommend*", que varia de 0 = "de jeito nenhum" a 10 = "definitivamente recomendaria"). Aqui vamos seguir a mesma lógica da análise de moderação. Assim, clique o botão *"medmod"* recém-instalado na barra *"Analysis"* (**Figura 3.7**). Em seguida, clique *"Mediation"*.

Ao clicar *"Mediation"*, tal como apresentado na **Figura 3.13**, surgirá a janela de análise do Jamovi. Nesta, deve-se selecionar as variáveis. Selecione a variável "x20" e clique a seta que aponta para a caixa *"Dependent Variable"*. Faça o mesmo com a variável mediadora "x18" para a caixa *"Mediator"*; e para a variável preditora "x1" para a caixa *"Predictor"*. Após selecionar as variáveis, vá a *"Estimation Method for SE's"* e clique *"Bootstrap"* (novamente, o padrão do Jamovi é de mil amostras - *samples*, mas você pode inserir o número que desejar). Vá a *"Additional Output"* e selecione *"Path estimates"*. Por fim, vá a *"Estimates"* e selecione *"Labels"*, *"Test statistics"*, *"Confidence interval"* (o padrão do Jamovi é de 95%, mas você pode inserir o número que desejar) e *"Percent mediation"*.

Figura 3.13 *Zoom da Janela de Análise de Mediação*

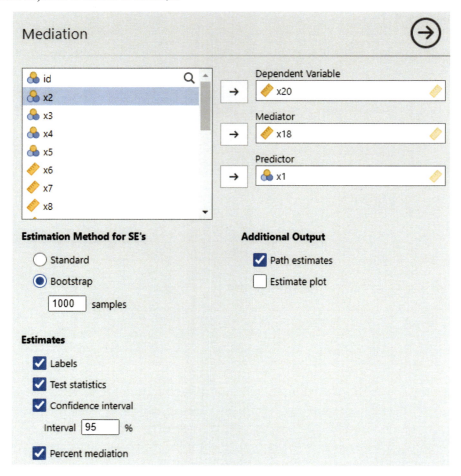

O impacto do tipo de cliente (variável preditora x1) em velocidade de entrega (variável mediadora - x18) foi estatisticamente significativo, B = 0,513; *p* < 0,001; IC 95% [0,414 - 0,607]. O efeito direto de tipo de cliente (x1) em probabilidade de recomendação (x20) também foi estatisticamente significativo, B = 0,498; *p* < 0,001; IC 95% [0,308 - 0,693]. A velocidade de entrega (x18) apresentou um efeito estatisticamente significativo em probabilidade de recomendação (x20), B = 0,375; *p* < 0,001; IC 95% [0,155 - 0,578].

O efeito indireto do modelo foi significativo, B = 0,193; *p* < 0,001; IC 95% [0,079 - 0,296]. O efeito total do modelo também foi significativo, B = 0,690; *p* < 0,001; IC 95% [0,523 - 0,849].

A proporção da mediação (efeito direto/efeito total), ou seja, 0,498/0,690, foi igual a 0,721 (72,1%). Com isso, o efeito mediado (1 - 0,721) foi igual a 0,279. A mediação de velocidade de entrega ("x18 - *Delivery Speed*") explica 27,9% da relação de tipo de cliente ("x1 - *Customer Type*") com probabilidade de recomendação ("x20 - *Likely to recommend*"). A **Figura 3.14** ilustra as tabelas dos resultados do Jamovi.

Figura 3.14 *Resultados da Mediação: tabelas do Jamovi*

Mediation

Mediation Estimates

Effect	Label	Estimate	SE	95% CI Lower	95% CI Upper	Z	p	% Mediation
Indirect	a × b	0.193	0.0549	0.0788	0.296	3.51	< .001	27.9
Direct	c	0.498	0.1007	0.3077	0.693	4.94	< .001	72.1
Total	c + a × b	0.690	0.0850	0.5230	0.849	8.13	< .001	100.0

Path Estimates

			Label	Estimate	SE	95% CI Lower	95% CI Upper	Z	p
x1	→	x18	a	0.513	0.0480	0.414	0.607	10.70	< .001
x18	→	x20	b	0.375	0.1050	0.155	0.578	3.57	< .001
x1	→	x20	c	0.498	0.1007	0.308	0.693	4.94	< .001

Visualmente, os mesmos resultados também são ilustrados na **Figura 3.15**.

Figura 3.15 *Resultados da Mediação*

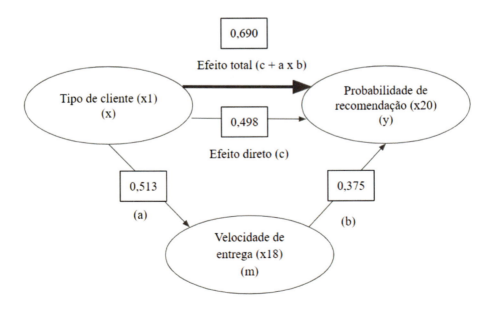

O Jamovi não fornece o R^2 dos modelos direto e total na janela de análise de mediação. Para isso, é necessário realizar uma análise de regressão. Vá a *"Regression"* e clique *"Linear Regression"* (**Figura 3.16**).

Figura 3.16 *Zoom do Botão "Regression"*

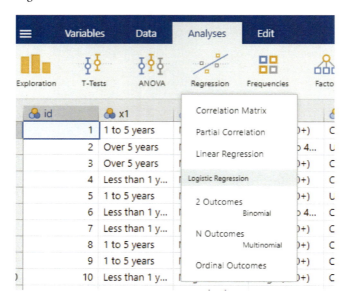

Para calcular o R² do modelo direto, selecione a variável "x20" e clique a seta que aponta para a caixa *"Dependent Variable"*. Faça o mesmo com as variáveis mediadora "x18" e preditora "x1" para a caixa *"Covariates"* (**Figura 3.17**).

Figura 3.17 *Zoom da Janela "Linear Regression": modelo direto*

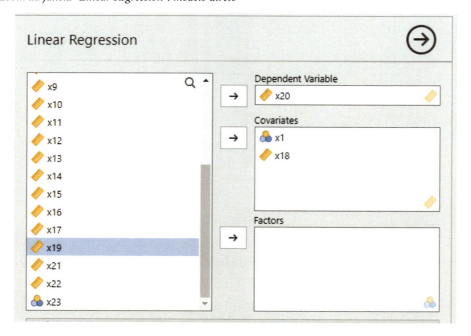

Na janela de resultados do Jamovi, aparecerão duas tabelas. A primeira (*"Model Fit Measures"*) indica o R² do modelo direto, que foi igual a 0,324. Isso quer dizer que o tipo de cliente (variável preditora "x1") e a velocidade de entrega (variável mediadora "x18") explicam 32,4% da probabilidade de recomendação (variável critério "x20"). A **Figura 3.18** ilustra esses resultados em duas tabelas. A segunda delas ("*Model Coefficients - x20*") mostra os mesmos coeficientes apresentados nos resultados da mediação para "x1" (B = 0,498) e "x18" (B = 0,375) em relação à variável critério "x20" (ver **Figuras 3.14 e 3.15**).

Figura 3.18 *Resultados do Modelo Direto*

Linear Regression

Model Fit Measures

Model	R	R^2
1	0.569	0.324

Model Coefficients - x20

Predictor	Estimate	SE	t	p
Intercept	4.525	0.3312	13.66	< .001
x1	0.498	0.0931	5.35	< .001
x18	0.375	0.1027	3.65	< .001

Para calcular o R^2 do modelo total, selecione a variável "x20" e clique a seta que aponta para a caixa "*Dependent Variable*". Faça o mesmo com a variável preditora "x1" para a caixa "*Covariates*" (**Figura 3.19**).

Figura 3.19 *Zoom da Janela "Linear Regression": modelo total*

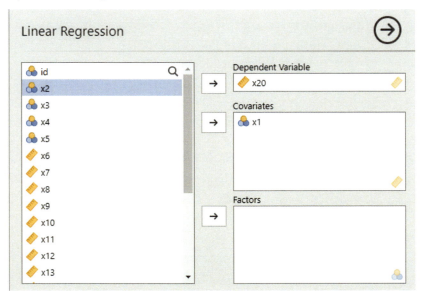

A tabela *"Model Fit Measures"* — ilustrada pela **Figura 3.20** — indica o R^2 do modelo total, que foi igual a 0,278. Isso quer dizer que, quando não existe o mediador, o tipo de cliente (variável preditora "x1") explica 27,8% da probabilidade de recomendação (variável critério "x20"). Ainda nessa figura, a tabela *"Model Coefficients - x20"* mostra o mesmo coeficiente apresentado nos resultados da mediação para "x1" (B = 0,690) em relação à variável critério "x20" (ver **Figuras 3.14 e 3.15**).

Figura 3.20 *Resultados do Modelo Total*

Linear Regression

Model Fit Measures

Model	R	R^2
1	0.527	0.278

>

Model Coefficients - x20

Predictor	Estimate	SE	t	p
Intercept	5.572	0.1711	32.56	< .001
x1	0.690	0.0791	8.73	< .001

Considerações Finais

O resultado de um estudo empírico é mais influente e mais útil para a compreensão de uma área de investigação científica quando ele estabelece não apenas que X pode afetar Y, mas também como e quando essa relação pode se manter. A identificação da força da relação também é de suma importância (Hayes, 2018). Nesse contexto, as análises de moderação e mediação são valiosas ferramentas para a realização de pesquisas.

À primeira vista, a complexidade técnica das análises de moderação e mediação pode desestimular o(a) estudante ou pesquisador(a) de empregá-la na sua pesquisa. A quantidade de conceitos estudados no presente capítulo pode parecer assustadora (e de fato é!). Importante destacar que a paciência é uma característica importante para qualquer pesquisador(a). Assim, os conceitos aqui estudados podem ser gradativamente assimilados e acomodados paralelamente à leitura de artigos científicos. Isto ajudará muito no entendimento dos conceitos. Uma leitura crítica das pesquisas também faz parte da formação do(a) pesquisador(a). Ela estimulará a reflexão relativa ao uso daqueles conceitos.

Ao relatar sua pesquisa, é de suma relevância interpretar os seus resultados estatísticos para o(a) leitor(a). Não basta apresentar os índices estatísticos aqui ilustrados em várias figuras. O sucesso da sua pesquisa estará associado ainda à forma pela qual você descreve, interpreta e entrega os resultados para a sociedade. Por exemplo, um estudo longitudinal discutiu os efeitos potencializadores do consumo de álcool — entre pares — sobre o uso de álcool por estudantes. Para isso, foi considerada uma amostra de 2.490 adolescentes alemães do quinto ao oitavo ano do ensino fundamental. Com base em análises de moderação, mediação e mediação moderada, os autores identificaram efeitos de moderação e mediação pequenos, porém robustos, na associação entre o uso de substâncias por pares e adolescentes, que representaram diversos modos de ação do clima escolar sobre o uso de substâncias por estudantes. Diante dos resultados, implicações práticas foram apresentadas, entre elas: (1) uma vez que um clima de classe positivo está negativamente associado ao uso de substâncias, os programas de prevenção devem incorporar elementos com foco no clima de sala de aula; e, (2) com o oferecimento de mais atividades extracurriculares e incentivo à participação, por exemplo, os estudantes podem perceber mais oportunidades e se abster de frequentemente beber (compulsivamente) em favor de outras atividades; isso pode ser especialmente útil para escolas menores com baixa proporção estudante-professor, onde o consumo pode ser iniciado pela falta de outras opções de atividades. Os autores concluíram que a vida escolar serve como um importante contexto de desenvolvimento de adolescentes e, como tal, tem efeitos diretos e indiretos sobre seu comportamento e saúde (Tomczyk et al., 2015).

Importante relembrar, também, que no presente capítulo utilizamos a abordagem da análise de regressão linear para o estudo da análise de moderação e mediação. Sugerimos adicionalmente o uso de modelos latentes, tal como a modelagem por equações estruturais (Bollen, 1989; Valentini et al., 2018). Esses últimos autores sugerem — sempre que possível — uso de modelagem latente para testar modelos complexos.

Ao fim do capítulo, uma dúvida pode permanecer para o(a) leitor(a). Quando devemos utilizar análise de moderação em detrimento da análise de mediação ou vice-versa? Uma variável pode funcionar como mediadora ou moderadora, dependendo de como o fenômeno sob investigação está sendo conceituado e testado, assinala Hayes (2018). Em princípio, a mesma variável poderia servir a ambos os papéis simultaneamente para certos processos que evoluem e operam por longos períodos. Nesse contexto, a adoção de uma apropriada teoria psicológica sempre orientará tal decisão. A escolha das variáveis inseridas no modelo, incluindo a terceira variável mediadora ou moderadora, deve ter justificativa teórica. A pesquisa psicológica superou seu momento histórico de ser orientada pelos dados estatísticos (*data driven*) para ser orientada pela teoria. Isso reflete o avanço e maturidade da ciência psicológica.

Referências

Andrade, J. M., & Laros, J. A. (2007). Fatores associados ao desempenho escolar: Estudo multinível com dados do Saeb/2001. *Psicologia: Teoria e Pesquisa, 23*(1), 33-42. https://doi.org/10.1590/S0102-37722007000100005.

Andrade, J. M., & Valentini, F. (2018). Diretrizes para a construção de testes psicológicos: A resolução CFP nº 009/2018 em destaque. *Psicologia: Ciência e Profissão, 38*(spe), 28-39. https://doi.org/10.1590/1982-3703000208890.

Ato, M., & Vallejo, G. (2011). Los efectos de terceras variables en la investigación psicológica. *Anales de Psicología, 27*(2), 550-561. https://revistas.um.es/analesps/article/view/123201.

Baburaj, S., & Kumar, M. (2022). Informal learning effort and attitude toward knowledge sharing in times of workplace conflict: Curious case of joyous exploration and deprivation sensitivity. *Personnel Review, 51*(9), 2.328-2.346. https://doi.org/10.1108/PR-09-2020-0669.

Bollen, K. A. (1989). *Structural equations with latent variables*. Wiley.

Byrne, B. M. (2010). *Structural equation modeling with Amos: Basic concepts, applications, and programming* (2nd ed.). Routledge.

Cia, F., Barham, E. J., & Fontaine, A. M. G. V. (2012). Desempenho acadêmico e autoconceito de escolares: Contribuições do envolvimento paterno. *Estudos de Psicologia, 29*(4), 461-470. https://doi.org/10.1590/S0103-166X2012000400001.

Cunha, R. D., Faiad, C., Meireles, E., & Vendramini, C. M. M. (2021). Análise exploratória de dados utilizando o R. In C. Faiad, M. N. Baptista, & R. Primi (Orgs.), *Tutoriais em análise de dados aplicados à psicometria* (pp. 32-50). Vozes.

Damásio, B. F., Melo, R. L. P., & Silva, J. P. (2013). Sentido de vida, bem-estar psicológico e qualidade de vida em professores escolares. *Paidéia, 23*(54), 73-82. http://dx.doi.org/10.1590/1982-43272354201309.

Dancey, C. P., & Reidy, J. (2017). *Statistics without maths for psychology* (17th ed.). Pearson.

Ferrão, M. E., Costa, P. M., & Matos, D. A. S. (2017). The relevance of the school socioeconomic composition and school proportion of repeaters on grade repetition in Brazil: A multilevel logistic model of Pisa 2012. *Large-Scale Assessments in Education, 5*(7), 1-13. https://doi.org/ 10.1186/s40536-017-0036-8.

Field, A. (2020). *Descobrindo a estatística usando o SPSS* (5. ed., L. Viali, Trad.). Penso.

Hair, J. F., Black, W. C., Babin, B. J., & Anderson, R. E. (2019). *Multivariate data analysis* (8th ed.). Cengage.

Hair, J. F., Black, W. C., Babin, B. J., & Anderson, R. E. (n.d.). *Dataset, syntax and output downloads*. https://mvstats.com/downloads/.

Hayes, A. F. (2018). *Introduction to mediation, moderation, and conditional process analysis: A regression-based approach* (2nd ed.). The Guilford Press.

Kline, R. B. (2011). *Principles and practice of structural equation modeling* (3rd ed.). The Guilford Press.

Laros, J. A., Marciano, J. L. P., & Andrade, J. M. (2012). Fatores associados ao desempenho escolar em português: Um estudo multinível por regiões. *Ensaio: Avaliação e Políticas Públicas em Educação, 20*(77), 1-9. https://doi.org/10.1590/S0104-40362012000400002.

Monteiro, R. P., Monteiro, T. M. C., Maciel, V. C., Masotti, F. N. A., Freitas, I. S., & Candido, J. (2020). Essa eu vou postar: Explorando as relações entre narcisismo, uso do Instagram e a moderação da autoestima. *Psicología, Conocimiento y Sociedad, 10*(2), 55-73. http://dx.doi.org/10.26864/PCS.v10.n2.3.

Nery, V. de F., & Neiva, E. R. (2015). Variáveis de contexto e respostas à mudança organizacional: Testando o papel mediador das atitudes. *Psicologia: Teoria e Pesquisa, 31*(2), 259-268. https://doi.org/10.1590/0102-37722015021968259268.

Ramos, J. R., Ferreira, M. C., & Martins, L. F. (2021). Person-organization fit and turnover intentions: Organizational trust as a moderator. *Psico-USF, 26*(4), 707-717. http://dx.doi.org/10.1590/1413-82712021260409.

Reis, M. C., & Ramos, L. (2011). Escolaridade dos pais, desempenho no mercado de trabalho e desigualdade de rendimentos. *Revista Brasileira de Economia, 65*(2), 177-205. https://doi.org/10.1590/S0034-71402011000200004.

Ribeiro, W. R. B., Gondim, S. M. G., & Pereira, C. R. (2018). Personalidade e bem-estar subjetivo de trabalhadores: moderação da regulação emocional. *Arquivos Brasileiros de Psicologia, 70*(1), 239-259. http://pepsic.bvsalud.org/scielo.php?script=sci_arttext&pid=S1809-52672018000100017&lng=pt&tlng=pt.

Rosa, A. R., Fernandes, G. N. A., & Lemos, S. M. A. (2020). Desempenho escolar e comportamentos sociais em adolescentes. *Audiology: Communication Research, 25*, e2287. https://doi.org/10.1590/2317-6431-2019-2287.

Tabachnick, B. G., & Fidell, L. S. (2019). *Using multivariate statistics* (7th ed.). Pearson.

Tan, C. Y. (2020). *Family cultural capital and student achievement theoretical: Insights from Pisa.* Springer Nature Singapore. https://doi.org/10.1007/978-981-15-4491-0.

The Jamovi Project (2022). *Jamovi* (Version 2.3). [Computer software]. https://www.jamovi.org.

Thompson, B. (2006). *Foundations of behavioral statistics: An insight-based approach.* The Guilford Press.

Tomczyk, S., Isensee, B., & Hanewinkel, R. (2015). Moderation, mediation: or even both? School climate and the association between peer and adolescent alcohol use. *Addictive Behaviors, 51*, 120-126. https://doi.org/10.1016/j.addbeh.2015.07.026.

Tramonte, L., & Willms, J. D. (2010). Cultural capital and its effects on education outcomes. *Economics of Education Review, 29*(2), 200-213. https://doi.org/10.1016/j.econedurev.2009.06.003.

Valentini, F., Mourão, L., & Franco, V. R. (2018). Modelos latentes e slopes randômicos para análise de moderação e mediação. *Avaliação Psicológica, 17*(4), 439-450. http://dx.doi.org/10.15689/ap.2018.1704.4.04.

Weston, R., Gore Jr., P. A., Chan, F., & Catalano, D. (2008). An introduction to using structural equation models in rehabilitation psychology. *Rehabilitation Psychology, 53*, 340-356. https://dx.doi.org/10.1037/a0013039.

Zhang, Q., Ma, Z., Ye, L., Guo, M., & Liu, S. (2021). Future work self and employee creativity: The mediating role of informal field-based learning for high innovation performance. *Sustainability, 13*(3), 1.352. https://doi.org/10.3390/su13031352.

Zhao, X., Lynch Jr, J. G., & Chen, Q. (2010). Reconsidering Baron and Kenny: Myths and truths about mediation analysis. *Journal of Consumer Research, 37*(2), 197-206. https://doi.org/10.1086/65125.

4

ANÁLISE FATORIAL EXPLORATÓRIA UTILIZANDO O FACTOR

Matheus Svóboda Caruzo
José Augusto Evangelho Hernandez

Introdução

Embora seja um conteúdo normalmente associado à estatística e à psicometria, pouco desenvolvido em cursos de pós-graduação em Psicologia (Aiken et al., 2008), a análise fatorial guarda seus fundamentos basilares em teorias filosóficas sobre o conhecimento. Na tentativa de delinear uma história da análise fatorial, somos lançados a diferentes planos de fundo. Mulaik (1987) destaca as múltiplas contribuições teóricas ao longo do desenvolvimento filosófico-científico, que paulatinamente se somaram à concepção de análise fatorial que compreendemos na atualidade.

Na Grécia Antiga, racionalistas postulavam que aspectos não observáveis poderiam explicar a aparência das coisas, a exemplo de Aristóteles, que defendia a busca pelos componentes elementares como uma forma de explicação do todo. Nos fundamentos da filosofia moderna, Descartes deu ênfase à síntese do conhecimento; já Kant, à importância de não descartar ou subjugar inferências indutivas, mas entendê-las como hipóteses a serem testadas (Mulaik, 1987).

A correlação, estrutura medular da análise fatorial, foi investigada por estatísticos empiristas, como Pearson (1896) e Yule (1909). Spearman (1904) foi o primeiro a conduzir e relatar formalmente uma análise fatorial. Embora muito criticado por defender a unidimensionalidade da inteligência, este apresentou a ideia de um fator comum que explicaria as várias medidas de inteligência (fator g). Desde então, uma série de atualizações foi realizada no intuito de adequar tais métodos à luz do avanço científico, tornando-os essenciais na obtenção de evidências empíricas de validade de teorias e escalas de medidas (Izquierdo et al., 2014).

Historicamente, a psicologia interessou-se pelo estudo de construtos como a personalidade e a cognição, estabelecendo critérios de pesquisa, conceituação e aplicabilidade dessas variáveis psicológicas. Tais processos mentais humanos são compreendidos como construtos latentes, não observáveis, usualmente mensurados conforme escalas e inventários de autorrelato (Howard, 2016). Contudo, embora haja um crescente interesse em construir e validar essas medidas, pesquisadores que se dedicam a compreender a qualidade desses estudos têm mostrado uma ocorrência comum de erros metodológicos (Goretzko et al., 2021; Howard & Jayne, 2015; Lloret et al., 2014, 2017).

As técnicas estatísticas mais utilizadas nesses processos são as análises fatoriais, que têm como objetivo investigar a matriz de correlação dos escores dos itens de uma escala, explorando ou confirmando a estrutura fatorial da medida (Izquierdo et al., 2014). Por exemplo, a mais atual e consistente teoria sobre a personalidade é a chamada teoria dos cinco grandes fatores (McCrae & Costa, 1987). Na construção de um instrumento psicométrico baseado neste modelo teórico, os inúmeros itens (variáveis cognitivas e comportamentais) deverão representar os cinco fatores latentes esperados. Após a coleta de dados, a Análise Fatorial Exploratória (AFE) identificará os agrupamentos de itens, fornecendo as evidências da existência dos fatores latentes que compõem o construto, neste caso, a personalidade. Assim, a análise fatorial estaria não apenas revelando evidências da estrutura interna da medida, mas gerando evidências de validade para a teoria que a sustenta (Orçan, 2018).

Caso não haja uma teoria prévia ou evidências empíricas suficientes que sustentem esta estrutura fatorial, ou caso se queira confirmar ou refutar uma teoria, pode-se utilizar a análise fatorial (Brown, 2015). Entre as modalidades de análises fatoriais, a AFE é uma das mais divulgadas cientificamente, caracterizando-se como um conjunto de técnicas multivariadas, com caráter exploratório de identificação do número e natureza de fatores (variáveis latentes) que explicam a variabilidade das variáveis observáveis ou itens (Watkins, 2018). Aqueles itens que, predominantemente, compartilharem uma quantidade significativa de variabilidade pertencerão a um mesmo determinado fator (Brown, 2015). Voltando ao exemplo anterior, o modelo dos cinco grandes fatores de personalidade, imagine que a AFE extraiu quatro fatores, e não cinco, como esperado nos pressupostos teóricos. Estes resultados indicariam um possível erro, podendo ser localizado na teoria, na medida, nas respostas dos participantes ou, até, nas decisões tomadas durante o processo de análise dos dados.

Para realizar uma AFE, uma série de decisões deve ser feita pelo pesquisador durante a sua execução (Rogers, 2021). Atualmente, um dos melhores softwares *free* disponíveis para realização dessa tarefa é o Factor Analysis (Ferrando & Lorenzo-Seva, 2017). Com o objetivo de auxiliar pesquisadores que desejarem se aventurar nesta complexa técnica, este capítulo fornece uma revisão das etapas e decisões necessárias para realização da AFE nesse programa estatístico.

AFE ou análise de componentes principais?

Quando se exploram dados, um habitual primeiro passo é aplicar uma técnica de redução, ou seja, reduzir o número total de variáveis (itens) a um número menor (fatores/componentes/dimensões). Nessa etapa, o pesquisador estará interessado em encontrar a dimensionalidade dos dados e escolher os itens mais adequados para representá-la (Hauck & Valentini, 2020). Nessa tarefa, duas principais técnicas podem ser utilizadas, a AFE e a Análise de Componentes Principais (ACP). Embora ambas possam reduzir os dados, também é importante destacar que são procedimentos com pressupostos e funções diferentes (Santos et al., 2019).

Analisando a literatura científica da psicologia, nota-se que a ACP ainda vem sendo com frequência utilizada para investigar construtos latentes, mesmo após o desenvolvimento de novas técnicas de análise fatorial nos programas estatísticos (Gaskin & Happel, 2014; Schreiber, 2021). Damásio (2012) explica que esse uso frequente ocorre devido a facilidade, rapidez e viabilidade dos cálculos estatísticos realizados na ACP, geralmente oferecidos pelos populares e tradicionais softwares comercializados como técnica-padrão de redução de dados. Este fato talvez explique o porquê de muitos pesquisadores acreditarem que a ACP é um tipo de análise fatorial. No entanto, as mais atualizadas e adequadas técnicas para a realização da genuína AFE, desenvolvidas nos meios acadêmicos, têm sido incluídas, em geral, nos softwares *free*.

A variância total de um item pode ser particionada (**Figura 4.1**) em: (a) variância específica (variância do item não compartilhada com outro item do fator/componente), (b) variância comum (variância compartilhada entre todos os itens do fator/componente), e (c) variância de erro (porção do item não explicada pelo fator/componente). O principal objetivo da ACP é representar a variância total em um número menor de variáveis; enquanto na AFE, é reproduzir a estrutura empírica da correlação das variáveis manifestas, com ênfase na variância comum (Hauck & Valentini, 2020; Santos et al., 2019). Isto é, na AFE geram-se fatores com foco na variância comum dos itens (comunalidade), que representa o padrão de resposta influenciado pelo construto latente. Na ACP, geram-se componentes que incluem tanto a variância comum quanto a específica, ou seja, a variância total (Rogers, 2021).

A AFE e a ACP partem de embasamentos teóricos diferentes. Na ACP, não há o objetivo de entender a influência de um construto latente na resposta aos itens. A redução das variáveis a componentes dar-se-á de maneira formativa com base na correlação linear entre as variáveis manifestas. Isto significa que serão os próprios agrupamentos de itens que formarão um componente. Em contrapartida, a AFE parte do princípio de que um construto latente influenciará a resposta ao item. Neste caso, a extração de fatores dar-se-á de maneira reflexiva, sendo a variância comum no fator o que determinará a seleção dos itens.

Tomando o exemplo da teoria dos cinco grandes fatores da personalidade, se um item representar 10% da variância comum do fator Neuroticismo, significará que há 90% de variância que não foi explicada por esse fator (variância específica ou de erro). Na AFE, essa variância não explicada não será considerada, uma vez que se interessa apenas pela variância comum entre todos os itens explicada pelo fator latente; já na ACP, a variância específica e as correlações bivariadas entre os itens poderão ser incorporadas aos componentes principais. Em outras palavras, a porção da variabilidade do item que não é necessariamente influenciada pelo construto (variância específica), não incorporada na solução extraída na AFE, é considerada na ACP (Brown, 2015).

Por este motivo, os resultados de uma ACP costumam apresentar variância explicada elevada e maiores cargas fatoriais dos componentes. Se o objetivo for gerar evidências de validade do construto latente (personalidade, depressão, autoestima etc.) com base nos dados empíricos, na relação entre os itens, os resultados da ACP serão errôneos (Lloret et al., 2014). Voltando ao exemplo: Como se poderia afirmar que um item realmente é relativo ao construto teórico Neuroticismo, se a variância específica (aquela que não se relaciona com o fator) foi considerada?

Caso o objetivo seja apenas reduzir o número de variáveis, sem se preocupar com a investigação de um construto latente, a ACP pode ser utilizada. Contudo, na Psicologia, via de regra estaremos interessados em construtos ao utilizarmos uma escala em nossas pesquisas. A variância comum é justamente o que nos assegura que há a influência do construto latente na resposta aos itens. Ao utilizar a AFE, mesmo que seja selecionado um número elevado ou inflacionado de fatores, as diferentes técnicas de extração permitirão a seleção correta dos itens, com base na variância comum. Na ACP, itens com baixa variância comum têm alta probabilidade de serem selecionados, incorrendo em *overfactoring* e dificultando a compreensão do construto latente (Hauck & Valentini, 2020; Santos et al., 2019).

Como Realizar uma Afe?

Como ressaltado antes, o processo de realização de uma AFE envolve uma série de decisões por parte do pesquisador, que se estendem do momento de construção do projeto de pesquisa até o relato e à redação dos resultados (Izquierdo et al., 2014). As etapas fundamentais de uma AFE são: a (1) estimativa e extração de fatores, (2) a retenção fatorial, (3) a rotação fatorial, e (4) a análise das cargas fatoriais (Lorenzo-Seva & Ferrando, 2006). Goretzko et al. (2021), Hair Jr. et al. (2019) e Watkins (2018) detalharam um pouco mais os procedimentos, destacando as decisões necessárias ao pesquisador quanto a extração, retenção e rotação dos fatores, tamanho da amostra, variância explicada e avaliação da confiabilidade da estrutura fatorial.

A AFE pode ser realizada em softwares de análises estatísticas rotineiros, como o SPSS (Watkins, 2021), Stata etc. Contudo, muitos avanços e atualizações nas ferramentas da AFE ocorrem constantemente, e alguns desses programas não se propõem a acompanhá-las ou trazem interfaces nebulosas para iniciantes, induzindo ao erro nos resultados (Lorenzo-Seva & Ferrando, 2006). Em resposta a isso, o Factor foi desenvolvido por pesquisadores da Universidade Rovira y Virgili (Espanha) com o objetivo de incorporar índices tradicionais e inovações desenvolvidas recentemente em um programa amigável e de manejo mais simples. Atualmente, em sua versão 12.03.02, o programa e o manual para sua utilização são disponibilizados para download e uso gratuito em https://psico.fcep.urv.cat/utilitats/factor/index.html.

Passo 1.   Construindo a pesquisa

Uma AFE não pode ser efetuada de maneira aleatória, sem hipóteses teóricas (Hauck & Valentini, 2020). Primeiro, deve-se atentar à validade de conteúdo, convergente e discriminante da medida, ou seja, quanto a medida reflete adequadamente o construto investigado e suas relações com instrumentos semelhantes e divergentes (Isquierzo et al., 2014). Os itens que compõem um fator devem ser representativos do construto em questão, e um fator não deve incluir itens não relacionados a tal construto. Escolher itens impertinentes ao domínio teórico acarretará fatores espúrios, pouco discriminativos. Ao construir, adaptar ou utilizar uma escala, essa avaliação de validade deverá ser feita pelo pesquisador, pensando na pertinência teórica e na importância dos itens para o fator e dos fatores para o construto (Muñiz & Fonseca-Pedrero, 2019).

O número necessário de itens para constituir um fator dependerá dos fundamentos teóricos do construto latente e da construção do instrumento. Embora seja indicado que haja, no mínimo, três itens em cada fator, recomenda-se de quatro a seis itens. Quanto mais itens forem influenciados por um mesmo fator (sobredeterminação), maior será a sua força enquanto uma variável latente. Na prática, significa que é mais fácil, para o programa estatístico, localizar um ponto comum no espaço tridimensional (fator) quando há um maior número de linhas (itens) se cruzando (Hair Jr. et al., 2019).

O tamanho mínimo necessário da amostra para realizar uma AFE é frequentemente discutido entre os psicometristas. Mundfrom e Shawn (2005) recomendam que deve variar de 3 a 20 vezes o número de itens, mas isso tem tido pouca sustentação empírica. Simulações estatísticas realizadas por esses pesquisadores indicam que o tamanho de amostra adequado será estabelecido pela força dos itens e pela sobredeterminação dos fatores. Ou seja, não é apenas o número de participantes, mas a qualidade dos itens que gerará resultados mais confiáveis. Assim, se houver uma forte sobredeterminação dos fatores, o tamanho da amostra não será tão determinante da qualidade dos resultados (MacCallum et al., 1999). Em geral, não há um padrão mínimo de tamanho de amostra, mas é consenso que, quanto maior, fornecerá resultados mais estáveis (Rogers, 2021).

A AFE também deve levar em consideração a distribuição dos dados. Desvios da normalidade e linearidade afetam os cálculos de correlação que darão base aos resultados da AFE. Para tanto, para escolher o melhor método de extração para um banco de dados, deve-se atentar aos índices da normalidade multivariada dos dados. O teste de Mardia (1970) pode ser utilizado para este fim. Na prática, é raro encontrarmos escores de um construto psicológico que se distribua normalmente; assim, essas variáveis serão consideradas como ordinais e a extração dos fatores será feita em matriz de correlações policóricas (Flora et al., 2012).

A rigor, a extração de fatores na AFE em matriz de correlação de Pearson requer distribuição normal dos escores, e, nesse caso, as variáveis medidas serão consideradas como intervalares ou de razão. Uma vez que as medidas ordinais são predominantes na pesquisa psicológica, estimativas baseadas em correlações policóricas são mais confiáveis para encontrar a estrutura fatorial mais adequada. Se as medidas forem dicotômicas (sim ou não), a matriz de correlação indicada para a extração dos fatores será tetracórica (Watkins, 2018).

Outro importante pressuposto da AFE é a fatorabilidade da matriz de dados. Isto é, além de se atentar à validade dos itens, ao tamanho e às propriedades distributivas da amostra, deve-se averiguar se os itens são suficientemente inter-relacionados de forma que a análise fatorial seja plausível. Para tanto, dois principais testes são realizados. O teste de esfericidade de Bartlet compara a matriz de dados com uma matriz-identidade (neutra), com o objetivo de rejeitar a hipótese nula de que não há correlações nos dados. Os resultados devem apresentar nível de significância estatística, $p < 0,05$ para que a matriz seja fatorável (Hair Jr. et al., 2019). Já a medida de Kaiser-Meyer-Olkin (KMO) fornece-nos o índice de quanto os itens podem estar sendo influenciados por um construto latente (Lorenzo-Seva et al., 2011). O valor de KMO varia de 0 a 1, sendo valores entre 0,7 e 0,8 bons; entre 0,8 e 0,9 ótimos; e acima de 0,9 excelentes (Howard, 2016). É importante saber que amostras muito pequenas ou soluções fatoriais espúrias podem rebaixar os índices de Bartlett e KMO.

Modelo 10. Preparando os dados

Após realizar o download e a instalação do Factor, deve-se preparar o banco de dados em um arquivo .dat ou .txt, compatível com o software. No banco de dados, apenas as variáveis do instrumento em questão deverão estar presentes, ou seja, apenas os escores brutos dos itens da escala que será analisada. As colunas representarão os itens e as linhas as respostas dos participantes. Deve haver um espaço em branco ou algum símbolo neutro entre as colunas (itens da escala). Se os dados estiverem em um arquivo Excel, o site do Factor oferece um conversor para esse arquivo de texto. Se os dados estiverem na planilha do SPSS, podem ser salvos como .dat ou arquivo de texto. Após preparar o banco, abra o Factor (**Figura 4.1**).

Figura 4.1 *Menu Principal do Factor*

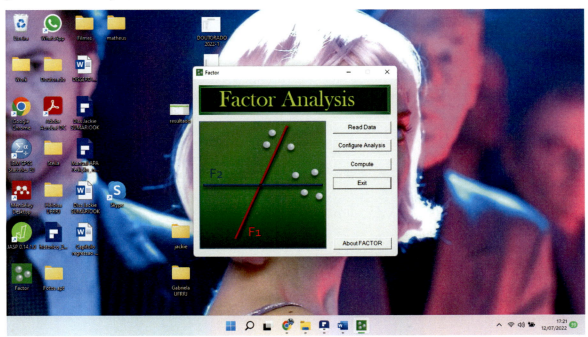

Utilizaremos como exemplo os resultados de uma AFE conduzida por Caruzo e Uehara (2021), que objetivou averiguar a estrutura fatorial da Escala de Estilos de Amor (EEA) (Andrade & Garcia, 2014) para uma amostra de pessoas homossexuais brasileiras. Essa escala baseia-se na teoria das cores do amor, do sociólogo canadense John Alan Lee (1973), e é composta de 37 itens descrevendo as atitudes das pessoas em um relacionamento amoroso em seis possíveis estilos/fatores (*Eros*, *Storge*, *Ludus*, *Pragma*, *Mania* e *Agape*).

Para começar, clique *"Read Data"*, e algumas opções serão disponibilizadas (**Figura 4.3**). Clique *"Browse"* e selecione o banco de dados no formato adequado. Após selecionado, o número de participantes (linhas) e o número de variáveis (colunas) serão indicados. Confira se tais indicativos correspondem aos dados da pesquisa. Note, na **Figura 4.2**, que o programa leu 37 variáveis, congruente ao número de itens da escala utilizada no estudo (Caruzo & Uehara, 2021). Caso o banco seja uma matriz de correlação, não escores brutos, você deverá selecionar a opção *"Variance/covariance matriz"*. A AFE é automaticamente programada para uma amostra total, mas as versões mais recentes do Factor permitem a análise com divisão de grupos, clicando a aba *"Multiple group analyses"*.

Figura 4.2 *Configurações do Banco de Dados no Factor*

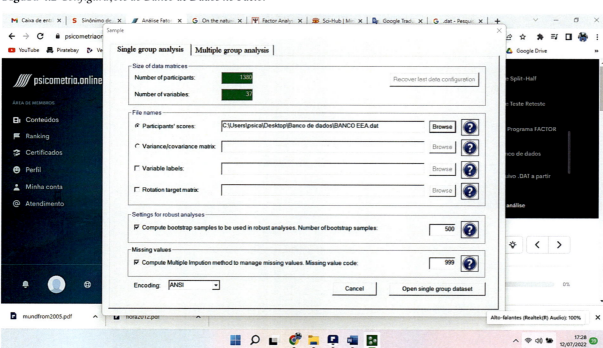

Recomenda-se o uso da opção *"Compute bootstrap samples"* no submenu *"Setting for robust analyses"*. O *Bootstrap* é uma técnica de reamostragem que trará intervalos de confiança mais adequados para a análise e permitirá análises robustas (Haukoos & Lewis, 2005). Um valor-padrão de 500 reamostragens será suficiente para a maioria das matrizes de dados, mas alguns bancos de dados com maior variabilidade podem exigir 1.000 ou mais. Esta opção, somada à quantidade de dados, aumentará consideravelmente o tempo da análise. Além disso, o Factor inclui métodos para processar valores ausentes (*missing*), ou seja, itens que não foram respondidos pelos participantes. Se houver *missing* no banco de dados, um valor de código deverá ser utilizado para eles no banco de dados; recomenda-se o padrão 999.

Modelo 11. Configurando a análise

Após especificar as configurações do banco de dados, clique *"Open single group dataset"*. Ao iniciar a computação, o Factor fornecerá os indicadores SOLOMON. Tal procedimento consiste na divisão da amostra em duas partes. Trata-se de uma divisão otimizada que garante a representatividade das subamostras, haja vista que todas as fontes possíveis de variação estão incluídas em ambas. Para avaliar esta equivalência, será calculado o *Ratio Communatily Index*; quanto mais próximo de 1, mais as subamostras são equivalentes (Lorenzo-Seva, 2021). A razão de comunalidade (S) indica se o padrão de resposta à escala é adequado e servirá como um indicativo preliminar da qualidade dos dados. Clique "Ok", e será redirecionado novamente para o menu principal (Imagem 1). Clique *"Configure analysis"* e prossiga para a etapa de configuração da análise (**Figura 4.3**). A maior parte das configurações será realizada na aba *"Factor model configuration"*. Deve-se ater à aba *"Data configuration"* apenas se houver selecionado a análise de grupos, em *"Multiple group analyses"* (**Figura 4.3**).

Figura 4.3 *Configurações da Análise Fatorial Exploratória*

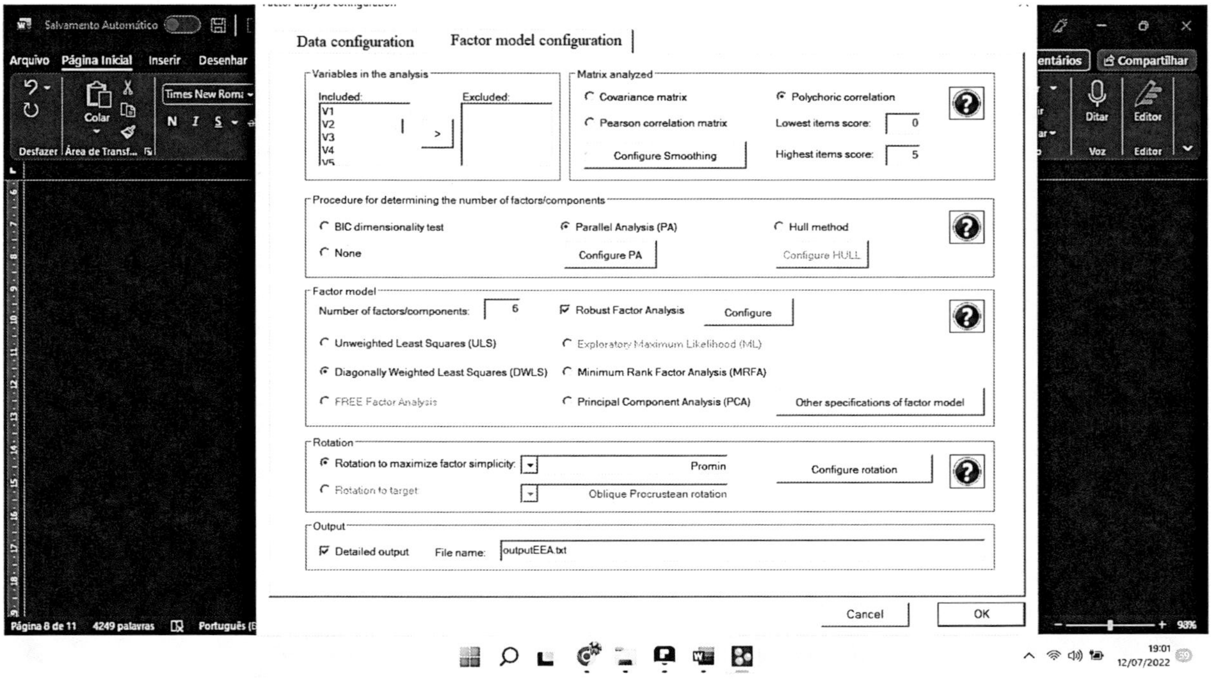

Como apenas os itens da escala estarão presentes no banco de dados, não há necessidade de excluir nenhuma variável. Ao lado dessa opção, deve-se selecionar o tipo de matriz a ser analisada. Conforme explicado anteriormente, se a medida for uma escala Likert ou dicotômica, é recomendável selecionar a opção de matrizes policóricas ou tetracóricas para analisar dados ordinais ou nominais, respectivamente. Ao selecionar o tipo de matriz, os escores mínimos e máximos dos itens serão apresentados automaticamente. No exemplo (**Figura 4.4**), o programa indicou o mínimo de 0 e o máximo de 5 para os escores, congruente com a escala utilizada em Caruzo e Uehara (2021). Não é recomendado colocar escores inferiores ao observado nos dados, e todos os itens devem ter o mesmo número de pontos na escala de resposta. Se a matriz não for *positive-definite* (diferença nos pesos relativos), deve-se implementar métodos de suavização clicando a opção *"Configure Smoothing"*, recomendando-se o método *"Sweet Smoothing"* para suavizar apenas as variáveis problemáticas. O método *"Ridge Smothing"* impactará todas as variáveis da matriz. Para aprofundamento nesse tópico, ver Lorenzo-Seva e Ferrando (2020).

Retenção Fatorial

Em seguida, deve-se decidir o número de fatores que serão retidos e a técnica para recomendação da retenção fatorial. Essa é uma etapa essencial na configuração, que acarretará alterações em toda a análise; não à toa, é uma das etapas que mais causam erros metodológicos nos estudos (Izquierdo et al., 2014), podendo gerar superestimação ou subestimação no número de fatores. O número de fatores deverá ser informado com base nas hipóteses do modelo teórico da medida. As técnicas de retenção fatorial avaliarão a melhor solução para ser extraída, podendo corroborar ou não o número de fatores informado na configuração (Auerswald & Moshagen, 2019). Observe que seis fatores foram informados (**Figura 4.4**), de acordo com a teoria das cores do amor (Lee, 1973).

No passado, o critério de Kaiser-Guttman, conhecido como *eigenvalue* ou autovalor > 1, foi amplamente utilizado para a retenção fatorial. Atualmente, não é mais recomendado devido a um histórico de superestimação de fatores (Costello & Osborne, 2005), tendo sido superado por técnicas mais robustas, como a Análise Paralela (AP) Horn, 1965). A AP é uma técnica que consiste em uma simulação estatística que cria amostras aleatórias de dados de dimensionalidades semelhantes aos atuais. Desta forma, compara os dados das amostras aleatórias com os da amostra atual. A implementação clássica da AP (Horn, 1965) é baseada nos autovalores, mas a implementação otimizada (Timmerman & Lorenzo-Seva, 2011) baseia-se na variância explicada dos fatores por meio de *bootstrapping*. Para escolher a AP otimizada, clique *"Configure PA"*.

O Factor também oferece a possibilidade de reter fatores por meio do *Schwarz's Bayesian Information Criterion*, o índice de ajuste BIC. Nesse método, mediante a comparação do ajuste de diferentes modelos, aquele que apresentar o menor valor de BIC será selecionado. Outra técnica de retenção fatorial é o método Hull (Lorenzo-Seva et al., 2011). Esta técnica baseia-se em índices de ajuste e graus de liberdade para determinar o número de fatores mais adequado, sendo recomendada quando o número de itens por fator for alto. Pode-se escolher entre diferentes índices de ajuste para a análise clicando *"Configure HULL"*. Se a técnica de retenção fatorial indicar um número diferente de fatores em relação ao modelo teórico, é interessante comparar os resultados de diferentes métodos de retenção fatorial. Se a escolha for o método de extração *Minimum Rank Factor Analysis* (MRFA), a técnica de retenção *Minimum Average Partial* (MAP) ficará disponível. Para detalhar cada uma dessas técnicas, ver a literatura citada no próprio programa e a lista de referências que aparecerá no arquivo de *output*.

Extração Fatorial

Como explicado, o principal objetivo da AFE é determinar o número de fatores e estimar os indicadores mais adequados para a matriz de correlação. Além da retenção fatorial, utilizamos técnicas de extração fatorial para alcançar esse fim. Essas técnicas possibilitam a estimativa de cargas fatoriais e da correlação entre os itens (Izquierdo et al., 2014). Além de decidir sobre a técnica de extração, é possível selecionar uma análise robusta, que fornecerá intervalos de confiança e corrigirá os desvios de normalidade. A análise robusta não altera a extração, mas fornece estimativas com menos erros. Para selecionar uma análise robusta, clique *"Robust Factor Analysis"* (**Figura 4.4**). A escolha do método de extração dependerá dos objetivos e das premissas de cada método. Portanto, é importante entender quais são os dados e qual técnica de extração apresenta pressupostos adequados a eles.

O Factor oferece múltiplos métodos de extração (Ferrando & Lorenzo-Seva, 2014). O *Maximum Likelihood* (ML) traz fortes bases estatísticas e objetiva minimizar as correlações residuais, mas pressupõe uma análise fatorial linear, não se aplicando para análises com matrizes policóricas. Se os dados forem normais e lineares, será utilizada uma matriz de correlação de Pearson para a extração de fatores, e o ML é a técnica de extração mais recomendada (Izquierdo et al., 2014).

O *Robust Diagonally Weighted Least Squares* (RDWLS), também denominado WLSMV em outros softwares, é o método recomendado para análises com base em matrizes policóricas. O RDWLS foi desenvolvido especificamente para dados ordinais, sendo um método que estará disponível para análises robustas que utilizem técnicas de *Bootstrap*. Caso se opte por não computar o *Bootstrap* (**Figura 4.3**), o RDWLS não ficará disponível.

O *Minimum Rank Factor Analysis* (MRFA) é um método que extrai os fatores considerando a variância comum. O *Unweighted Least Squares* (ULS), também denominado Minres, é técnica de extração recomendada para dados intervalares/razão ou ordinais. Repare na **Figura 4.3** que o Factor também oferece a ACP como técnica de extração, mas, conforme discutido anteriormente, ela não deve ser utilizada para analisar um construto latente.

Rotação Fatorial

Em seguida, deve-se escolher o método de rotação fatorial. A rotação terá o principal objetivo de clarificar a matriz de dados, tornando sua interpretação mais fácil (Costello & Osborne, 2005). Quando pesquisamos construtos psicológicos, é comum e esperado que haja certa relação entre os comportamentos investigados nos itens da escala. Na análise, isso se traduz em itens com cargas fatoriais em mais de um fator (*cross-loading*). O método de rotação será utilizado para encontrar uma solução mais simples, com itens apresentando carga fatorial elevada no menor número possível de fatores, preferencialmente com predomínio em apenas um. As rotações podem ser ortogonais ou oblíquas, o que dependerá das relações teóricas predeterminadas a respeito do construto latente (Izquierdo et al., 2014).

As rotações ortogonais são aquelas que não permitirão correlações entre os fatores, pressupondo que os fatores extraídos são independentes uns dos outros. Embora produzam resultados mais facilmente interpretáveis por não considerarem as correlações entre os fatores, as rotações ortogonais não são aconselháveis para as pesquisas em psicologia e ciências sociais, haja vista que estas esperam que haja certa correlação entre os fatores, uma vez que o comportamento humano não ocorre de maneira isolada (Watkins, 2018). Atualmente, entre as rotações ortogonais, a *Varimax* é a que apresenta os melhores resultados. As técnicas *Quartimax* e *Equimax* vêm caindo em desuso devido a problemas de superestimação de cargas fatoriais e estabilidade, respectivamente (Damásio, 2012). Se houver relações entre os fatores, o uso de métodos ortogonais acarretará perda de precisão nos resultados.

Já o método de rotação oblíqua contempla a relação entre os fatores. Porém, eles não determinam a relação entre os fatores; caso estes não se relacionem, a rotação oblíqua produzirá um resultado ortogonal (Watkins, 2018). Utilizando a rotação oblíqua, é possível analisar o efeito dos fatores nas variáveis, a matriz de estrutura fatorial e a matriz de correlação fatorial. Se as relações entre os fatores forem altas, as cargas fatoriais geradas convergirão (Izquierdo et al., 2014). Não há uma recomendação específica entre os métodos oblíquos disponíveis, *Oblimin*, *Quartimin*, *Promax*, *Promin* e outros, haja vista a produção de resultados semelhantes (Lorenzo-Seva & Ferrando, 2019). Se a matriz for extremamente complexa — o que é plausível na psicologia —, haverá métodos que apresentam melhores resultados, como o *Weighted Oblimin* (Lorenzo-Seva, 2000).

No campo de pesquisa da cognição e do comportamento humano, são aconselháveis métodos oblíquos para a rotação fatorial. Tome como exemplo a teoria das cores do amor, anteriormente mencionada. Lee (1973) discutiu que os estilos de amar seriam independentes, e os próprios autores da escala (Hendrick & Hendrick, 1986) sugeriram o uso de métodos ortogonais, uma vez que realmente havia baixa correlação entre os fatores (Andrade & Garcia, 2014). Contudo, na prática, as pessoas não amam apenas de um jeito, e métodos oblíquos permitem compreender as relações entre esses diferentes estilos de amar. Neste sentido, estudos psicométricos desta escala com métodos oblíquos vêm demonstrando correlações significativas entre alguns fatores, sobretudo entre o amor altruísta (Ágape) e o amor possessivo (*Mania*), refutando hipóteses da teoria original e abrindo novos debates no campo científico (Caruzo & Uehara, 2021; Cassepp-Borges & Ferrer, 2019).

Outras Configurações do Modelo

Ao clicar "*Other specifications of factor model*", o Factor fornece uma gama multifacetada de parâmetros que podem corroborar a qualidade dos resultados (**Figura 4.5**). Para que a grande maioria desses indicadores seja aplicável, é preciso que os dados estejam sendo analisados sob uma matriz policórica, com um método de extração adequado para dados ordinais/categóricos. Por exemplo, ao utilizar uma matriz policórica, pode-se selecionar a parametrização da teoria de resposta ao item, o que lhe fornecerá um indicativo da qualidade do padrão de resposta com indicadores de discriminação e os *thresholds* dos itens. Esta não é uma análise imprescindível à AFE, mas pode auxiliar a compreender melhor os resultados (Ferrando & Lorenzo-Seva, 2013).

Figura 4.4 *Outras Especificações do Modelo Fatorial*

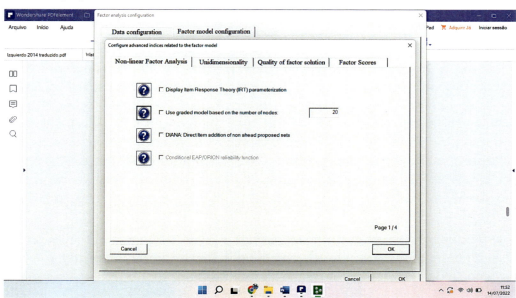

Na segunda aba, *"Unidimensionality"*, algumas opções estarão disponíveis para analisar os dados. Os indicadores de confiabilidade *Greater-Lower Bound* (GLB) e *Omega* poderão ser solicitados, mas deve-se lembrar que eles serão relativos a uma estrutura unifatorial. A AFE não oferece índices de confiabilidade dos fatores em estruturas bi ou multifatoriais. Clicando *"Closeness to unidimensionality assessment"*, será verificado quanto a estrutura dos dados pode ser explicada por um único fator. A pertinência do modelo unidimensional é analisada por meio dos índices UniCo, ECV e Mireal (Ferrando & Lorenzo-Seva, 2018). Ao utilizar instrumentos com heterogeneidade nos resultados empíricos ou com incertezas teóricas quanto à dimensionalidade, tais técnicas fornecerão importantes subsídios para tomada de decisões.

Na terceira aba, clicando *"Display ETA-squared and Pratt's importance measures"*, é possível solicitar uma medida de importância, ou seja, quanto o fator explica os itens, sendo uma informação adicional às cargas fatoriais (Wu & Zumbo, 2017). Por meio de um valor percentual, esta técnica permite analisar quanto cada fator explica a variância comum do item. Além disso, a estabilidade dos fatores poderá ser avaliada mediante o índice H clicando *"Assess construct replicability"*. Valores altos de H (> 0,80) indicam maiores chances de replicabilidade, ou seja, quanto a estrutura fatorial encontrada tenderá a ser identificada em outros estudos (Ferrando & Lorenzo-Seva, 2018).

Nesta mesma aba, também há a possibilidade de analisar a qualidade dos escores fatoriais. Para tanto, o Factor oferece as estimativas de fidedignidade *Factor Determinacy Index, ORION, Sensibility ratio* e *Expected percentage of true differences* (Ferrando & Lorenzo-Seva, 2018). Normalmente, os escores fatoriais são calculados após a decisão da melhor solução fatorial (Rogers, 2021). Não é extremamente necessária a utilização destas técnicas.

Na quarta aba (**Figura 4.5**), é possível selecionar a saída de um banco com os escores fatoriais dos participantes da pesquisa clicando *"Expected A Posteriori (EAP) factor scores"*, assim como estes convertidos em escores T (Ferrando & Lorenzo-Seva, 2016). Se os dados forem unidimensionais, ao selecionar a opção *"Compute continuous person-fit indices"*, estimativas a respeito da precisão do padrão de resposta de cada um dos participantes das amostras poderão ser solicitadas, possibilitando a identificação de participantes que responderam aleatoriamente (Ferrando et al., 2016). Além desses, outros parâmetros são oferecidos pelo Factor para a análise dos dados. Se houver dúvidas sobre o uso dessas ferramentas, ao clicar o botão com ponto de interrogação ao lado de cada opção, a explicação do método e suas respectivas referências serão descritas.

Finalizando, após selecionar os indicadores desejados, clique "Ok" (**Figura 4.4**), e será redirecionado para a janela de configuração geral da análise (**Figura 4.3**). Clique novamente "Ok", e será redirecionado para o menu inicial (**Figura 4.1**). Agora, basta clicar *"Compute"* para processar a análise. O tempo de processamento vai depender do tamanho do banco de dados (quantidade de variáveis e de participantes) e da capacidade do computador. Caso uma análise robusta com *bootstrapping* seja solicitada — o que é fortemente sugerido —, o tempo de processamento será maior. Recomenda-se que outras janelas e programas sejam fechados, deixando apenas o Factor em funcionamento durante a computação. No **Quadro 4.1**, há um checklist com as principais etapas para realização da AFE. Sugere-se a utilização e consulta ao checklist durante as decisões que deverão ser tomadas no processo da análise.

Quadro 4.1 *Checklist para Realização de uma AFE no Factor*

Baixando o programa	Realize o download e instalação do Factor no link: https://psico.fcep.urv.cat/utilitats/factor/index.html.
Preparando o banco de dados	Deixe no banco de dados apenas os itens do instrumento que será analisado.
	Salve o banco de dados em um arquivo .txt ou .dat. Se estiver no Excel, utilize o conversor para .dat disponibilizado no link: https://psico.fcep.urv.cat/utilitats/factor/ReadData.html.
Abrindo o banco de dados	No menu inicial do Factor, clique "*Read Data*" e em seguida clique "*Browse*" para selecionar o arquivo .dat.
	Em "*Setting for robust analysis*", selecione a computação de *bootstrap*; 500 reamostragens serão suficientes para a maioria das análises.
	Em "*Missing Values*", determine o código 999 para os valores ausentes, se houver.
	Clique "*Open single group dataset*" para configurar a AFE.
Configurando a análise	Retornando ao menu inicial, clique "*Configure analysis*".
	Escolha o tipo de matriz de correlação que será utilizado em "*Matrix analyzed*". Recomenda-se o uso das matrizes policóricas para dados ordinais/categóricos, como as escalas Likert.
	Escolha o método de retenção fatorial em "*Procedure for determining the number of factors*". Recomenda-se o uso da análise paralela com implementação otimizada.
	Em "*Factor Model*", informe o número de fatores a serem retidos com base nos pressupostos teóricos da medida.
	Em "*Factor Model*", selecione a opção "*Robust Factor Analysis*".
	Em "*Factor Model*", escolha o método de extração fatorial. Recomenda-se o *Diagonally Weighted Least Squares* para dados ordinais/categóricos.
	Em "*Rotation*", escolha o método de rotação fatorial. Recomenda-se o uso de rotações oblíquas para estudos da psicologia.
Outras especificações do modelo	Clique "*Other specifications of factor model*".
	Na segunda aba, se a estrutura fatorial dos seus dados for unidimensional, selecione os índices de confiabilidade GLB *e Omeg*a.
	Na terceira aba, selecione as medidas de importância dos itens clicando "*Display ETA-squared and Pratt's importance measures*".
	Na terceira aba, selecione as medidas de replicabilidade da estrutura clicando "*Assess construct replicability*".
Computando a análise	Após selecionar todas as técnicas que deseja, clique "Ok" até retornar ao menu inicial.
	No menu principal, clique "*Compute*" para processar a análise.
Computando a confiabilidade dos fatores	Utilize calculadoras on-line de confiabilidade composta ou *Omega* para analisar os índices de confiabilidade dos fatores com base nas cargas fatoriais apresentadas nos resultados da AFE.
Reporte os resultados	Relate de forma clara, coerente e sistemática todas as decisões realizadas durante o procedimento.
	Descreva as técnicas utilizadas e suas respectivas referências.
	Descreva os resultados de maneira objetiva.
	Discuta os resultados com base nos pressupostos teóricos, articulando-os com estudos semelhantes.

Modelo 12. Interpretando os resultados

Sobre a interpretação dos resultados, é necessário compreender o conceito de estrutura simples. Tal modelo, baseado em Thurstone (1931), determina que uma estrutura simples deve ser priorizada em uma AFE, consistindo em uma estrutura em que cada fator é sobredeterminado (carregado por vários itens) e cada item tem uma carga sobressalente em apenas um fator, com cargas baixas nos demais fatores (Watkins, 2018). Na prática, isso se traduz na utilização de diferentes ferramentas e configurações da AFE até que a melhor solução fatorial seja encontrada. Contudo, com o avanço da ciência e o aprimoramento das ferramentas oferecidas pelos softwares de análise, compreendemos que, apesar de priorizar a estrutura mais "limpa" possível, devemos observar outros parâmetros para além das cargas fatoriais durante a interpretação da solução fatorial mais robusta.

No Factor, a saída/*output* dos resultados dá-se por meio de um arquivo .txt. Uma série de informações será descrita, mas nem todas serão relevantes para a análise. Logo no início, todas as configurações selecionadas na análise estarão registradas. Sugerimos que todas as informações sejam conferidas cuidadosamente para verificar possíveis erros durante a configuração da análise. Para interpretar os resultados, é preciso atentar-se à retenção fatorial, compreender o conceito de carga fatorial e analisar os parâmetros adicionais. O Factor fornecerá índices de ajuste para os dados. Tradicionalmente, estes indicadores fazem parte do procedimento da análise fatorial confirmatória no âmbito da Modelagem de Equações Estruturais (MEE) (Taherdoost et al., 2022). Na realidade, o Factor produz uma "análise fatorial irrestrita", expressão cunhada pelos autores do software, que é um tipo particular de MEE com variáveis latentes. O grau de qualidade do ajuste do modelo de qualquer solução AFE pode ser avaliado usando procedimentos disponíveis destinados, tradicional-mente, à MEE. Ferrando e Lorenzo-Seva (2018) defenderam que a maioria dos itens em uma análise fatorial se apresenta de forma complexa e que uma abordagem irrestrita é a mais natural e flexível para calibrá-los e pontuá-los. Estas opiniões não são opiniões isoladas, haja vista que se constatam na literatura resistências às fortes restrições de soluções confirmatórias estritas e que métodos mais flexíveis vêm sendo defendidos (Marsh et al., 2014, 2020). Um ajuste aceitável é um requisito básico para julgar uma solução EFA como apropriada (Ferrando & Lorenzo-Seva, 2018).

Interpretando a Fatorabilidade da Matriz

Primeiramente, deve-se analisar os resultados do teste de Mardia (*"MULTIVARIATE DES-CRIPTIVES - Analysis of the Mardia's Multivariate Asymmetry Skewness and Kurtosis"*). Nas pesquisas da psicologia e das ciências sociais, provavelmente os dados não serão normalmente distribuídos, portanto a significância estatística (p) será < 0,05. Contudo, se as matrizes policóricas e o método de estimação RDWLS foram selecionados, isso não será um problema. Em seguida, observe os resultados dos testes de esfericidade de Bartlett e KMO para compreender se a matriz de dados é fatorável (*"ADEQUACY OF THE POLYCHORIC CORRELATION MATRIX"*). O índice de Bartlett deve apresentar $p < 0,05$, e o KMO deve estar acima de 0,7 (Howard, 2016). Se estes índices não forem acatados, provavelmente haverá problemas na maioria dos resultados.

Interpretando a Retenção Fatorial e os Índices de Unidimensionalidade

A saída apresentará a retenção por *eigenvalues* ou autovalores, mas, como foi explicado, essa é uma técnica que costuma superestimar fatores. Logo depois, os resultados do método de retenção escolhido serão descritos. Se a AP (Timmerman & Lorenzo-Seva, 2011) foi selecionada, a variância comum de cada item para os dados reais e para os bancos de permutação aleatória serão apresentadas [*"PARALLEL ANALYSIS (PA) BASED ON MINIMUM RANK FACTOR ANALYSIS"*]. Em cada variável em que a variância comum dos dados originais for maior do que a variância dos dados aleatórios, haverá um asterisco ao lado. A quantidade de variáveis com asterisco é a quantidade de fatores retidos pela AP. Além dos asteriscos, o número de fatores a serem retidos é expressamente recomendado ao fim da AP (*"Advised number of dimensions"*). Se o método Hull (Lorenzo-Seva et al., 2011) foi o escolhido, os resultados do índice de ajuste selecionado e os graus de liberdade serão apresentados, com a subsequente indicação da quantidade de fatores para a retenção [*"HULL METHOD FOR SELECTING THE NUMBER OF COMMON FACTORS (HULL)"*].

Logo abaixo, os índices de unidimensionalidade da medida serão apresentados (*"CLOSENESS TO UNIDIMENSIONALITY ASSESSMENT"*). Valores de UniCo > 0,95, de ECV > 0,85 e de Mireal < 0,300 indicam que os dados podem ser tratados como unidimensionais (Ferrando & Lorenzo-Seva, 2018). Se os parâmetros de unidimensionalidade forem altos, provavelmente a retenção fatorial indicará apenas um (1) fator. Se a retenção indicar um número diferente de fatores em relação ao número que foi sugerido durante a configuração, ainda assim a saída dos dados organizar-se-á segundo o número de fatores indicado. Neste caso, recomenda-se que a análise seja reconfigurada e se informe o número encontrado na técnica de retenção. Se houver contradições entre os índices de unidimensionalidade, ou entre os índices de unidimensionalidade e a técnica de retenção, outros parâmetros precisarão ser utilizados para assegurar a plausabilidade de uma estrutura bi ou multi-fatorial (Ferrando & Lorenzo-Seva, 2018).

Interpretando a Variância Explicada

Informações a respeito da variância explicada dos fatores estarão disponíveis. A variância explicada é uma estimativa de quanto de variância comum entre os itens foi encontrada para a matriz de dados. Ou seja, quanto o fator latente explica a correlação entre os itens e quanto a variância de todos os fatores latentes juntos explica o construto. Não há um ponto de corte específico que indique um bom valor de variância explicada, e pouco é discutido na literatura científica sobre isso (Damásio, 2012). Em geral, quanto maior, melhor. Entretanto, métodos oblíquos dificultam os cálculos de variância explicada devido à porção de variância comparti-lhada entre os fatores, que se sobrepõem. Além do mais, na psicologia e nas ciências sociais, é impossível um construto latente ser 100% explicado por uma única variável. Apesar de ser um indicador frequentemente relatado (Izquierdo et al., 2014), não terá valor determinante ou de importância ímpar para a AFE.

Interpretando os Índices de Ajuste

Dependendo do método de extração utilizado, os índices de ajustes serão informados. Eles são indicadores que avaliam quanto a matriz de dados se ajusta à estrutura fatorial. Entre outros, o Factor oferece os resultados dos índices *Root Mean Square Error of Approximation* (RMSEA), *Comparative Fit Index* (CFI) e *Non-Normed Fit Index/Tucker-Lewis Index* (NNFI/TLI). É importante atentar que cada índice de ajuste tem uma interpretação e pontos de corte diferentes. Valores de CFI e NNFI/TLI devem ser $\geq$ que 0,90. Valores de RMSEA devem ser $\leq$ que 0,08 com intervalo de confiança $\leq$ 0,10 (Brown, 2015). Ainda assim, estes pontos de corte apresentam variações entre os autores.

Interpretando as Cargas Fatoriais

As cargas fatoriais são os indicativos que nos dirão quanto um determinado item é relevante para o fator do qual faz parte. Quanto maior for a correlação do item com os outros itens do fator, maior será a sua carga fatorial. As cargas podem ser positivas ou negativas, a depender da formulação do item. Se o item for escrito de maneira afirmativa, será positivo; se de maneira negativa, será negativo. Deve-se ater principalmente ao valor (tamanho da carga), e não ao sinal.

As cargas fatoriais variam de 0 a ±1. Em geral, a literatura científica indica que um item fará parte de um fator, se tiver carga fatorial > 0,30 nele. No entanto, este ponto de corte varia entre os autores — alguns defendem > 0,32; outros, > 0,40 etc. Sugerimos a análise da matriz rotacionada para facilitar a interpretação (*"ROTATED LOADING MATRIX"*). Para facilitar ainda mais, a saída oferece a estrutura fatorial com cargas abaixo de 0,30 omitidas (*"ROTATED LOADING MATRIX - loadings lower than absolute 0.300 omitted"*), de forma que somente as cargas relevantes para os fatores serão apresentadas na matriz. Um item com cargas fatoriais < 0,30 no fator ao qual pertence não deve ser excluído sem a análise de parâmetros complementares. Devemos sempre lembrar que os resultados são relativos a uma amostra. Um mesmo instrumento poderá apresentar diferentes estruturas e cargas fatoriais, a depender da amostra.

Se uma rotação oblíqua foi escolhida, as possíveis cargas cruzadas poderão ser analisadas, ou seja, itens com cargas fatoriais saturadas em mais de um fator. Se houver cargas cruzadas, o parâmetro de importância de Pratt poderá ser utilizado para investigar esta questão um pouco mais a fundo (*"COMMUNALITY-STANDARDIZED PRATT'S MEASURES"*). O fator para qual o item apresentar o maior nível de importância deve ser escolhido.

Confiabilidade da Estrutura

Embora o Factor ofereça índices de confiabilidade, como o *GLB* e o *Omega*, eles são apresentados apenas para estruturas unifatoriais. Confiabilidade, fidedignidade ou precisão são termos semelhantes, que consistem em cálculos que atestam a qualidade do padrão de construção e resposta dos itens. Portanto, é considerada uma etapa subsequente à AFE, somando-se às evidências de validade baseadas na estrutura interna. Outras ferramentas serão necessárias para fazer esse cálculo.

Um índice de confiabilidade fortemente utilizado e conhecido é o *alpha* de Cronbach. Contudo, tal parâmetro pressupõe condições que não se aplicam à confiabilidade da estrutura fatorial. Por tal motivo, recomendamos que outros cálculos de confiabilidade sejam realizados, a exemplo da Confiabilidade Composta (Valentini & Damásio, 2016) e do *Omega*. Estes procedimentos podem ser realizados em outros softwares ou calculadoras disponibilizadas gratuitamente na internet.

Reportando os Resultados

Como todo estudo científico, a última etapa da AFE consiste em relatar os resultados. O relatório deve ser construído de maneira sistemática, apresentando os achados com clareza. Toda a configuração da análise deve ser cuidadosamente descrita, explorando as decisões metodológicas realizadas, de forma que a replicabilidade exata do método possa ser realizada por estudos futuros. As técnicas utilizadas, seus pontos de corte e as respectivas referências devem ser apresentados na seção de "Método", além do programa que foi utilizado para realizar a análise. Nos "Resultados", todas as decisões elencadas no "Método" deverão ser respondidas. Na seção de "Discussão", abre-se um espaço para debate dos resultados, articulando-os com os estudos clássicos e outros estudos sobre a teoria e a medida utilizadas. Ao fim, as limitações da pesquisa deverão ser informadas.

No relato, é importante descrever as justificativas das variáveis medidas e do tipo e número de participantes na amostra; as características dos dados (estatísticas descritivas, testes de normalidade, dados ausentes etc.); as medidas de fatorabilidade da matriz (teste de esfericidade de Bartlett e KMO); a matriz de correlação analisada (r de Pearson, matrizes policóricas etc.); o método de retenção fatorial (AP, Hull etc.); o método de extração (ML, RDWLS etc.); se a rotação foi ortogonal ou oblíqua e qual especificamente foi utilizada (*Oblimin*, *Promin* etc.); a matriz de correlação, preferencialmente rotacionada e com as cargas < 0,30 omitidas; as cargas cruzadas, se houver, e os métodos adicionais para solucionar este problema, se for utilizado; e as medidas de confiabilidade dos fatores identificados (Watkins, 2018). Ainda, se parâmetros adicionais foram utilizados, como os índices de unidimensionalidade, de replicabilidade, as medidas de importância de Pratt, a parametrização da teoria de resposta ao item ou outras ferramentas disponibilizadas pelo Factor, elas deverão ser descritas e discutidas.

Considerações Finais

Este capítulo teve o objetivo de oferecer um passo a passo prático para a realização de uma AFE no software Factor. Descrevemos a contextualização teórica da técnica, as diferenças entre AFE e ACP, os pressupostos sobre a adequação dos dados à análise, as diferentes técnicas de retenção, extração e rotação fatorial, o conceito e a importância das cargas fatoriais, a investigação da confiabilidade da matriz fatorial e outras técnicas recentemente desenvolvidas para auxiliar a interpretação de uma AFE. Longe de esgotar o conteúdo sobre esse tema complexo, oferecemos aqui uma introdução teórica e prática à técnica. Esperamos que isso incentive estudantes e pesquisadores à realização desta. Recomenda-se que consultem as referências bibliográficas aqui dispostas para melhor compreensão dos conceitos e procedimentos descritos neste capítulo.

Deve-se lembrar que o contínuo desenvolvimento científico sobre as técnicas de análise fatorial exploratória leva à compreensão de que tais procedimentos não acarretam automaticamente resultados objetivos, tendo o pesquisador o papel de dar significados ao construir e analisar seus dados. Hoje, longe do que foi postulado como a "falácia indutivista", compreendemos que a análise fatorial é apenas um dos múltiplos métodos possíveis para investigar um construto não observável, não sendo capaz de produzir um conhecimento inequívoco sobre ele, mas auxiliando sua compreensão.

Referências

Aiken, L. S., West, S. G., & Millsap, R. E. (2008). Doctoral training in statistics, measurement, and methodology in psychology: Replication and extension of Aiken, West, Sechrest, and Reno's (1990) survey of PhD programs in North America. *American Psychologist, 63*(1), 32-50. https://doi.org/10.1037/0003-066X.63.1.32.

Andrade, A. L. D., & Garcia, A. (2014). Escala de crenças sobre amor romântico: Indicadores de validade e precisão. *Psicologia: Teoria e Pesquisa, 30*(1), 63-71. https://doi.org/10.1590/S0102-37722014000100008.

Auerswald, M., & Moshagen, M. (2019). How to determine the number of factors to retain in exploratory factor analysis: A comparison of extraction methods under realistic conditions. *Psychological Methods, 24*(4), 468-491. https://doi.org/10.1037/met0000200.

Brown, T. A. (2015). *Confirmatory factor analysis for applied research*. Guilford Publications. https://psycnet.apa.org/record/2015-10560-000.

Caruzo, M. S., & Uehara, E. (2021). *Propriedades psicométricas da escala de estilos de amor (EEA) e da escala triangular do amor reduzida (ETAS-R) para relacionamentos homoafetivos* [Dissertação de mestrado, Universidade Federal Rural do Rio de Janeiro]. Biblioteca Digital de Teses e Dissertações da Universidade Federal Rural do Rio de Janeiro. https://tede.ufrrj.br/jspui/handle/jspui/6701.

Cassepp-Borges, V., & Ferrer, E. (2019). Are we missing the circumplexity? An examination of love styles. *Journal of Relationships Research, 10*, E21, 1-10. https://doi.org/10.1017/jrr.2019.13.

Costello, A. B., & Osborne, J. W. (2005). Best practices in exploratory factor analysis: Four recommendations for getting the most from your analysis. *Practical Assessment, Research & Evaluation, 10*(7), 1-9. https://doi.org/10.7275/jyj1-4868.

Damásio, B. F. (2012). Uso da análise fatorial exploratória em psicologia. *Avaliação Psicológica: Interamerican Journal of Psychological Assessment, 11*(2), 213-228. http://pepsic.bvsalud.org/scielo.php?script=sci_arttext&pid=S1677-04712012000200007&lng=pt&tlng=pt.

Ferrando, P. J., & Lorenzo-Seva U. (2018). Assessing the quality and appropriateness of factor solutions and factor score estimates in exploratory item factor analysis. *Educational and Psychological Measurement, 78*(5), 762-780. https://doi.org/10.1177/0013164417719308.

Ferrando, P. J., & Lorenzo-Seva, U. (2013). *Unrestricted item factor analysis and some relations with item response theory* (Technical report). Department of Psychology, Universitat Rovira i Virgili. https://psico.fcep.urv.cat/utilitats/factor/documentation/technicalreport.pdf.

Ferrando, P. J., & Lorenzo-Seva, U. (2014). Exploratory item factor analysis: Additional considerations. *Anales de Psicología, 30*(3), 1.170-1.175. http://dx.doi.org/10.6018/analesps.30.3.199991.

Ferrando, P. J., & Lorenzo-Seva, U. (2016). A note on improving EAP trait estimation in oblique factor-analytic and item response theory models. *Psicológica, 37*(2), 235-247. https://psycnet.apa.org/record/2016-34732-007.

Ferrando, P. J., & Lorenzo-Seva, U. (2017). Program Factor at 10: Origins, development and future directions. *Psicothema, 29*(2), 236-241. https://doi.org/10.7334/psicothema2016.304.

Ferrando, P. J., & Lorenzo-Seva, U. (2018). Assessing the quality and appropriateness of factor solutions and factor score estimates in exploratory item factor analysis. *Educational and Psychological Measurement, 78*(5), 762-780. https://doi.org/10.1177/0013164417719308.

Ferrando, P. J., Vigil-Colet, A., & Lorenzo-Seva, U. (2016). Practical person-fit assessment with the linear FA model: New developments and a comparative study. *Frontiers in Psychology, 7*, 1-131.973. https://doi.org/10.3389/fpsyg.2016.01973.

Flora, D. B., LaBrish, C., & Chalmers, R. P. (2012). Old and new ideas for data screening and assumption testing for exploratory and confirmatory factor analysis. *Frontiers in Psychology, 3*, 55. https://doi.org/10.3389/fpsyg.2012.00055.

Gaskin, C. J., & Happell, B. (2014). On exploratory factor analysis: A review of recent evidence, an assessment of current practice, and recommendations for future use. *International Journal of Nursing Studies, 51*(3), 511-521. https://doi.org/10.1016/j.ijnurstu.2013.10.005.

Goretzko, D., Pham, T. T. H., & Bühner, M. (2021). Exploratory factor analysis: Current use, methodological developments and recommendations for good practice. *Current Psychology, 40*, 3.510-3.521. https://doi.org/10.1007/s12144-019-00300-2.

Hair Jr., J. F., Black, W. C., Babin, B. J., & Anderson, R. E. (2019). *Multivariate data analysis*. Cengage.

Hauck, N., & Valentini, F. (2020). A análise de componentes principais é útil para selecionar bons itens quando a dimensionalidade dos dados é desconhecida? *Avaliação Psicológica, 19*(4), a-c. http://dx.doi.org/10.15689/ap.2020.1904.ed.

Haukoos, J. S., & Lewis, R. J. (2005). Advanced statistics: Bootstrapping confidence intervals for statistics with "difficult" distributions. *Academic Emergency Medicine, 12*(4), 360-365. https://doi.org/10.1197/j.aem.2004.11.018.

Horn, J. L. (1965). A rationale and technique for estimating the number of factors in factor analysis. *Psychometrika, 30*(1), 179-185. https://doi.org/10.1007/BF02289447.

Howard, M. C. (2016). A review of exploratory factor analysis decisions and overview of current practices: What we are doing and how can we improve? *International Journal of Human-Computer Interaction, 32*(1), 51-62. https://doi.org/10.1080/10447318.2015.1087664.

Howard, M. C., & Jayne, B. S. (2015). An analysis of more than 1,400 articles, 900 scales, and 17 years of research: the state of scales in cyberpsychology, behavior, and social networking. *Cyberpsychology, Behavior, and Social Networking, 18*(3), 181-187. https://doi.org/10.1089/cyber.2014.0418.

Izquierdo, I. A., Olea, J. D., & García, F. J. A. (2014). Exploratory factor analysis in validation studies: Uses and recommendations. *Psicothema, 26*(3), 395-400. https://doi.10.7334/psicothema2013.349.

Lee, J. A. (1973). *Colours of love: An exploration of the ways of loving*. New Press.

Lloret, S., Ferreres, A. Hernández, A., & Tomás, I. (2017). The exploratory factor analysis of items: Guided analysis based on empirical data and software. *Anales de Psicología, 33*(2), 417-432. http://dx.doi.org/10.6018/analesps.33.2.270211.

Lloret, S., Ferreres, A., Hernández, A., & Tomás, I. (2014). El análisis factorial exploratorio de los ítems: Una guía práctica, revisada y actualizada. *Anales de Psicología, 30*(3), 1.151-1.169. https://dx.doi.org/10.6018/analesps.30.3.199361.

Lorenzo-Seva, U. (2000). The weighted oblimin rotation. *Psychometrika, 65*(1), 301-318. https://doi.org/10.1007/BF02296148.

Lorenzo-Seva, U., & Ferrando, P. J. (2006). Factor: A computer program to fit the exploratory factor analysis model. *Behavior Research Methods, 38*(1), 88-91. https://doi.org/10.3758/BF03192753.

Lorenzo-Seva, U., & Ferrando, P. J. (2019). Robust Promin: A method for diagonally weighted factor rotation. *Liberabit: Revista Peruana de Psicología, 25*(1), 99-106. https://dx.doi.org/10.24265/liberabit.2019.v25n1.08.

Lorenzo-Seva, U., & Ferrando, P. J. (2020). Not positive definite correlation matrices in exploratory item factor analysis: Causes, consequences and a proposed solution. *Structural Equation Modeling: A Multidisciplinary Journal, 28*(1), 1-10. https://doi.org/10.1080/10705511.2020.1735393.

Lorenzo-Seva, U., Timmerman, M. E., & Kiers, H. A. (2011). The hull method for selecting the number of common factors. *Multivariate Behavioral Research, 46*(2), 340-364. https://doi.10.1080/00273171.2011.564527.

MacCallum, R. C., Widaman, K. F., Zhang, S., & Hong, S. (1999). Sample size in factor analysis. *Psychological Methods, 4*(1), 84-99. https://doi.org/10.1037/1082-989X.4.1.84.

Mardia, K. V. (1970). Measures of multivariate skewnees and kurtosis with applications. *Biometrika, 57*(3), 519-530. https://doi.org/10.2307/2334770.

Marsh, H., Guo, J., Dicke, T., Parker, P. D., & Craven, R. G. (2020). Confirmatory factor analysis (CFA), exploratory structural equation modeling (Esem), and Set-Esem: Optimal balance between goodness of fit and parsimony. *Multivariate Behavioral Research, 55*(1), 102-119. https://doi.org/10.1080/00273171.2019.1602503.

Marsh, H., Morin, A., Parker, P., & Kaur, G. (2014). Exploratory structural equation modeling: An integration of the best features of exploratory and confirmatory factor analysis. *Annual Review of Clinical Psychology, 10*, 85-110. https://doi.org/10.1146/annurev-clinpsy-032813-153700.

McCrae, R. R., & Costa, P. T. (1987). Validation of the five-factor model of personality across instruments and observers. *Journal of Personality and Social Psychology, 52*(1), 81-90. https://doi.org/10.1037/0022-3514.52.1.81.

Mulaik, S. A. (1987). A brief history of the philosophical foundations of exploratory factor analysis. *Multivariate Behavioral Research, 22*(3), 267-305. https://doi.10.1207/s15327906mbr2203_3.

Mundfrom, D. J., Shaw, D. G., & Ke, T. L. (2005). Minimum sample size recommendations for conducting factor analyses. *International Journal of Testing, 5*(2), 159-168. https://doi.org/10.1207/s15327574ijt0502_4.

Muñiz, J., & Fonseca-Pedrero, E. (2019). Diez pasos para la construcción de un test. *Psicothema, 31*(1), 7-16. https://doi.10.7334/psicothema2018.291.

Orçan, F. (2018). Exploratory and confirmatory factor analysis: Which one to use first? *Journal of Measurement and Evaluation in Education and Psychology, 9*(4), 414-421. https://doi.org/10.21031/epod.394323.

Pearson, K. (1896). VII. Mathematical contributions to the theory of evolution. III. Regression, heredity, and panmixia. *Philosophical Transactions of the Royal Society of London. Series A, Containing Papers of a Mathematical or Physical Character*, 187, 253-318. https://doi.org/10.1098/rsta.1896.0007.

Rogers, P. (2021). Best practices for your exploratory factor analysis: A factor tutorial. *Revista de Administração Contemporânea, 26*(11), 1-11. https://doi.10.1590/1982-7849rac2022210085.en.

Santos, R. de O., Gorgulho, B. M., Castro, M. A., Fisberg, R. M., Marchioni, D. M., & Baltar, V. T. (2019). Principal component analysis and factor analysis: Differences and similarities in nutritional epidemiology application. *Revista Brasileira de Epidemiologia, 22*, E190041. https://doi.org/10.1590/1980-549720190041.

Schreiber, J. B. (2021). Issues and recommendations for exploratory factor analysis and principal component analysis. *Research in Social and Administrative Pharmacy, 17*(5), 1.004-1.011. https://doi.org/10.1016/j.sapharm.2020.07.027.

Spearman, C. E. (1904). "General intelligence," objectively determined and measured. *American Journal of Psychiatry, 15*(2), 201-292. https://doi.org/10.2307/1412107.

Taherdoost, H. A. M. E. D., Sahibuddin, S. H. A. M. S. U. L., & Jalaliyoon, N. E. D. A. (2022). Exploratory factor analysis; concepts and theory. *Advances in Applied and Pure Mathematics, 27*, 375-382. https://hal.archives--ouvertes.fr/hal-02557344/document.

Thurstone, L. L. (1931). Multiple factor analysis. *Psychological Review, 38*(5), 406-427. https://doi.org/10.1037/h0069792.

Timmerman, M. E., & Lorenzo-Seva, U. (2011). Dimensionality assessment of ordered polytomous items with parallel analysis. *Psychological Methods, 16*(2), 209-220. https://doi.10.1037/a0023353.

Valentini, F., & Damásio, B. F. (2016). Variância média extraída e confiabilidade composta: Indicadores de precisão. *Psicologia: Teoria e Pesquisa, 32*(2). https://doi.org/10.1590/0102-3772e322225.

Watkins, M. W. (2018). Exploratory factor analysis: A guide to best practice. *Journal of Black Psychology, 44*(3), 219-246. https://doi.org/10.1177/0095798418771807.

Watkins, M. W. (2021). *A step-by-step guide to exploratory factor analysis with SPSS*. Routledge.

Wu, A. D., & Zumbo, B. D. (2017). Using Pratt's importance measures in confirmatory factor analyses. *Journal of Modern Applied Statistical Methods, 16*(2), 81-98. https://doi.10.22237/jmasm/1509494700.

Yule, G. U. (1909). The applications of the method of correlation to social and economic statistics. *Journal of the Royal Statistical Society, 72*(4), 721-730. https://doi.org/10.2307/2340140.

5

ANÁLISE FATORIAL CONFIRMATÓRIA: EXEMPLO PRÁTICO NO MPLUS E NO R

Larissa Maria David Gabardo-Martins

Introdução

As medidas em psicologia (quais sejam, inventários, questionários e escalas psicológicas) são ferramentas utilizadas para obter informação a respeito de fenômenos psicológicos. Nesse sentido, elas contribuem para a promoção de explicações e teorias sobre o comportamento humano (Hauck Filho, 2014).

Toda medida em psicologia apresenta uma estrutura fatorial. Assim é que ela é dividida em fatores (variáveis latentes) que explicam a variação e a covariação entre um conjunto de variáveis observadas (exemplo, itens de um instrumento psicológico). Para a verificação da estrutura fatorial de uma medida em psicologia, os pesquisadores da área utilizam uma técnica estatística denominada análise fatorial, que visa determinar o número e a natureza das variáveis latentes ou fatores (Brown, 2015).

Ainda segundo Brown (2015), a análise fatorial é um dos procedimentos estatísticos multivariados mais amplamente utilizados em diferentes contextos das ciências sociais aplicadas, tais como: psicologia, educação, sociologia, administração, ciência política e saúde pública. Ela consiste em gerenciar as variáveis observadas (ou itens) agrupando-as em um conjunto de itens correlacionados (fatores ou variáveis latentes). Nesse sentido, essa técnica objetiva reduzir uma grande quantidade de variáveis observadas a um pequeno número de fatores. Ao resumir os dados, a análise fatorial obtém dimensões latentes que descrevem os dados em um número menor de conceitos do que as variáveis individuais originais (Brown, 2015).

A análise fatorial subdivide-se em dois tipos: Análise Fatorial Exploratória (AFE) e Análise Fatorial Confirmatória (AFC). Ambos os tipos objetivam explicar as relações existentes entre um grupo de itens e um número reduzido de variáveis latentes. Entretanto, a AFE e a AFC diferem-se entre si pelo número e pela natureza das especificações a priori e restrições impostas ao modelo (Brown, 2015).

Na AFE, o pesquisador tem pouco ou nenhum conhecimento prévio sobre a estrutura de fatores, ou seja, ele quer explorar a estrutura de fatores do instrumento de medidas. Dessa maneira, a AFE tem como principal característica o fato de que o número de fatores não é conhecido a priori, pois é na aplicação empírica que tal número é determinado. Isso quer dizer que a AFE consiste em uma técnica exploratória ou descritiva, na qual se busca determinar o número de fatores apropriado para um conjunto específico de variáveis observadas (Damásio & Dutra, 2018).

A AFC, por sua vez, analisa as relações existentes entre um conjunto de variáveis observadas, e uma ou mais variáveis latentes. Isso posto, pode-se afirmar que esta técnica possibilita averiguar se os dados observados se ajustam a um modelo hipotetizado a priori, que se baseia em uma teoria que determina as relações causais hipotéticas entre as variáveis latentes (não observáveis) e seus indicadores (variáveis observáveis) (Brown, 2015).

A AFC vem ganhando destaque e, atualmente, é uma das técnicas estatísticas mais comumente utilizadas na pesquisa aplicada. Apesar de seu amplo uso em diferentes situações (exemplo, avaliação psicométrica de instrumentos de medida e validação de construtos), as publicações técnicas-científicas sobre a AFC no Brasil ainda são escassas. Justifica-se, dessa maneira, o desenvolvimento de estudos que busquem fornecer uma visão adequada e enriquecedora de como utilizar essa técnica de análise estatística tão importante para a pesquisa aplicada. Fundamentando-se em tais considerações, o presente capítulo teve como objetivo geral difundir um maior discernimento teórico e metodológico sobre a AFC. Para satisfazer tal intento, buscou-se caracterizar, de maneira prática, o desenvolvimento da AFC, por meio do uso de dois softwares estatísticos: Mplus e RStudio. Cumpre registrar que o tutorial desenvolvido foi exemplificado por dados reais de uma pesquisa desenvolvida para adaptar e buscar evidências de validade de uma escala multidimensional, no contexto brasileiro.

Análise Fatorial Confirmatória

A análise fatorial confirmatória é um tipo de análise de dados pertencente à família da Modelagem de Equações Estruturais (SEM). Para Wang e Wang (2019), a SEM consiste em uma técnica estatística que possibilita a verificação de um conjunto de relações entre uma ou mais variáveis observadas e uma ou mais variáveis latentes.

Conforme mencionado, na AFC o pesquisador tem uma estrutura fatorial hipotetizada a priori. Assim, ele verificará se os seus dados se ajustam a tal estrutura. Nesse sentido, o pesquisador, ao utilizar essa técnica, deve especificar diferentes aspectos do modelo fatorial, como, por exemplo, o número de fatores. Além disso, o pesquisador pode utilizar modelos alternativos visando encontrar o modelo que melhor se ajusta aos dados e que tenha suporte teórico (Brown, 2015).

Para verificar se os dados se ajustam ao modelo, são analisadas duas matrizes: matriz de covariância amostral (representa os seus dados - S) e a matriz de covariância estimada (que representa o modelo teórico - Σ). Considerando que a matriz S não se ajusta completamente à matriz Σ (ou seja, existe uma ≠ entre Σ e S), há também uma matriz residual, que representa o erro do modelo. Na representação gráfica de um modelo fatorial confirmatório, é comum utilizar um diagrama de caminho (*path diagram*), no qual os quadrados representam as variáveis observadas, os círculos representam as variáveis latentes e os erros (que também são estimados segundo variáveis observadas e se associam- à parte da variância não explicada pelo modelo) (Brown, 2015).

A **Figura 5.1** traz um exemplo de um modelo fatorial confirmatório de uma escala composta por um fator e quatro itens. Na **Figura 5.2**, por sua vez, é representado um instrumento composto por três fatores e 12 itens (divididos igualmente pelos fatores).

Figura 5.1 *Exemplo de Representação de uma Escala Composta por um Fator e Quatro Itens*

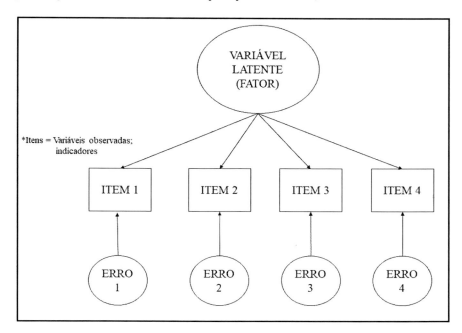

Figura 5.2 *Exemplo de Representação de uma Escala Composta por Três Fatores e 12 Itens*

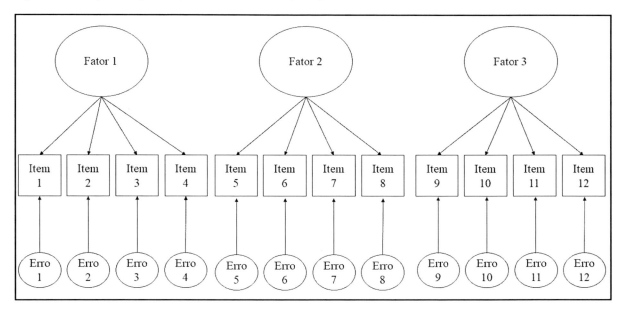

Como pode ser observado nas **Figuras 5.1 e 5.2**, os itens são explicados pelos seus respectivos fatores. A parte do item que não é explicada pelo fator é explicada pelo erro. A relação causal entre os fatores e seus indicadores é denominada carga fatorial. Isto é, as cargas fatoriais indicam quanto um fator explica determinada variável observada. Elas variam de 0 a 1, e, quanto mais próximo de 1, maior a explicação. Na AFC, costuma-se adotar como valor mínimo aceitável de carga fatorial igual a 0,40 (Brown, 2015).

Um conceito importante no estudo da AFC diz respeito ao grau de liberdade (gl) de um modelo. Isso porque o valor do grau de liberdade definirá se os parâmetros do modelo (exemplo, cargas fatoriais, variâncias únicas, correlações entre erros) poderão ou não ser estimados. O número de graus de liberdade do modelo pode ser calculado pela diferença entre o número de parâmetros conhecidos e o número de parâmetros desconhecidos. Dependendo do valor do grau de liberdade, há três situações possíveis para o modelo (Harrington, 2009):

- Se o número de parâmetros desconhecidos for maior que o número de parâmetros conhecidos (gl < 0), teremos um modelo *Underidentified*. Nesses casos, o modelo não tem solução, porque não pode alcançar uma solução única;

- Se o número de parâmetros desconhecidos for igual ao número de parâmetros conhecidos (gl = 0), haverá um modelo *Just-Identified*. Nessa situação, existe um único conjunto de parâmetros que se ajusta perfeitamente e reproduz os dados. Na prática, modelos de perfeito ajuste não são informativos, pois não permitem testá-lo;

- Se o número de parâmetros conhecidos da matriz de covariâncias é maior que o número de parâmetros a serem estimados (gl > 0), teremos um modelo *Overidentified*. Esse modelo é considerado ideal, porque permite o teste de diferentes modelos alternativos.

Para saber se o modelo é identificado, pode-se usar a fórmula: k(k+1)/2, onde k é o número de indicadores (itens). Tal fórmula indica o número de elementos da matriz de covariância. Observe os exemplos a seguir:

Figura 5.3 *Exemplo de Modelo Underidentified*

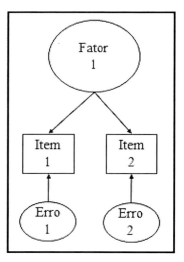

Na **Figura 5.3**, há dois itens: 2(2+1)/2 = 3. E há quatro parâmetros (pode-se determinar a quantidade de parâmetros observando as setas do modelo). Assim, 3-4 = -1 gl, modelo *Underidentified*.

Figura 5.4 *Exemplo de Modelo Just-Identified*

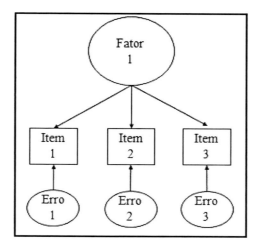

Na **Figura 5.4**, há três itens: 3(3+1)/2 = 6. E há seis parâmetros. Logo, 6-6 = 0 gl, modelo *Just-Identified*.

Figura 5.5 *Exemplo de Modelo Overidentified*

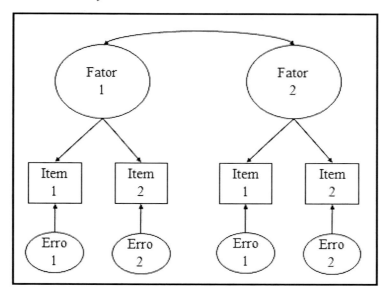

Na **Figura 5.5**, há quatro itens: 4(4+1)/2 = 10. E há nove parâmetros. Com isso, 10-9 = 1 gl, modelo *Overidentified*.

Apesar de tais exemplos terem sido apresentados, o pesquisador não deve se preocupar, pois não vai precisar calcular os graus de liberdades. O software que o pesquisador utilizar para rodar a AFC terá tal incumbência.

Quando um modelo é *overidentified*, são utilizados métodos de estimação para minimizar a diferença entre as matrizes Σ e S, ou seja, para ajustar o modelo. O ajuste de um modelo consiste em um processo no qual ocorre um ajuste inicial, em que é testado quão bem o modelo está se ajustando. Com essa verificação, ajusta-se o modelo, testa-se de novo, e assim por diante, até que o modelo convirja ou se ajuste bem. Cumpre registrar, porém, que esse ajuste é realizado pelo software estatístico escolhido para a análise e geralmente não é visível (Harrington, 2009).

No tocante a este assunto, existem múltiplos métodos de estimação. A escolha de qual método será utilizado depende de alguns fatores, entre os quais podem ser citados: distribuição normal ou não dos dados, e a natureza das variáveis observadas (categóricas, contínuas). No caso de uma distribuição normal e com uso de variáveis contínuas, os dois métodos de estimação mais comumente utilizados são o Método Máxima Verossimilhança (*Maximum Likelihood*, ML) e o Método Máxima Verossimilhança Robusta (*Robust Maximum-Likelihood*, MLR): o primeiro é a opção mais amplamente usada em pesquisa aplicada da AFC (Harrington, 2009).

Por outro lado, na presença de variáveis categóricas (dicotômicas, politômicas) ou no caso de violação da normalidade, é necessário utilizar outros estimadores. Aqui, podem ser usados: Mínimos Quadrados Ponderados (*Weighted Least-Squares*, WLS), Mínimos Quadrados Ponderados Robustos (*Weighted Least Squares Mean and Variance-adjusted*, WLSMV) e Mínimos Quadrados Não Ponderados (*Unweighted Least Squares*, ULS). Entre estes, o WLSMV é considerado uma das melhores opções de modelos com dados categóricos (Muthén & Muthén, 2017).

Segundo Maydeu-Olivares (2017), depois que especificar o modelo, o pesquisador deve avaliar se o modelo proposto é consistente com os dados, ou seja, se S=Σ. Caso S não seja igual a Σ, tal pesquisador deverá medir a discrepância existente entre S e Σ. Para tanto, existem os índices de ajuste, que resumem a discrepância entre o observado e o estimado.

Entre os índices de ajuste, o Qui-Quadrado (χ^2) é um dos mais utilizados em pesquisas de AFC. Tal índice busca verificar se os dados se ajustam bem ao modelo. Um valor alto para esta estatística evidencia que há muita discrepância entre S e Σ. Por outro lado, o valor baixo demonstra que há um bom ajuste do modelo. Embora este índice seja frequentemente utilizado na AFC, o χ^2 raramente é usado como um índice de ajuste isolado, pois é sensível ao tamanho da amostra e à não normalidade dos dados. Nesse sentido, os pesquisadores da área propuseram outros índices de ajuste de modo a complementar o χ^2 (Brown, 2015).

Embora existam mais de 20 indicadores de ajuste (Brown, 2015), no presente capítulo serão apresentados, além do χ^2, apenas os seguintes índices: *Comparative-Fit-Index* (CFI), *Tucker-Lewis Index* (TLI) e *Root Mean Square Error Approximation* (RMSEA), pois estes índices são os que o software Mplus gera, ao rodar uma AFC (Muthén & Muthén, 2017).

O CFI compara o modelo proposto (teórico) com o melhor modelo para os seus dados. De forma análoga, o TLI também compara os modelos propostos e o modelo ideal para seus dados. Porém, esse índice penaliza o acréscimo de parâmetros livres a serem estimados, ou seja, penaliza os modelos mais complexos. Os valores do CFI e do TLI podem variar de 0 a 1. Um modelo é considerado bem ajustado se o CFI > 0,95 e o TLI > 0,95, sendo aceitáveis valores acima de 0,90 (Xia & Yang, 2019).

O RMSEA, por seu turno, consiste em um índice que indica o grau de erro de especificação do modelo, estimando quão bem os parâmetros do modelo reproduzem a covariância populacional. Assim, se um modelo estimado reproduz exatamente as covariâncias populacionais, o RMSEA será igual a 0. Segundo Xia e Yang (2019), valores próximos a 0,08 ou menores indicam um bom ajuste do modelo. Em resumo, na prática, ao comparar modelos alternativos, o pesquisador deve considerar:

- Quanto menor o valor do χ^2, melhor é o modelo;

- Quanto maior os valores do CFI e do TLI, melhor é o modelo (e tais valores devem ser, pelo menos, acima de 0,90);

- Quanto menor o valor do RMSEA, melhor é o modelo (e tal valor deve ser igual ou menor a 0,08).

Ao analisar um modelo por meio da AFC, pode ocorrer de os índices de ajuste não serem muito adequados. Tal fato acontece porque o pesquisador possivelmente cometeu alguns erros de especificação, como, por exemplo, deixou de estimar parâmetros importantes. A solução nesses casos é verificar os índices de modificação (*modification indices*), que indicam quanto o valor de χ^2 pode diminuir quando é estimado um parâmetro não considerado no modelo inicial. Normalmente, um modelo bem ajustado deveria produzir apenas pequenos índices de modificação. Ademais, deve-se ser cauteloso ao estimar os parâmetros sugeridos pelos índices de modificação, pois não é adequado adicionar parâmetros em excesso e produzir modelos mais complexos do necessário (Maydeu-Olivares, 2017).

Exemplo de Análise Fatorial Confirmatória

Para exemplificar a aplicação da AFC com o intuito de buscar evidências de validade de estrutura interna de um instrumento de medida, foram utilizados os dados obtidos em uma pesquisa real. Os dados são de uma investigação que objetivou adaptar ao contexto brasileiro uma escala desenvolvida inicialmente no contexto norte-americano. Tal pesquisa teve uma amostra composta por 317 brasileiros, de ambos os sexos e com idade variando de 18 a 64 anos. No presente capítulo, a escala foi chamada de Medida 1 (MED1). A fim de contextualização, seguem algumas informações da MED 1: instrumento original compõe-se de 12 itens, divididos em três fatores, que foram respondidos por meio de escala Likert de sete pontos, variando de "discordo muito fortemente" (1) a "concordo muito fortemente" (7).

Para realizar a AFC, foram utilizados dois tipos de softwares: Mplus e RStudio. Os resultados encontrados neles foram comparados; além disso, foi verificado o desempenho dos softwares no que diz respeito às facilidades oferecidas. Para a especificação dos modelos, foram utilizados diferentes modelos a fim de testar se o modelo de três fatores correlacionados (conforme o modelo do instrumento original) era melhor e ajustava-se aos dados. Assim é que, inicialmente, foram testados, em cada software, três modelos distintos: i) unifatorial; ii) três fatores distintos; iii) três fatores correlacionados.

Os parâmetros foram estimados por meio WLSMV, declarando os itens como variáveis categórico-ordinais. Foram analisados os seguintes índices de ajuste: χ^2, CFI, TLI e RMSEA. Além disso, os três modelos foram apresentados com seus respectivos diagramas de caminhos, detalhando cada um deles com a especificação dos parâmetros a serem estimados e a composição dos fatores.

Mplus

O Mplus é um programa de modelagem estatística que fornece aos pesquisadores uma ferramenta flexível para analisar seus dados (Muthén & Muthén, 2017). Trata-se de um software comercial, o que pode dificultar o acesso aos estudantes e pesquisadores que querem aprender e aplicar a técnica da AFC. No presente capítulo, usou-se a versão 8. Ao abrir o Mplus, o pesquisador depara-se com a tela representada na **Figura 5.6**.

Figura 5.6 *Interface Inicial do Mplus*

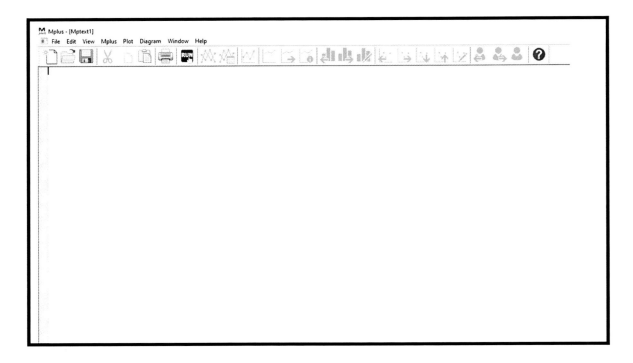

Para rodar a análise, o pesquisador deve inserir na parte branca algumas informações: o título da análise, o banco de dados (salvo em .txt ou .dat), os nomes das variáveis observadas do banco de dados (itens), as variáveis que farão parte do modelo estimado, as variáveis que foram declaradas como categóricas (no caso de usar o estimador WLSMV), o estimador, o modelo e informações extras que sairão no *output*. Importante: após salvar o banco em .txt ou .dat, a primeira linha (com o nome dos itens) deve ser excluída, antes de rodar a análise no Mplus (**Figura 5.7**). Cumpre registrar que, na parte do modelo, a variável latente (ou fator) pode ser chamada de qualquer nome. Após a variável latente, insere-se *"by"* para indicar que tal variável explica o conjunto de itens. E, sempre após inserir uma informação, encerre com ponto e vírgula (;). Por fim, depois que inserir todas as informações, clique *"Run"*. A Figura **5.8** traz um exemplo de como inserir as informações no Mplus.

Figura 5.7 *Tela do Bloco de Notas Indicando que a Primeira Linha do Banco de Dados (.txt ou .dat) Deve Ser Excluída*

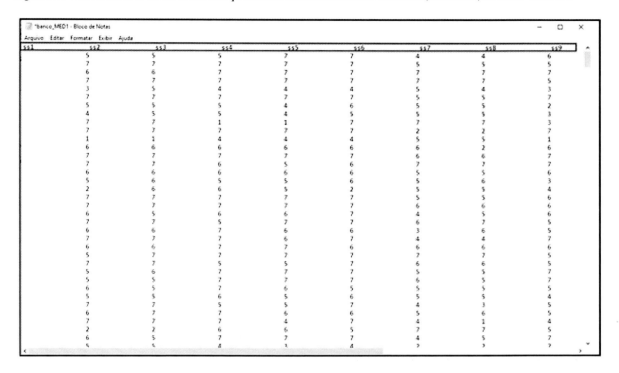

Figura 5.8 *Exemplo de Tela do Mplus Rodando uma AFC*

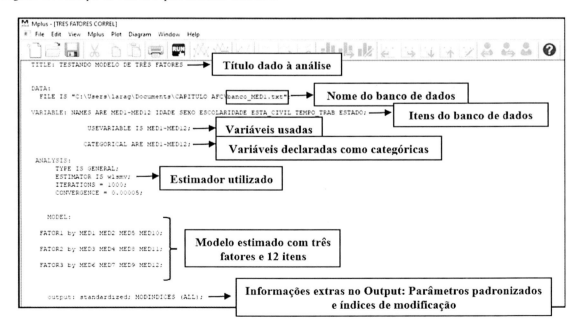

As AFCs realizadas no Mplus evidenciaram que o modelo de três fatores correlacionados se ajustava melhor aos dados do que os outros modelos alternativos. Porém, como pode ser constatado na **Tabela 5.1**, o valor do RMSEA ainda não estava satisfatório, pois estava acima de 0,08. Com isso, foram analisados os índices de modificação que sugeriram correlacionar os seguintes pares de itens: 6 e 7; 8 e 11. Atendendo à sugestão, foi rodada uma AFC com três fatores correlacionados e com os itens supracitados correlacionados. Esse último modelo foi o que apresentou os melhores índices de ajuste.

Tabela 5.1 *Resultados das AFCs no Mplus*

Modelo	χ^2(GL)	CFI	TLI	RMSEA
Unifatorial	1122,77 (54)	0,910	0,890	0,250
Três fatores não correlacionados	3821,19 (54)	0,680	0,610	0,469
Três fatores correlacionados	188,00 (51)	0,988	0,985	0,092
Três fatores correlacionados com itens correlacionados	149,17 (49)	0,992	0,989	0,080

Como o modelo mais parcimonioso foi o de três fatores correlacionados com os itens correlacionados, as **Figuras 5.9 e 5.10** trazem o *output* do Mplus que evidenciam alguns dos achados importantes de serem relatados na seção de resultados de uma AFC.

Figura 5.9 *Output do Mplus com os Índices de Ajuste*

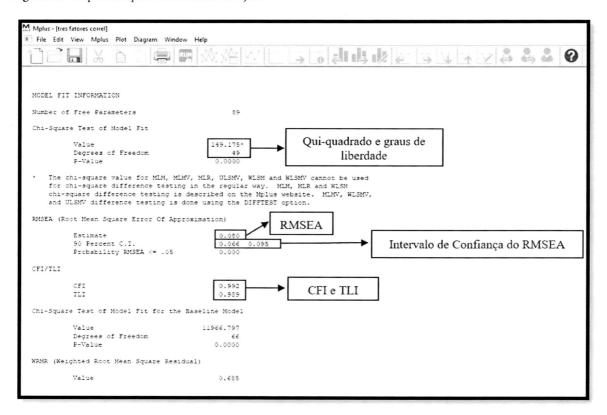

Figura 5.10 *Output do Mplus com os Parâmetros Padronizados*

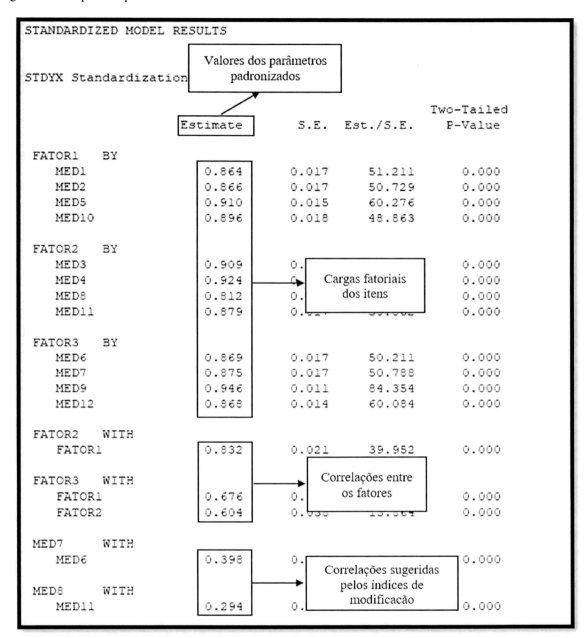

A função *Diagram* (*View diagram*) do Mplus gerou a representação gráfica do modelo que apresentou os melhores índices de ajuste. Tal representação pode ser vista na **Figura 5.11**, na qual se constatou que as cargas fatoriais dos itens foram todas adequadas, porque foram maiores do 0,40 e variaram de 0,81 a 0,95 ($M = 0,89$). Ademais, pode ser visto que os fatores apresentaram altas correlações entre si: fator 1 e fator 2 = 0,83; fator 1 e fator 3 = 0,68; fator 2 e fator 3 = 0,60. Por fim, o item 6 apresentou correlação de 0,40 com o item 7, e o item 8 apresentou correlação de 0,29 com o item 11. Cumpre registrar que os erros dos itens não estão representados na figura, porém eles fazem parte do modelo, assim como todo modelo de SEM.

Figura 5.11 *Representação Gráfica do Modelo Produzida pelo Mplus*

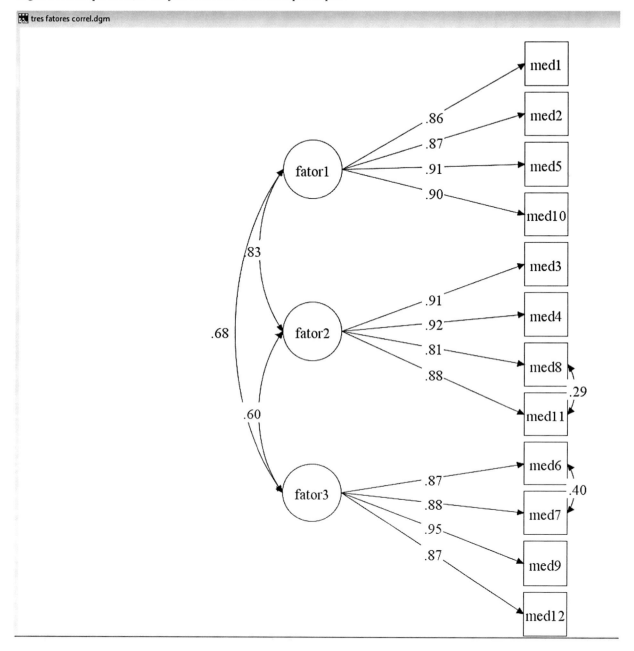

RStudio

O RStudio (RStudio Team, 2020) é um software que utiliza da linguagem R, uma linguagem de programação para geração de gráficos e cálculos estatísticos (R Core Team, 2021). Logo, antes de instalar o software RStudio, é necessário instalar o R. Para a realização de análises no RStudio, o pesquisador utiliza diferentes pacotes. Tanto o R quanto o RStudio consistem em softwares livres e de fácil acesso. No presente capítulo, para rodar a AFC, foi utilizado o pacote *Latent Variable Analysis* (Lavaan) (Rossel, 2012). A **Figura 5.12** apresenta a tela inicial do RStudio.

Figura 5.12 *Tela Inicial do RStudio*

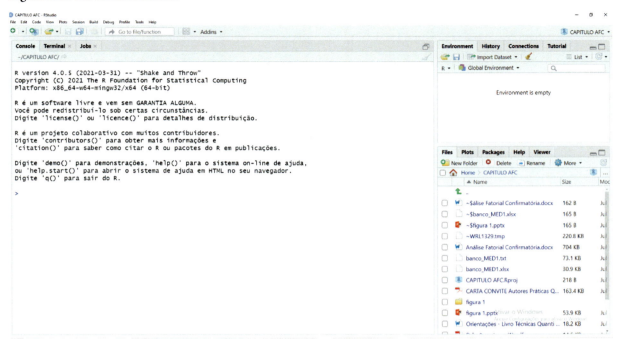

Para rodar a análise no RStudio, o banco de dados pode estar salvo em Excel. Inicialmente, o pesquisador deve iniciar um projeto novo. Passo a passo: Abra o Rstudio → *File* → *New Project* → *Existing Directory* → *Browse* (procurar a pasta em que consta o seu banco de dados) → Clicá-la uma vez (sem abrir) → *Create Project*. O segundo passo consiste em criar o *script* (clicando *R Script*; **Figura 5.13**).

Figura 5.13 *Script Criado no RStudio*

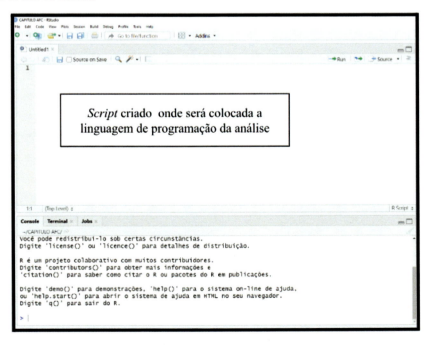

O passo seguinte diz respeito à instalação dos pacotes que serão utilizados na sua análise. Para isso, utilize a função "install.packages". Para rodar a AFC, para este presente capítulo foram instalados os seguintes pacotes: "readxl" (para ler o banco de dados); "lavaan" (para rodar a AFC) e "semPlot" (para gerar a representação gráfica do modelo final). Depois de instalar os pacotes, é necessário que eles sejam lidos, por meio da função "library" (**Figura 5.14**). Para executar cada comando digitado, deve-se clicar *"Run"*.

Figura 5.14 *Instalando e Lendo os Pacotes no RStudio*

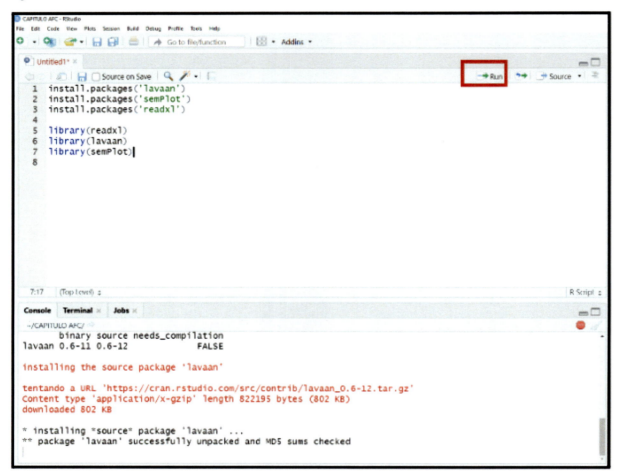

Para rodar a análise, o pesquisador deve inserir diferentes funções inerentes aos pacotes utilizados. A **Figura 5.15** demonstra quais funções devem ser utilizadas no caso de uma AFC.

Figura 5.15 *AFC no RStudio, Usando o Pacote Lavaan*

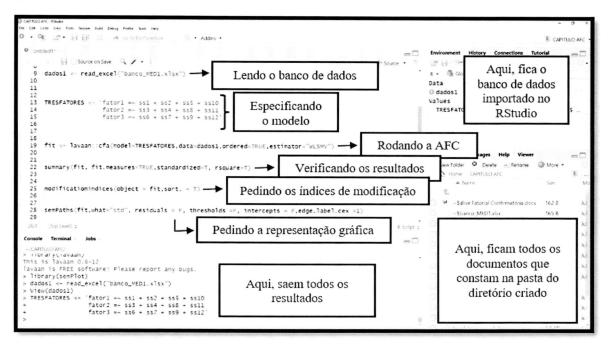

As AFCs realizadas no RStudio também demonstraram que o modelo de três fatores correlacionados se ajustava melhor aos dados do que os modelos alternativos. Todavia, o valor do RMSEA ainda estava acima de 0,08. Nesse sentido, foram analisados os índices de modificação que sugeriram correlacionar os mesmos pares de itens: 6 e 7; 8 e 11. Isto posto, foi rodada uma AFC com três fatores correlacionados e com tais itens correlacionados. O último modelo foi o que apresentou os melhores índices de ajuste. As **Figuras 5.16 e 5.17** trazem o *output* do RStudio do último modelo, destacando alguns dos pontos importantes de serem relatados na seção de resultados de uma AFC.

Tabela 5.2 *Resultados das AFCs no RStudio*

Modelo	χ^2(GL)	CFI	TLI	RMSEA
Unifatorial	1135,47 (54)	0,912	0,893	0,252
Três fatores não correlacionados	746,55 (54)	0,346	0,210	0,201
Três fatores correlacionados	204,47 (51)	0,988	0,984	0,098
Três fatores correlacionados com itens correlacionados	148,76 (49)	0,992	0,989	0,080

Figura 5.16 *Output do RStudio com os Índices de Ajuste*

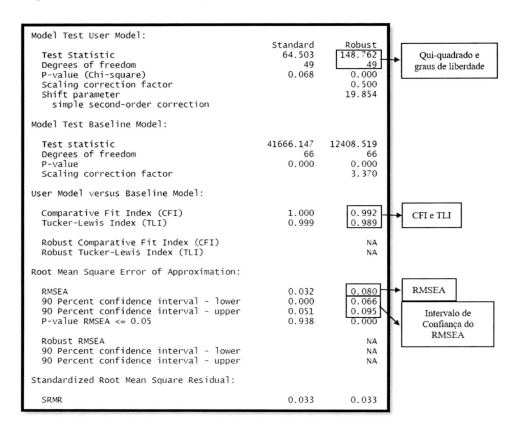

Figura 5.17 *Output do RStudio com os Parâmetros Padronizados*

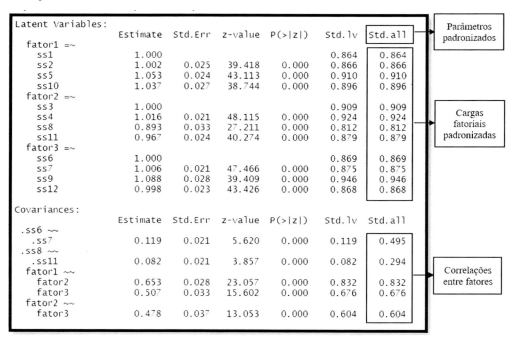

No pacote semPlot (Epskamp, 2015), foi gerada a representação gráfica do modelo que apresentou os melhores índices de ajuste. Em tal figura, constatou-se que as cargas fatoriais dos itens foram todas adequadas, porque foram maiores do 0,40 e variaram de 0,81 a 0,95 ($M = 0,89$). Os fatores apresentaram altas correlações entre si: fator 1 e fator 2 = 0,83; fator 1 e fator 3 = 0,68; fator 2 e fator 3 = 0,60. Por fim, o erro do item 6 apresentou correlação de 0,50 com o erro do item 7, e o erro do item 8 apresentou correlação de 0,29 com o erro do item 11 (**Figura 5.18**). Na figura, os erros dos itens não estão representados, mas eles fazem parte do modelo, tal qual ocorreu na representação gráfica fornecida pelo Mplus.

Figura 5.18 *Representação Gráfica do Modelo Produzida pelo RStudio (Pacote semPlot)*

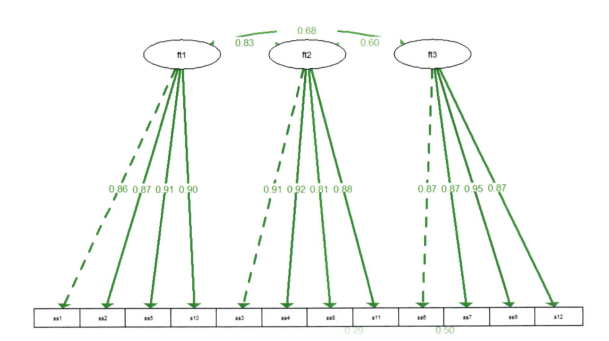

Exemplo de relato da AFC

Na Seção de "Procedimentos de Análise de Dados"

Na análise dos dados, inicialmente, procedeu-se à realização da análise fatorial confirmatória da versão da Escala XXXX, por meio da modelagem de equações estruturais, no [software Mplus (versão 8)] ou no software RStudio (versão 4.0.5; pacote Lavaan)], como forma de se verificar sua estrutura. Para tanto, utilizou-se o estimador *Weighted Least Square Mean and Variance Adjusted*, declarando-se os itens como variáveis categórico-ordinais.

Apoiando-se nas recomendações de Brown (2015), foram analisados os seguintes índices de ajuste: Qui-Quadrado (testa a probabilidade do modelo teórico se ajustar aos dados, e, quanto maior o valor do χ^2, pior o ajustamento); *Root-Mean-Square Error of Approximation* (deve-se situar abaixo de 0,08, aceitando-se valores até 0,10); *Comparative Fit Index* e *Tucker-Lewis Index* (são considerados aceitáveis valores acima de 0,90, preferivelmente acima de 0,95).

Na seção de "Resultados"

Com o intuito de avaliar a estrutura da Escala XXX, inicialmente, foram testados três diferentes modelos: i) um fator; ii) três fatores de primeira ordem não correlacionados; iii) três fatores de primeira ordem correlacionados. O último modelo foi o que apresentou os melhores índices de ajuste. Entretanto, o valor do RMSEA ainda não estava satisfatório. Nesse sentido, foram analisados os índices de modificação que sugeriram correlacionar os seguintes pares de itens: 6 e 7; 8 e 11. Com isso, foi rodada uma AFC com três fatores correlacionados e com tais itens correlacionados, que apresentou os melhores índices de ajuste (**Tabelas 5.1 e 5.2**).

Pode-se afirmar, então, que a estrutura final da Escala XXX ficou composta de 12 itens, distribuídos igualmente por três fatores de primeira ordem (**Figuras 5.11 e 5.18**). As cargas fatoriais dos itens variaram de 0,81 a 0,95 ($M = 0,89$), demonstrando que os itens eram explicados pelos seus respectivos fatores latentes.

Comparação dos Resultados Encontrados no Mplus e no RStudio

Com respeito aos índices de ajuste, os resultados do R e Mplus conseguem performance similar, em praticamente todos os modelos testados. A exceção foi o modelo de três fatores não correlacionados, em que os resultados apresentaram maiores discrepâncias (**Tabela 5.3**).

Tabela 5.3 *Comparação dos Índices de Ajuste no Mplus e no RStudio*

Software	Modelo	χ^2 (GL)	CFI	TLI	RMSEA
Mplus	Unifatorial	1122,77 (54)	0,910	0,890	0,250
RStudio		1135,47 (54)	0,912	0,892	0,252
Mplus	Três fatores não correlacionados	3821,19 (54)	0,680	0,610	0,469
RStudio		746,55 (54)	0,346	0,210	0,201
Mplus	Três fatores correlacionados	188,00 (51)	0,988	0,985	0,092
RStudio		204,47 (51)	0,988	0,984	0,098
Mplus	Três fatores correlacionados com erros correlacionados	149,17 (49)	0,992	0,989	0,080
RStudio		148,76 (49)	0,992	0,989	0,080

Na execução de uma AFC, é indispensável verificar as cargas fatoriais dos itens a fim de determinar a relevância de cada um. Na **Tabela 5.4**, são apresentadas as cargas fatoriais dos itens encontradas em cada software, no modelo mais parcimonioso, ou seja, com três fatores correlacionados e dois pares de itens correlacionados. Como pode ser observado, as cargas fatoriais dos itens são idênticas nos dois softwares, ou seja, é dada a mesma ordenação na importância das variáveis na construção dos fatores.

Tabela 5.4 *Comparação das Cargas Fatoriais no Mplus e no RStudio*

Fator	Itens	Cargas fatoriais Mplus	Cargas fatoriais RStudio
Fator 1	Item 1	0,86	0,86
	Item 2	0,87	0,87
	Item 5	0,91	0,91
	Item 10	0,90	0,90
Fator 2	Item 3	0,91	0,91
	Item 4	0,92	0,92
	Item 8	0,81	0,81
	Item 11	0,88	0,88
	Item 6	0,87	0,87
Fator 3	Item 7	0,88	0,88
	Item 9	0,95	0,95
	Item 12	0,87	0,87

Com respeito às correlações, temos que as estimativas para as relações entre os fatores latentes foram iguais no Mplus e no R, no modelo de melhores índices de ajuste. No que tange à correlação entre os itens semelhantes (sugestão dos índices de modificação), houve uma diferença na correlação entre os itens 6 e 7.

Tabela 5.5 *Comparação: correlações no Mplus e no RStudio*

Correlações	Mplus	RStudio
Fator 1 e Fator 2	0,83	0,83
Fator 1 e Fator 3	0,68	0,68
Fator 2 e Fator 3	0,60	0,80
Item 6 e Item 7	0,40	0,50
Item 8 e item 11	0,29	0,29

Nota. Todas as correlações foram significativas ($p < 0,001$).

Considerações Finais

Este capítulo buscou difundir um maior discernimento teórico e metodológico sobre a AFC. Para isso, aplicou a técnica nos softwares Mplus e RStudio, que utilizam metodologias diferentes no que diz respeito à entrada de dados e à forma de executar a análise. A análise foi desenvolvida segundo dados reais de uma pesquisa que teve como objetivo a adaptação e a busca de evidências de validade de uma escala multidimensional, no contexto brasileiro.

Com relação aos resultados apontados pela AFC, nos dois softwares, pode-se afirmar que os dados obtidos na amostra brasileira se ajustaram ao modelo teórico existente, de 12 itens, divididos igualmente em três fatores correlacionados. Na comparação da performance entre o Mplus e RStudio, os resultados encontrados foram similares no que tange aos índices de ajuste. Em relação às cargas fatoriais e às correlações entre os fatores, os achados ora obtidos indicam que os dois softwares forneceram valores idênticos, à exceção de uma das correlações entre os itens. Tais resultados podem ser explicados pelo fato de que a fórmula utilizada para o cálculo dos resíduos padronizados no pacote *Lavaan* do RStudio é a mesma utilizada no Mplus: fórmula proposta por Hausman (1978).

Com base nos resultados relatados, fica a critério do pesquisador escolher qual software utilizará para verificar a estrutura interna de uma medida em psicologia, por meio da AFC. Entretanto, apesar de a execução em si ser mais prática e simples no Mplus, o pesquisador deve considerar que o Mplus é um software comercial que, devido ao valor cobrado, é de difícil acesso. Por outro lado, o RStudio é um software livre e de fácil acesso.

Cumpre registrar a limitação do presente capítulo, que se refere ao fato de que a execução da AFC foi realizada apenas para um modelo fatorial confirmatório de primeira ordem, e a abrangência da AFC é muito maior e engloba modelos mais complexos, tais como os modelos de segunda ordem e o modelo *bifactor*. Entretanto, não era objetivo do presente capítulo difundir formas mais complexas de estruturas fatoriais.

Em que pese a limitação supracitada, espera-se que as informações aqui presentes possam auxiliar pesquisadores na busca da estrutura fatorial de um instrumento de psicologia, por meio da condução de AFCs. Espera-se, ainda, que tais pesquisadores conduzam suas análises pautados em elementos teóricos e metodológicos, tão importantes para a área da pesquisa aplicada.

Referências

Brown, T. A. (2015). *Confirmatory factor analysis for applied research* (2nd ed.). The Guilford Press.

Damásio, B. F., & Dutra, D. de F. (2018). Análise fatorial exploratória: Um tutorial com o software Factor. In B. F. Damásio, & J. C. Borsa (Orgs.), *Manual de desenvolvimento de instrumentos psicológicos*. Vetor Editora.

Epskamp, S. (2015). SemPlot: Unified visualizations of structural equation models. *Structural Equation Modeling, 22*(3), 474-483. https://doi.org/10.1080/10705511.2014.937847.

Harrington, D. (2009). *Confirmatory factor analysis*. Oxford University Press.

Hauck Filho, N. (2014). Medida psicológica: O debate entre as perspectivas conceituais representacionista e realista. *Avaliação Psicológica, 13*(3), 399-408. http://pepsic.bvsalud.org/scielo.php?script=sci_arttext&pid=S1677-04712014000300012&lng=pt&tlng=pt.

Hausman, J. A. (1978). Specification tests in econometrics. *Econometrica, 46*(6), 1.251-1.271. https://doi.org/10.2307/1913827.

Maydeu-Olivares, A. (2017). Assessing the size of model misfit in structural equation models. *Psychometrika, 82*(3), 533-558. https://doi.org/10.1007/s11336-016-9552-7.

Muthén, L. K., & Muthén B. O. (2017). *Mplus user's guie* (8th ed.). Muthén & Muthén.

R Core Team. (2021). *R: A language and environment for statistical computing.* R Foundation for Statistical Computing. http://www.R-project.org/.

Rosseel, Y. (2012). Lavaan: An R package for structural equation modeling. *Journal of Statistical Software, 48*(2), 1-36. http://www.jstatsoft.org/v48/i02/paper.

RStudio Team (2020). *RStudio: Integrated development for R.* RStudio. PBC. http://www.rstudio.com/.

Wang, J., & Wang, X. (2019). *Structural equation modeling: Applications using Mplus* (and. ed.). Wiley.

Xia, Y., & Yang, Y. (2019). RMSEA, CFI, and TLI in structural equation modeling with ordered categorical data: The story they tell depends on the estimation methods. *Behavior Research Methods, 51,* 409-428. https://doi.org/10.3758/s13428-018-1055-2.

6

INDICADORES DE ACURÁCIA DIAGNÓSTICA PARA AVALIAÇÃO EM SAÚDE MENTAL

André Pereira Gonçalves
Gisele Magarotto Machado
Lucas de Francisco Carvalho

Introdução

Grande parte dos testes utilizados na área de saúde mental têm o objetivo de identificar se uma pessoa apresenta algum transtorno mental. Além de garantir que o instrumento está medindo aquilo a que ele se propõe, também é desejável que o instrumento seja capaz de identificar se a pessoa pertence ou não a algum grupo clínico (isto é, se possui ou não um diagnóstico). Por exemplo, quando utilizamos um teste para mensurar os níveis de um paciente nos traços típicos de Transtorno da Personalidade Borderline (TPB), buscamos identificar os níveis desses traços e também se estes níveis são saudáveis ou patológicos, ou seja, se um paciente apresenta níveis suficientes para ser diagnosticado com o transtorno. Para que isso ocorra de forma consistente, estudos devem ser realizados verificando a capacidade dos testes em identificar corretamente pessoas com e sem diagnóstico. Estes estudos são conhecidos como estudos de acurácia diagnóstica. Neste capítulo vamos relatar o desenho metodológico necessário para a realização de estudos de acurácia diagnóstica além de apresentar os principais indicadores utilizados e reportados em estudos dessa natureza.

Acurácia Diagnóstica

Estudos de acurácia diagnóstica buscam verificar a capacidade discriminativa de testes, isto é, o quanto o teste é capaz de detectar a presença de uma determinada condição e identificar a ausência desta mesma condição (Leeflang et al., 2008; Faraone & Tsuang, 1994; Parshall, 2013). Testes de acurácia são importantes e tem aplicação em diversas áreas. Recentemente, com o advento da pandemia de COVID-19, estudos de acurácia diagnóstica foram realizados visando verificar a capacidade de diferentes métodos para identificar corretamente a presença do vírus (*e.g.*, Bastos et al., 2020; Mardani et al., 2020; Xu et al., 2020). Estudos de acurácia também são muito utilizados na psicologia para investigar o funcionamento de instrumentos psicológicos e manuais diagnósticos, como por exemplo os estudos realizados por Gaebel et al. (2020), Rogers et al. (2021) e Wu et al. (2020). Com informações sobre acurácia é possível avaliar, com base no funcionamento do teste na clínica, o quanto o teste é útil para utilização para diagnóstico na área de saúde mental. Por meio dos estudos de acurácia diagnóstica é possível verificar a) o quanto o teste identifica as pessoas corretamente, b) se ele é mais útil em um processo de triagem ou diagnóstico, c) verificar o melhor ponto de corte e, d) eventualmente, concluir que o teste não apresenta utilidade clínica relevante. Estudos de acurácia diagnóstica têm sido conduzidos com diversos testes utilizados na área de saúde mental (*e.g.*, Gonçalves et al., 2021a; Fowler et al., 2018; Kim et al., 2022; Venta et al., 2018). No entanto, os estudos de acurácia ocorrem em menor escala do que demais estudos de evidências de validade (*e.g.*, evidências de validade de conteúdo, evidências de validade com base na estrutura interna).

Consultando literatura especializada neste tipo de estudo como *Quality Assessment of Diagnostic Accuracy Studies* (Quadas-2; Whiting, 2011), Cochrane (Bossuyt, 2008a; Deeks et al., 2013; Macaskill et al., 2010) e *Statement for Reporting Studies of Diagnostic Accuracy* (STARD; Bossuyt, 2008b), é possível indicar alguns critérios metodológicos que devem ser preenchidos para realização de um bom estudo de acurácia diagnóstica. Nestes critérios estão incluídos: (a) coleta de dados com o grupo que tem diagnóstico da patologia investigada (grupo clínico) e um grupo não clínico; (b) utilização de um instrumento *Gold Standard* (instrumento referência na área); (c) utilização de um teste índice; (d) instrumentos *Gold Standard* e índice aplicados nas mesmas condições; (e) apresentação das informações sobre critérios de inclusão e exclusão no estudo e informações descritivas dos sujeitos e do ambiente em que os dados foram coletados; (f) apresentação dos indicadores de acurácia diagnóstica (i.e., sensibilidade, especificidade, valor preditivo).

A coleta de dados com o grupo que tem diagnóstico da patologia investigada e um grupo não clínico é o primeiro passo para realização do estudo. O ideal é que o grupo clínico tenha passado por inspeções detalhadas sobre sua condição e, após essa inspeção, seja constatada a presença da condição. Por exemplo, um paciente que passou por um processo de avaliação psicológica e, ao final, recebeu o diagnóstico de depressão. A utilização de um procedimento *Gold Standard* é fundamental para comprovar a condição das pessoas do grupo. Um instrumento ou procedimento *Gold Standard* é uma ferramenta conhecidamente capaz de identificar as pessoas com a condição investigada. Por outro lado, o grupo de pessoas sem a presença da condição, também precisa passar por uma inspeção para podermos dizer que as pessoas do grupo de fato não apresentam diagnóstico da condição em questão. Este critério é desafiador no nosso país por diversos motivos como a dificuldade de acesso de pessoas com diagnóstico, a subnotificação de casos e o sucateamento da área de pesquisa que limita os recursos para estudos. Outros métodos para identificação dos grupos podem ser conduzidos com objetivo de verificar a capacidade dos testes, porém, os resultados devem ser ponderados com muito cuidado.

Além do instrumento *Gold Standard* faz-se necessário a utilização do teste índice. O teste índice é o instrumento que o pesquisador está investigando, ou seja, o instrumento alvo para o qual está sendo verificado a capacidade de identificar corretamente as pessoas com e sem determinada condição. Por exemplo, um grupo de pesquisa constrói um novo instrumento para avaliar e identificar pessoas com Transtorno de Ansiedade Generalizada e irá testar sua capacidade de identificar pessoas com e sem ansiedade. É necessário frisar, que para que o resultado seja o mais próximo da realidade quanto possível, tanto o instrumento *Gold Standard* quanto o instrumento índice devem ser aplicados em condições iguais. Isso quer dizer que as condições de testagem devem ser as mesmas para ambos os instrumentos, com ambiente similar, grupo de pessoas com características similares, tempo de aplicação similar.

Ter critérios de inclusão e exclusão bem delimitados e claros direcionará os achados e a possibilidade de generalização dos resultados encontrados. Por exemplo, se nosso teste índice é um teste de autorrelato, é necessário que o participante tenha um nível mínimo de leitura para compreender, analisar e responder os itens. Isso precisa estar claro na descrição dos participantes que serão recrutados para participar do estudo de acurácia. Além disso, é fundamental apresentar as informações descritivas da amostra como idade, escolaridade, etnia, estado civil, renda e demais informações. Esta é uma prática que assegura que, caso o ponto de corte indicado para um teste tenha uma dissonância significativa em estudos posteriores, a composição da amostra pode vir a ser uma fonte para compreensão de resultados discrepantes. Não é incomum que alguns testes sejam sensíveis a mudanças de renda, sexo e escolaridade, por exemplo, o que poderia explicar os resultados discrepantes.

Por fim, para verificar de fato o quanto um teste identifica pessoas com a presença de uma determinada condição e ausência desta condição, é necessário analisar os indicadores de acurácia diagnóstica. Entre os indicadores de acurácia diagnóstica mais utilizados, estão: sensibilidade e especificidade, valor preditivo positivo e negativo, razão de verossimilhança positivo e negativo e acurácia total (Glasser, 2014; Lalkhen & McCluskey, 2008; Van Stralen et al., 2009). Neste capítulo, vamos identificar estes indicadores e suas contribuições para compreensão da capacidade do instrumento ser utilizado para diagnósticos em saúde mental.

Indicadores de Acurácia Diagnóstica

Usualmente na Psicologia, mais especificamente na Psicopatologia, utilizamos escalas para mensurar características de personalidade, níveis ou presença de critérios diagnósticos no paciente utilizando escalas de autorrelato. Para verificar a capacidade de um instrumento para identificar pessoas com e sem uma psicopatologia nós precisamos encontrar uma pontuação que melhor divide corretamente as pessoas com e sem diagnóstico, tipicamente denominada de ponto de corte. A maior parte das pessoas sem psicopatologia apresentará escores menores do que esse ponto de corte, enquanto pessoas com a psicopatologia apresentarão escores com valor igual ou superior ao ponto de corte. Por exemplo, um grupo de pesquisadores desenvolveram um teste para triagem de transtornos da personalidade, o teste indicou que o melhor ponto de corte para a escala é 25, ou seja, pessoas que não atingiram 25 pontos seriam consideradas saudáveis neste teste, enquanto pessoas com pontuação 25 ou acima seriam tidas como positivas para transtornos da personalidade.

A análise mais comum para verificar o melhor ponto de corte de uma escala é a curva ROC (*Receiver Operator Characteristic Curve*). Esta análise vai indicar qual ponto de corte é mais sensível e específico e fornecerá informações para que o pesquisador faça sua tomada de decisão de acordo com objetivo do instrumento. A curva ROC produz também o indicador Área Sob a Curva (AUC), que é um indicador mais geral, com baixa aplicabilidade clínica, mas que comumente é reportado nos estudos da área. A AUC indica a capacidade do teste de discriminar pessoas com uma psicopatologia de pessoas sem essa mesma condição (Metz, 1978; Šimundić, 2009). Este indicador é um dos poucos que apresentam uma interpretação para cada faixa de valor encontrado como pode ser visto na Tabela 1.

Tabela 6.1 *Valores e interpretações da AUC*

AUC	Interpretação
≥ 0,9	Excelente
Entre 0,8 e 0,9	Muito bom
Entre 0,7 e 0,8	Bom
Entre 0,6 e 0,7	Suficiente
Entre 0,5 e 0,6	Ruim
< 0,5	Não sugere que o teste discrimina

Nota. Hosmer e Lemeshow (2000); Šimundić (2009).

Pode-se perceber que valores menores do que 0,5 indicam que o instrumento não contribui para a discriminação das pessoas, a capacidade do teste seria a mesma do que jogar uma moeda para o alto para tomar a decisão. A faixa de aceitação de valor para um teste vai depender do seu objetivo, e valores acima de 0,7 já são interpretados como bons indicadores discriminatórios (Hosmer & Lemeshow, 2000; Šimundić, 2009).

Tabela 2x2

A tabela 2x2 é descrita pela literatura como essencial para a avaliação de estudos publicados, portanto é item obrigatório nos estudos de acurácia diagnóstica. A tabela 2x2 indica quantas pessoas foram identificadas corretamente pelo teste em seus respectivos grupos (i.e., verdadeiros positivos e verdadeiros negativos) e quantas pessoas foram identificadas incorretamente (i.e., falsos positivos e falsos negativos). Ela permite que, um pesquisador ao acessar o estudo de acurácia, possa recalcular todos os demais indicadores de acurácia que serão apresentados posteriormente. A tabela 2x2 permite, manualmente, o cálculo da sensibilidade e especificidade que são base para os demais indicadores.

Sensibilidade e especificidade

Falamos agora dos primeiros indícios mais detalhados da capacidade discriminativa de um teste. A sensibilidade e especificidade indicam de 0 a 1 ou de 0 a 100% a capacidade do teste em identificar verdadeiro positivos e verdadeiros negativos. A sensibilidade corresponde à capacidade do teste para identificar pessoas com uma psicopatologia quando ela realmente tem uma psicopatologia (Glasser, 2014; Lalkhen & McCluskey, 2008). A especificidade corresponde à capacidade do teste em identificar corretamente pessoas sem uma psicopatologia quando ela realmente não tem uma (Glasser, 2014; Lalkhen & McCluskey, 2008; Šimundić, 2009; Van Stralen et al., 2009). Vamos tentar deixar isso mais claro utilizando um exemplo, em um relato de pesquisa os indicadores sensibilidade e especificidade foram 0,80 e 0,75 respectivamente. Estes resultados nos mostram que o teste foi capaz de identificar 80% da amostra que tinha uma psicopatologia como de fato tendo uma psicopatologia, por outro lado, foi capaz de identificar 75% das pessoas sem psicopatologia como realmente sem a psicopatologia. O cálculo da sensibilidade se refere a proporção de verdadeiros positivos em um total de pessoas positivas para uma psicopatologia na amostra. O cálculo da especificidade se refere a proporção de verdadeiros negativos em um total de pessoas negativas para uma determinada psicopatologia. Para informações mais detalhadas sobre este tópico, visite Gonçalves et al. (2021b).

Valor Preditivo Positivo e Negativo

Outro indicador que pode ser calculado em estudos de acurácia em psicopatologia é o valor preditivo. Nós temos dois indicadores de valor preditivo, o positivo e o negativo. O valor preditivo positivo refere-se à proporção de pacientes com resultados positivos nos testes que são diagnosticados corretamente. O valor preditivo negativo é a proporção de pacientes com resultados negativos nos testes que são diagnosticados corretamente (Altman & Bland, 1994; Streiner; 2003). Em outras áreas em que a prevalência da doença já é conhecida, em psicopatologia devido à falta de notificação e subdiagnóstico, os cálculos deste indicador seguem uma lógica própria indicada por Streiner (2003) e que pode ser verificada em Gonçalves et al. (2021b).

Razão de Verossimilhança

A razão de verossimilhança também é um cálculo que tem como base a sensibilidade e especificidade. A razão de verossimilhança, assim como o valor preditivo, possui duas vertentes, positivo e negativo. A razão de verossimilhança positiva corresponde a chance de uma pessoa, que obteve resultado positivo para psicopatologia em um teste, de fato ter esta condição. A razão de verossimilhança negativa indica a chance de uma pessoa, com uma psicopatologia, testar negativo (Patino & Ferreira, 2018; Šimundić, 2009; Streiner, 2003). Segundo Šimundić (2009), instrumentos para serem considerados adequados devem apresentar valores de razão de verossimilhança positiva maior do que 10 e valores de verossimilhança negativo devem ser menores do que 1, neste caso, temos um teste com utilidade clínica.

Acurácia Total

A acurácia total é um indicador global de capacidade discriminativa do instrumento. Por meio deste indicador, nós teremos uma noção do quanto o instrumento foi capaz de acertar e errar. Por exemplo, se um teste tem 90% de acurácia global, isso quer dizer que o teste identificou corretamente 90% das pessoas da amostra.

Tutorial: Como Fazer no R

Agora que já ensinamos todos os conceitos importantes relacionados à estudos de acurácia diagnóstica, vamos dar um exemplo prático de como realizar e interpretar essa análise. Ensinaremos a fazer esta análise no software R, utilizando o pacote "pROC" (Robin et al., 2011).

O banco que usaremos para esta análise é composto por 1543 pessoas, das quais 157 apresentam diagnóstico psiquiátrico de depressão. Todos os participantes responderam ao instrumento *Beck Depression Inventory* (BDI; Beck et al., 1961; 1988). Como esta análise é apenas para fins ilustrativos, nós testamos a acurácia diagnóstica apenas do BDI, sem incluir nenhum outro instrumento na análise.

Inicialmente é necessário carregar os pacotes necessários para a análise, utilizando o comando library O pacote ggplot2 (Wickham, 2016) não é essencial para a análise da curva ROC, no entanto, permitirá que geremos um gráfico mais elegante para a saída da análise. Para realizar a análise da curva ROC, nós utilizaremos o comando "roc", tal qual especificado a seguir:

```
library(pROC)
library(ggplot2)
Roc1 <- roc(variável de grupo ~ escore teste, data= banco de dados)
```

Roc1 é o objeto no qual serão salvos os resultados da análise. "roc" é a função utilizada para executar a análise. Dentro dos parênteses é necessário inserir a variável de grupo (ou seja, a variável que contém a classificação das pessoas do banco como possuindo determinada condição ou não) e a variável de escore do teste para o qual a curva ROC está sendo executada. Após, é também necessário informar o banco de dados no qual essas informações estão contidas (data =). O operador ~ é *default* da análise e indica que uma variável está sendo predita pela outra. No nosso exemplo, nós executamos o seguinte comando:

Roc1 <- roc(currentDiagnosis ~ BDITotal, data= bdbdi)

A variável "currentDiagnosis" é dicotômica, com 0 representando pessoas sem diagnóstico e 1 representando pessoas com diagnóstico. A variável "BDITotal" refere-se ao escore total do teste BDI. Solicitando o *output* da análise (Roc1) temos o número de casos em cada grupo e o valor da AUC, como demonstrado a seguir:

Data: BDITotal in 1386 controls (currentDiagnosis 0) < 157 cases (currentDiagnosis 1). Area under the curve: 0.6856

Neste caso, a AUC indicou que o instrumento possui capacidade suficiente para discriminar pessoas dos grupos com e sem diagnóstico (valores entre 0,6 e 0,7 são classificados como suficientes, tal qual apresentado na Tabela 1). Para solicitar uma representação gráfica da curva ROC podemos usar o comando "plot.roc". Porém, anteriormente a este comando, é interessante utilizar a função par(pty= "s"), apenas para especificar que o próximo gráfico solicitado deve ser quadrado. Exemplo de como solicitar o gráfico:

par(pty= "s")
plot.roc(Roc1, legacy.axes = TRUE)

Utilizando esses comandados, teremos o gráfico apresentado na **Figura 6.1**:

Figura 6.1 *Curva ROC para o Escore Total do BDI*

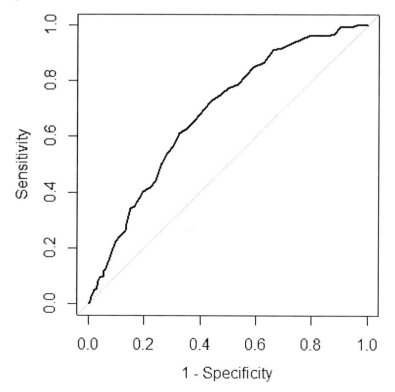

Para deixar o gráfico visualmente mais agradável é possível utilizar o seguinte comando do pacote ggplot2:

ggroc(roc_tag, legacy.axes = TRUE, size= 1.5, color= "blue") +

geom_segment(aes(x = 0, xend = 1, y = 0, yend = 1), color="black", linetype="dashed") + coord_fixed() + theme_bw()

Não entraremos em detalhes sobre a especificação deste comando, pois não é o escopo deste capítulo, mas deixamos o código disponível para quem tiver interesse em utilizá-lo. Utilizando este comando, teremos o gráfico apresentado na **Figura 6.2**:

Figura 6.2 *Curva ROC para o Escore Total do BDI: gráfico modificado*

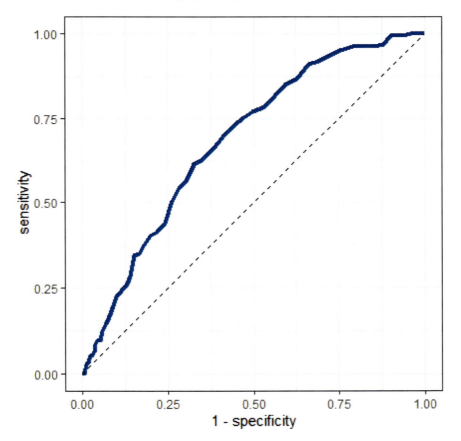

Após a plotagem do gráfico, o próximo passo é inspecionar a sensibilidade e especificidade para diferentes pontuações do instrumento. Para tanto nós utilizaremos o comando "coords" para o objeto no qual estão salvos os resultados da curva ROC:

coordenadas <- coords(Roc1)

Inspecionando o objeto coordenadas, teremos as informações apresentadas na **Tabela 6.2**:

Tabela 6.2 *Sensibilidade e Especificidade por Pontos de Corte do Escore Total do BDI*

	Threshold	Specificity	Sensitivity
1	-Inf	0,00	1,00
2	0,5	0,01	1,00
3	1,5	0,03	1,00
4	2,5	0,04	1,00
5	3,5	0,06	0,99
6	4,5	0,08	0,99
7	5,5	0,10	0,99
8	6,5	0,12	0,97
9	7,5	0,15	0,96
10	8,5	0,18	0,96
11	9,5	0,21	0,96
12	10,5	0,24	0,95
13	11,5	0,27	0,94
14	12,5	0,31	0,92
15	13,5	0,34	0,91
16	14,5	0,37	0,87
17	15,5	0,41	0,85
18	16,5	0,44	0,82
19	17,5	0,47	0,78
20	18,5	0,50	0,77
21	19,5	0,53	0,75
22	20,5	0,56	0,73
23	21,5	0,59	0,69
24	22,5	0,62	0,66
25	23,5	0,65	0,62
26	24,5	0,67	0,61
27	25,5	0,69	0,57
28	26,5	0,72	0,54
29	27,5	0,74	0,50
30	28,5	0,76	0,44
31	29,5	0,78	0,41
32	30,5	0,80	0,40
33	31,5	0,82	0,38
34	32,5	0,84	0,35
35	33,5	0,85	0,34
36	34,5	0,86	0,29
37	35,5	0,87	0,26
38	36,5	0,89	0,24

	Threshold	Specificity	Sensitivity
39	37,5	0,90	0,22
40	38,5	0,91	0,20
41	39,5	0,92	0,17
42	40,5	0,93	0,15
43	41,5	0,94	0,13
44	42,5	0,94	0,12
45	43,5	0,95	0,10
46	44,5	0,96	0,10
47	45,5	0,96	0,08
48	46,5	0,97	0,06
49	47,5	0,97	0,05
50	48,5	0,98	0,05
51	49,5	0,98	0,03
52	50,5	0,99	0,03
53	51,5	0,99	0,01
54	52,5	0,99	0,01
55	53,5	0,99	0,01
56	54,5	0,99	0,00
57	55,5	1,00	0,00
58	56,5	1,00	0,00
59	59	1,00	0,00
60	62	1,00	0,00
61	Inf	1,00	0,00

A coluna "*Threshold*" traz diferentes pontos de corte. A coluna "*Specificity*", os níveis de especificidade para cada ponto de corte. E a coluna "*Sensitivity*", a sensibilidade para cada ponto de corte. O ideal é selecionar um ponto de corte que consiga equilibrar os níveis de sensibilidade e especificidade. Um possível ponto de corte para este caso seria o 18,5, pois apresenta 77% de chance de identificar corretamente os verdadeiros positivos e também 50% de chance de identificar corretamente os verdadeiros negativos.

Considerações Finais

Ainda que diversas ferramentas estejam disponíveis para avaliar distintas formas de psicopatologia, existe uma acentuada necessidade de estudos que verifiquem de fato quanto essas ferramentas disponíveis são capazes de discriminar pessoas com um transtorno de pessoas sem um transtorno. Esses estudos trariam maior credibilidade para os testes da área, mostrando, empiricamente, o nível de acerto dos testes. Ainda assim, os desafios para a condução de estudos de acurácia devem ser considerados. Nos estudos dos transtornos de personalidade, por exemplo, existe uma dificuldade considerável em acessar amostras que são clinicamente positivas. Primeiro pelo baixo foco dos cursos de graduação em explorar os transtornos da personalidade, o que dificulta o diagnóstico e, consequentemente, o acesso a esse público. Segundo, pela falta de setores específicos para o tratamento de transtornos da personalidade e, por fim, a falta de instrumentos para essa finalidade.

Apesar desses obstáculos, é necessário que os pesquisadores da área procurem saídas para que esses estudos sejam conduzidos. Parcerias com profissionais clínicos e com serviços públicos de saúde mental podem ser uma saída para acesso aos pacientes com diagnóstico. Outra possibilidade que pode ser explorada é a tentativa de parceria com as clínicas-escola, com uma proposta de realização do psicodiagnóstico em saúde mental por meio do processo de avaliação psicológica. Precisamos, enquanto pesquisadores, olhar com mais atenção para esse tipo de estudo e buscar saídas para sua condução.

Referências

Brown, T. A. (2015). *Confirmatory factor analysis for applied research* (2nd ed.). The Guilford Press.

Damásio, B. F., & Dutra, D. de F. (2018). Análise fatorial exploratória: Um tutorial com o software Factor. In B. F. Damásio, & J. C. Borsa (Orgs.), *Manual de desenvolvimento de instrumentos psicológicos*. Vetor Editora.

Epskamp, S. (2015). SemPlot: Unified visualizations of structural equation models. *Structural Equation Modeling, 22*(3), 474-483. https://doi.org/10.1080/10705511.2014.937847.

Harrington, D. (2009). *Confirmatory factor analysis*. Oxford University Press.

Hauck Filho, N. (2014). Medida psicológica: O debate entre as perspectivas conceituais representacionista e realista. *Avaliação Psicológica, 13*(3), 399-408. http://pepsic.bvsalud.org/scielo.php?script=sci_arttext&pid=S1677-04712014000300012&lng=pt&tlng=pt.

Hausman, J. A. (1978). Specification tests in econometrics. *Econometrica, 46*(6), 1.251-1.271. https://doi.org/10.2307/1913827.

Maydeu-Olivares, A. (2017). Assessing the size of model misfit in structural equation models. *Psychometrika, 82*(3), 533-558. https://doi.org/10.1007/s11336-016-9552-7.

Muthén, L. K., & Muthén B. O. (2017). *Mplus user's guide* (8th ed.). Muthén & Muthén.

R Core Team. (2021). *R: A language and environment for statistical computing*. R Foundation for Statistical Computing. http://www.R-project.org/.

Rosseel, Y. (2012). Lavaan: An R package for structural equation modeling. *Journal of Statistical Software, 48*(2), 1-36. http://www.jstatsoft.org/v48/i02/paper.

RStudio Team (2020). *RStudio: Integrated development for R*. RStudio. PBC. http://www.rstudio.com/.

Wang, J., & Wang, X. (2019). *Structural equation modeling: Applications using Mplus* (2nd ed.). Wiley.

Xia, Y., & Yang, Y. (2019). RMSEA, CFI, and TLI in structural equation modeling with ordered categorical data: The story they tell depends on the estimation methods. *Behavior Research Methods, 51*, 409-428. https://doi.org/10.3758/s13428-018-1055-2.

7

TESTES DE INVARIÂNCIA DE ESCALAS PSICOMÉTRICAS: ASPECTOS TEÓRICOS E PRÁTICOS

Alexsandro Luiz de Andrade
Júlia Mulinari Peixoto

Introdução

Dentro do procedimento analítico de Modelagem de Equações Estruturais (MEE), a Análise Fatorial Confirmatória (AFC) é uma das principais técnicas utilizadas para confirmar a plausibilidade da estrutura interna de um modelo teórico e/ou uma escala psicométrica. O uso do procedimento para esse fim vem sendo observado na literatura internacional (Andrade et al., 2022; Dominguez-Lara, 2018) e nacional (Borsa et al., 2016; Freitas et al., 2019) para exposição da estrutura latente de construto psicológicos em diferentes contextos, como carreira, saúde, relacionamentos interpessoais, pesquisas transculturais, entre outros.

No entanto, conforme Sass (2011) aponta, é importante que os pesquisadores estejam atentos às vantagens de abordagens que podem atuar de forma mais analítica, e uma possibilidade para isso é estudar a diferença entre grupos pela comparação de medidas (Yuan & Chan, 2016). Para tanto, tem-se a necessidade de avaliar e assegurar a invariância dos parâmetros métricos das medidas utilizadas.

A importância de testar a invariância de medidas entrou no campo da literatura há mais de 50 anos, conforme apontado por Meredith (1964) e Struening e Cohen (1963). Entretanto, técnicas estatísticas que permitem testar a invariância somente se tornaram mais acessíveis e otimizadas para comunidade de pesquisa por volta dos anos 2000, sobretudo dentro da estrutura de modelagem de equações estruturais (Putnick & Bornstein, 2016) e softwares que seguem a política de acesso livre (ex., R e JASP).

A Análise Fatorial Confirmatória Multigrupo (AFCMG) é uma extensão direta de uma AFC, todavia incrementa um conjunto de testes hierárquicos para impor gradualmente mais restrições de igualdade nos parâmetros de interesse para os grupos em comparação (Svetina et al., 2019), como, por exemplo, variáveis dicotômicas de gênero sexual (homens x mulheres), natureza do vínculo ocupacional (ex., privado x estatutário), entre outras. Em estudos que visem a adaptação, bem como a comparação de fenômenos entre culturas, recomenda-se que a natureza da estrutura interna de uma escala psicológica seja idêntica entre diferentes grupos ou culturas (Sanchez et al., 2021). Em outros termos, a AFCMG objetiva averiguar se os parâmetros de um instrumento têm invariância entre grupos distintos, o que, por sua vez, possibilita que o construto em análise seja submetido a uma avaliação robusta e com menor viés de erro, seja por características específicas dos itens, seja pelo perfil dos participantes que respondam ao instrumento. Nas palavras de Counsell et al. (2019), os pesquisadores que testam os seus instrumentos pela análise de invariância facilitam retratos mais precisos das diferenças observadas em termos de aspectos psicossociais e psicológicos das diferenças entre grupos ou contextos.

Analisar a invariância de medidas fomenta respostas importantes para questões acerca de um instrumento psicométrico, tais como: se a estrutura fatorial de uma medida difere entre grupos; se itens que formam determinado fator têm a mesma importância para os grupos em comparação; se os escores podem ser comparados com os escores de outros grupos para que assegure que não existe viés de resposta; e se erros de medidas dos itens apresentam-se semelhantes entre os grupos, além entre outras possibilidades (Damásio, 2013). Ainda segundo Damásio (2013), cabe ressaltar que na literatura, para referir-se à não variação analisada entre os grupos pela AFCMG, pode-se encontrar a terminologia "invariante" ou "equivalente", sendo as duas amplamente utilizadas sem discriminação e implicação na alteração do sentido ou característica da propriedade em análise do instrumento.

Modelos da Análise Fatorial Multigrupo

A análise de invariância de medida avalia alguns modelos hierárquicos, que não somente a constituem como são pré-requisitos para o prosseguimento de testagem de modelo para modelo (*e.g.*, somente acatando o modelo 1, prossegue-se para o 2), e assim por diante. Vamos entender um pouco mais a seguir.

a. *Modelo 1.* O parâmetro da equivalência configural diz respeito à configuração, mais especificadamente à estrutura interna ou teórica do modelo da medida/construto, tendo em vista que avalia se a estrutura fatorial é a mesma para os distintos grupos, conforme exemplificamos na **Figura 7.1**. A principal característica para compreensão desse modelo é que não se tem imposição ou fixação de algum parâmetro, logo os resultados dos itens podem sofrer variação, exceto a sua estrutura fatorial. Assim, espera-se que os índices de ajuste tenham resultados desejados tal como em uma análise fatorial confirmatória simples, para confirmar a adequação do modelo (Milfont & Fisher, 2010). Nas palavras de Damásio (2013), o modelo 1 deve ser avaliado com os índices de ajuste equivalente a uma AFC (*e.g.*, razão qui-quadrado por graus de liberdade, $\chi 2$ /g.l.; índice de ajuste comparativo, CFI; índice de Tucker-Lewis, TLI; índice de ajuste não normalizado, NNFI; raiz do erro quadrático médio de aproximação, RMSEA; raiz quadrada média residual padronizada, SRMR). Com valores recomendados por Brown (2015), de CFI e TLI $\geq$ que 0,90, e desejavelmente acima de 0,95; valores de RMSEA são esperados $\leq$ que 0,08 ou, de preferência, $\leq$ que 0,06, com intervalo de confiança (limite superior) $\leq$ 0,10, entre outros.

A invariância configural, ao não ser alcançada, tem como possibilidade simplificada de solução a retirada de alguns itens para redefinir a melhor estrutura interna do construto entre os grupos em análise. Assim, testa-se novamente o modelo em sua versão mais parcimoniosa. No entanto, caso prossiga sendo não invariante, a análise deverá ser suspensa (Putnick & Bornstein, 2016). Em outras palavras, a equivalência interna, ou evidência de estrutura interna do modelo, é considerada pré-requisito para continuidade da AFCMG, uma vez que todos os modelos seguintes somente poderão ser analisados se os índices de ajuste do modelo 1 demonstrarem adequação esperada. Ao alcançar os índices de ajuste estimados do modelo 1, o próximo passo da AFCMG é testar a invariância métrica, também reconhecida como modelo 2.

Figura 7.1 *Invariância Configural*

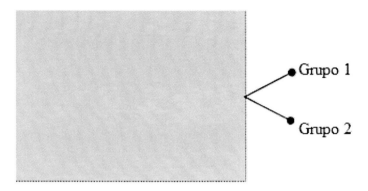

Nota. Adaptada de Milfont e Fisher (2010).

b. *Modelo 2.* Esse parâmetro de análise é a equivalência métrica, que analisa se as cargas fatoriais são equivalentes entre os grupos. Dessa vez, diferentemente da invariância configural, o pesquisador restringe as cargas fatoriais, pois almeja que estas não apresentem variação entre grupos, como sugere a **Figura 7.2**. A invariância métrica é um atributo importante, porquanto, uma vez comprovada, demonstra que cada item da escala é, de fato, carregado no fator latente em que se propôs.

De acordo com Lee (2018), com a invariância métrica constatada, pode-se dizer que as diferenças nas variâncias e covariâncias dos fatores não são atribuíveis a diferenças baseadas em características específicas de um ou outro grupo. Dito de outra forma, os itens têm a mesma relevância para grupos diferentes; assim, o que está sendo respondido não é enviesado, por exemplo, pela diferença de idade dos participantes de distintos grupos. Em um cenário em que a invariância métrica não seja alcançada, tem-se como alternativa suprimir itens com cargas não invariáveis e testar novamente a configuração. Outra possibilidade é assumir que o construto é não invariante e descontinuar o teste de invariância (Putnick & Bornstein, 2016), assumindo, é claro, o viés de erro pelo não cumprimento deste parâmetro da medida.

Figura 7.2 *Invariância Métrica*

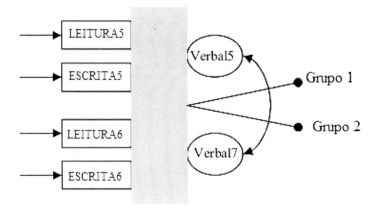

Nota. Adaptada de Milfont e Fisher (2010).

c. *Modelo 3.* O parâmetro da equivalência escalar ou equivalência dos interceptos refere-se às diferenças nas médias que a variável latente avalia. A invariância escalar é captada de acordo com a restrição das intersecções das médias dos itens equivalentes nos dois grupos (**Figura 7.3**). Na explicação de Damásio (2013), no modelo 3, destrincham-se as equações para elucidação desse teste, objetivando assumir que o cálculo da média de grupos distintos seja equivalente ($\mu y1 = \mu y2; ...= \mu yn$). Desta forma é preciso postular que o resto da equação não varie: $(\alpha 1+\beta \mu x1) = (\alpha 2+\beta \mu x2)=... = (\alpha n+\beta \mu xn)$. Nesse cenário, tanto a média das respostas ao item para diferentes grupos ($\mu x1; \mu x2; ...; \mu xn$, avaliado pela invariância métrica, quanto o intercepto do item para os grupos ($\alpha 1; \alpha 2; ...; \alpha n$, avaliado pelo pressuposto da invariância escalar, terão que ser equivalentes para que seja possível postular que $\mu y1 = \mu y2; ...= \mu yn$. Uma vez que não se alcance a equivalência escalar, pode-se testar novamente, retirando os itens com interceptos não invariáveis; posteriormente, testam-se novamente os três modelos: de invariância configural, métrica e escalar (Putnick & Bornstein, 2016).

Figura 7.3 *Invariância Escalar*

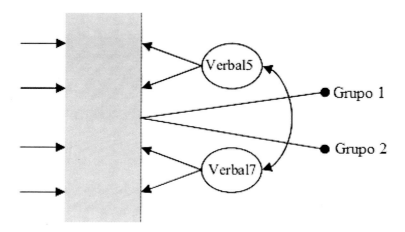

Nota. Adaptada de Milfont e Fisher (2010).

Ressalta-se que existem outros modelos para realização da AFCMG, por exemplo, o modelo 4, em que se testa se o mesmo erro de medição está presente para cada item entre os grupos (Milfont & Fischer, 2010). Em contrapartida, como não existe consenso na literatura acerca da quantidade de modelos a serem testados, para a praticidade deste capítulo, abordaremos o teste de invariância configural, escalar e métrica.

Questões de Análise de Invariância

Pode-se dizer que existem alguns pontos acerca da análise de invariância de medida psicométricas que ainda não foram acordados pela literatura da área. As principais questões giram em torno da ordem e do número de testes que seriam de fato necessários para estabelecer a invariância da medida; dos critérios a serem utilizados para avaliar o ajuste do modelo; do fato de acatar ou não a invariância parcial; e se características na amostra podem moderar a invariância (Putnick & Bornstein, 2019).

O critério de Cheung e Rensvold (2002), de uma diferença de -0,01 em relação ao CFI de um modelo para o outro, é amplamente utilizado, sendo observado e relatado em alguns artigos científicos sobre adaptação e testes de invariância (Gabardo-Martins & Ferreira, 2019; Maggiori et al., 2017). O ponto é que outros pesquisadores da área sugeriram critérios divergentes para a diferença, tanto no próprio CFI, como observado em Rutkowski e Svetina (2013), quanto na utilização de outros índices (ΔRMSEA, ΔSRMR). Para o presente capítulo, sobretudo para o direcionamento prático da análise, limitamos os modelos que serão testados na análise, bem como foi escolhido o método de estimação e o índice de ajuste a ser testar a diferença. Nesse cenário, a análise fatorial confirmatória multigrupo será realizada pelo método de estimação *Robust Diagonally Weighted Least Squares* (RDWLS), indicado para dados categóricos (DiStefano & Morgan, 2014; Li, 2016); os modelos a serem testados serão os três primeiros modelos da técnica: (1) configural, (2) métrico e (3) escalar. Por fim, o índice de ajuste fixado para ser avaliada a diferença será o CFI.

Tutorial Análise Fatorial Confirmatória Multigrupo no JASP

O JASP é um software livre, apoiado e estruturado pela Universidade de Amsterdã, que oferece uma série de análises estatísticas comuns as pesquisas em psicologia, saúde, educação e gestão (*e.g.*, testes t, Anovas, testes de correlação, regressão linear e testes para tabelas de contingência). Além disso, o JASP traz um sistema intuitivo e vem com uma interface gráfica simples e atraente para os usuários (Marsman & Wagenmakers, 2017). O seu download pode ser realizado pelo endereço eletrônico https://jasp-stats.org/, de acordo com as características concernentes ao sistema do computador do usuário interessado. Após o download, será apresentado um procedimento simples para a sua instalação; ao ser concluída, aparecerá aberta a tela inicial do software (ver **Figura 7.4**). Cabe salientar que o programa tem disponível a opção de linguagem em português.

Figura 7.4 *Tela Inicial do JASP*

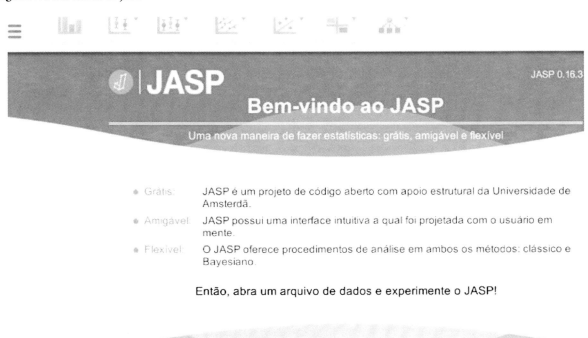

Passo a Passo para Execução da AFCMG

O primeiro passo para o procedimento da AFCMG é o preparo do banco, uma vez que os grupos e a escala psicométrica a serem analisados em seus parâmetros de invariância precisam estar na mesma base de dados (ver **Figura 7.5**). Ademais, os formatos aceitos pelo JASP são: .csv (*comma--separated values*), .txt (*plain text*), .sav (IBM's SPSS) e .ods (*OpenDocument Spreadsheet*).

Observamos neste tutorial, a título de exemplo, o processo do teste de invariância de uma escala composta por dez itens, a qual será avaliada em termos de equivalência segundo aspecto sociodemográfico do gênero autoavaliado do respondente (opções de resposta no questionário de homem ou mulher). O objetivo desse teste na dimensão teórica do construto é responder à seguinte pergunta: Existem diferenças entre participantes homens e mulheres no construto em questão?

Figura 7.5 *Base de Dados Contendo Grupo e Instrumento*

	A	B	C	D	E	F	G	H	I	J	K
1	Genero	ITEM1	ITEM2	ITEM3	ITEM4	ITEM5	ITEM6	ITEM7	ITEM8	ITEM9	ITEM10
2	Feminino	5.0	5.0	5.0	5.0	5.0	5.0	5.0	1.0	5.0	5.0
3	Feminino	5.0	4.0	5.0	4.0	4.0	5.0	5.0	1.0	5.0	3.0
4	Feminino	5.0	5.0	5.0	5.0	5.0	5.0	5.0	1.0	5.0	5.0
5	Feminino	5.0	5.0	5.0	5.0	5.0	4.0	5.0	1.0	5.0	5.0
6	Feminino	4.0	1.0	5.0	5.0	4.0	4.0	5.0	1.0	5.0	4.0
7	Masculinc	4.0	4.0	4.0	4.0	5.0	3.0	4.0	1.0	4.0	3.0
8	Feminino	5.0	5.0	5.0	5.0	5.0	5.0	5.0	1.0	5.0	5.0
9	Feminino	4.0	5.0	5.0	4.0	5.0	1.0	5.0	1.0	5.0	4.0
10	Feminino	4.0	4.0	4.0	3.0	4.0	4.0	4.0	1.0	5.0	4.0
11	Feminino	5.0	5.0	5.0	5.0	5.0	5.0	5.0	1.0	5.0	4.0
12	Feminino	5.0	5.0	5.0	5.0	5.0	4.0	5.0	1.0	5.0	5.0
13	Feminino	4.0	4.0	4.0	4.0	4.0	3.0	4.0	1.0	5.0	4.0
14	Feminino	4.0	4.0	4.0	4.0	5.0	5.0	5.0	1.0	4.0	4.0
15	Masculinc	5.0	5.0	5.0	5.0	5.0	5.0	5.0	1.0	5.0	5.0
16	Feminino	5.0	5.0	5.0	5.0	5.0	5.0	5.0	5.0	5.0	5.0
17	Feminino	3.0	3.0	4.0	3.0	3.0	2.0	4.0	1.0	4.0	3.0
18	Masculinc	5.0	5.0	5.0	5.0	5.0	5.0	5.0	1.0	5.0	5.0
19	Masculinc	5.0	5.0	5.0	5.0	4.0	5.0	4.0	1.0	5.0	5.0
20	Feminino	5.0	5.0	5.0	5.0	5.0	5.0	5.0	2.0	5.0	5.0
21	Feminino	5.0	4.0	5.0	5.0	5.0	5.0	5.0	1.0	4.0	3.0
22	Feminino	5.0	5.0	5.0	5.0	5.0	5.0	5.0	1.0	5.0	5.0
23	Feminino	1.0	1.0	1.0	1.0	1.0	1.0	1.0	5.0	1.0	3.0

Com o instrumento e o grupo de interesse no mesmo banco, salvo em formato acatado pelo software, o passo posterior é clicar as três linhas horizontais à esquerda da tela inicial do programa, onde ele apresenta a opção de abrir o banco. Com o banco de dados aberto na tela inicial, deve-se conferir se o programa leu as variáveis conforme a natureza adequada; por exemplo, **Figura 7.6**, no qual o grupo gênero é lido enquanto categórico e variáveis da medida no formato ordinal ou escalar.

Figura 7.6 *Banco de Dados Aberto no JASP*

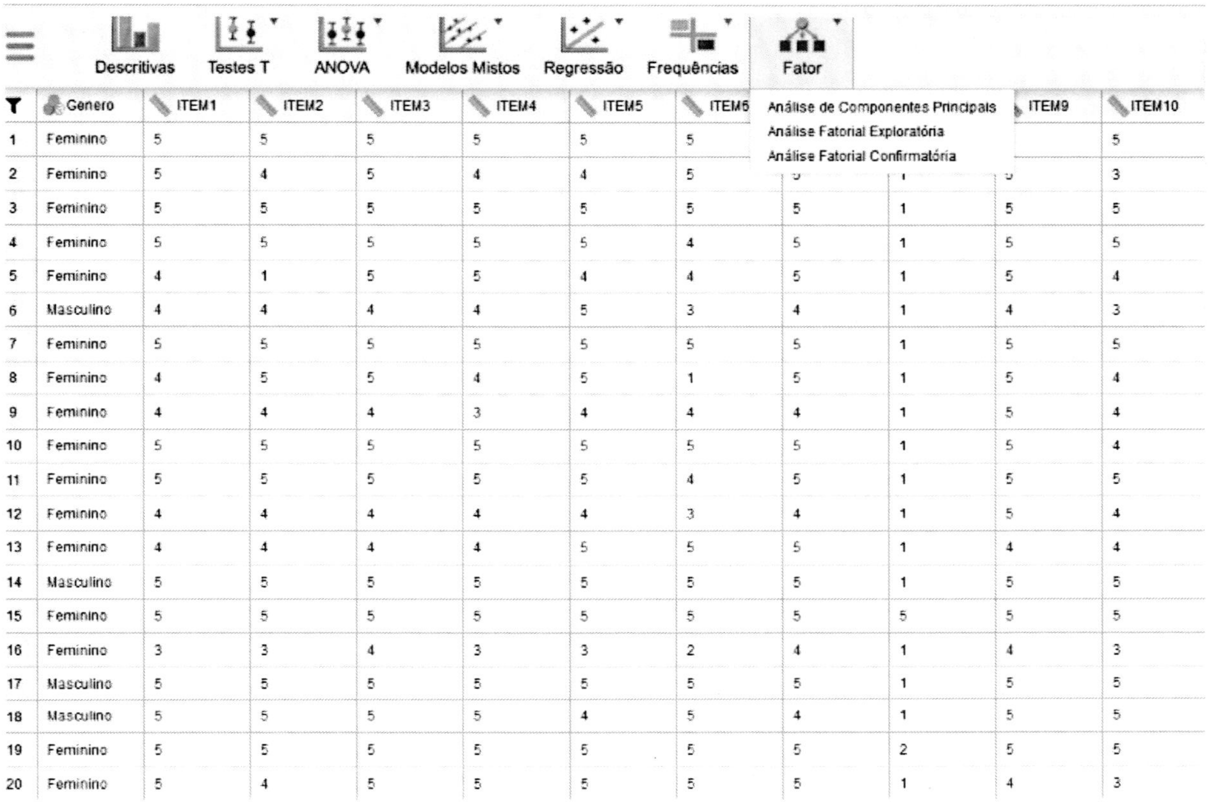

	Genero	ITEM1	ITEM2	ITEM3	ITEM4	ITEM5	ITEM6			ITEM9	ITEM10
1	Feminino	5	5	5	5	5	5				5
2	Feminino	5	4	5	4	4	5	5	1	5	3
3	Feminino	5	5	5	5	5	5	5	1	5	5
4	Feminino	5	5	5	5	5	4	5	1	5	5
5	Feminino	4	1	5	5	4	4	5	1	5	4
6	Masculino	4	4	4	4	5	3	4	1	4	3
7	Feminino	5	5	5	5	5	5	5	1	5	5
8	Feminino	4	5	5	4	5	1	5	1	5	4
9	Feminino	4	4	4	3	4	4	4	1	5	4
10	Feminino	5	5	5	5	5	5	5	1	5	4
11	Feminino	5	5	5	5	5	4	5	1	5	5
12	Feminino	4	4	4	4	4	3	4	1	5	4
13	Feminino	4	4	4	4	5	5	5	1	4	4
14	Masculino	5	5	5	5	5	5	5	1	5	5
15	Feminino	5	5	5	5	5	5	5	5	5	5
16	Feminino	3	3	4	3	3	2	4	1	4	3
17	Masculino	5	5	5	5	5	5	5	1	5	5
18	Masculino	5	5	5	5	4	5	4	1	5	5
19	Feminino	5	5	5	5	5	5	5	2	5	5
20	Feminino	5	4	5	5	5	5	5	1	4	3

Descritivas · Testes T · ANOVA · Modelos Mistos · Regressão · Frequências · Fator

Análise de Componentes Principais
Análise Fatorial Exploratória
Análise Fatorial Confirmatória

Após a conferência acerca da natureza das variáveis (*e.g.*, categóricas), pode-se dar prosseguimento à escolha da análise. Na parte superior da tela, o programa disponibiliza uma série de possibilidades, onde se escolhe a opção fator, e, entre as análises expostas, clica-se "Análise Fatorial Confirmatória". Conforme apresentado na parte teórica do presente capítulo, escolheremos algumas opções para a análise fatorial confirmatória, como o método de estimação *Robust Diagonally Weighted Least Squares*, além da solicitação dos índices adicionais de adequação e método robusto, todas disponíveis nas opções apresentadas pela **Figura 7.7**.

Figura 7.7 *Passo para Agrupar Itens da Medida nos Respectivos Fatores*

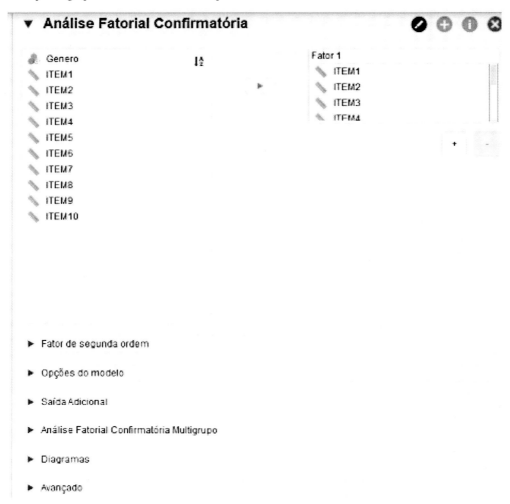

Nota-se que o software solicita que o pesquisador agrupe os itens de acordo com o fator. Salienta-se que essa informação acerca dos itens e fatores deve seguir rigorosamente o modelo teórico prévio a ser testado, ou os resultados apontados pela análise fatorial exploratória, como o procedimento realizado para uma AFC-padrão. Depois disso, pode-se escolher as opções oferecidas para análise conforme ilustrado na **Figura 7.7**. Concomitantemente à escolha das opções de análise, os resultados vão sendo expostos de forma bem elucidada na tela à direita (ver **Figura 7.8**).

Figura 7.8 *Resultados Após Escolha de Opções de Análise*

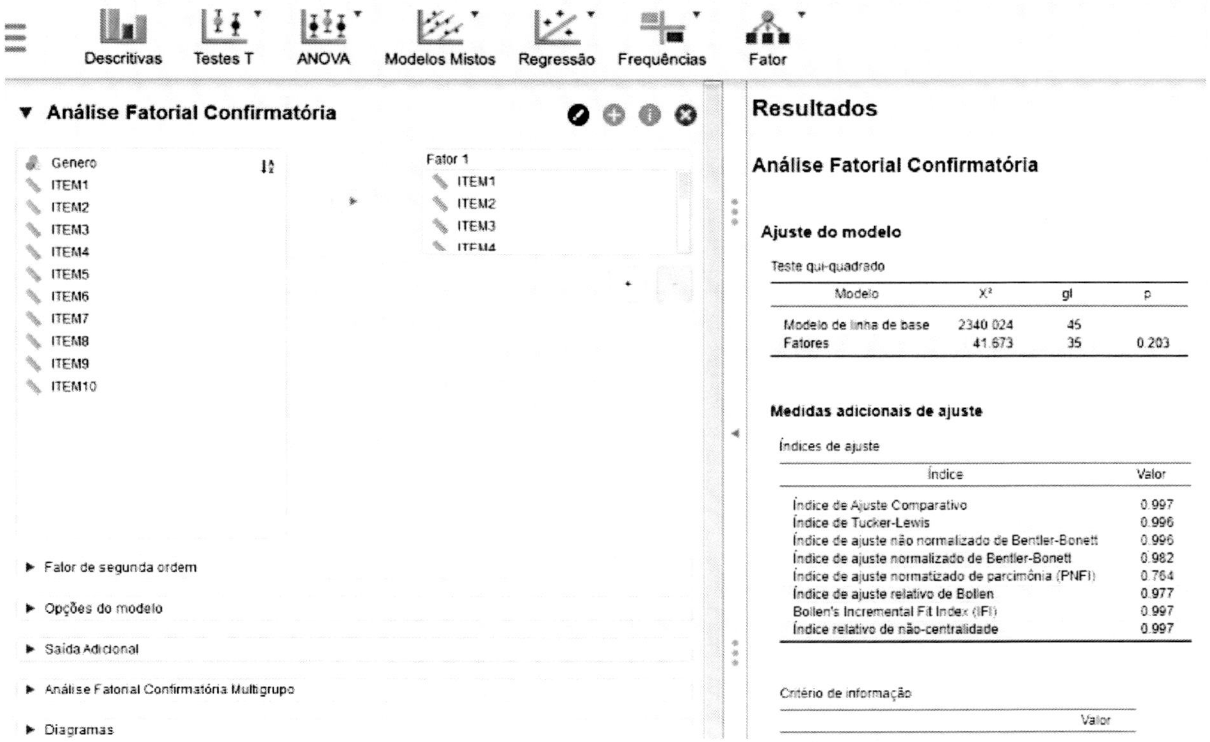

Com os itens devidamente agrupados nos respectivos fatores, para seguir a teoria em relação à estrutura do modelo e as opções de análise devidamente escolhidas, pode-se passar para a análise fatorial confirmatória multigrupo, que dará as informações a respeito da invariância da medida por meio dos modelos escolhidos. Caso esteja com dúvidas, sugerimos retomar informações teóricas do presente capítulo.

Ao abrir a opção "Análise Fatorial Confirmatória Multigrupo", escolhe-se primeiramente a variável categórica; como exemplo deste tutorial, tem-se a variável gênero (opções homem e mulher), descrito na **Figura 7.9**. Após escolher a variável dos grupos para testar a invariância entre eles, sinalizar a opção do modelo desejado (*e.g.*, configural, métrico ou escalar), as quais serão testadas uma a uma. Na **Figura 7.9** está exposto o resultado do parâmetro configural, de modo a não ficar repetitivo. Os interessados podem testar cada um dos modelos, certificando-se de acatar a ordem descrita anteriormente.

Figura 7.9 *Opções da Análise Fatorial Confirmatória Multigrupo*

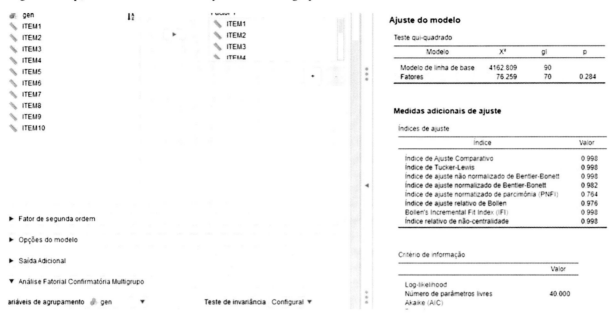

O presente passo da AFCMG coaduna-se em torno do apresentado na parte teórica deste capítulo, uma vez que os modelos são hierárquicos, logo têm ordem estabelecida para o prosseguimento da análise. Diante dos modelos descritos, as etapas e a constituição da análise de invariância da medida dão-se por meio de:

Modelo 1. Na equivalência configural, a observação é realizada por meio dos índices de ajuste. Se estes estiverem adequados, nada será fixado ou imposto. Uma vez que os índices de ajuste estejam adequados, passa-se à análise do modelo 2;

Modelo 2. Neste modelo, de invariância métrica, com os parâmetros fixados, compara-se especificamente o índice de ajuste escolhido, CFI, com os resultados dele no modelo 1;

Modelo 3. Na invariância escalar, a comparação é o índice de ajuste do CFI com o modelo 2. Nas palavras de Vanderberg e Lance (2000), comparam-se todos os modelos com o 1. Após a realização de todas as etapas, a desejabilidade é que a diferença encontrada no CFI de um modelo para o outro não seja menor que 0,01, valor indicado por Cheung e Rensvold (2002).

Os resultados acerca dos índices de ajuste aparecem ao lado direito da tela (consultar **Figura 7.9**), e deverão ser reportados para cada um dos modelos (1, 2 e 3), escolhendo a opção — respectivamente, as opções oferecidas pelo JASP —, reportando os resultados no que se refere ao CFI. Posteriormente aos resultados do CFI de cada um dos modelos, o pesquisador deverá realizar a análise da diferença entre eles. Ressalta-se que, para o presente capítulo, o CFI foi o índice escolhido de modo a facilitar a compreensão e o direcionamento prático do capítulo, conforme explicado na parte teórica. No entanto, como não existe consenso acerca da escolha, quiçá de quantos índices a AFCMG deverá englobar, o pesquisador poderá consultar outros autores para possibilidade de escolha de quais acatar. Na **Tabela 7.1**, encontra-se um modelo das informações a serem reportadas e apresentadas na descrição dos resultados.

Tabela 7.1 *Resultados AFCMG*

Invariância da medida	Índices de ajuste	
	CFI	ΔCFI
Invariância Configural	0.998	-
Invariância métrica	0.999	0,00
Invariância escalar	0.997	0,00

Como um modelo é pré-requisito para o prosseguimento do outro e da análise em si, é pertinente que o pesquisador se atente a cada um deles. Além disso, em um cenário em que algum deles apresente, por exemplo, diferença maior que 0,01 no CFI, pode-se dizer que o construto é não invariante, e o teste de invariância deverá ser suspenso em quaisquer das etapas (Putnick & Bornstein, 2019). Conforme visto no modelo reportado na tabela, os resultados do CFI não obtiveram diferença de menos 0.01, podendo-se atribuir a medida característica de não invariância.

Considerações Finais

A análise de invariância de medidas não é uma técnica recente. No entanto, somente a partir dos anos 2000 a facilitação de sua prática foi expandida, por meio de maior literatura acerca do tema, bem como pelo acesso a softwares que a realizam sem maiores exigências de habilidades de programação e edição de comandos. Diante do exposto em relação ao tempo recente de maior conhecimento sobre, existem desafios relacionados a sua prática, uma vez que importantes características que a psicometria enfatiza tanto como critério quanto como constituição de uma análise ainda seguem sem consenso (*e.g.*, quantidade de modelos testados, quais índices de ajuste).

O presente capítulo teve como objetivo buscar o direcionamento prático para a realização da AFCMG por meio de um programa facilitador de acesso livre e demonstrando o passo a passo da técnica. O JASP propicia uma linguagem alcançável a estudantes e pesquisadores, bem como a organização na exposição dos resultados, auxiliando, assim, todo o processo da AFCMG. Pode-se apontar como limitação do presente capítulo a escolha de modelos e índices de ajuste para a análise, aspecto que pode ser contornado para o leitor com uma revisão baseada nos fundamentos da análise fatorial confirmatória.

Para leitores menos familiarizados com uso dos softwares em destaque, deixamos como sugestão final o acesso a materiais livres disponíveis na web, citando como exemplo gratuito os repositórios institucionais de universidades (www.labamp.ufes.br) e do Instituto Brasileiro de Avaliação Psicológica (https://www.ibapnet.org.br/).

Por fim, espera-se, com o avanço da pesquisa sobre o tema, um maior consenso sobre modelos a serem escolhidos, os índices de ajuste para tomada de decisão, bem como recomendações objetivas para modelos parcialmente invariantes. De todo modo, a análise de invariância, mesmo com os obstáculos descritos, é importante por si própria, pelo caráter robusto de fomentar avaliações sobre medida menos enviesadas e estratégias de pesquisa com elevado compromisso teórico e metodológico.

Referências

Andrade, A. L., Teixeira, M. A. P. T., & Oliveira, M. Z. (2022). The Brazilian Portuguese adaptation of protean career orientation scale: Invariance, correlates, and life/career stages. *International Journal for Educational and Vocational Guidance, 23*, 615-633. https://doi.org/10.1007/s10775-022-09539-x.

Borsa, J. C., Damásio, B. F., & Koller, S. H. (2016). Escala de positividade (EP): Novas evidências de validade no contexto brasileiro. *Psico-USF, 21*(1), 1-12. https://doi.org/10.1590/1413-82712016210101.

Brown, T. (2015). *Confirmatory factor analysis for applied research* (2nd ed.). Guilford Press.

Cheung, G. W., & Rensvold, R. B. (2002). Evaluating goodness-of-fit indexes for testing measurement invariance. *Structural Equation Modeling: A Multidisciplinary Journal, 9*(2), 233-255. https://doi.org/10.1207/S15328007SEM0902_5.

Counsell, A., Cribbie, R. A., & Flora, D. B. (2020). Evaluating equivalence testing methods for measurement invariance. *Multivariate Behavioral Research, 55*(2), 312-328. https://doi.org/10.1080/00273171.2019.1633617.

Damásio, B. F. (2013). Contribuições da análise fatorial confirmatória multigrupo (AFCMG) na avaliação de invariância de instrumentos psicométricos. *Psico-USF, 18*(2), 211-220. https://doi.org/10.1590/S1413-82712013000200005.

DiStefano, C., & Morgan, G. B. (2014). A comparison of diagonal weighted least squares robust estimation techniques for ordinal data. *Structural Equation Modeling, 21*(3), 425-438. https://doi.org/10.1080/10705511.2014.915373.

Dominguez-Lara, S. (2018). Invarianza longitudinal y error transitorio de una medida de burnout académico en universitarios. *Revista Avaliação Psicológica, 17*(3), 311-320. https://doi.org/10.15689/ap.2018.1703.14421.04.

Freitas, C. P. P., Damásio, B. F., Haddad, E. J., & Koller, S. H. (2019). Work-related flow inventory: Evidence of validity of the Brazilian version. *Paidéia, 29*(2.901), 1-8. https://doi.org/10.1590/1982-4327e2901.

Gabardo-Martins, L. M. D., & Ferreira, M. C. (2019). Propriedades psicométricas da escala de demandas percebidas do trabalho e da família. *Revista Avaliação Psicológica, 18*(3), 276-284. https://doi.org/10.15689/ap.2019.1803.16152.07.

Lee, S. (2018). Testing for measurement invariance: Does your measure mean the same thing for different participants? *APS Observer, 31*(8), 32-33. https://www.psychologicalscience.org/observer/testing-for-measurement-invariance.

Li, C. H. (2016). The performance of ML, DWLS, and ULS estimation with robust corrections in structural equation models with ordinal variables. *Psychological Methods, 21*(3), 369-387. https://doi.org/10.1037/met0000093.

Maggiori, C., Rossier, J., & Savickas, M. L. (2017). Career adapt-abilities scale-short form (Caas-SF). *Journal of Career Assessment, 25*(2), 312-325. https://doi.org/10.1177/1069072714565856.

Marsman, M., & Wagenmakers, E.-J. (2017). Bayesian benefits with JASP. *European Journal of Developmental Psychology, 14*(5), 545-555. https://doi.org/10.1080/17405629.2016.1259614.

Meredith, W. (1964). Notes on factorial invariance. *Psychometrika, 29*, 177-185. https://doi.org/10.1007/BF02289699.

Milfont, T. L., & Fischer, R. (2010). Testing measurement invariance across groups: Applications in cross-cultural research. *International Journal of Psychological Research, 3*(1), 111-130. https://doi.org/10.21500/20112084.857.

Putnick, D. L., & Bornstein, M. H. (2016). Measurement invariance conventions and reporting: The state of the art and future directions for psychological research. *Developmental Review, 41*, 71-90. https://doi.org/10.1016/j.dr.2016.06.004.

Rutkowski, L., & Svetina, D. (2013). Assessing the hypothesis of measurement invariance in the context of large-scale international surveys. *Educational and Psychological Measurement, 74*(1), 31-57. https://doi.org/10.1177/0013164413498257.

Rutkowski, L., & Svetina, D. (2017). Measurement invariance in international surveys: Categorical indicators & fit measure performance. *Applied Measurement in Education*, 30(1), 39-51. DOI 10.1080/ 08957347.2016.1243540.

Rutkowski, L., Svetina, D., & Liaw, Y.-L. (2019). Collapsing categorical variables and measurement invariance: Online advanced publication. *Structural Equation Modeling: A Multidisciplinary Journal*, 1-13. https://doi.org/10.1080/10705511.2018.1547640.

Sánchez, A. R., De la Fuente, V., & Ventura, J. (2021). Equivalence of measurement: On life before multigroup confirmatory factor analysis [Equivalencia en la medida: La vida antes del análisis factorial confirmatorio multigrupo]. *Actas Dermo-Sifiliográficas, 112*(5). https://doi.org/10.1016/j.ad.2020.06.005.

Sass, D. A. (2011). Testing measurement invariance and comparing latent factor means within a confirmatory factor analysis framework. *Journal of Psychoeducational Assessment, 29*(4), 347-363. https://doi.org/10.1177/0734282911406661.

Struening, E. L., & Cohen, J. (1963). Factorial invariance and other psychometric characteristics of five opinions about mental illness factors. *Educational and Psychological Measurement, 23*(2), 289-298. https://doi.org/10.1177/001316446302300206.

Svetina, D., Rutkowski, L., & Rutkowski, D. (2019). Multiple-group invariance with categorical outcomes using updated guidelines: An illustration using Mplus and the Lavaan/Semtools packages. *Structural Equation Modeling: A Multidisciplinary Journal, 27*(1), 111-130. https://doi.org/10.1080/10705511.2019.1602776.

Vandenberg, R. J., & Lance, C. E. (2000). A review and synthesis of the measurement invariance literature: Suggestions, practices, and recommendations for organizational research. *Organizational Research Methods, 3*(1), 4-70. https://doi.org/10.1177/109442810031O.

Yuan, K.-H., & Chan, W. (2016). Measurement invariance via multigroup SEM: Issues and solutions with chi-square-difference tests. *Psychological Methods, 21*(3), 405-426. https://doi.org/10.1037/met0000080.

8

COMO CONTROLAR A AQUIESCÊNCIA E DESEJABILIDADE SOCIAL POR MEIO DA ESCRITA DOS ITENS? ALGUMAS POSSÍVEIS SAÍDAS

Paloma Pereira de Almeida

Introdução

O autorrelato representa a forma de obtenção de informações mais presente em escalas, testes e inventários utilizados em quase todos os contextos de testagem ou avaliação psicológica (Barroso, 2022). Nesse tipo de medida, o respondente fala sobre si mesmo, respondendo a perguntas ou afirmações com base em seu autoconceito. Isto significa que, ao responder a uma medida desse tipo, o respondente vai necessariamente precisar acessar suas crenças relacionadas às suas próprias habilidades, características ou atributos que utiliza para se descrever, envolvendo os aspectos que considera como positivos e negativos em si mesmo (Freitas, 2022).

Em sua grande maioria, esse tipo de medida é encontrado em instrumentos com formato de resposta do tipo Likert, que organiza os itens, de modo geral, em formato crescente ou contínuo de concordância (discordo plenamente a concordo plenamente), frequência (nunca a sempre) ou intensidade (nada a muito), variando no que se refere à quantidade de opções de respostas apresentadas. Por exemplo, uma escala Likert é considerada de quatro pontos quando as opções de respostas variam entre "1 = discordo plenamente" e "4 = concordo plenamente", ou é considerada de sete pontos quando as opções variam entre "1 = nunca" e "7 = sempre". Assim, neste formato, avalia-se a intensidade com a qual o respondente se identifica com as afirmações apresentadas, que, por sua vez, expressam características do construto avaliado.

As medidas de autorrelato no formato Likert têm pontos positivos bastante interessantes. Como alguns exemplos, temos a menor complexidade e o menor custo em sua elaboração, e maior facilidade em sua aplicação. Destaca-se também, por causa do formato de respostas contínuo apresentado, a tendência de que as opções escolhidas pelo respondente representariam, em tese, os seus traços latentes de uma forma mais apurada quando comparadas com escalas com opções de resposta binária (sim ou não) (Vieira et al., 2021). Acredita-se que tais benefícios seriam o principal motivo da quantidade em demasia de instrumentos neste formato.

No entanto, embora bastante popular, esse tipo de medida pode favorecer o aparecimento de alguns vieses nas respostas, que, além de não revelar uma autopercepção genuína por parte do respondente, distorcem significativamente as análises oriundas dos estudos de evidências de validade do instrumento, no que se refere à sua estrutura interna (Primi et al., 2020; Valentini, 2017; Weydmann et al., 2020) e às correlações com variáveis externas (Danner et al., 2015; Valentini, 2017; Valentini & Hauck Filho, 2020). Pode-se afirmar, portanto, que respostas enviesadas são uma ameaça à validade dos escores dos instrumentos, uma vez que não necessariamente refletirá o traço latente do respondente (Zanon et al., 2018). Mesmo sendo um tema muito antigo na comunidade científica (Cronbach, 1942; Jackson & Messick, 1958), no Brasil o tema ainda não é tão difundido, carecendo de mais estudos a respeito e da utilização de mais medidas de controle destes vieses (Costa & Hauck-Filho, 2017; Vieira et al., 2021). Vale destacar aqui os nomes dos pesquisadores Dr. Felipe Valentini, Dr. Nelson Hauck e Dr. Ricardo Primi, por serem, provavelmente, os maiores responsáveis por difundirem no Brasil a preocupação com o controle de vieses nas respostas dentro do campo da psicometria.

O viés de resposta é um termo amplo, que engloba diferentes formatos. Jackson e Messick (1958) propuseram uma classificação que considera dois grandes grupos: (a) conjuntos de resposta (*response sets*) e (b) estilos de resposta (*response styles*). O conjunto de respostas surge devido a fatores situacionais, como, por exemplo, quando alguém responde ao teste com muita pressa, caracterizando-se como uma reação temporária que ocorre dentro de um contexto específico. Já o segundo grupo, estilos de resposta, tem um padrão consistente e estável, existindo independentemente da situação ou do formato do instrumento. O viés de estilo de resposta pode ser conceituado como uma tendência de responder a um item por meio de um padrão que desconsidera o conteúdo do próprio item, manifestando-se mediante respostas extremas, respostas centrais, efeito halo, aquiescência, desaquiescência, Resposta Socialmente Desejável (RSD), entre outras (Ziegler, 2015). Neste capítulo, focaremos, dentro do grupo dos vieses de estilo de resposta, aqueles que são considerados os mais comuns na área da psicologia, que surgem pelo uso de medidas Likert de autorrelato: aquiescência e resposta socialmente desejável.

A aquiescência/desaquiescência ocorre quando o respondente tem a tendência de endossar categorias de resposta em uma única direção da escala. Na aquiescência (também conhecida como *yea-saying*), o respondente sempre concorda com o conteúdo dos itens, mesmo que se trate de informações opostas. A desaquiescência, menos comum, seria o ato oposto, o de sempre discordar dos itens (Valentini, 2022). Por exemplo, imagine que alguém esteja respondendo a uma escala Likert de cinco pontos (1= discordo totalmente; e 5 = concordo totalmente) que avalia personalidade, e que um dos itens seria "Sou bastante extrovertido", e um outro item seria "Sou introvertido". Caso o respondente tenha marcado a opção 5 para o primeiro item e as opções 4 ou 5 para o segundo, tal cenário se configuraria como uma resposta aquiescente.

A desejabilidade social refere-se à valorização de certos comportamentos ou atitudes em um determinado contexto social. Considerando que, de modo geral, as pessoas buscam constantemente por aprovação social, tal desejabilidade é expressa em contextos de testagem ou avaliação psicológica quando o indivíduo fornece respostas socialmente desejáveis (Costa & Hauck-Filho, 2017). Tais respostas podem ser fornecidas por falta de autoconhecimento, que é quando o indivíduo realmente acredita em suas respostas, mesmo se tratando de um autoengano, ou por uma manipulação da impressão, que é quando, de forma deliberada, ele deseja ocultar informações negativas a seu respeito e apresentar para o avaliador uma imagem favorável e reconhecida no meio ao qual pertence (Lima, 2022). Este fenômeno é bastante evidente em contextos que contam com amostras *high-stakes* (ou seja, amostras que naturalmente se esforçam para causar uma impressão favorável ao avaliador), como, por exemplo, no caso de uma seleção de emprego, avaliação de desempenho ou avaliação de líderes num contexto organizacional (Almiro, 2017). Uma RSD manifesta-se numa escala Likert quando, por exemplo, o respondente marca que concorda com todas as afirmações que expressam comportamentos positivos e que discorda de todas as que expressam comportamentos negativos, mesmo não sendo a sua realidade.

Num contexto de testagem ou avaliação psicológica, os vieses de resposta são um fenômeno complexo, que podem ocorrer por diversos motivos. Alguns deles seriam os traços de personalidade do indivíduo, o próprio contexto no qual a avaliação ocorre, o resultado esperado do teste e a forma pela qual os itens estão escritos (Ziegler, 2015). A notícia boa é que existem algumas formas de controle desses vieses, a saber: estratégias de ipsatização (Ten Berge, 1999), estratégias de interceptos randômicos (Maydeu-Olivares & Coffman, 2006), adoção de itens de escolha forçada (Brown, 2016), neutralização valorativa dos itens (Bäckström, 2007), balanceamento dos itens (Ten Berge, 1999) e quádruplas de itens (Peabody, 1967). Neste capítulo, focaremos as estratégias que estão ligadas à forma pela qual os itens estão escritos, ou seja, as três últimas. Tais estratégias serão apresentadas e discutidas aqui de forma prática, com o objetivo de orientar o leitor quanto a sua adequada aplicação. Importante destacar que não serão discutidas ações estatísticas de controle destes vieses, o foco será somente nas estratégias que envolvem a escrita dos itens. Espera-se contribuir com o campo da avaliação psicológica no que se refere à construção de escalas menos propensas a estes fenômenos tão comuns na prática do(a) psicólogo(a).

Premissas Gerais Importantes sobre a Escrita dos Itens

Um ponto relevante para a correta aplicação de todas as técnicas apresentadas neste capítulo refere-se à escrita dos itens. Esta é, sempre, uma etapa muito importante na construção de um instrumento psicológico de autorrelato, pois, dependendo do modo como determinado item é elaborado, ele pode acabar avaliando construtos diferentes do que se pretende (Borsa & Size, 2017). Como o foco do capítulo não é abordar como se dá o processo geral de escrita de itens de uma escala Likert, este tópico não será explorado em detalhes. No entanto, considera-se importante destacar algumas orientações gerais que devem ser empregadas em todas as técnicas apresentadas neste capítulo, as quais são, na verdade, orientações essenciais para a elaboração de bons itens de qualquer instrumento de autorrelato.

Em primeiro lugar, é sempre fundamental a elaboração de uma boa quantidade de itens; isso quer dizer que se faz necessária a elaboração de muito mais itens do que realmente seja necessário. A autora Pacico (2015), por exemplo, aconselha que a criação dos itens seja de três a cinco vezes maior que o necessário à versão final do instrumento. Isto porque, ao longo do processo, muitos precisarão ser eliminados.

Outro ponto é com relação à escrita dos itens. Os itens precisam descrever comportamentos físicos por meio dos quais o construto se expressa (Borsa & Size, 2017). Para elaborá-los, é fundamental que sua escrita seja baseada nas definições operacionais dos fatores do instrumento e que tenha, de modo geral, as seguintes características: (a) expressem um comportamento; (b) abordem comportamentos característicos para cada construto; (c) expressem uma única ideia; (d) sejam inteligíveis para a população-alvo; e (e) sejam consistentes com o traço definido (Pacico, 2015; Pasquali, 2010).

Por fim, enfatiza-se a necessidade e a importância da avaliação dos itens por parte dos juízes especialistas e leigos, para que avaliem a sua pertinência e compreensão. Os juízes especialistas devem ser, preferencialmente, pessoas especialistas na área, pois o objetivo de sua análise será julgar se os itens estão realmente representando o construto. Já os juízes leigos são as pessoas que compõem o público-alvo do instrumento (Borsa & Size, 2017). Esses dois grupos de juízes avaliarão, sobretudo, se os itens estão realmente claros, se podem ser plenamente compreendidos. Para isso, podem ser utilizados alguns cálculos para ambos os grupos, tais como índice Kappa (k) (Cohen, 1960), índice de validade de conteúdo do item (i-IVC) (Lynn, 1986), Razão de Validade de Conteúdo (RVC) (Lawshe, 1975), entre outros.

Estratégia para o Controle da Aquiescência: balanceamento dos itens

A premissa básica para que uma escala de autorrelato seja capaz de controlar a aquiescência é que seus itens sejam balanceados (Primi et al., 2019). Isso significa que a escala deve ter uma quantidade igual de itens com semântica positiva e negativa em relação ao fator avaliado. Esse balanceamento permite que a escala apresente a propriedade de ter seus escores brutos automaticamente corrigidos para a aquiescência (Hauck Filho et al., 2021; Primi et al., 2019). Hauck Filho et al. (2021), por exemplo, trazem todo o cálculo estatístico que embasa tal premissa, comprovando que itens balanceados numa escala é condição suficiente para um controle devido da aquiescência em seus escores brutos e condição prévia para o controle em uma análise fatorial. Em resumo, Hauck Filho et al. (2021) afirmam que uma escala balanceada produz escores brutos controlados por aquiescência e recursos apropriados para que os escores individuais sejam controlados por esse viés em uma análise fatorial (ou outra) subsequente. O controle da aquiescência prévio à análise fatorial deve ser abordado seguindo alguma das técnicas disponíveis, que podem ser consultadas em Primi et al. (2019, 2020).

A técnica é muito simples. Basta escrever itens que descrevam o polo positivo e negativo do fator. Importante mencionar que, quando falamos em "polo negativo", isso não significa necessariamente dizer que o item deve ser escrito em formato de negação. Ao contrário, é mais interessante para o respondente, do ponto de vista de compreensão do texto, que os itens do polo negativo estejam em formato de afirmações. Por exemplo, um item positivo pode ser "eu sou extrovertido"; já um item na direção oposta (negativo) seria "eu sou introvertido". É aconselhado, portanto, que numa escala de autorrelato todos os itens positivos tenham um "espelhamento" negativo para que seja possível o controle deste viés. No **Quadro 8.1** você poderá encontrar mais exemplos de como elaborar itens balanceados. Trata-se de itens que foram inicialmente elaborados da primeira versão da escala brasileira Avaliação da Inteligência Emocional de Líderes (AIEL), instrumento desenvolvido pela autora.

Quadro 8.1 *Exemplo de Itens Balanceados que Exploram os Fatores Automotivação e Adaptabilidade*

Fator: Automotivação	
Descrição do fator: Mede até que ponto a pessoa é intrinsecamente motivada, ou seja, se ela tem seus próprios padrões internos que se aplicam à realização de qualquer tarefa.	
Itens: Polo positivo	Itens: Polo negativo
A fonte da minha motivação são os meus próprios objetivos.	A principal causa da minha desmotivação no trabalho é a empresa.
Acredito que eu sou o grande responsável pela minha própria motivação.	Busco em outras pessoas/coisas a justificativa da minha desmotivação.
Fator: Adaptabilidade	
Mede a flexibilidade com a qual o sujeito lida com a vida. Este fator reflete como a pessoa se adapta a novos ambientes, condições e outras pessoas, e como administra mudanças. Indica se o sujeito acolhe bem novas experiências e, até mesmo, se as busca ou prefere um ambiente e um trabalho mais estáveis.	
Estimulo minha equipe a criar alternativas aos problemas existentes.	Problemas antigos devem ser resolvidos como sempre foram.
Sinto-me atraído por novos cenários.	Encarar novas experiências é algo desestimulante para mim.

Estratégias para Controle da Desejabilidade Social: quádruplas de itens e neutralização valorativa

Para que o leitor compreenda plenamente as estratégias apresentadas neste tópico, antes se torna necessário deixar claro que um item de autorrelato sempre tem duas dimensões: descritiva e valorativa. A dimensão descritiva é a parte que se refere ao traço avaliado. Já a dimensão valorativa está sempre sujeita à avaliação do contexto cultural. Ou seja, refere-se à desejabilidade social do comportamento descrito pelo item. Com essas conceituações claras, é possível compreender melhor as técnicas apresentadas a seguir, a sua importância e a sua forma de controle do viés.

Quádruplas de Itens

Peabody (1967) desenvolveu uma forma de controlar a variância referente à desejabilidade social dos itens por meio da "separação" do item em suas partes descritiva e valorativa. A ideia que embasa essa técnica é a de que essa separação permite, mediante as análises estatísticas, extrair um fator geral composto unicamente pela desejabilidade social, separando o viés dos demais fatores de traço (Pettersson et al., 2012, 2014). Com isso, como nos trazem Hauck Filho e Valentini (2019), torna-se possível (1) estimar as verdadeiras cargas dos itens nos fatores de traço após eliminar a desejabilidade social, (2) obter escores mais precisos para os respondentes e, assim, (3) obter melhores estimativas de validade externa para o instrumento.

Etapa 1. Escrita dos itens

A solução proposta consiste em construir os itens de um instrumento em quádruplas balanceadas, nas quais o pesquisador é capaz de manipular os conteúdos descritivo e valorativo de cada item. Dessa forma, faz-se necessário escrever itens que cubram os polos inferior e superior do traço avaliado e que contenham igual número de descritores desejáveis e indesejáveis (Hauck Filho & Valentini, 2019). Em outras palavras, essa técnica requer que sejam escritos quatro tipos de itens relacionados a um mesmo traço latente: (1) baixo traço e alta desejabilidade; (2) baixo traço e baixa desejabilidade; (3) alto traço e baixa desejabilidade; e (4) alto traço e alta desejabilidade. Mais comumente, os instrumentos Likert de autorrelato tendem a apresentar itens apenas nos formatos (2) e (4), fazendo com que o escore total da escala contenha erros decorrentes da desejabilidade social.

A elaboração de itens neste formato não é tão simples, sobretudo para os itens (1) e (3). Como sugestão, pode-se convidar pessoas que compõem o público-alvo do instrumento a ser construído para que narrem situações ligadas aos traços avaliados. Por exemplo, no processo de elaboração dos itens da escala AIEL, líderes que atendiam aos critérios de inclusão foram convidados para participar da elaboração dos itens. A conceituação operacional de determinado fator era apresentada aos(às) líderes e, então, era solicitado que eles e elas narrassem situações em sua rotina de trabalho que tinham relação com o conceito apresentado. Também era solicitado que sinalizassem o que seria um comportamento positivo para eles(as) (desejável) e um negativo (não desejável), considerando o seu papel enquanto líderes. Esta ação pode ser feita tanto individual quanto coletivamente. Devem ser realizadas quantas vezes for necessário, até a construção de uma boa quantidade de quádruplas por traço avaliado, até porque, se um item for eliminado, os seus pares não poderão ser utilizados sozinhos. A quádrupla de um mesmo fator precisa ser usada em conjunto no instrumento. Para facilitar a compreensão do leitor, esta solução é apresentada no **Quadro 8.2**, que traz um exemplo de quádruplas de itens que exploram o construto Autocontrole do instrumento AIEL.

Quadro 8.2 *Exemplo de Quádrupla de Itens que Exploram o Fator Autocontrole*

Quádrupla de itens	Texto do item
Baixo traço e alta desejabilidade	Quando perco o controle, não magoo ninguém.
Baixo traço e baixa desejabilidade	Já descontei o meu estresse na minha equipe.
Alto traço e baixa desejabilidade	Tenho tanto autocontrole que me torno um robô.
Alto traço e alta desejabilidade	Sob situações de estresse, jamais perco o controle.

Etapa 2.   Verificação dos níveis de desejabilidade social dos itens

Após a escrita das quádruplas, faz-se necessário submeter os itens à análise por parte dos juízes especialistas e leigos. Além dessa análise, é fundamental colher uma análise a mais dos juízes leigos: checar se a hipótese inicial do pesquisador com relação à classificação dos itens em alta ou baixa desejabilidade está alinhada com o que o público do instrumento pensa.

Assim, deve-se apresentar os itens a juízes leigos (público-alvo do instrumento), que deverão sinalizar quanto o comportamento descrito é desejável ou não. Costa e Hauck Filho (2017) sugerem expor os itens em formato Likert de nove pontos, sendo 1 = Totalmente indesejável e 9 = Totalmente desejável. Algumas perguntas de estímulo podem ser feitas, como, por exemplo: "O quão essa frase é socialmente desejável para você?" ou "Quanto você gostaria de ter esse comportamento?", a fim de elucidar melhor ao participante o conceito de desejabilidade social. O critério para o tamanho da amostra pode ser o da saturação (Glaser & Strauss, 2006). Importante destacar que é estritamente necessário que se colham as informações sociodemográficas da amostra que realizará esta análise. Portanto, a sua escala para análise da desejabilidade social deve vir precedida de um pequeno questionário sociodemográfico com questões que sejam relacionadas ao seu público e relevantes para a sua pesquisa. Um exemplo dessa escala de avaliação da média da desejabilidade social dos itens é apresentado no **Quadro 8.3**. Foi a escala utilizada na primeira versão da elaboração dos itens do instrumento AIEL. Note que você poderá realizar a avaliação semântica e da desejabilidade social dos itens de forma concomitante por parte dos juízes leigos ou, se preferir, pode fazer de forma separada.

Quadro 8.3 *Exemplo de Escala para Análise da Desejabilidade Social do Item*

Exemplo de texto para o participante
Prezado participante,
Em primeiro lugar, agradeço sua disponibilidade! Será de grande valia para a pesquisa científica brasileira. Minha pesquisa tem como objetivo geral [inserir aqui o objetivo geral de sua pesquisa].
Estou num momento inicial de minha pesquisa, portanto o que você responderá ainda não é uma prévia do instrumento, mas uma parte dele. E este momento é muito importante para a qualidade do instrumento que está por vir. Por isso, preciso de você e de sua experiência como [inserir aqui o que for relevante para a sua pesquisa]. Sua identidade será mantida em completo sigilo, mas vou precisar de algumas breves informações sociodemográficas para que eu valide a minha amostra. Para isso, antes de iniciar a sua análise, preciso que você responda às perguntas do questionário sociodemográfico.
Após preencher seus dados sociodemográficos, chegou a hora de avaliar algumas frases que serão utilizadas no instrumento a ser construído.
A tarefa é simples, consiste em apenas responder a uma pergunta para cada frase apresentada:
Quão desejável é, para você, a característica que aparece na frase? Ou seja, quão bacana você acha que é ter essa característica no seu contexto?
Por exemplo:
"Tomo decisões rapidamente".

Na sua opinião, quão desejável é a característica da afirmação acima? Escolha um número de 1 a 9, sendo 1 = totalmente indesejável para mim e 9 = totalmente desejável para mim.

Se surgir qualquer dúvida durante o preenchimento, fique à vontade para entrar em contato comigo: (Você pode inserir o seu e-mail ou outro contato que preferir).

Muito obrigada!

[Seu nome].

Exemplo de escala para avaliação da desejabilidade social			
Afirmações	Comportamento a ser avaliado na frase	Escolha um número entre 1 e 9: 1 = totalmente indesejável para mim 9 = totalmente desejável para mim *Quão desejável é para você a característica que aparece na frase? Ou seja, quão bacana você acha que é ter essa característica no trabalho?*	Comentários/observações (opcional)
Quando perco o controle, não magoo ninguém.	Não magoar ninguém quando perde o controle.		
Já descontei o meu estresse na minha equipe.	Descontar o estresse na equipe.		
Tenho tanto autocontrole que me torno um robô.	Ser considerado um robô pelo excesso de autocontrole.		
Sob situações de estresse, jamais perco o controle.	Não perder o controle, mesmo em situações de estresse.		

Com as informações colhidas, deve-se calcular as médias dos resultados que cada item obteve. Esse resultado, portanto, representa o conteúdo valorativo do item. Isto quer dizer que, considerando a escala Likert de nove pontos sugerida, uma média próxima a 2 significa que o item é bastante indesejável. Já uma média entre 8 e 9 significa que o item é bastante desejável. Nos casos em que a média obtida seria próxima a 5, considera-se tal item como neutro ou ambíguo em termos de valor social.

Neutralização Valorativa dos Itens

A neutralização valorativa dos itens tem como foco um maior controle das RSD, sendo desenvolvida por Bäckström (2007), com base em estudos que tratavam sobre a representação social das palavras escolhidas na construção dos itens de uma escala Likert (Peabody, 1967). A ideia da técnica é a de manter a mensagem principal que se quer passar, porém com termos menos sujeitos à desejabilidade social. Essa técnica apresenta algumas etapas, descritas a seguir.

Considerando que o ato de alterar o conteúdo valorativo dos itens implica remover variância compartilhada entre eles, uma hipótese legítima levantada contra essa técnica seria a de que esse procedimento comprometeria a fidedignidade e as associações do instrumento com variáveis externas. No entanto, estudos com foco na neutralização de itens de escalas com índices psicométricos robustos mostram evidências de que essa técnica, além de vantajosa, traz sustentação psicométrica para uma adequada redução de RSD em escalas de autorrelato. As evidências mostram que a remoção da variância valorativa dos itens de um instrumento não impacta suas propriedades psicométricas quando a variância descritiva é mantida (Bäckström & Björklund, 2014; Bäckström et al., 2012; Costa & Hauck Filho, 2017).

Etapa 1. Análise da desejabilidade social dos itens

Os itens elaborados devem ser submetidos à análise da desejabilidade social do comportamento descrito. Indica-se utilizar o mesmo instrumento Likert de nove pontos (**Quadro 8.3**) e considerar os mesmos critérios descritos na etapa 2 da técnica anterior. Pode-se, também, no lugar de elaborar novos itens, considerar itens de escalas já prontas e que tenham as devidas evidências de validade.

Etapa 2. Reescrevendo os itens

Essa é a etapa considerada como a mais importante desse processo. Deve-se, agora, reescrever os itens que obtiveram médias próximas aos extremos da escala Likert adotada na etapa anterior. O objetivo principal aqui é o de identificar as palavras-chave que têm maior força positiva ou negativa para o público-alvo do instrumento para que, assim, seja possível a sua substituição por outras mais neutras ou menos impactantes (Bäckström et al., 2012). O mais importante aqui é manter o conteúdo descritivo do item, fazendo com que ele continue avaliando o que se pretende, no entanto com palavras diferentes, mais "amenas" para o público do instrumento.

Como exemplo, os autores Costa e Hauck Filho (2017) elaboraram uma versão menos desejável do instrumento *Big Five Inventory* (BFI), que avalia os cinco grandes fatores da personalidade. Um dos itens do BFI, que avaliava o fator Conscienciosidade, era "Sou uma pessoa que tende a ser desorganizada". Perceba que na frase existe a palavra "desorganizada", que, em tese, tem um valor social indesejável. Considerando a técnica aqui apresentada, este item foi reescrito como "Às vezes, deixo as coisas fora do lugar". No **Quadro 8.4** são elencados mais exemplos de itens reescritos com base nesta técnica.

Quadro 8.4 *Exemplo de Itens Reescritos com base na Neutralização Valorativa*

Item antigo	Item reescrito
Eu "explodo" com facilidade.	É comum eu perder a paciência.
Sou "cabeça de vento".	Distraio-me com certa facilidade.
Eu "falo pelos cotovelos".	Sou uma pessoa bastante comunicativa.

Etapa 3. Nova rodada de avaliação da desejabilidade social dos itens

Os itens reescritos devem ser apresentados ao público-alvo do instrumento com o objetivo de certificar-se de que a neutralização foi devidamente realizada. O critério para saber se o item alcançou a devida neutralidade vai depender da escala utilizada para medir a desejabilidade social dos itens, mas um item pode ser considerado neutro quando este alcançar o valor médio da escala adotada, com um desvio-padrão menor do que 1. No caso da escala sugerida na etapa 2, os itens que alcançaram médias próximas a 5, com desvio-padrão menor que 1, podem ser considerados neutros (Costa & Hauck Filho, 2017).

Importante destacar que este procedimento pode e deve ser realizado quantas vezes forem necessárias, até que todos os itens sejam neutralizados. Alguns itens já podem ser neutralizados numa primeira rodada, e, portanto, não precisam ser apresentados novamente aos juízes leigos, enquanto outros necessitarão de modificações sucessivas.

Considerações Finais

Os vieses de respostas têm capital importância na área da psicometria, pois, quando não tratados, fazem com que suas evidências de validade sejam significativamente comprometidas (Danner et al., 2015; Primi et al., 2020; Valentini, 2017; Valentini & Hauck Filho, 2020; Weydmann et al., 2020; Zanon et al., 2018). A decisão de estar atento a esta questão no momento de construção do instrumento psicológico dá ao pesquisador muito mais condições de desenvolver um instrumento com maior qualidade. Quando não há essa preocupação, os cálculos estatísticos necessários em sua construção, derivados sobretudo das análises fatoriais, estarão bastante comprometidos e não refletirão de forma devida o traço avaliado pelo instrumento. Assim, o maior objetivo é auxiliar estudantes e profissionais a aperfeiçoarem cada vez mais seus instrumentos para fortificarmos ainda mais a área da psicometria brasileira.

Referências

Almiro, P. A. (2017). Uma nota sobre a desejabilidade social e o enviesamento de respostas [editorial]. *Avaliação Psicológica, 16*(3), 1-4. https://dx.doi.org/10.15689/ap.2017.1603.ed.

Bäckström, M. (2007). Higher-order factors in a five-factor personality inventory and its relation to social desirability. *European Journal of Psychological Assessment, 23*(2), 63-70. http://dx.doi.org/10.1027/1015-5759.23.2.63.

Bäckström, M., & Björklund, F. (2014). Social desirability in personality inventories: The nature of the evaluative factor. *Journal of Individual Differences, 35*(3), 144-157. http://doi.org/10.1027/1614-0001/a000138.

Bäckström, M., Björklund, F., & Larsson, M. R. (2012). Social desirability in personality assessment. In M. Ziegler, C. MacCann, & R. D. Roberts (Eds.), *New perspectives on faking in personality assessment* (pp. 201-213). Oxford University Press.

Barroso, S. M. (2022). Autorrelato. In J. C. Borsa, M. R. C. Lins, & H. L. R. S. Rosa (Orgs.), *Dicionário de avaliação psicológica* (pp. 28-29). Vetor Editora.

Borsa, J. C., & Size, M. M. (2017). Construção e adaptação de instrumentos psicológicos: Dois caminhos possíveis. In B. F. Damásio, & J. C. Borsa, *Manual de desenvolvimento de instrumentos psicológicos* (pp. 15-37). Vetor Editora.

Brown, A. (2016). Item response models for forced-choice questionnaires: A common framework. *Psychometrika, 81*, 135-160. https://doi.org/10.1007/s11336-014-9434-9.

Cohen, J. (1960). A coefficient of agreement for nominal scales. *Educational and Psychological Measurement, 20*, 37-46. https://doi.org/10.1177/001316446002000104.

Costa, A. R. L., & Hauck-Filho, N. (2017). Menos desejabilidade social é mais desejável: Neutralização de instrumentos avaliativos de personalidade. *Interação em Psicologia, 21*(3), 239-249. http://dx.doi.org/10.5380/psi.v21i3.53054.

Cronbach, L. J. (1942). Studies of acquiescence as a factor in the true-false test. *Journal of Educational Psychology, 33*(6), 401-415. https://doi.org/10.1037/h0054677.

Danner, D., Aichholzer, J., & Rammstedt, B. (2015). Acquiescence in personality questionnaires: Relevance, domain specificity, and stability. *Journal of Research in Personality, 57*, 119-130. https://doi.org/10.1016/j.jrp.2015.05.004.

Freitas, C. P. P. (2022). Autoconceito. In J. C. Borsa, M. R. C. Lins, & H. L. R. S. Rosa (Orgs.), *Dicionário de avaliação psicológica* (pp. 175-177). Vetor Editora.

Glaser, B. G., & Strauss, A. L. (2006). *The discovery of grounded theory: Strategies for qualitative research* (Reprinted ed.). Aldine de Gruyter.

Hauck Filho, N., & Valentini, F. (2019). O controle da desejabilidade social no autorrelato usando quádruplas de itens [editorial]. *Avaliação Psicológica, 18*(3), 1-3. https://dx.doi.org/10.15689/ap.2019.1803.ed.

Hauck Filho, N., Valentini, F., & Primi, R. (2021). Por que escalas balanceadas controlam a aquiescência nos escores brutos? *Avaliação Psicológica, 20*(1), a-c. https://dx.doi.org/10.15689/ap.2021.2001.ed.

Jackson, D. N., & Messick, S. (1958). Content and style in personality assessment. *Psychological Bulletin, 55*(4), 243-252. https://doi.org/10.1037/h0045996.

Lawshe, C. H. (1975). A quantitative approach to content validity. *Personnel Psychology, 28*(4), 563-575. https://doi.org/10.1111/j.1744-6570.1975.tb01393.x.

Lima, T. H. (2022). Desejabilidade social. In J. C. Borsa, M. R. C. Lins, & H. L. R. S. Rosa (Orgs.), *Dicionário de avaliação psicológica* (pp. 37-38). Vetor Editora.

Lynn, M. R. (1986). Determination and quantification of content validity. *Nursing Research, 35*(6), 382-385. https://doi.org/10.1097/00006199-198611000-00017.

Maydeu-Olivares, A., & Coffman, D. L. (2006). Random intercept item factor analysis. *Psychological Methods, 11*(4), 344-362. https://doi.org/10.1037/1082-989X.11.4.344.

Pacico, J. C. (2015). Como é feito um teste? Produção de itens. In C. S. Hutz, D. R. Bandeira, & C. M. Trentini (Orgs.), *Psicometria* (pp. 55-70). Artmed.

Peabody, D. (1967). Trait inferences: Evaluative and descriptive aspects. *Journal of Personality and Social Psychology, 7*(4, Pt.2), 1-18. https://doi.org/10.1037/h0025230.

Pettersson, E., Mendle, J., Turkheimer, E., Horn, E. E., Ford, D. C., Simms, L. J., & Clark, L. A. (2014). Do maladaptive behaviors exist at one or both ends of personality traits? *Psychological Assessment, 26*(2), 433-446. https://doi.org/10.1037/a0035587.

Pettersson, E., Turkheimer, E., Horn, E. E., & Menatti, A. R. (2012). The general factor of personality and evaluation. *European Journal of Personality, 26*(3), 292-302. https://doi.org/10.1002/per.839.

Primi, R., De Fruyt, F., Santos, D., Antonoplis, S., & John, O. P. (2020) True or false? Keying direction and acquiescence influence the validity of socio-emotional skills items in predicting high school achievement. *International Journal of Testing, 20*(2), 97-121. https://doi.org/10.1080/15305058.2019.1673398.

Primi, R., Santos, D., De Fruyt, F., & John, O. P. (2019). Comparison of classical and modern methods for measuring and correcting for acquiescence. *British Journal of Mathematical and Statistical Psychology, 72,* 447-465. https://doi.org/10.1111/bmsp.12168.

Ten Berge, J. M. F. (1999). A legitimate case of component analysis of ipsative measures, and partialling the mean as an alternative to ipsatization. *Multivariate Behavioral Research, 34*(1), 89-102. https://doi.org/10.1207/s15327906mbr3401_4.

Valentini, F. (2017). Influência e controle da aquiescência na análise fatorial [editorial]. *Avaliação Psicológica, 16*(2), 120-123. https://dx.doi.org/10.15689/ap.2017.1602.ed.

Valentini, F. (2022). Aquiescência. In J. C. Borsa, M. R. C. Lins, & H. L. R. S. Rosa (Orgs.), *Dicionário de avaliação psicológica* (pp. 26-27). Vetor Editora.

Valentini, F., & Hauck Filho, N. (2020). O impacto da aquiescência na estimação de coeficientes de validade. *Avaliação Psicológica, 19*(1), 1-3. https://dx.doi.org/10.15689/ap.2020.1901.ed.

Vieira, G., Kamazaki, D., Weiss, C., Zanon, C., & Bandeira, D. (2021). Aquiescência em autorrelatos: Introdução ao conceito, correlatos e possíveis soluções. *Interação em Psicologia, 25*(3), 361-370. http://dx.doi.org/10.5380/riep.v25i3.75797.

Weydmann, G., Hauck Filho, N., & Bizarro, L. (2020). Acquiescent responding can distort the factor structure of the BIS/BAS scales. *Personality and Individual Differences, 152,* 1-7. https://doi.org/10.1016/j.paid.2019.109563.

Zanon, C., Lessa, J. P. A., & Dellazzana-Zanon, L. L. (2018). Aquiescência em autorrelatos de personalidade: Uma comparação de métodos. *Avaliação Psicológica, 17*(4), 428-438. https://dx.doi.org/10.15689/ap.2018.1704.3.03.

Ziegler, M. (2015). "F*** you, i won't do what you told me!": Response biases as threats to psychological assessment [Editorial]. *European Journal of Psychological Assessment, 31*(3), 153-158. http://dx.doi.org/10.1027/1015-5759/a000292.

9

MODELOS FATORIAIS DE INTERCEPTO RANDÔMICO: COMPREENSÃO TEÓRICA E APLICAÇÃO PRÁTICA

Maynara Priscila Pereira da Silva
Evandro Morais Peixoto
Gustavo Henrique Martins

Introdução

Os questionários de autorrelato são comumente empregados em coleta de dados, em diferentes contextos de pesquisa, contudo esse tipo de instrumento tende a ser suscetível aos vieses de respostas, visto que na maioria das vezes é composto por itens fechados de concordo-discordo (Weijters et al., 2008, 2010). O viés de resposta é definido como uma disposição sistemática para responder a um determinado grupo de itens, com base em vieses independentes em relação ao conteúdo específico do item (Valentini, 2017). Em outras palavras, são aspectos que estão além do construto e que influenciam a maneira pela qual o indivíduo responde a um teste. Assim, os vieses de resposta estão presentes nas respostas dos indivíduos e, quando não controlados, podem influenciar os dados, por exemplo, afetar a estrutura interna, por distorcer o padrão da matriz de correlação entre os itens (Danner et al., 2015; Maydeu-Olivares & Coffman, 2006; Valentini, 2017; Valentini & Hauck Filho, 2020).

A definição de viés abrange diferentes tipos, que podem ser observados no **Quadro 9.1**, em que são resumidas as definições e as características dos vieses de respostas considerados mais comuns e relevantes. Alguns dos vieses que são apresentados ocorrem em questionários de autorrelato e outros são considerados estilos de respostas (Wetzel et al., 2016).

Quadro 9.1 *Vieses de Respostas e suas Características*

Viés de resposta	Características	Estudos representativos
Aquiescência (estilo de resposta)	Diz respeito às preferências de concordar com um item (p. e., concordo, concordo plenamente).	Baumgartner e Steenkamp (2001)
Desaquiecência (estilo de resposta)	Em contraste ao anterior, tem preferência por categorias informando desacordo (p. e., discordo, discordo totalmente).	Baumgartner e Steenkamp (2001)
Resposta descuidada	Quando os sujeitos estão desatentos em relação aos itens de um instrumento.	Meade e Craig (2012)
Estilo de resposta extrema	Preferência por categorias extremas (p. e., discordo totalmente, concordo totalmente).	Baumgartner e Steenkamp (2001)

Viés de resposta	Características	Estudos representativos
Estilo de resposta de ponto médio	Preferência pelo ponto médio de uma classificação, ou seja, neutro.	Hernández et al. (2004)
Desejabilidade social	Quando o sujeito tem tendência em se descrever positivamente e de acordo com as regras e normas sociais.	Alto (2019), Costa e Hauck Filho (2020)
Halo	Tendência de exagerar a coerência de julgamento de múltiplas características.	Kahneman (2011)
Leniência/severidade	Tendência de ser brando/duro nas avaliações de todos os objetos.	Podsakoff et al. (2003)

Nota. Adaptada de Wetzel et al. (2016).

Os estilos de respostas refletem tendências sistemáticas dos respondentes em preferir determinadas categorias de resposta a outras. Nesse cenário, há o estilo de resposta extrema (tendência em preferir categorias extremas), o estilo de resposta do ponto médio (tendência de preferir o ponto médio de uma escala de resposta) e o estilo de resposta de aquiescência (tendência de preferir categorias declarando concordância) ou desaquiescência (tendência de preferir categorias declarando discordância) (Wetzel et al., 2016). Embora esses estilos de resposta reflitam diferenças individuais na interação com a escala de resposta, a resposta descuidada diz respeito à resposta desatenta, ou seja, não reflete uma preferência por determinadas categorias de resposta (Meade & Craig, 2012). Assim, os respondentes que tenham um estilo de resposta sistemático tendem a apresentar padrões de resposta dominados por uma ou duas categorias de resposta (por exemplo, discordo totalmente e concordo totalmente – estilo de resposta extremo). Em contraste, respondentes descuidados podem mostrar um padrão de respostas aleatórias ou podem ter tendência em repetir certas respostas (Johnson, 2005; Meade & Craig, 2012).

Como citado, a aquiescência, que é classificada como um estilo de resposta, é a mais conhecida entre as possibilidades de viés (Wetzel et al., 2016). A aquiescência diz respeito à tendência geral de um sujeito em responder de maneira afirmativa aos itens de um questionário, independentemente do conteúdo dos itens (Valentini, 2017; Valentini & Hauck Filho, 2020; Vieira et al., 2021), o que pode prejudicar as evidências de validade do instrumento, visto que pode enviesar as pontuações da escala (Maydeu-Olivares & Coffman, 2006; Valentini & Hauck Filho, 2020). Nessa direção, modelos foram desenvolvidos com intuito de controlar esse tipo de viés, como o modelo de intercepto randômico (Maydeu-Olivares & Coffman, 2006), que será apresentado neste capítulo.

Um modelo de análise fatorial de interceptação aleatória pode ser usado com objetivo de modelar as respostas observadas dos indivíduos a estímulos, por exemplo, suas respostas aos itens de um questionário (Maydeu-Olivares & Coffman, 2006). As interceptações são representadas por um efeito aleatório, ou seja, os interceptos individuais não são estimados diretamente, uma vez que é avaliada sua variância na população. Embora modelos de fatores comuns com componentes aleatórias já tenham sido sugeridos na literatura, (*e.g.*, Ansari et al., 2002), a proposta segue dentro de um contexto de dados multinível. O modelo de intercepto randômico, por sua vez, baseia-se em dados de nível único.

Em uma análise fatorial, o número de fatores avaliados pelo instrumento deve ser baseado na teoria, mas um fator adicional pode ser incluído para ajustar adequadamente os dados por causa da variabilidade nas interceptações entre os participantes. Essa adição é geralmente compreendida como um artefato metodológico, isto é, espúrio, sendo uma perspectiva amplamente discutida na literatura de análise fatorial, uma vez que fatores espúrios podem estar associados à redação dos itens. Por exemplo, os itens de conteúdo negativo podem carregar em um fator; e os itens de conteúdo positivo podem carregar em outro fator, mesmo que os itens sejam pensados para medir o mesmo construto (Bandalos & Finney, 2018).

Existem algumas possibilidades quando há itens com conteúdo positivo e negativo, a saber: 1) modelar os dados com dois fatores correlacionados, em que os itens de conteúdo positivo carregam em um fator, e os itens de conteúdo negativo carregam no segundo (modelo fatorial comum) (Spearman, 1904); 2) usar um modelo bifactor, pensando na possibilidade de um fator geral carregar todos os itens, além de dois fatores adicionais serem empregados para modelar a covariância residual entre os itens que não capturados pelo fator geral — neste cenário, um fator é responsável pela covariância residual entre os itens positivos, enquanto o segundo é responsável pela covariância entre os itens negativos (Markon, 2019) —; 3) utilizar o modelo de intercepto randômico que é uma extensão do fator comum, com a diferença de que o modelo considera um fator adicional com cargas fatoriais constantes que é ortogonal a todos os fatores comuns "substantivos" (Maydeu-Olivares & Coffman, 2006).

O Modelo de Fator Comum

Considerando as respostas de N indivíduos a um conjunto de p itens, denotamos a resposta do participante j ao item i utilizando y_{ij}. Algebricamente, o modelo de fator m-dimensional (sendo m a representação do número de fatores) padrão para y_{ij} pode ser escrito da seguinte maneira:

$$y_{ij} = \mu_i + \Lambda_i' \eta_j + e_{ij}$$

Na equação, μ_i refere-se ao intercepto para o item i; Λ_i manifesta o vetor de cargas fatoriais para o item i; η_j caracteriza o vetor de fatores comuns do respondente j's; por fim, o e_{ij} denota um termo de erro para o respondente j no item i. É possível observar que, para este modelo, η e os termos de erro (e) incluem um subscrito j.

Variáveis que apresentam um subscrito j são consideradas aleatórias, ou seja, elas mudam entre os respondentes, enquanto o intercepto (μ_i) e as cargas fatoriais (Λ_i) para cada item não incluem um subscrito j, uma vez que são coeficientes fixos que são invariáveis entre os respondentes. É possível observar graficamente um modelo de um fator na **Figura 9.1** e um modelo de dois fatores na **Figura 9.2**.

Figura 9.1 *Modelo de um Fator Comum da Escala de Conexão no Esporte (ECE)*

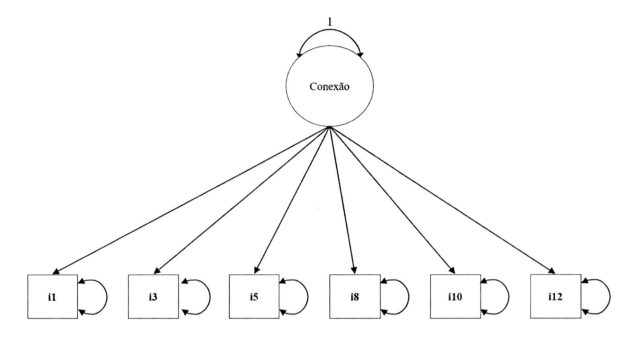

Figura 9.2 *Modelo de Dois Fatores Comuns da Escala de Conexão no Esporte*

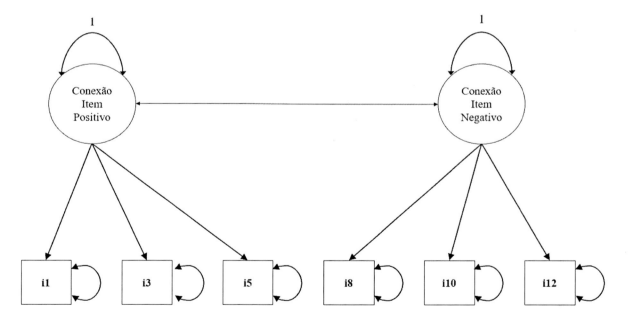

Podemos também escrever a equação do modelo de fator comum em uma forma de matriz mais compacta usando:

$$\mathbf{y} = \mu + \Lambda \eta + \mathbf{e}$$

Na equação, **y,** μ e **e** são $p \times 1$ vetores. Λ é $p \times m$ matriz de carga fatorial. E η é $m \times 1$ vetor dos escores do fator. O modelo de fator comum assume alguns aspectos na população de respondentes, sendo eles:

1. A média dos fatores comuns é 0;

2. A média dos termos de erro é 0;

3. Os termos de erro não são correlacionados entre si;

4. Os termos de erro não estão correlacionados com os fatores comuns.

Tais implicações com a equação envolvem uma estrutura para o vetor médio e uma matriz de covariância das variáveis observadas:

$$\mu_y = \mu \Sigma_y = \Lambda \Psi \Lambda' + \Theta$$

Onde Ψ caracteriza a covariância de fatores comuns ($m \times m$); e Θ denota a covariância dos termos de erro ($p \times p$). Além disso, Θ é considerada uma matriz diagonal pelo aspecto 3. Em um modelo de m-fatores, dois respondendo com o mesmo nível nos fatores latentes têm o mesmo escore esperado nos itens. Contudo, devido ao termo de erros aleatórios, os sujeitos podem não ter o mesmo escore observado nos itens.

Destaca-se que o termo de erro abrange o erro de medição referente às diferenças individuais em fatores adicionais que não são modelados explicitamente. Esse erro pode ser considerado um ruído aleatório, e as diferenças individuais não modeladas podem ser sistemáticas. Os dois elementos normalmente não podem ser separados, sendo referidos como fatores únicos, visto que são exclusivos para cada item.

O Modelo de Intercepto Randômico

O modelo busca modelar as diferenças individuais sistemáticas não capturadas pelos fatores comuns. Em outras palavras, relaxamos a suposição de uma interceptação comum a todos os respondentes, possibilitando que a interceptação varie de sujeito para sujeito. Algebricamente escrevemos:

$$y_{ij} = y_{ij} + \Lambda_i' \eta_j + e_{ij}, y_{ij} = \mu_i + \zeta_j.$$

É possível observar que a interceptação y_{ij} contém um subscrito j. O intercerpto y_{ij} é separado em uma parte fixa denominado pelo i, sendo comum para todos os respondentes, mas que varia de item para item. E uma parte aleatória (j), que varia de respondente para respondente, mas que é comum para todos os itens. Dessa forma, entende-se que j captura as diferenças de cada sujeito no uso da escala que são comuns entre os itens (**Figura 9.3**).

Figura 9.3 *Exemplo de Modelo de um Fator com Intercepto Randômico usando a Escala de Conexão no Esporte*

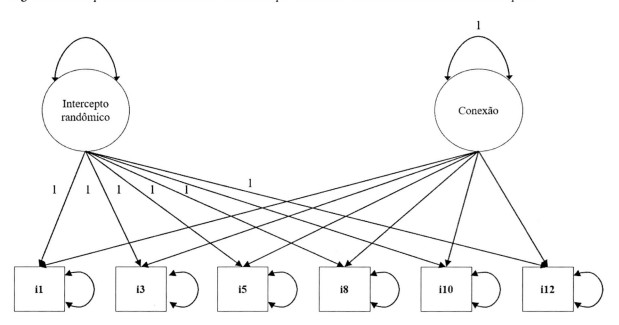

Nota. Os itens são enumerados com base na ordem apresentada na escala, podendo ser observado mais à frente do capítulo, onde serão apresentadas aplicações práticas do intercepto randômico.

Os itens 1, 3 e 5 são redigidos com conteúdo positivo, enquanto os itens 8, 10 e 12 são de conteúdo negativo. As variâncias são representadas por meio de setas de duas pontas de uma variável em relação a si. As cargas fatoriais são caracterizadas como setas de uma ponta, podendo ser observado na **Figura 9.3**, seta saindo do fator intercepto e do fator conexão. As variâncias dos fatores são fixadas em 1 para identificação. O modelo, portanto, é estimado com dois fatores, em que as cargas fatoriais para um dos fatores são todas fixadas em 1, e sua variância (dos interceptos randômicos) é estimada. Na forma matricial, escrevemos a equação da seguinte maneira:

$$y = \gamma + \Lambda\eta + e\gamma = \mu + 1\zeta$$

y, μ e **e** são $p \times 1$ vetores. Λ é $p \times m$ matriz de carga fatoriais. E η é $m \times 1$ vetor. Adicionalmente, γ e **1** são $p \times 1$ vetores, e ζ é escalar. Nesse caso, não é estimado o j para cada respondente, sendo, portanto, estimada a variância dos interceptos na população respondente. Além das quatro suposições do modelo, assume outros aspectos na população de entrevistados, sendo eles:

1. A média do componente do intercepto randômico (ζ) é 0;

2. O componente do intercepto randômico (ζ) não está correlacionado com os termos de erro;

3. O componente do intercepto randômico (ζ) não está correlacionado com os fatores comuns.

As premissas 1 e 2 são impostas com intuito de identificar o modelo. O pressuposto 3, por sua vez, refere-se às diferenças individuais, no uso da escala de resposta, que não estão relacionadas ao nível dos participantes, nos fatores comuns que estão sendo mensurados. No modelo intercepto randômico, a resposta esperada de um sujeito para um item, dado seu nível nos fatores comuns e seu nível no componente de intercepto randômico, é:

$$E(y_{ij}) = \mu_i + \Lambda_i'\eta_j + \zeta_j.$$

Com base em um modelo de dois respondentes (A e B), com o mesmo nível nos fatores comuns, η_A e η_B não precisam ter os mesmos escores esperados no item ($\mu i + \Lambda'_i\eta_j + \zeta_j$), porque em geral seus níveis de intercepto randômico não serão iguais ($\zeta_A \neq \zeta_B$). Isto é, mesmo quando os respondentes A e B têm o mesmo nível nos fatores comuns (η_A e η_B), as pontuações esperadas podem diferir, visto que ζ_j é uma variável randômica que muda entre os sujeitos, mas é comum a todos os itens de um determinado sujeito. Dessa forma, interpretamos ζ_j como uma predisposição da escala de resposta pelo respondente j.

A equação com forma matricial com as sete suposições (4 do fator comum e 3 do modelo intercepto) implica uma estrutura para o vetor médio e matriz de covariância das variáveis observadas:

$$\mu_y = \mu\Sigma_y = 1\varphi 1' + \Lambda\Psi\Lambda' + \Theta$$

Onde **1** é um vetor $p \times 1$ de uns. O modelo pode ser identificado pelas regras usuais de identificação do modelo fatorial (Bollen, 1989). No modelo tradicional de m-fator sem intercepto randômico, o termo ζj é incorporado ao termo de erro $e^*_{ij} = \zeta j + e_{ij}$.

Em contraste, no modelo de intercepto randômico, uma parte do termo de erro $e^*_{ij,}$ é extraída e moderada explicitamente. Uma vez que ζj é uma variável aleatória com média 0 e variância φ, a inclusão de ζj pode proporcionar a redução da variância residual dos itens, além de responder por uma parte da covariação dos itens. Isso pode ser observado na equação anterior, onde o termo $1\varphi 1$ é adicionado à estrutura de covariância do modelo de fator comum. Adicionalmente, um modelo de m-fator de intercepto randômico sempre se ajustará tão bem ou melhor do que um modelo m-fator comum, haja vista a estimativa de mais um parâmetro. O modelo de m-fator comum só se ajustará tão bem quanto um modelo de m-fator de intercepto randômico quando a variância da interceptação aleatória (φ) for 0.

Entendendo a importância de controlar a aquiescência, por meio do intercepto randômico, visto que pode aprimorar a interpretação das estruturas fatoriais, alguns estudos buscaram aplicar o modelo e fazer uma comparação entre o modelo fatorial comum e o modelo de intercepto randômico. Por exemplo, Cardoso et al. (2022), que realizaram um estudo de investigação das propriedades psicométricas para uma escala de *burnout*, com os resultados indicando uma maior adequação para o modelo de intercepto randômico, ao apresentar índices de ajustes satisfatório em comparação ao modelo de fator comum.

Outro exemplo é o estudo realizado por Silva et al. (2022), que buscaram aplicar o modelo de intercepto randômico, além de fazerem uma comparação do modelo fatorial comum para uma escala de mentalidade sobre estresse. Os resultados indicaram a adequação para os dois modelos, sendo possível observar que o modelo de intercepto randômico apresentou índices ligeiramente melhores, como também o aumento de algumas cargas fatoriais; dessa forma, sugerindo o efeito aquiescência nas respostas dos participantes. Por fim, tem-se o estudo que foi desenvolvido por Silva et al. (no prelo) para uma escala de conexão no esporte, que será apresentada a seguir com mais detalhes.

Um Exemplo: modelando a Escala de Conexão no Esporte

A conexão no ambiente esportivo é compreendida como as qualidades das relações que são construídas e estabelecidas, podendo acontecer com o treinador, com um colega de equipe ou parceiro de treinamento, com o adversário e outras pessoas que estão associadas a esse ambiente. As relações, quando positivas, podem ser consideradas um componente importante para estimular um desenvolvimento positivo e saudável para os adolescentes; por exemplo, estimulando habilidades socioemocionais e promovendo o bem-estar (Lerner et al., 2005; Vierimaa et al., 2018). Adicionalmente, os resultados dessas relações podem proporcionar sentimentos e pensamentos direcionados ao grupo, como clareza de papéis, empatia e aceitação (Jowett & Poczwardowski, 2007). Assim, mensurar a conexão torna-se essencial para compreender como os relacionamentos podem auxiliar no desenvolvimento e desempenho do atleta durante sua prática.

A ECE desenvolvida por Campos et al. (no prelo) faz parte de uma bateria para avaliar os 5Cs do desenvolvimento positivo de jovens no esporte. Composta por 15 itens, tem o objetivo de avaliar a qualidade das relações dentro do ambiente esportivo; por exemplo, com outros atletas e com o treinador. Estudos iniciais indicaram uma solução de dois fatores, entendendo que um fator seria composto por itens de conteúdo positivo e o segundo por itens de conteúdo negativo. O conteúdo dos itens pode ser observado na **Tabela 9.2**.

Tabela 9.2 *Itens da Escala de Conexão no Esporte*

Número do item	Descrição do item	Polo teórico do item
1	Sinto-me como parte da equipe.	Positivo
2	Tenho amizades com atletas de outras equipes.	Positivo
3	Acredito que outros colegas de equipe gostam de mim.	Positivo
4	Procuro ter uma boa relação com meu técnico.	Positivo
5	Confio no meu treinador.	Positivo
6	Sinto-me deixado de lado pela equipe.	Negativo
7	Acredito que meu técnico pode me ajudar com meus objetivos.	Positivo
8	Se eu sair da equipe, ela se tornará melhor.	Negativo
9	Fico irritado com as orientações do meu técnico.	Negativo
10	Os membros da minha equipe costumam ser egoístas.	Negativo
11	Tenho dificuldade para me comunicar com outros participantes.	Negativo
12	Tenho poucos amigos dentro da minha equipe.	Negativo
13	Tenho medo de tirar dúvidas com meu técnico.	Negativo
14	Tenho facilidade em me relacionar com minha equipe.	Positivo
15	Meu técnico é improdutivo com novos atletas.	Negativo

Com base no conteúdo, entende-se que a escala tem uma estrutura unifatorial, uma vez que os itens buscam mensurar o mesmo construto. Contudo, Silva et al. (no prelo) sugeriram que o modelo de um fator não se ajusta bem, pois os índices de ajustes não estão próximos ao esperado pela literatura $\chi^2 = 352,72$; gl = 90; CFI = 0,871 e TLI = 0,849; RMSEA = 0,088 (IC90% 0,079 – 0,098). Trata-se de um modelo de dois fatores correlacionados, no qual todos os itens de conteúdo positivo são carregados em um fator, e todos os itens redigidos negativamente são carregados em outro, fornecendo um melhor ajuste aos dados χ^2 = 145,00; gl = 89; CFI = 0,972 e TLI = 0,967; RMSEA = 0,041 (IC90% 0,028 – 0,053). Contudo, não há indícios teóricos para fundamentar a separação dos fatores, porquanto os itens não propõem a avaliação de construtos distintos. A seguir, será apresentado um exemplo indicando o passo a passo de como realizar o controle da aquiescência, utilizando o modelo de intercepto randômico para a ECE. Para tanto, as análises serão conduzidas em ambiente R.

É importante, antes de iniciar o exemplo prático no R, explicar o conceito da análise fatorial. A análise é um dos métodos mais empregados para estimar as evidências de validade de instrumentos de medidas, sendo especificamente utilizada para avaliação de evidências de validade baseada na estrutura interna. Seu desenvolvimento está associado à própria história da psicologia, uma vez que demonstrou contribuições para a operacionalização de pesquisas quantitativas com foco na compreensão de variáveis psicológicas, podendo ser descritas como variáveis latentes (Peixoto & Martins, 2021). Esse movimento de desenvolvimento, aprimoramento e avanços de métodos estatísticos/teorias psicológicas pode ser observado em alguns estudos, por exemplo, no estudo de Spearman (1904), que teve como foco o construto inteligência, como também nos trabalhos de Thurstone, que objetivou avanços para compreensão do construto e no método estatístico (Jones, 2007).

A análise fatorial é considerada um método para identificar as dimensões subjacentes que podem explicar, matematicamente, o comportamento de uma pessoa para responder a um item. Sua aplicação tem sido de grande importância em avaliações de evidências empíricas, no desenvolvimento de taxonomia dimensionais, que podem ser utilizadas em habilidades mentais e personalidade, como também em outros construtos (Ferrando, 2021; Peixoto & Martins, 2021). Na Análise Fatorial Confirmatória (AFC), especificamente, nas respostas aos itens de um teste, são consideradas como resultantes de duas fontes, a saber, variável latente (fator psicológico) e erro de medida associado ao item (Fife-Schaw, 2010).

A estimação desses parâmetros por meio de uma AFC é baseada na análise da matriz de covariância entre os itens, com intuito de investigar se o padrão de covariância é causado pela variância da variável latente (Fife-Schaw, 2010). A análise busca testar as hipóteses sobre as relações entre fatores latentes e seus indicadores. Ou seja, o método pode ser utilizado quando há sustentação teórica ou empírica bem formulada sobre o número de fatores (representado pela fundamentação do desempenho dos indivíduos) para determinados conjuntos de medidas, como também sobre as relações entre os fatores. Seu objetivo é proporcionar algoritmos eficientes para estimar parâmetros em modelos de análise fatorial, bem como o reconhecimento de certas restrições, a saber, fixar certas cargas fatoriais para que sejam 0 (Widaman, 2012).

Em outras palavras, para realização da AFC, o pesquisador estabelece restrições claras (modelo restrito), assim trabalhando com um modelo teoricamente orientado, em que há um número de fatores a compor o modelo e os itens representando cada fator (Damásio, 2013). Assim, antes de usar o método, o pesquisador deve obter informações teóricas ou empíricas que descrevem o padrão de correlação entre os fatores e seus respectivos itens.

Os modelos de AFC são geralmente reproduzidos por meio de gráficos/diagramas. Nesse caso, diferentes elementos são usados para caracterizar as variáveis em análise e as associações entre elas. Por exemplo, no pacote Lavaan, utilizado no presente capítulo, as variáveis latentes (fatores) são representadas por círculos, as variáveis observadas (itens) são caracterizadas por quadrados, os coeficientes de regressão são representados por setas unidirecionais, por fim, as correlações entre variáveis são representadas por setas bidirecionais (Franco et al., 2017), conforme é apresentado nas **Figuras 9.1, 9.2 e 9.3.**

Nessa direção, compreende-se que o modelo restrito é uma das principais características da AFC, em que cada item do modelo é comumente explicado por apenas um fator. Algumas discussões na literatura relatam possíveis limitações dos modelos para representar o cenário real, especialmente em avaliações de instrumentos extensos, com números expressivos de fatores e itens por fator. Diante dessa circunstância, os itens tendem a apresentar correlações baixas com fatores que não foram pensados para representá-los. Ou seja, ao forçar essas correlações em 0, os modelos podem se tornar muito restritivos a ponto de prejudicar os indicadores de ajuste (Marsh et al., 2020; Morin et al., 2020).

Assim, o pesquisador que for utilizar a AFC pode se deparar com o desafio de avaliação da adequação do modelo hipotetizado teoricamente. Contudo, essa não é uma tarefa fácil, sendo um dos principais desafios, uma vez que não há um único método estatístico capaz de indicar a adequação/inadequação do modelo. Nessa perspectiva, Marsh (2007) sugere a combinação de diferentes informações, por exemplo, adequação dos índices de ajustes, interpretabilidade do modelo, inspeção dos parâmetros estimados e comparação entre modelos concorrentes (*e.g.*, diferentes números de fatores, hierárquico, bifactor).

O Qui-Quadrado (χ^2) é uma forma de avaliar a discrepância entre a matriz teórica hipotetizada do modelo de medida e a matriz observada. No entanto, uma vez que há restrições nesse teste, como também sensibilidade ao tamanho da amostra, outros índices de ajustes foram propostos na literatura (Xia & Yang, 2019). A avaliação para verificar a adequação do modelo por meio desses índices alternativos ao χ^2 busca suprir diferentes aspectos que indicam quão apropriado o modelo teórico (matriz de covariância teoricamente prevista) é reproduzível nos dados empíricos (matriz de covariância observada). Esses índices de ajustes podem ser separados em dois grupos, sendo eles: 1) os índices incrementais que têm o intuito de comparar o modelo hipotético com um modelo nulo, em que as variáveis não apresentam correlações entre si; 2) os índices absolutos que buscam avaliar em que medida o modelo se afasta de um modelo perfeito.

Os índices *Comparative Fit Index* (CFI) e *Tucker-Lewis Index* (TLI) podem ser considerados representantes do primeiro grupo. Por sua vez, os índices *Root Mean Square Error of Approximation* (RMSEA) e *Standardized Root Mean Square Residual* (SRMS) representantes do segundo grupo (Marsh, 2007). Alguns autores propõem alguns parâmetros de corte, a saber, para CFI e TLI valores entre 0,90 e 0,95 como aceitáveis, valores acima de 0,95 como excelentes para o modelo. Valores de RMSEA menores do que 0,05 sugerem um bom ajuste e valores entre 0,05 e 0,08 como ajuste aceitáveis. Por fim, a SRMR com valores até 0,08 indicam um bom índice de modelo e valores entre 0,08 e 0,10 como aceitáveis (Brown, 2015; Marsh, 2007). Ressalta-se que esses pontos de corte devem ser interpretados como uma guia suplementar à mensuração do modelo como um todo, sendo necessário também uma expertise em relação ao construto avaliado para selecionar o modelo mais adequado (Marsh, 2007).

No R, conduzimos AFC e AFC com intercepto randômico por meio do pacote Lavaan, desenvolvido por Rosseel (2012), para modelagem de variáveis latentes, podendo ser empregado para diferentes modelos estatísticos multivariados, incluindo *path analysis*, AFC, modelagem de equações estruturais e modelos de curva de crescimento. Caso tenha interesse pelo pacote e queira saber mais sobre, é possível visitar o site (https://lavaan.ugent.be/), em que há explicação sobre seu desenvolvimento, versões e tutoriais de análises.

Como Executar as Análises no RStudio e interpretar os resultados

Neste momento do capítulo, é possível identificar a parte prática das análises. A partir desse momento, para acompanhar as análises, é importante que a linguagem de programação R e o software RStudio estejam instalados no computador. Também se recomenda entrar no link https://github.com/maynarapriscila/interceptorandomico para ter acesso ao banco de dados, além das sintaxes, caso queira replicar as análises.

Antes de iniciar qualquer análise no RStudio, é necessário habilitar o pacote para executá-la; caso não tenha instalado, ainda é preciso fazer a instalação primeiro, que pode ser feita na opção *"Packages"* e depois em *"Install"* ou pelo comando: install.packages("nomedopacote"). Outra questão importante é que a instalação dos pacotes deve ser realizada apenas uma vez, mas a habilitação deve ser feita toda vez que o RStudio for aberto. Dessa forma, a primeira etapa para realizar as análises deste capítulo é habilitar, além do pacote Lavaan, como mencionado, o pacote Readr para importar o banco de dados. Em seguida, deve--se carregar o banco de dados de 377 jovens atletas que responderam aos 15 itens da escala de conexão.

```
#### liberando os pacotes ####
library(lavaan)
library(readr)

#### carregar o banco ####
banco <- read.csv(
 url(
 "https://github.com/maynarapriscila/interceptorandomico/raw/main/bancoconexaoIR.csv"
 ), sep = ";"
)
```

Depois de habilitar os pacotes e carregar o banco de dados, surge a etapa de criar um objeto segundo o modelo ou estrutura fatorial que você quer testar. Nesse primeiro momento, criaremos um objeto com modelo de um fator comum para que vocês possam compreender como realizar a AFC e depois fazer comparação dos resultados com o modelo de intercepto randômico. Na primeira linha, é possível observar que o modelo foi intitulado de "uniconex", sendo um modelo unifatorial mensurando todos os itens de conexão, em que o "f1" determina o nome para o fator e os itens são representados por "V" e seu respectivo número, em que são mensurados por "=~'.

Ao ter o objeto salvo, a próxima etapa é rodar a análise conforme o comando que é apresentado em seguida. Nesse momento, é inserido um nome diferente ao anterior, sendo inserida a palavra "fit"; assim, ficando "uniconex.fit" para caracterizar os dados da análise. Para rodar a análise, é preciso inserir o nome do modelo ou estrutura fatorial (uniconex), depois informar qual banco será utilizado (data = banco); por fim, é inserido também o estimador. Para este capítulo, optou-se pelo *Weighted Least Square Mean and Variance adjusted* (WLSMV), uma vez que seu objetivo é mensurar variáveis ordinais, e abrange também o estimador *Diagonal Weighted Least Square* (DWLS). Caso queira conhecer mais sobre os estimadores, recomenda-se olhar o site do pacote Lavaan. Com a análise rodada, basta solicitar os resultados usando o comando *"summary"*, em que é inserido dentro dos parênteses o nome que representa os dados da análise (aquiconex.fit), o argumento *"standardized"* com a opção *"TRUE"* para solicitar os resultados padronizados, o argumento "fit.measures" com a opção *"TRUE"* para verificar os índices de ajustes.

```
#### modelo fator comum ####

uniconex <- 'f1 =~ V1 + V2 + V3 + V4 + V5 + V6 + V7 + V8 + V9 + V10 + V11
+ V12 + V13 + V14 + V15'

uniconex.fit <- cfa(uniconex,
        data = banco,
        estimator = 'WLSMV')

summary(uniconex.fit, standardized = TRUE, fit.measures = TRUE)
```

Os resultados da análise são apresentados a seguir, podendo ser observados os índices de ajustes: CFI, TLI, RMSEA e SRMR. Ressalta-se que há duas possibilidades para observação dos resultados, a coluna "*Standard*" ou "*Robust*". Para o presente capítulo, optamos por interpretar os dados da coluna "*Standard*", visto que apresenta os resultados referente ao estimador DWLS. Além disso, é possível observar as cargas fatoriais e a variância entre os itens, que devem ser interpretadas conforme os valores apresentados na coluna "std.all". Para verificar a qualidade do modelo, é preciso verificar tanto os índices de ajustes como as cargas fatoriais. Como é apresentado a seguir, os índices demonstraram que o modelo não é uma boa estrutura fatorial para representar os dados. O CFI e TLI ficaram abaixo do valor considerado aceitável (0,90), o SRMR ficou acima do considerado aceitável (0,10), e o RMSEA ficou marginalmente dentro do aceitável (0,08). Em outras palavras, o modelo não se ajustou aos dados.

As cargas fatoriais, por sua vez, indicam quanto um item contribui para o fator. Em geral, quanto maior o seu valor, mais importante ele é para o construto de interesse; e valores acima de 0,30 são considerados aceitáveis, seja uma carga fatorial positiva, seja negativa (Costello & Osborne, 2005; Howard, 2016). Dessa forma, os resultados mostram que os itens apresentaram cargas aceitáveis no fator, com exceção do item 11 (carga = -0,002).

```
## lavaan 0.6-12 ended normally after 28 iterations
##
## Estimator                    DWLS
## Optimization method          NLMINB
## Number of model parameters   30
##
## Number of observations       377
##
## Model Test User Model:
##                     Standard          Robust
## Test Statistic      352.727           295.015
## Degrees of freedom  90                90
## P-value (Chi-square) 0.000            0.000
## Scaling correction factor             1.467
## Shift parameter                       54.636
##    simple second-order correction
```

```
## 
## Model Test Baseline Model:
## 
##   Test statistic                    2137.399   892.977
##   Degrees of freedom                     105       105
##   P-value                          0.000     0.000
##   Scaling correction factor                  2.579
## 
## User Model versus Baseline Model:
## 
##   Comparative Fit Index (CFI)           0.871     0.740
##   Tucker-Lewis Index (TLI)             0.849     0.696
## 
##   Robust Comparative Fit Index (CFI)              NA
##   Robust Tucker-Lewis Index (TLI)                NA
## 
## Root Mean Square Error of Approximation:
## 
##   RMSEA                          0.088     0.078
##   90 Percent confidence interval - lower    0.079     0.068
##   90 Percent confidence interval - upper    0.098     0.088
##   P-value RMSEA <= 0.05             0.000     0.000
## 
##   Robust RMSEA                        NA
##   90 Percent confidence interval - lower          NA
##   90 Percent confidence interval - upper          NA
## 
## Standardized Root Mean Square Residual:
## 
##   SRMR                           0.117     0.117
## 
## Parameter Estimates:
## 
##   Standard errors                 Robust.sem
##   Information                      Expected
##   Information saturated (h1) model     Unstructured
## 
## Latent Variables:
##             Estimate  Std.Err  z-value  P(>|z|)  Std.lv  Std.all
##   f1 =~
##     V1        1.000                              0.753    0.727
```

```
##   V2       0.638   0.078    8.129   0.000    0.480    0.463
##   V3       0.771   0.059   13.001   0.000    0.580    0.649
##   V4       0.539   0.057    9.498   0.000    0.406    0.547
##   V5       0.579   0.067    8.706   0.000    0.436    0.568
##   V6      -0.907   0.112   -8.069   0.000   -0.683   -0.606
##   V7       0.578   0.071    8.083   0.000    0.435    0.536
##   V8      -0.651   0.098   -6.629   0.000   -0.490   -0.493
##   V9      -0.423   0.093   -4.543   0.000   -0.318   -0.332
##   V10     -0.601   0.110   -5.458   0.000   -0.453   -0.384
##   V11     -0.003   0.113   -0.025   0.980   -0.002   -0.002
##   V12     -0.795   0.116   -6.875   0.000   -0.598   -0.479
##   V13     -0.786   0.118   -6.655   0.000   -0.592   -0.541
##   V14      0.825   0.079   10.392   0.000    0.621    0.543
##   V15     -0.481   0.086   -5.567   0.000   -0.362   -0.386
##
## Variances:
##            Estimate Std.Err z-value P(>|z|)  Std.lv  Std.all
##  .V1        0.504   0.070    7.210   0.000    0.504    0.471
##  .V2        0.842   0.096    8.771   0.000    0.842    0.785
##  .V3        0.463   0.050    9.257   0.000    0.463    0.579
##  .V4        0.387   0.055    6.975   0.000    0.387    0.701
##  .V5        0.398   0.047    8.472   0.000    0.398    0.677
##  .V6        0.805   0.098    8.252   0.000    0.805    0.633
##  .V7        0.468   0.062    7.616   0.000    0.468    0.712
##  .V8        0.745   0.061   12.291   0.000    0.745    0.757
##  .V9        0.817   0.070   11.599   0.000    0.817    0.890
##  .V10       1.184   0.087   13.660   0.000    1.184    0.853
##  .V11       2.031   0.085   23.779   0.000    2.031    1.000
##  .V12       1.202   0.107   11.183   0.000    1.202    0.771
##  .V13       0.848   0.084   10.088   0.000    0.848    0.708
##  .V14       0.921   0.108    8.487   0.000    0.921    0.705
##  .V15       0.750   0.088    8.538   0.000    0.750    0.851
##   f1        0.566   0.085    6.641   0.000    1.000    1.000
```

Uma vez que foi possível aprender como realizar uma AFC com modelo de fator comum, vamos aprender como fazer uma AFC com modelo de intercepto randômico. No geral, há mudanças significativas apenas na construção do modelo ou da estrutura fatorial, sendo necessário criar um objeto para a nova estrutura, que aqui chamamos de "aquiconex". Nessa fase, acrescentaremos um novo fator, ou seja, permanece o "f1" de fator comum e é inserido um novo fator, denominado de "aq", representando o controle da aquiescência, por meio do intercepto randômico. No fator "aq", todos os itens são fixados em 1, sendo representado pelo "*". É importante destacar que, nos dois fatores, o sinal "=~' permanece para indicar a mensuração dos itens para os respectivos fatores. As próximas linhas indicam a relação entre os fatores e entre os itens (~~).

Ao ter o novo objeto salvo, realizaremos a análise novamente pelo mesmo comando apresentado anteriormente, modificando apenas o objeto do modelo/estrutura fatorial, como também o nome para o conjunto de dados da análise. Ou seja, ficando "aquiconex.fit" para os dados da análise, e depois sendo inserido nome do objeto do modelo ou estrutura fatorial (aquiconex) dentro dos parênteses. As próximas linhas vão permanecer iguais, com o nome do banco e o estimador. Com a análise rodada, basta solicitar os resultados usando o comando *"summary"*, com a funções *"standardized"*, e *"fit.measures"*. Destaca-se que é preciso inserir no início o nome que representa os dados da análise, neste caso: "aquiconex.fit".

```
#### modelo intercepto randômico ####
aquiconex <- 'f1 =~ V1 + V2 + V3 + V4 + V5 + V6 + V7 + V8 + V9 + V10 + V11
+ V12 + V13 + V14 + V15
aq =~ 1*V1 + 1*V2 + 1*V3 + 1*V4 + 1*V5 + 1*V6 + 1*V7 + 1*V8 + 1*V9 + 1*V10 + 1*V11 +
 1*V12 + 1*V13 + 1*V14 + 1*V15
f1 ~~ 0*aq
V1 ~~ V15;'

aquiconex.fit <- cfa(aquiconex,
        data = banco,
        estimator = 'WLSMV')

summary(aquiconex.fit, standardized = TRUE, fit.measures = TRUE)
```

Os resultados da análise são apresentados a seguir, podendo ser observado os mesmos elementos da AFC com modelo de fator comum; dessa forma, permitindo uma comparação entre os modelos. Ressalta-se que os índices de ajustes (CFI, TLI, RMSEA, SRMR) devem ser interpretados conforme os valores apresentados na coluna do *"Standard"*. As cargas fatoriais e a variância entre os itens devem ser interpretadas pelos valores apresentados na coluna "std.all". Como na análise anterior, a qualidade da estrutura será avaliada usando os valores de índices de ajustes e das cargas fatoriais. Com base nos valores de índices de ajustes, é possível indicar que o modelo de intercepto randômico melhorou a qualidade da estrutura fatorial da ECE, ao indicar valores considerados aceitáveis, demonstrando que o modelo se ajustou aos dados.

As cargas fatoriais também demonstraram um valor maior, sugerindo que os itens são importantes para mensurar a conexão, com exceção do item 11 (-0,014). Nesse cenário, podemos compreender que o problema está no item, e não na estrutura, sendo recomendada a exclusão ou a adaptação do conteúdo, visto que seu conteúdo é "Tenho dificuldade para me comunicar com outros participantes" e pode não necessariamente representar a conexão, mas sim uma introversão, por exemplo.

```
## lavaan 0.6-12 ended normally after 29 iterations
##
## Estimator                         DWLS
## Optimization method               NLMINB
## Number of model parameters        32
```

```
## 
##   Number of observations                    377
## 
## Model Test User Model:
##                              Standard    Robust
##   Test Statistic               176.264   237.608
##   Degrees of freedom               88        88
##   P-value (Chi-square)          0.000     0.000
##   Scaling correction factor               0.891
##   Shift parameter                        39.704
##     simple second-order correction
## 
## Model Test Baseline Model:
## 
##   Test statistic              2137.399   892.977
##   Degrees of freedom              105       105
##   P-value                       0.000     0.000
##   Scaling correction factor               2.579
## 
## User Model versus Baseline Model:
## 
##   Comparative Fit Index (CFI)         0.957     0.810
##   Tucker-Lewis Index (TLI)            0.948     0.773
## 
##   Robust Comparative Fit Index (CFI)            NA
##   Robust Tucker-Lewis Index (TLI)               NA
## 
## Root Mean Square Error of Approximation:
## 
##   RMSEA                          0.052     0.067
##   90 Percent confidence interval - lower    0.040     0.057
##   90 Percent confidence interval - upper    0.063     0.078
##   P-value RMSEA <= 0.05              0.389     0.003
## 
##   Robust RMSEA                            NA
##   90 Percent confidence interval - lower        NA
##   90 Percent confidence interval - upper        NA
## 
## Standardized Root Mean Square Residual:
## 
##   SRMR                           0.076     0.076
```

```
## 
## Parameter Estimates:
## 
##   Standard errors                  Robust.sem
##   Information                      Expected
##   Information saturated (h1) model      Unstructured
## 
## Latent Variables:
##                 Estimate Std.Err z-value P(>|z|) Std.lv Std.all
##   f1 =~
##     V1            1.000                   0.747  0.722
##     V2            0.644  0.076   8.472   0.000  0.481  0.464
##     V3            0.781  0.058  13.562   0.000  0.583  0.652
##     V4            0.599  0.058  10.251   0.000  0.447  0.602
##     V5            0.620  0.067   9.272   0.000  0.463  0.603
##     V6           -0.939  0.103  -9.085   0.000 -0.701 -0.622
##     V7            0.619  0.072   8.641   0.000  0.462  0.570
##     V8           -0.700  0.091  -7.670   0.000 -0.522 -0.527
##     V9           -0.496  0.089  -5.569   0.000 -0.370 -0.386
##     V10          -0.651  0.104  -6.258   0.000 -0.486 -0.413
##     V11          -0.026  0.110  -0.238   0.812 -0.020 -0.014
##     V12          -0.827  0.107  -7.736   0.000 -0.617 -0.494
##     V13          -0.852  0.110  -7.727   0.000 -0.636 -0.581
##     V14           0.792  0.076  10.469   0.000  0.592  0.518
##     V15          -0.580  0.084  -6.899   0.000 -0.433 -0.461
##   aq =~
##     V1            1.000                   0.283  0.274
##     V2            1.000                   0.283  0.274
##     V3            1.000                   0.283  0.317
##     V4            1.000                   0.283  0.382
##     V5            1.000                   0.283  0.370
##     V6            1.000                   0.283  0.251
##     V7            1.000                   0.283  0.350
##     V8            1.000                   0.283  0.286
##     V9            1.000                   0.283  0.296
##     V10           1.000                   0.283  0.241
##     V11           1.000                   0.283  0.199
##     V12           1.000                   0.283  0.227
##     V13           1.000                   0.283  0.259
##     V14           1.000                   0.283  0.248
##     V15           1.000                   0.283  0.302
```

```
## 
## Covariances:
##                 Estimate Std.Err z-value P(>|z|)  Std.lv Std.all
## f1 ~~
##    aq            0.000                    0.000   0.000
## .V1 ~~
##    .V15          0.086    0.037   2.324   0.020   0.086   0.168
## 
## Variances:
##                 Estimate Std.Err z-value P(>|z|)  Std.lv Std.all
##    .V1           0.432    0.068   6.367   0.000   0.432   0.404
##    .V2           0.760    0.094   8.128   0.000   0.760   0.709
##    .V3           0.379    0.046   8.187   0.000   0.379   0.474
##    .V4           0.271    0.042   6.491   0.000   0.271   0.491
##    .V5           0.294    0.038   7.643   0.000   0.294   0.499
##    .V6           0.699    0.091   7.679   0.000   0.699   0.550
##    .V7           0.364    0.052   6.990   0.000   0.364   0.553
##    .V8           0.631    0.056  11.214   0.000   0.631   0.641
##    .V9           0.701    0.067  10.397   0.000   0.701   0.763
##    .V10          1.072    0.082  13.026   0.000   1.072   0.772
##    .V11          1.950    0.086  22.750   0.000   1.950   0.960
##    .V12          1.098    0.103  10.646   0.000   1.098   0.704
##    .V13          0.713    0.075   9.467   0.000   0.713   0.595
##    .V14          0.876    0.104   8.385   0.000   0.876   0.671
##    .V15          0.613    0.084   7.314   0.000   0.613   0.696
##    f1            0.558    0.079   7.056   0.000   1.000   1.000
##    aq            0.080    0.018   4.395   0.000   1.000   1.000
```

Adicionalmente, observa-se uma carga fatorial considerável, igual a 0,28, para o fator que representa o intercepto randômico (aq), que pode ser observado na coluna "std.lv". E que aproximadamente 8% da variância explicada dos itens pode ser atribuída ao fator (esse valor pode ser observado na última linha do resultado, na coluna *"estimate"*). Os resultados, em geral, sugerem que existe uma influência da aquiescência para a estrutura unifatorial da ECE, uma vez que, com base no controle, a estrutura demonstrou ser aceitável. Além disso, cabe dizer que a estrutura fatorial faz mais sentido teórico, visto que os itens têm o mesmo objetivo de mensuração. Nesse sentido, é preciso ter cuidado com possíveis vieses de respostas em instrumentos de autorrelato em formato Likert, pois podem influenciar a estimação dos escores fatoriais, consequentemente prejudicando a interpretabilidade dos dados.

Considerações Finais

Desde sua primeira publicação (Maydeu-Olivares & Coffman, 2006), o modelo de intercepto randômico vêm sendo estudado e aplicado em diferentes contextos e análises, como, por exemplo: modelos multinível, invariância de medida, modelos de mensuração com múltiplos indicadores, modelos de previsão para dados *clusterizados*, análises para dados longitudinais e análises de variância (Hilbert et al., 2019; Mulder & Hamaker, 2021; Yu et al., 2021). Além dessas aplicações, o modelo de intercepto randômico tem demonstrado ser especialmente útil na estimação de estruturas fatoriais mais condizentes com o que era esperado teoricamente, principalmente pelo fato de possibilitar o controle do viés de resposta da aquiescência (Primi et al., 2019; Valentini et al., 2020). Sendo assim, neste capítulo, limitou-se a apresentação e aplicação deste modelo para a investigação da estrutura interna de instrumentos de mensuração de construtos psicológicos e seu potencial de modelar os efeitos de um dos vieses de resposta comumente enfrentado pelos pesquisadores que fazem uso das medidas de autorrelato, a aquiescência. Por fim, defendemos a importância de contar com métodos de controle e modelagem de vieses de resposta, tendo em vista o potencial de prejuízos desses vieses à estimativa das propriedades dos instrumentos de autorrelato.

Referências

Alto, B. (2019). O controle da desejabilidade social no autorrelato usando quádruplas de itens. *Avaliação Psicológica, 18*(3), 219-332. http://dx.doi.org/10.15689/ap.2019.1803.ed.

Bandalos, D. L., & Finney, S. J. (2018). Factor analysis: Exploratory and confirmatory. In G. R. Hancock, L. M. Stapleton, & R. O. Muller (Eds.), *The reviewer's guide to quantitative methods in the social sciences* (pp. 98-122). Routledge.

Baumgartner, H., & Steenkamp, J. B. E. M. (2001). Response styles in marketing research: A cross-national investigation. *Journal of Marketing Research, 28*, 143-156. https://doi.org/10.1509/jmkr.38.2.143.18840.

Bollen, K. A. (1989). *Structural equations with latent variables*. Wiley.

Brown, T. A. (2015). *Confirmatory factor analysis for applied research*. Guilford Press.

Campos, D., Silva, M. P. P., Caurin, N. B., Rocha, R. M. A., & Peixoto, E. M. (no prelo). *Sport Connection Scale (ECE): Acquiescence control and invariance.*

Cardoso, H. F., Valentini, F., Hauck Filho, N., & Baptista, M. N. (2022). Escala brasileira de burnout (EBB): Estrutura interna e controle de aquiescência. *Psicologia: Teoria e Pesquisa, 38*, 1-9. https://doi.org/10.1590/0102.3772e38517.pt.

Costa, A. R. L., & Hauck Filho, N. (2020). Escala de gerenciamento da impressão e autoengano-IPIP: Um teste de diferentes modelos teóricos. *Psico, 51*(1), e32580-e32580. https://doi.org/10.15448/1980-8623.2020.1.32580.

Costello, A. B., & Osborne, J. (2005). Best practices in exploratory factor analysis: Four recommendations for getting the most from your analysis. *Practical Assessment, Research, and Evaluation, 10*(1), 7. https://doi.org/10.7275/jyj1-4868.

Damásio, B. F. (2013). Contribuições da análise fatorial confirmatória multigrupo (AFCMG) na avaliação de invariância de instrumentos psicométricos. *Psico-USF, 18*(2), 211-220. https://doi.org/10.1590/S1413-82712013000 200005.

Danner, D., Aichholzer, J., & Rammstedt, B. (2015). Acquiescence in personality questionnaires: Relevance, domain specificity, and stability. *Journal of Research in Personality, 57*, 119-130. https://doi.org/10.1016/j.jrp.2015.05.004.

Ferrando Piera, P. J. (2021). Seven decades of factor analysis: From Yela to the present day. *Psicothema, 33*(3), 378-385.

Fife-Schaw, C. (2010). Introdução à modelagem de equações estrutural. In G. M. Breakwell, S. Hammond, C. Fife-Schaw, & J. A. Smith. (Orgs.), *Métodos de pesquisa em psicologia* (pp. 434-453). Artmed.

Floyd, F. J., & Widaman, K. F. (1995). Factor analysis in the development and refinement of clinical assessment instruments. *Psychological Assessment, 7*(3), 286. https://doi.org/10.1037/1040-3590.7.3.286.

Franco, V. R., Valentini, F., & Iglesias, F. (2017). Introdução à análise fatorial confirmatória. In B. F. Damásio, & J. C. Borsa. (Orgs.), *Manual de desenvolvimento de instrumentos psicológicos* (pp. 295-322). Vetor.

Hernández, A., Drasgow, F., & González-Romá, V. (2004). Investigating the functioning of a middle category by means of a mixed-measurement model. *Journal of Applied Psychology, 89*(4), 687-699. https://doi.org/10.1037/0021-9010.89.4.687.

Hilbert, S., Stadler, M., Lindl, A., Naumann, F., & Bühner, M. (2019). Analyzing longitudinal intervention studies with linear mixed models. *TPM: Testing, Psychometrics, Methodology in Applied Psychology, 26*(1), 101-119. https://psycnet.apa.org/record/2019-13999-006.

Howard, M. C. (2016). A review of exploratory factor analysis decisions and overview of current practices: What we are doing and how can we improve? *International Journal of Human-Computer Interaction, 32*(1), 51-62. https://doi.org/10.1080/10447318.2015.1087664.

Johnson, J. A. (2005). Ascertaining the validity of individual protocols from web-based personality inventories. *Journal of Research in Personality, 39*(1), 103-129. https://doi.org/10.1016/j.jrp.2004.09.009.

Jones, L. V. (2007). Remembering L. L. Thurstone. In R. Cudech, & R. C. MacCallum. (Eds.), *Factor analysis at 100: Historical developments and future directions* (pp. 23-34). Lawrence Erlbaum Associates.

Jowett, S., & Poczwardowski, A. (2007). Understanding the coach-athlete relationship. In S. Jowett, & D. Lavalee (Eds.), *Social psychology in sport* (pp. 3-14). Human Kinetics.

Kahneman, D. (2011). *Thinking, fast and slow.* Allen Lane.

Lerner, R. M., Lerner, J. V., Almerigi, J., Theokas, C., Phelps, E., Gestsdottir, S. Naudeau, S., Jelicic, H., Alberts, A. E., Ma, L., Smith, L. M., Bobek, D. L., Richman-Raphael, D., Simpson, I., Christiansen, E. D., & Von Eye, A. (2005). Positive youth development, participation in community youth development programs, and community contributions of fifth grade adolescents: Findings from the first wave of the 4-H study of positive youth development. *Journal of Early Adolescence, 25*(1), 17-71. https://doi.org/10.1177%2F0272431604272461.

Markon, K. E. (2019). Bifactor and hierarchical models: Specification, inference, and interpretation. *Annual Review of Clinical Psychology, 15*, 51-69. https://doi.org/10.1146/annurev-clinpsy-050718-095522.

Marsh, H. W. (2007). Application of confirmatory factor analysis and structural equation modeling in sport/exercise psychology. In G. Tenenbaum, & R. C. Eklund (Eds.), *Handbook of sport psychology* (pp. 774-798). Wiley.

Marsh, H. W., Guo, J., Dicke, T., Parker, P. D., & Craven, R. G. (2020). Confirmatory factor analysis (CFA), exploratory structural equation modeling (Esem), and set-Esem: optimal balance between goodness of fit and parsimony. *Multivariate Behavioral Research, 55*(1), 102-119. https://doi.org/10.1080/00273171.2019.1602503.

Maydeu-Olivares, A., & Coffman, D. L. (2006). Random intercept item factor analysis. *Psychological Methods*, *11*(4), 344-362. https://doi.org/10.1037/1082-989X.11.4.344.

Meade, A. W., & Craig, S. B. (2012). Identifying careless responses in survey data. *Psychological Methods*, *17*(3), 437-455. https://doi.org/10.1037/A0028085.

Morin, A. J. S., Myers, N. D., & Lee, S. (2020). Modern factor analytic techniques: Bifactor models, exploratory structural equation modeling (Esem) and bifactor-Esem. In G. Tenenbaum, & R. C. Eklund (Orgs.), *Handbook of sport psychology* (4th ed., pp. 1-36). Wiley.

Mulder, J. D., & Hamaker, E. L. (2021). Three extensions of the random intercept cross-lagged panel model. *Structural Equation Modeling: A Multidisciplinary Journal*, *28*(4), 638-648. https://doi.org/10.1080/10705511.2020.1784738.

Peixoto, E. M., & Martins, G. H. (2021). Contribuições da análise fatorial confirmatória para a validade de instrumentos psicológicos. In C. Faiad, M. N. Baptista, & R. Primi (Orgs.), *Tutorial em análise de dados aplicados à psicometria* (pp. 143-160). Editora Vozes.

Podsakoff, P. M., MacKenzie, S. B., Lee, J. Y., & Podsakoff, N. P. (2003). Common method biases in behavioral research: A critical review of the literature and recommended remedies. *Journal of Applied Psychology*, *88*(5), 879-903. https://doi.org/10.1037/0021-9101.88.5.879.

Primi, R., Santos, D., De Fruyt, F., & John, O. P. (2019). Comparison of classical and modern methods for measuring and correcting for acquiescence. *British Journal of Mathematical and Statistical Psychology*, *72*(3), 447-465. https://doi.org/10.1111/bmsp.12168.

Rosseel, Y. (2012). Lavaan: An R package for structural equation modeling. *Journal of Statistical Software*, *48*(2), 1-36. http://www.jstatsoft.org/v48/i02/.

Silva, M. P. P., Campos, D., & Peixoto, E. M. (no prelo). *Escala de conexão no esporte (ECE): Investigação das propriedades psicométricas e controle da aquiescência.*

Silva, M. P. P., Peixoto, E. M., Zanini, D. S., Andrade, J. M. (2022). Stress mindset measure: A study of acquiescence control and factor invariance between the regions of Brazil. *Paidéia*, *32*, 1-9. https://doi.org/10.1590/1982-4327e3238.

Spearman, C. (1904). "General intelligence" objectively determined and measured. *American Journal of Psychology*, *15*, 201-293. https://doi.org/10.1037/11491-006.

Valentini, F. (2017). Influência e controle da aquiescência na análise fatorial. *Avaliação Psicológica*, *16*(2), 1-4. http://dx.doi.org/10.15689/ap.2017.1602.ed.

Valentini, F., & Hauck Filho, N. (2020). O impacto da aquiescência na estimação de coeficientes de validade. *Avaliação Psicológica*, *19*(1), 1-3. http://dx.doi.org/10.15689/ap.2020.1901.ed.

Valentini, F., Mose, L. D. B., Ramos, I. D. S., & Conceição, N. M. D. (2020). Development of the inventory of supporting for socio-emotional skills, evidence of internal structure controlling for acquiescence. *Estudos de Psicologia*, *37*, 1-14. https://doi.org/10.1590/1982-0275202037e180161.

Vieira, G. P., Kamazaki, D. F., Weiss, C., Zanon, C., & Bandeira, D. R. (2021). Aquiescência em autorrelatos: Introdução ao conceito, correlatos e possíveis soluções. *Interação em Psicologia*, *25*(3), 361-370. http://dx.doi.org/10.5380/riep.v25i3.75797.

Vierimaa, M., Bruner, M. W., & Côté, J. (2018). Positive youth development and observed athlete behavior in recreational sport. *PloS One, 13*(1), 1-14. https://doi.org/10.1371/journal.pone.0191936.

Weijters, B., Geuens, M., & Schillewaert, N. (2010). The individual consistency of acquiescence and extreme response style in self-report questionnaires. *Applied Psychological Measurement, 34*(2), 105-121. https://doi.org/10.1177/0146621609338593.

Weijters, B., Schillewaert, N., & Geuens, M. (2008). Assessing response styles across modes of data collection. *Journal of the Academy of Marketing Science, 36*(3), 409-422. https://doi.org/10.1007/s11747-007-0077-6.

Wetzel, E., Böhnke, J. R., & Brown, A. (2016). Response biases. In F. T. L. Leong, D. Bartram, F. M. Cheung, K. F. Geisinger, & D. Iliescu (Orgs.), *The ITC international handbook of testing and assessment* (pp. 349-363). Oxford University Press.

Widaman, K. F. (2012). Exploratory factor analysis and confirmatory factor analysis. In H. Cooper, P. M. Camic, D. L. Long, A. T. Panter, D. Rindskopf, & K. J. Sher (Eds.), *Data analysis and research publication* (Vol. 3., pp. 361-389). American Psychological Association. https://doi.org/10.1037/13621-018.

Xia, Y., & Yang, Y. (2019). RMSEA, CFI, and TLI in structural equation modeling with ordered categorical data: The story they tell depends on the estimation methods. *Behavior Research Methods, 51*(1), 409-428. https://doi.org/10.3758/s13428-018-1055-2.

Yu, Z., Guindani, M., Grieco, S. F., Chen, L., Holmes, T. C., & Xu, X. (2021). Beyond t test and Anova: Applications of mixed-effects models for more rigorous statistical analysis in neuroscience research. *Neuron, 110*(1), 21-35. https://doi.org/10.1016/j.neuron.2021.10.030.

10

IDENTIFICANDO AGRUPAMENTOS NÃO OBSERVADOS: COMO FAZER ANÁLISE DE CLASSE/PERFIL LATENTE

Ariela Raissa Lima-Costa
Bruno Bonfá-Araujo
Gisele Magarotto Machado
Felipe Valentini
André Pereira Gonçalves
Pedro Afonso Cortez

Introdução

Os modelos de mistura (*finite mixture models*) são um aglomerado de modelos utilizados para representar a heterogeneidade de dados com distribuições complexas em um número delimitado de grupos latentes. Esses métodos têm sido empregados nas mais diversas áreas, como medicina, economia, psiquiatria e psicologia (Weller et al., 2020). Entre eles, a Análise de Classes Latentes (ACL) e a Análise de Perfis Latentes (APL) têm sido muito empregadas em estudos da psicologia (*e.g.*, Fernández et al., 2020; Tyndall et al., 2020).

A ACL e a APL apresentam diversas vantagens quando comparadas a métodos mais convencionais para identificar heterogeneidade nos dados. Elas fornecem diversos índices de ajuste e critérios para permitir ao pesquisador avaliar a qualidade dos modelos testados e a quantidade de classes/perfis mais adequada (Karnowski, 2017). Ainda que a aplicabilidade desses métodos venha sendo demonstrada nas mais diversas áreas, é possível observar uma escassez de pesquisas brasileiras sobre psicologia utilizando-os, talvez por serem pouco difundidos nesse contexto (Cortez, 2019; Primi, 2018). Portanto, este capítulo tem como objetivo explicar a ACL e a APL e a aplicabilidade desses métodos de forma simples. Além disso, este capítulo objetiva fornecer um tutorial prático sobre como realizar ACL e APL no programa R, interpretar, reportar e utilizar os resultados encontrados.

As análises de ACL e APL buscam recuperar grupos homogêneos que não foram diretamente observados e, portanto, estão ocultos dentro do banco de dados (Goodman, 1974; Muthén, 1989). Para explicar a ideia, podemos recorrer a metáfora da omelete: em uma omelete, são misturados diversos grupos de ingredientes, e o que se observa no fim é uma massa única. Nessa metáfora, os modelos de mistura buscam "reverter" a omelete, procurando os grupos de ingredientes nessa massa única; portanto é uma arte de *unscrambling the scrambled eggs* (Oberski, 2016). Podemos também recorrer a um exemplo: realizamos uma coleta de dados com itens de personalidade em amostras de pacientes com transtorno borderline, narcisista e esquizoide. Neste exemplo, os dados representam uma amostra heterogênea (pois há participantes com distintos diagnósticos); e a ACL ou a APL pode ser utilizada para recuperar os agrupamentos.

A ACL é um método estatístico para identificar uma variável latente categórica segundo variáveis categóricas observadas (dicotômicas ou politômicas). A variável latente categórica a qual a ACL se refere são classes, subgrupos da população que apresentam homogeneidade de características entre si. A Análise de Perfis Latentes tem o mesmo objetivo que a ACL. No entanto, a APL usa variáveis contínuas como indicadores para diferenciar os indivíduos da amostra (Oberski, 2016). Por exemplo, é possível encontrar na literatura um perfil de indivíduos que apresentam uma combinação de baixa empatia e alta impulsividade (usualmente associados a variável psicopatia), e um segundo perfil que apresenta o inverso (presente em grande parte da população geral). Portanto, este tipo de análise permite a identificação de representações mais parcimoniosas de tais agrupamentos, uma vez que tais subpopulações são encontradas de maneira relativamente simples.

Para investigar tais agrupamentos ou subpopulações, é necessário seguir alguns parâmetros específicos e recomendações analíticas. Contudo, antes de discutirmos essas recomendações, alguns pré-requisitos e conceituações são necessários. Como conceituações, a APL/ACL (1) visa identificar subgrupos que apresentem atributos pessoais ou ambientais semelhantes; (2) considera a associação de tais perfis com variáveis contínuas (APL) e categóricas (ACL) observadas, indicando assim o grau de probabilidade para cada indivíduo pertencer a um subgrupo; (3) pode fazer uso de dados demográficos e outras variáveis para a descrição dos perfis; e (4) pode fazer uso de variáveis contínuas, categóricas ou a combinação destas (Magidson & Vermunt, 2002). Assim, são encontrados padrões semelhantes registrados por certos indivíduos, e tais padrões são comparados entre as subpopulações, identificando finalmente como tais subpopulações se relacionam com variáveis preditoras ou de desfecho. Para melhor expor as recomendações a aplicações da APL/ACL, dividimo-las em quatro tópicos: (a) Questões de pesquisa aplicadas a APL, (b) Recomendações analíticas, (c) APL na prática e (d) ACL na prática.

Questões de Pesquisa Aplicadas a APL

Para que uma pesquisa possa fazer uso da APL, é necessário que o tópico sob investigação seja passível de agrupamentos teoricamente relacionados. Nessa conformidade, é mister, antes de propor sua pesquisa, saber que as variáveis a serem analisadas se relacionam, mas são distintas e suficientes entre si, indicando potencial para identificação de perfis latentes. Tais recomendações são facilmente atingidas ao serem selecionados referenciais teóricos consolidados. Porém, pode-se realizar análises preliminares a fim de destacar que a estrutura fatorial esperada é encontrada empiricamente, por exemplo, por análises fatoriais exploratórias e confirmatórias.

Uma vez obtido um banco de dados adequado para a aplicação da APL/ACL, podemos seguir para as indagações principais, ou seja, quais e quantos perfis estão presentes em meus dados e a probabilidade de replicação desses perfis em diferentes amostras. Para encontrar respostas a essas perguntas, precisamos antes definir em nosso projeto duas coisas, o (a) tamanho amostral e como realizar a (b) validação de tais perfis.

Tamanho Amostral

A decisão sobre a quantidade adequada de participantes que são necessários para aplicação de uma APL/ACL já está estabelecida na literatura. Nylund et al. (2007), com base em um estudo de simulação, descreveram que um tamanho amostral mínimo de 500 indivíduos é suficiente para a identificação correta de perfis latentes.

No entanto, esse valor pode variar em função do número de variáveis observadas, número de perfis latentes na população e parâmetros dos itens (principalmente da probabilidade condicional). Caso exista maior proficiência e rigor por parte do pesquisador, a melhor estratégia é a realização de uma simulação Monte Carlo que visa determinar o tamanho adequado para alcance do poder estatístico esperado (Dziak et al., 2014). Todavia, este método é mais avançado e requer maior conhecimento de parâmetros populacionais e maior quantidade de detalhes na literatura, características nem sempre disponíveis.

Validação dos Perfis

A validação de perfis, assim como o tamanho amostral, requer planejamento. Para tanto, é possível investigar as evidências de validade em três diferentes níveis (Spurk et al., 2020). O primeiro deles diz respeito ao acúmulo de evidências para a APL/ACL com resultados baseados no critério, ou seja, testando as diferenças médias (ou frequências) entre as subpopulações obtidas. Esta mesma investigação pode ser feita em momento posterior, comparando resultados de diferentes momentos para os grupos encontrados. O segundo processo de validação diz respeito a identificar a replicabilidade do modelo com diferentes amostras e/ou diferentes contextos. Assim, é possível realizar a APL/ACL com diferentes amostras com a finalidade de comparar os diferentes perfis/classes encontrados, utilizando como base os parâmetros estatísticos obtidos (Morin et al., 2016).

Por fim, o terceiro processo de acúmulo de evidências diz respeito ao teste de semelhanças e diferenças entre os resultados obtidos na APL com análises de regressão baseadas em uma única distribuição populacional. Todavia, esse terceiro método não deve ser considerado como padrão de validação, uma vez que existem razões conceituais ou metodológicas que podem apresentar resultados diferentes entre esses métodos. Por exemplo, alguns participantes com valores extremos em uma variável podem distorcer os resultados e causar efeitos significativos em análises de regressão, indicando um resultado tendencioso. De modo geral, ao fazermos uso da APL é necessário planejamento e tomada de decisão cuidadosa ao selecionarmos a amostra e evidências a serem investigadas.

Recomendações Analíticas

Após a coleta dos dados, deve-se atentar para as escolhas que envolvem os aspectos próprios da análise de dados. As seções textuais a seguir buscam esclarecer os seguintes elementos a) seleção de estimadores; b) tratamento de dados faltantes; c) nível das soluções; d) determinação da quantidade de perfis; e) avaliação dos níveis de ajuste; f) interpretação teórico-prática do conteúdo dos perfis modelados; e g) evidências de validade dos perfis latentes modelados.

Seleção dos Estimadores

A exploração das variáveis envolvidas no estudo por meio de estatísticas descritivas pode indicar o melhor caminho para definir qual estimador aplicar. Quando os dados foram coletados no nível contínuo, o estimador do tipo *Maximum Likelihood* (ML) pode ser adequado (Berlin et al., 2014). Nos casos de distribuições não normais, recomendam-se as alternativas robustas a dados desse tipo (Vermut & Magidson, 2002). É possível aplicar, por exemplo, o estimador do tipo *Maximum Likelihood with Robust standard errors* (MLR).

Em alguns casos, pode ser indicado a inspeção de *outliers* com a respectiva remoção dos casos que não se adequam à distribuição do conjunto de dados. Note que a implementação desse tipo de estratégia pode resultar em vieses, sendo necessária a inspeção prévia para a proposição adequada deste tipo de procedimento (Gibbert et al., 2021). Exemplificam esse tipo de viés as análises que resultam em perfis unicamente extremos para um dos lados da distribuição, pelo que se aconselha a reinspeção por parte do responsável pela modelagem (Hirschi & Valero, 2017). Na literatura da área, é possível se aprofundar sobre as escolhas de estimadores em investigação que trata da questão aos interessados de forma mais detalhada (Asparouhov & Muthén, 2011).

Tratamento de Dados Faltantes

Diferentes autores ressaltam a importância de imputação e tratamento para dados faltantes (Schafer & Graham, 2002; Spurk et al., 2020). Os procedimentos para tratamento dos dados faltantes podem envolver imputação ou exclusão, dependendo se o dado faltante tem natureza aleatória ou sistemática. Alguns procedimentos utilizados na área com respaldo em estudos anteriores podem ser enunciados, tais como: 1) *Full Information Maximum Likelihood Estimation* (FIML); 2) imputação múltipla; e 3) exclusão do tipo *listwise* ou *pairwise*.

A principal recomendação neste caso reside em inspecionar a literatura sobre tratamentos para dados faltantes em modelagens computacionais, tendo em vista que as considerações se aplicam no caso da APL (Berlin et al., 2014; Vermunt & Magidson, 2002). Normalmente, não recomendamos imputar mais de 10% dos dados faltantes. Observe que alguns softwares podem apresentar rotina-padrão, mas isso não significa que os dados faltantes não foram tratados. Em todos os casos, é fundamental reportar qual a rotina empregada pelo analista ou pelo software de forma padrão a fim de que vieses possam ser inspecionados pelos interessados na modelagem realizada (Little & Rubin, 2020).

Nível das Soluções

Uma questão recorrente no uso das técnicas de modelagem respalda-se na aplicação com o intuito de respaldar inferência e generalização ao modelo proposto. No contexto da APL, é fundamental ter atenção para as soluções geradas de forma local (máxima local). Esse tipo de solução tende a não ser plausível, pois usualmente indica uma única possibilidade de iteração e convergência ao modelo apresentado, sendo representado usualmente por modelos perfeitos com *log-likelihood* próximo ao valor 0 (Berlin et al., 2014).

De forma mais verossímil à realidade, estimam-se dentro da APL muitas máximas plausíveis de convergência do modelo de forma ótima. Assim, para evitar o problema da máxima local, sugere-se a implementação de rotinas analíticas que sejam capazes de replicar o mesmo valor de *log-likelihood* em ao menos duas soluções de iteração distintas (Vermunt & Magidson, 2002). Quando essa estratégia não se mostra efetiva, é recomendado que se insira diferentes números para a inicialização de iteração até que seja possível obter um modelo plausível à realidade da APL (Howard et al., 2016). Isso significa alcançar condições em que o valor de *log-likelihood* se mostre replicado conforme supracitado (Schmidt et al., 2021).

Determinação da Quantidade de Perfis/Classes Latentes

Estabelecidos os passos anteriores, o analista deve focar a proposição do quantitativo de perfis. Nesta etapa, é crucial a conciliação entre o elemento teórico-prático e o analítico, tendo em vista que somente o foco em valores de ajuste estatístico ou a escolha arbitrária podem não ser suficientes (Spurk et al., 2020). Isso não significa que essa recomendação seja harmonizada na literatura da área, considerando que diferentes pesquisadores tendem a arbitrar com maior grau pelo ajuste estatístico ou pela primazia do conteúdo teórico-prático. A despeito de preferências pessoais, faz-se a sugestão de que sejam mantidas as duas perspectivas pelo analista a fim de impactar com maior grau a proposição dos perfis latentes derivados da análise (Hirschi & Valero, 2017).

Sobre o sequenciamento na definição da quantidade de perfis de forma conciliatória entre elementos de ajuste estatístico e teórico-prático, faz-se a seguinte sugestão como passo a passo: 1) inspecionar as saídas das análises buscando mensagens de erro, incluindo parâmetros fora dos limites de ajuste; 2) questionar sobre a plausibilidade das estimativas encontradas para os perfis em questão; 3) verificar os índices de ajuste relativo (*e.g.*, AIC, BIC etc.) para contrastar as alternativas geradas; 4) checar as probabilidades condicionais que revelam a probabilidade de endosso do item por indivíduos de uma classe, incluindo o índice de entropia para tal análise; 5) contrastar o modelo gerado com um modelo alternativo que apresente uma estrutura de "k-1" perfis, sendo k = quantidade de classes do modelo atual submetido ao teste (Ram & Grimm, 2009).

Ademais, atente-se para o fato de que modelos mais parcimoniosos tendem a diferenciar os indivíduos em perfis distintos de forma ótima. Quando um mesmo indivíduo apresentar probabilidade de pertencimento próximo 0,80 para diferentes perfis, verifique a possibilidade de reestimação do modelo a fim de otimizar as diferenças entre os perfis propostos para o segmento em análise (Haines et al., 2018). Outros índices de ajuste são passíveis de implementação para a definição do quantitativo de perfis, sendo listados em termos de vantagem e desvantagens em teorização temática ao tema (Spurk et al., 2020).

Avaliação dos Níveis de Ajuste

De modo geral, a inspeção dos índices de ajuste relativos (AIC, BIC, entre outros) deve ser utilizada como critério comparativo de um modelo em relação a outro. Modelos com menores valores nesses índices, são preferíveis, mas com atenção quanto ao problema "máxima local", o qual foi supracitado. Neste mesmo sentido, aplica-se o raciocínio para o *log-likelihood*, em que o menor índice é desejável, mas devem ser replicados em iterações distintas para se mostrar significativo (Spurk et al., 2020). Valores de entropia superiores a 0,60 podem ser considerados, embora o valor preferível fique em torno de 0,80 ou superior (Celeux & Soromenho, 1996). Testes de diferenças entre os perfis modelos também podem ser empregados (Lo et al., 2001; McLachlan & Peel, 2000), sendo passíveis de implementação em rotinas de alguns softwares (*e.g.*, *Mplus, RStudio*). No caso de não diferença entre os modelos, recomenda-se aquele com maior parcimônia em função da explicação teórico-prática, o que será abordado a seguir.

Todos os procedimentos apresentados para interpretação dos resultados da ACL e para a decisão do número de classes são utilizados na APL. Os procedimentos são diferentes apenas para interpretar as características das classes encontradas, pois a ACL utiliza probabilidades de endosso das categorias de resposta, ao passo que a APL se baseia nas médias dos indicadores utilizados. Essas diferenciações são apresentadas de forma mais detalhada em literatura da área, sendo preciso aprofundamento nos diferentes modelos para avaliação do ajuste de forma mais adequada ao resultado identificado pelo pesquisador (Weller et al., 2020).

Interpretação Teórico-Prática dos Perfis/Classes Latentes Modelados

O uso de perfis latentes busca a diferenciação entre participantes distintos, o que torna a discriminação entre perfis um elemento centro a ser avaliado na interpretação teórico-prática. Assim, quando um perfil for adicionado sem adicionar uma compreensão efetiva que se aplique ao propósito de análise, deve-se optar pela versão com maior parcimônia no aspecto interpretativo teórico-prático (Berlin et al., 2014). O desafio na formulação qualitativa de perfis latentes envolve a demonstração de que "k +1" perfis latentes (sendo k o número de perfis razoavelmente interpretáveis até então retidos) são interessantes e contribuem efetivamente para o problema disparador da análise (Vermunt & Magidson, 2002).

Em situações ambíguas sobre o uso de estatísticas de ajuste, priorize a interpretação teórico-prática, considerando que, em alguns casos, os índices de ajuste podem vir a melhorar com maior número de perfis, mas a entropia pode ser prejudicada, gerando perfis ambíguos ou redundantes no aspecto teórico-prático (Parker & Brockmann, 2019). Algumas indicações sobre os tamanhos dos perfis latentes também podem ser úteis para essa decisão. O tamanho amostral mínimo indicado por perfil é de 25 participantes, apesar de haver soluções plausíveis com número amostral menor (Lubke & Neale, 2006). Ao menos 3% dos participantes devem estar dentro de um perfil para considerá-lo interessante na retenção teórico-prática (Gillet et al., 2018). Elaborações atuais sobre modelagens confirmatórias podem vir a ser úteis nos casos em que a alternativa de exploração e retenção dos perfis não se mostra frutífera ao propósito teórico-prático (Finch & Bronk, 2011).

Evidências de Validade dos Perfis/Classes Latentes Modelados

As evidências de validade ofertadas para perfis latentes usualmente integram validade de conteúdo (representatividade teórico-prática), validade ecológica (arbitragem em termos de adequação da proposta à realidade) e validade critério (relacionamento com algum critério externo em termos explicativos, preditivos ou discriminatórios). Como uma alternativa à aferição da validade de conteúdo, o formato de comitê de especialistas ou índices de concordância entre juízes simples ou compostos usualmente implementados em outros campos (*e.g.*, psicometria) podem vir a ser implementados (Villemor-Amaral, 2008). Por sua vez, a validade ecológica é complexa e multifacetada, sendo usualmente arbitrada de forma qualitativa e analisada processualmente a respeito dos impactos dos perfis latentes gerados em função do problema que gerou a modelagem (Woo et al., 2018). É usual em diferentes campos de modelagem que dificuldades quanto à validade dos perfis estimulem a busca por aprimoramento contínuo dos modelos (Kihlstrom, 2021), o que pode vir a ser implementado em APL.

Quanto à validade "critério", as alternativas usualmente se apresentam de forma mais direta. O campo de modelagens explicativas, preditivas e testes de hipóteses mostra-se bem estabelecido para tanto. De modo geral, as estatísticas baseadas em testes de Wald podem determinar diferenças nas pontuações entre perfis distintos (Bakk & Vermunt, 2016). O uso dos perfis latentes como variáveis preditoras para a compreensão de variáveis desfechos de forma concorrente ou preditiva também é possível de implementação (Jesuino et al., 2021). Nos casos descritos, as recomendações próprias da literatura de modelagens e outras análises multivariadas devem ser seguidas a fim de assegurar a condução adequada do delineamento analítico proposto (Tabachnick et al., 2007).

APL na Prática: executando a análise de perfil latente no software RStudio

Nesta seção serão apresentados os passos a serem seguidos para executar análise de classe e perfil latente no programa RStudio. O primeiro passo é abrir o banco e identificar onde estão as variáveis de interesse. Como o banco foi exportado do programa SPSS, foi utilizado o pacote haven. No exemplo a seguir, serão consideradas as variáveis Despeito (*Spitefulness*), Psicopatia, Maquiavelismo e Narcisismo.

```
# Abrir banco
library(haven)
scale <- read_sav("C:/ ss.scale.sav")
View(scale)

#Identificar as variáveis no banco
names(scale)
```

O segundo passo é carregar o pacote que realizará a análise. Em caso de perfil latente, usa-se o pacote tidyLPA para comparar as possíveis soluções, isto é, diferentes quantidades de perfis. No exemplo a seguir, serão comparadas soluções de 2, 3, 4 e 5 perfis. Na função select(), indica-se quais variáveis do banco serão utilizadas, e pode-se usar o número da variável ou o nome. Na função estimate_profiles(), primeiro indicamos as soluções que queremos comparar.

```
#instala o pacote "tidyLPA"
install.packages("tidyLPA ")
#carega o pacote
library(tidyLPA)

# Comparar soluções
m2_m5 <- scale %>%
 select(163:166) %>%
 single_imputation() %>%
 scale () %>%
 estimate_profiles(2:5,
        variances = c("equal", "varying"),
        covariances = c("zero", "varying")) %>%
 compare_solutions(statistics = c("AIC", "BIC","BLRT_p"))

m2_m5
```

Com base no resultado, usando a função compare_solutions(), é possível perceber que a melhor solução são dois perfis.

```
Compare tidyLPA solutions:

  Model Classes AIC      BIC      BLRT_p
1     2        3036.510 3084.129 0.010
1     3        2936.513 3002.446 0.010
1     4        2940.436 3024.684 0.396
1     5        2877.161 2979.724 0.010
6     2        2853.308 2959.533 0.010
6     3        2838.443 2999.613 0.059
6     4        2828.307 3044.422 0.099
6     5        2822.917 3093.976 0.248

Best model according to AIC is Model 6 with 5 classes.
Best model according to BIC is Model 6 with 2 classes.
Best model according to BLRT_p is Model NA with NA classes.

An analytic hierarchy process, based on the fit indices AIC, AWE, BIC, CLC, and KIC (Akogul &
Erisoglu, 2017), suggests the best solution is Model 6 with 2 classes.
```

O próximo passo é solicitar a análise com dois perfis, com o gráfico, os indicadores e as estimativas. A função scale() é usada para distribuir os dados em uma escala de -5 a +5; caso queira que os dados variem de 0 a 1, basta substituir por poms(). Em seguida, pode-se solicitar o gráfico usando a função plot_profiles(), os indicadores do perfil usando a função get_fit(), e as estimativas de média e variância das variáveis consideradas para formar os perfis usando a função get_estimates().

```
> get_fit(mX) # indicadores dos perfis
# A tibble: 1 × 18
  Model Classes LogLik AIC  AWE  BIC  CAIC CLC  KIC SABIC  ICL  Entropy prob_min prob_max
  <dbl> <dbl>   <dbl>  <dbl> <dbl> <dbl> <dbl> <dbl> <dbl> <dbl> <dbl>  <dbl>   <dbl>    <dbl>
1 1     2       -1505. 3037. 3195. 3084. 3097. 3012. 3053. 3043. -3098. 0.917  0.923   0.989
# ... with 4 more variables: n_min <dbl>, n_max <dbl>, BLRT_val <dbl>, BLRT_p <dbl>

> get_estimates(mX)
# A tibble: 16 × 8
   Category  Parameter Estimate se      p        Class Model Classes
   <chr>     <chr>     <dbl>    <dbl>   <dbl>    <int> <dbl> <dbl>
 1 Means     ss.total   1.73    0.455  1.51e-4   1     1     2
 2 Means     sdt.mach   1.28    0.239  8.70e-8   1     1     2
 3 Means     sdt.nar    0.577   0.293  4.90e-2   1     1     2
 4 Means     sdt.psico  1.49    0.303  9.18e-7   1     1     2
 5 Variances ss.total   0.482   0.0757 1.97e-10  1     1     2
 6 Variances sdt.mach   0.714   0.0546 4.28e-39  1     1     2
 7 Variances sdt.nar    0.939   0.0800 8.05e-32  1     1     2
 8 Variances sdt.psico  0.613   0.0718 1.45e-17  1     1     2
 9 Means     ss.total  -0.298   0.0580 2.64e-7   2     1     2
10 Means     sdt.mach  -0.221   0.0801 5.80e-3   2     1     2
11 Means     sdt.nar   -0.0998  0.0639 1.18e-1   2     1     2
12 Means     sdt.psico -0.258   0.0790 1.11e-3   2     1     2
13 Variances ss.total   0.482   0.0757 1.97e-10  2     1     2
14 Variances sdt.mach   0.714   0.0546 4.28e-39  2     1     2
15 Variances sdt.nar    0.939   0.0800 8.05e-32  2     1     2
16 Variances sdt.psico  0.613   0.0718 1.45e-17  2     1     2
```

Figura 10.1 *Exemplo de Gráfico das Médias dos Perfis em cada Variável Mensurada*

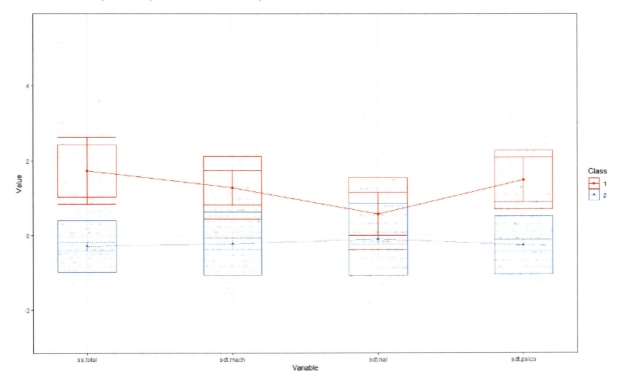

Agora é preciso identificar quais sujeitos pertencem a cada perfil latente. Para isso, será usada a função get_data() para identificar a probabilidade de cada sujeito pertencer a um determinado perfil.

```
# Solicitar a probabilidade de cada pessoa em cada grupo
data<- get_data(mX)
data
data<- data[, c("Class",
        "CPROB1",
        "CPROB2")] #passar as probabilidades para o banco
scale <- cbind(dataX,scale)
```

```
# indicar o modelo (ou fórmula) para a LCA
f1<- as.formula(cbind(idcpt_23,idcpt_31,idcpt_32,
        idcpt_64,idcpt_67, idcpt_69,
        idcpt_82, idcpt_92, idcpt_96,
        idcpt_118, idcpt_176, idcpt_188,
        idcpt_193,idcpt_204,idcpt_212)~1)
```

Figura 10.2 *Exemplo da Saída no R para Identificação da Probabilidade de cada Sujeito Pertencer a um Perfil Específico*

	Class	CPROB1	CPROB2	ss1	ss2	ss3	ss4	ss5	ss6	ss7	ss8	ss9
1	1	8.719262e-01	1.280738e-01	1	4	5	1	1	5	1	1	
2	2	1.381945e-06	9.999986e-01	1	2	5	1	1	3	1	2	
3	1	9.999997e-01	3.395703e-07	1	2	4	2	1	5	3	5	
4	1	9.976929e-01	2.307091e-03	1	1	2	2	2	3	4	5	
5	1	1.000000e+00	9.411886e-14	3	5	4	5	5	4	5	5	
6	2	3.686121e-07	9.999996e-01	1	1	4	1	1	1	1	2	
7	2	1.011399e-06	9.999990e-01	1	1	5	1	1	1	1	1	
8	1	9.999873e-01	1.271317e-05	4	5	2	1	5	5	5	5	
9	1	1.000000e+00	1.264842e-16	5	5	5	5	5	5	5	5	
10	2	1.501729e-02	9.849827e-01	1	4	5	1	1	4	1	1	

ACL na Prática: executando a análise de classe latente no software RStudio

Embora o tidyLPA (Rosenberg et al., 2018) seja adequado para análise de perfis latentes, ele não permite a análise de classes latentes com variáveis observadas categóricas. A análise de classes latentes pode ser realizada utilizando o pacote poLCA (Linzer & Lewis, 2011). Aqui daremos um exemplo do uso do pacote, utilizando os dados de um questionário para a triagem de transtornos de personalidade (idcp-triagem) (Carvalho et al., 2017). Esse questionário é composto por 15 itens, respondidos em uma escala Likert de quatro pontos (1 = Nada, 2 = Pouco, 3 = Moderadamente, e 4 = Muito). Os itens serão usados como indicadores na LCA neste exemplo.

O primeiro passo é instalar e carregar o pacote:

```
#instala o pacote "poLCA"
install.packages("poLCA")
#carega o pacote
library(poLCA)
#carrega o banco de dados (em formato SPSS)
library(haven)
bd.idcpt <- read_sav("bd.idcpt.sav")
```

Após carregar os pacotes e o banco de dados, é necessário criar uma fórmula composta pelas variáveis que serão utilizadas como indicadores da LCA. O objeto da fórmula foi nomeado como f1, e as variáveis que serão indicadoras na análise estão entre parênteses.

Para modelos sem covariáveis, o *default* é cbind(variável1, variável2, variável3)~1. A função cbind é utilizada para combinar objetos por colunas. Para modelos com covariáveis, elas devem estar especificadas após o ~, da seguinte forma cbind(variável1, variável2, variável3)~ cov1+cov2+cov3. Neste caso, são estimadas as covariáveis entre as classes latentes e as variáveis externas. No nosso exemplo, não temos covariáveis, por isso a fórmula está configurada de acordo com o *default*.

Após especificar a fórmula, testamos soluções com diferentes números de classes (Nylund et al., 2007). O argumento "nclass" especifica o número de classes testadas. Nos exemplos, testamos soluções com 1, 2, 3, 4 e 5 classes.

```
# testa o modelo especificado no passo anterior
LCA1 <- poLCA(f1, data=IDCPef1, nclass=1)
LCA2 <- poLCA(f1, data=IDCPef1, nclass=2)
LCA3 <- poLCA(f1, data=IDCPef1, nclass=3)
LCA4 <- poLCA(f1, data=IDCPef1, nclass=4)
LCA5 <- poLCA(f1, data=IDCPef1, nclass=5)
```

No *output* de cada uma das soluções testadas, são apresentados os índices de ajuste AIC e BIC que auxiliarão na escolha do melhor modelo. No entanto, o poLCA não calcula o BLRT nem o LMR LRT. Para o cálculo do LMR LRT, é possível usar uma função do pacote tidyLPA, descrita a seguir:

calc_lrt(n, null_ll, null_param, null_classes, alt_ll, alt_param, alt_classes)

Esta necessita dos seguintes argumentos:

n = número de pessoas no banco de dados;

null_ll = log-likelihood da solução com k-1 classes;

null_param = número de parâmetros da solução com k-1 classes;

null_classes = número de classes da solução com k-1 classes;

alt_ll = log-likelihood da solução com k classes;

alt_param = número de parâmetros da solução com k classes;

alt_classes = número de classes da solução com k classes.

Por exemplo, para gerar o LMR LRT do modelo de três classes, é necessário inserir informações desse modelo e do modelo com k-1 classes, que seria o modelo de duas classes, tal qual exemplificado a seguir:

calc_lrt3<-calc_lrt(625, -11166,50, 91, 2, -11051,51, 137, 3)

n = 625 (número de pessoas no banco de dados);

null_ll = -11166,50 (log-likelihood da solução com 2 classes);

null_param = 91 (número de parâmetros da solução com 2 classes);

null_classes = 2 (número de classes da solução com k-1 classes = 2 classes);

alt_ll = -11051,51 (log-likelihood da solução com 3 classes);

alt_param = 137 (número de parâmetros da solução com 3 classes);

alt_classes = 3 (número de classes da solução com k classes = 3 classes).

Todas essas informações estão localizadas no *output* de cada uma das soluções da LCA. As informações dos modelos com 1, 2, 3, 4 e 5 classes estão apresentadas na **Tabela 10.1**.

Tabela 10.1 Índices de *Ajuste das Soluções com Uma a Cinco Classes*

Classes	AIC	BIC	LMR LRT	*p* LMR LRT
1	23200,63	23400,33	-	-
2	22515,00	22918,84	739,36	< 0,001
3	22377,02	22984,99	218,66	< 0,001
4	22246,28	23058,39	211,78	< 0,001
5	22195,19	23211,44	136,04	< 0,001

Considerando os índices de ajuste, decidimos adotar a solução de duas classes. Para analisar as probabilidades condicionais de cada item, utilizamos a função print(LCA2). O *output* mostra a probabilidade de cada classe selecionar cada uma das categorias de resposta, como demonstrado na **Tabela 10.2**.

Tabela 10.2 *Probabilidades Condicionais por Item*

Variável	Classe	Pr(1)	Pr(2)	Pr(3)	Pr(4)
idcpt_23	Classe 1	0,06	0,42	0,36	0,16
	Classe 2	0,04	0,19	0,30	**0,47**
idcpt_31	Classe 1	0,23	0,44	0,26	0,07
	Classe 2	0,05	0,17	**0,36**	**0,42**
idcpt_32	Classe 1	0,47	0,32	0,16	0,06
	Classe 2	0,20	0,31	0,23	0,26
idcpt_64	Classe 1	0,54	0,31	0,13	0,02
	Classe 2	0,16	0,29	0,25	0,30
idcpt_67	Classe 1	0,59	0,34	0,06	0,01
	Classe 2	0,44	0,29	0,19	0,08
idcpt_69	Classe 1	0,12	0,56	0,27	0,04
	Classe 2	0,05	0,31	**0,39**	**0,26**
idcpt_82	Classe 1	0,28	0,47	0,19	0,05
	Classe 2	0,07	0,26	**0,35**	**0,31**
idcpt_92	Classe 1	0,23	0,56	0,18	0,03
	Classe 2	0,12	0,28	**0,36**	**0,25**
idcpt_96	Classe 1	0,34	0,46	0,16	0,04
	Classe 2	0,10	0,37	0,33	0,20
idcpt_118	Classe 1	0,21	0,33	0,28	0,18
	Classe 2	0,02	0,06	0,24	**0,68**
idcpt_176	Classe 1	0,59	0,30	0,08	0,02
	Classe 2	0,40	0,27	0,23	0,10

Variável	Classe	Pr(1)	Pr(2)	Pr(3)	Pr(4)
idcpt_188	Classe 1	0,54	0,28	0,14	0,05
	Classe 2	0,48	0,26	0,13	0,12
idcpt_193	Classe 1	0,35	0,43	0,17	0,04
	Classe 2	0,22	0,44	0,21	0,13
idcpt_204	Classe 1	0,26	0,55	0,15	0,04
	Classe 2	0,10	0,41	0,24	0,25
idcpt_212	Classe 1	0,73	0,22	0,22	0,00
	Classe 2	0,63	0,23	0,11	0,04

As probabilidades condicionais apresentadas na **Tabela 10.2** são uma transformação exponencial do *threshold* estimado para a categoria do item. O parâmetro é uma estimativa da probabilidade de o participante que pertence à classe K endossar a categoria c do item. Esse parâmetro também pode ser utilizado para avaliar a força da relação entre uma classe latente e um item. Por exemplo, para o primeiro item (idcpt_23), participantes estimados como pertencentes à classe 1 apresentam maior probabilidade de selecionar as categorias de resposta 2 (42%) e 3 (36%); e participantes da classe 2 apresentam maior probabilidade de selecionar as categorias 4 (47%) e 3 (30%). Esse padrão, em que a classe 2 apresenta maior probabilidade de selecionar categorias mais severas e a classe 1, categorias mais brandas, repete-se ao longo dos itens do instrumento. Desta forma, podemos nomear a classe 1 como "personalidade saudável" e a classe 2 como "risco de personalidade patológica".

Ainda que esse padrão de personalidade patológica exista na classe 2, é possível perceber que os itens funcionam de forma diferente na discriminação dos grupos. Por exemplo, para o item idcpt_32, que se refere a experiências místicas e sobrenaturais, participantes da classe 1 apresentam uma tendência nítida em selecionar a categoria de resposta 1 (47%) e 2 (32%). Porém participantes da classe 2 tendem a endossar o item de maneira mais homogênea, indiscriminando as categorias de resposta (20%, 31%, 23% e 26%). Isso mostra que este item é capaz de identificar pessoas sem indícios de personalidade patológica, mas não é adequado para diferenciar pessoas com personalidade patológica; ou seja, ele tem boa especificidade e baixa sensibilidade. Em contrapartida, o item idcpt_118, que se refere à tendência em experiência de confusão sobre si mesmo e sobre a vida, tem boa sensibilidade e baixa especificidade. Participantes da classe 2 tendem a selecionar a categoria de resposta 4 (68%), enquanto participantes da classe 1 apresentam probabilidades de endosso semelhantes em todas as categorias de resposta (21%, 33%, 28% e 18%).

Alguns itens conseguem diferenciar bem as duas classes latentes. Por exemplo, as categorias altas do item idcpt_82, cujo conteúdo reflete a tendência em ser estranho/diferente, tendem a ser endossadas pelos participantes da classe 2; e as categorias mais baixas são mais endossadas pelos participantes da classe 1. De maneira oposta, alguns itens não estão diferenciando os grupos adequadamente. Por exemplo, para o item idcpt_67, que versa sobre as tendências agressivas, ambas as classes apresentaram maior probabilidade de selecionar as categorias de resposta 1 e 2. Tendo em vista os itens que melhor discriminaram a classe 2 (*e.g.*, itens 23, 31, 69, 82, 92, 118), é possível verificar que a classe de risco de personalidade patológica engloba mais tendências de sentimento de confusão e excentricidade, típicos de alguns transtornos de personalidade, como o dependente, o esquizoide e o esquizotípico, e não engloba características de manipulação e agressividade, típicas do transtorno antissocial e do narcisista, por exemplo (American Psychiatric Association, 2022)

Importante pontuar que também é possível solicitar uma representação gráfica das probabilidades de resposta a cada uma das categorias dos indicadores para cada classe. Para tanto, basta usar o comando plot().

```
plot(LCA2)
```

Entre parênteses, deve constar o nome do objeto em que os resultados da LCA estão salvos. Usando este comando na solução com duas classes, temos a **Figura 10.3**.

Figura 10.3 *Probabilidades Condicionais por Item e por Classe*

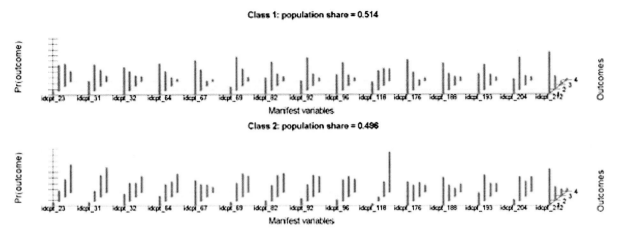

Após definir as classes, também é possível estimar a classificação dos participantes, ou as probabilidades de classificação, que podem ser utilizadas para verificar associações com outras variáveis. As probabilidades de classificação de cada participante em cada classe podem ser recuperadas da lista "posterior" do objeto salvo com o *output* (utilize a linha de comando LCA2[["posterior"]]); e as classes nas quais cada participante foi classificado, na lista "predclass" (LCA2[["predclass"]]). Utilizamos as probabilidades para verificar associações com variáveis externas indicadoras de psicopatologia, a saber: "você possui diagnóstico psiquiátrico?", "você faz ou já fez tratamento psiquiátrico?', "você já tentou suicídio?", "você pensa em suicídio atualmente?". Como essas variáveis são dicotômicas (sim = 1, não = 0), utilizamos uma correlação ponto-bisserial para investigar sua associação com a probabilidade de pertencimento à classe 2. É importante esclarecer que as probabilidades de pertencimento à classe 1 e à classe 2 são redundantes (uma é o inverso da outra). Logo, se utilizássemos as probabilidades de pertencimento à classe 1 como variável, os resultados seriam os mesmos, porém com sinal invertido. Optamos pela classe 2, pois é a classe de interesse, já que a consideramos como a classe que representa pessoas com risco de personalidade patológica.

Utilizamos a função cor.test(x, y) para verificar as correlações entre as variáveis. Os resultados das correlações estão apresentados na **Tabela 10.3**.

Tabela 10.3 *Correlação Ponto-Bisserial entre Variáveis de Psicopatologia e Probabilidade de Pertença à Classe 2*

	Probabilidade de pertença à classe 2	
	Correlação	*p*
Diagnóstico psiquiátrico	0,22	< 0,001
Tratamento psiquiátrico	0,17	< 0,001
Tentativa de suicídio	0,22	< 0,001
Ideação suicida	0,36	< 0,001

As correlações foram positivas e significativas para todas as variáveis externas, indicando que pessoas com maior probabilidade de pertencer à classe 2 também apresentam leve tendência a diagnóstico psiquiátrico, a já ter realizado tratamento psiquiátrico, a ter histórico de suicídio e a ter ideação suicida. Essas associações corroboram que a classe 2 agrupou pessoas com mais características patológicas de personalidade. No entanto, como essas correlações são baixas, a classe 2 ainda parece bastante heterogênea com relação aos diagnósticos de psicopatologia.

Considerações Finais

O presente capítulo buscou apresentar um breve panorama sobre as análises de classes latentes e perfis latentes. É fundamental ressaltar mais uma vez a diferenciação entre as duas modelagens, por se tratar de um ponto central de aprimoramento aos interessados na temática. Modelos de classes são indicados para variáveis observadas categóricas. Os perfis são sugeridos para variáveis observadas intervalares. Estabelecidas essas diferenças seminais, espera-se que as orientações prestadas possam facilitar a proposição dessas modelagens por autores falantes de língua portuguesa no Brasil e fora dele, tendo em vista o impacto da proposição de classes e perfis em diferentes campos de atuação das ciências da saúde, ciências humanas e ciências sociais aplicadas. A conformidade analítica, conjuntamente à robustez teórico-prática dos interessados ao tema, pode vir a despertar modelagens de perfis que subsidiem ações capazes de ofertar as condições geradoras de desfechos positivos para a sociedade de forma ampliada.

Referências

American Psychiatric Association. (2022). *Diagnostic and statistical manual of mental disorders* (5th ed., text revision).

Asparouhov, T., & Muthén, B. (2011). Using bayesian priors for more flexible latent class analysis. In *Proceedings of the 2011 joint statistical meeting*, American Statistical Association Alexandria, VA.

Bakk, Z., & Vermunt, J. K. (2016). Robustness of stepwise latent class modeling with continuous distal outcomes. *Structural Equation Modeling: A Multidisciplinary Journal, 23*(1), 20-31. https://doi.org/10.1080/1070 5511.2014.955104.

Berlin, K. S., Williams, N. A., & Parra, G. R. (2014). An introduction to latent variable mixture modeling (part 1): Overview and cross-sectional latent class and latent profile analyses. *Journal of Pediatric Psychology, 39*, 174-187. https://doi.org/10.1093/jpepsy/jst084.

Carvalho, L. D. F., Pianowski, G., & Reis, A. M. (2017). Development and diagnostic accuracy of the screening of the dimensional clinical personality inventory TT. *Psicologia: Ciência e Profissão, 37*(4), 1.011-1.024. https://doi.org/10.1590/1982-3703003082016.

Celeux, G., & Soromenho, G. (1996). An entropy criterion for assessing the number of clusters in a mixture model. *Journal of Classification, 13*, 195-212. https://doi.org/10.1590/1982-3703003082016.

Cortez, P. A. (2019). Manual de desenvolvimento de instrumentos psicológicos: Contribuições emergentes em psicometria e avaliação psicológica. *Avaliação Psicológica: Interamerican Journal of Psychological Assessment, 18*(1), 108-110. http://dx.doi.org/10.15689/ap.2019.1801.15431.12.

Dziak, J. J., Lanza, S. T., & Tan, X. (2014). Effect size, statistical power, and sample size requirements for the bootstrap likelihood ratio test in latent class analysis. *Structural Equation Modeling: A Multidisciplinary Journal, 21*(4), 534-552. https://doi.org/10.1080/10705511.2014.919819.

Fernández, R. S., Crivelli, L., Guimet, N. M., Allegri, R. F., & Pedreira, M. E. (2020). Psychological distress associated with Covid-19 quarantine: Latent profile analysis, outcome prediction and mediation analysis. *Journal of Affective Disorders, 277*, 75-84. https://doi.org/10.1016/j.jad.2020.07.133.

Finch, W. H., & Bronk, K. C. (2011). Conducting confirmatory latent class analysis using M plus. *Structural Equation Modeling, 18*(1), 132-151. https://doi.org/10.1080/10705511.2011.532732.

Gibbert, M., Nair, L. B., Weiss, M., & Hoegl, M. (2021). Using outliers for theory building. *Organizational Research Methods, 24*(1), 172-181. https://doi.org/10.1177/1094428119898877.

Gillet, N., Morin, A. J., Sandrin, E., & Houle, S. A. (2018). Investigating the combined effects of workaholism and work engagement: A substantive-methodological synergy of variable-centered and person-centered methodologies. *Journal of Vocational Behavior, 109*, 54-77. https://doi.org/10.1016/j.jvb.2018.09.006.

Goodman, L. A. (1974). Exploratory latent structure analysis using both identifiable and unidentifiable models. *Biometrika, 61*(2), 215-231. https://doi.org/10.1093/biomet/61.2.215.

Haines, V. Y., Doray-Demers, P., & Martin, V. (2018). Good, bad, and not so sad part-time employment. *Journal of Vocational Behavior, 104*, 128-140. https://doi.org/10.1016/j.jvb.2017.10.007.

Hirschi, A., & Valero, D. (2017). Chance events and career decidedness: Latent profiles in relation to work motivation. *The Career Development Quarterly, 65*, 2-15. https://doi.org/10.1002/cdq.12076.

Howard, J., Gagné, M., Morin, A. J., & Van den Broeck, A. (2016). Motivation profiles at work: A self-determination theory approach. *Journal of Vocational Behavior, 95-96*, 74-89. https://doi.org/10.1016/j.jvb.2016.07.004.

Jesuíno, A. D. S. A., Cortez, P. A., Lima-Costa, A. R., Bonfá-Araujo, B., & Valentini, F. (2021). Antisocial behavior: Taxometric and latent profile evidence among Brazilian drivers. *Trends in Psychology, 29*(3), 534-542. http://doi.org/ 10.1007/s43076-021-00067-1.

Karnowski, V. (2017). Latent class analysis. In J. Matthes, C. S. Davis, & R. F. Potter (Eds.), *The international encyclopedia of communication research methods* (pp. 1-10). John Willey & Sons Inc. https://doi.org/10.1002/9781118901731.iecrm0130.

Kihlstrom, J. F. (2021). Ecological validity and "ecological validity". *Perspectives on Psychological Science, 16*(2), 466-471. https://doi.org/10.1177%2F1745691620966791.

Linzer, D. A. & Lewis, J. B. (2011). PoLCA: An R package for polytomous variable latent class analysis. *Journal of Statistical Software, 42*(10), 1-29. https://www.jstatsoft.org/v42/i10/.

Little, R. J. A., & Rubin, D. B. (2020). *Statistical analysis with missing data* (3rd ed.). John Wiley & Sons.

Lo, Y., Mendell, N. R., & Rubin, D. B. (2001). Testing the number of components in a normal mixture. *Biometrika, 88*, 767-778. https://www.jstor.org/stable/2673445.

Lubke, G., & Neale, M. C. (2006). Distinguishing between latent classes and continuous factors: Resolution by maximum likelihood? *Multivariate Behavioral Research, 41*(4), 499-532. https://doi.org/10.1080/00273170802490673.

Magidson, J., & Vermunt, J. K. (2002). A nontechnical introduction to latent class models. *DMA Research Council Journal*, 1-15. http://www.statisticalinnovations.com/articles/lcmodels2.pdf.

McLachlan, G., & Peel, D. (2000). Mixtures of factor analyzers. In *Proceedings of the Seventeenth International Conference on Machine Learning*, Morgan Kaufman.

Morin, A. J., Meyer, J. P., Creusier, J., & Biétry, F. (2016). Multiple-group analysis of similarity in latent profile solutions. *Organizational Research Methods, 19*(2), 231-254. https://doi.org/10.1177/1094428115621148.

Muthén, B. O. (1989). Latent variable modeling in heterogeneous populations. *Psychometrika, 54*(4), 557-584. https://doi.org/10.1007/BF02296397.

Nylund, K. L., Asparouhov, T., & Muthén, B. O. (2007). Deciding on the number of classes in latent class analysis and growth mixture modeling: A Monte Carlo simulation study. *Structural Equation Modeling: A Multidisciplinary Journal, 14*, 535-569. https://doi.org/10.1080/10705510701575396.

Oberski, D. (2016). Mixture models: Latent profile and latent class analysis. In J. Robertson, M. Kaptein (Eds.), *Modern statistical methods for HCI: Human-computer interaction series* (pp. 275-287). Springer. https://doi.org/10.1007/978-3-319-26633-6_12.

Parker, P. D., & Brockman, R. (2019). Longitudinal structural equation modeling in lifespan developmental analyses. In O. Braddick (Ed.), *Oxford research encyclopedia of psychology* (pp. 512-549). Oxford University Press.

Primi, R. (2018). Avaliação psicológica no século XXI: De onde viemos e para onde vamos. *Psicologia: Ciência e Profissão, 38*, 87-97. https://doi.org/10.1590/1982-3703000209814.

Ram, N., & Grimm, K. J. (2009). Methods and measures: Growth mixture modeling. A method for identifying differences in longitudinal change among unobserved groups. *International Journal of Behavioral Development, 33*, 565-576. https://doi.org/10.1177/0165025409343765.

Rosenberg, J. M., Beymer, P. N., Anderson, D. J., Van Lissa, C. J., & Schmidt, J. A. (2018). TidyLPA: An R package to easily carry out latent profile analysis (LPA) using open-source or commercial software. *Journal of Open Source Software, 3*(30), 1-3. https://doi.org/10.21105/joss.00978.

Schafer, J. L., & Graham, J. W. (2002). Missing data: Our view of the state of the art. *Psychological Methods, 7*, 147-177. https://pubmed.ncbi.nlm.nih.gov/12090408/.

Schmidt, M. N., Seddig, D., Davidov, E., Mørup, M., Albers, K. J., Bauer, J. M., & Glückstad, F. K. (2021). Latent profile analysis of human values: What is the optimal number of clusters? *Methodology: European Journal of Research Methods for the Behavioral and Social Sciences, 17*(2), 127-148. https://doi.org/10.5964/meth.5479.

Spurk, D., Hirschi, A., Wang, M., Valero, D., & Kauffeld, S. (2020). Latent profile analysis: A review and "how to" guide of its application within vocational behavior research. *Journal of Vocational Behavior, 120*, 1-21. https://doi.org/10.1016/j.jvb.2020.103445.

Tabachnick, B. G., Fidell, L. S., & Ullman, J. B. (2007). *Using multivariate statistics*. Pearson.

Tyndall, I., Waldeck, D., Pancani, L., Whelan, R., Roche, B., & Pereira, A. (2020). Profiles of psychological flexibility: A latent class analysis of the acceptance and commitment therapy model. *Behavior Modification, 44*(3), 365-393. https://doi.org/10.1177/0145445518820036.

Vermunt, J. K., & Magidson, J. (2002). Latent class cluster analysis. In J. Hagenaars, & A. McCutcheon (Eds.), *Applied latent class analysis* (pp. 89-106). Cambridge University Press.

Villemor-Amaral, A. E. D. (2008). A validade teórica em avaliação psicológica. *Psicologia: Ciência e Profissão, 28*(1), 98-109. http://pepsic.bvsalud.org/scielo.php?script=sci_abstract&pid=S1414-98932008000100008.

Weller, B. E., Bowen, N. K., & Faubert, S. J. (2020). Latent class analysis: A guide to best practice. *Journal of Black Psychology, 4*, 287-311. https://doi.org/10.1177/0095798420930932.

Woo, S. E., Jebb, A. T., Tay, L., & Parrigon, S. (2018). Putting the "person" in the center: Review and synthesis of person-centered approaches and methods in organizational science. *Organizational Research Methods, 21*(4), 814-845. https://doi.org/10.1177/1094428117752467.

11

USO DA ANÁLISE DE CONGLOMERADOS (*CLUSTERS*) E DA ANÁLISE DISCRIMINANTE

Zenith Nara Costa Delabrida
Vicente Cassepp-Borges

Introdução

Genericamente falando, o objetivo da ciência é entender as diferenças e semelhanças entre os fenômenos. Para as ciências humanas, os aspectos sociais e individuais dos fenômenos humanos são de grande importância, mas são eventos multideterminados, normalmente com muitas variáveis envolvidas. A estatística, então, oferece-nos uma ferramenta de análise que auxilia no entendimento dessas múltiplas variáveis. Pode-se dividir a estatística em não paramétrica e paramétrica. Entre as paramétricas, em univariada, bivariada e multivariada. As análises que serão apresentadas neste capítulo são classificadas em multivariadas, por permitirem analisar múltiplas medidas sob cada indivíduo ou objeto de investigação (Hair et al., 2005). A análise multivariada tem sido bem-sucedida principalmente no planejamento de experimentos e na análise de dados, por exemplo, de uma *survey*. O presente capítulo mostrará que perguntas de pesquisa podem ser respondidas com as análises apresentadas e em que consistem essas análises.

A análise de conglomerados, ou *cluster*, e a análise discriminante são um pacote de análises amplamente utilizado pelas ciências econômicas, destacando-se áreas como a administração e a publicidade. Esse grupo de análises de fato tem muita utilidade para pesquisas de mercado. No entanto, cada vez mais outras ciências também vêm utilizando esses métodos, como a medicina, a biologia e a própria psicologia. O fato de termos um método objetivo para criar grupamentos é de grande valia para determinar perfis de consumidores de um produto, eleitores de um candidato, animais de uma mesma espécie ou pacientes psiquiátricos com uma mesma patologia. Ao criar grupos com elementos inter-relacionados, que seria a criação de conglomerados ou *clusters*, pode-se identificar quais variáveis podem influenciar ou, por outro lado, discriminar a pertença a grupos, como veremos a seguir.

A Escolha das Análises

Figura 11.1 *Diagrama Comparando o Tipo de Relação Investigada pelas Análises de Conglomerado e Discriminante*

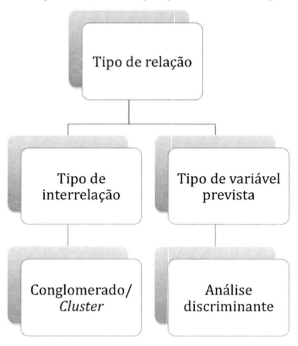

A **Figura 11.1** mostra, de maneira resumida, que tipo de relação pode ser investigada utilizando as análises de *cluster* e discriminante. Ambas as análises, apresentadas no presente capítulo, investigam o grau de pertença. Sendo assim, é prudente que se faça um planejamento prévio do tipo de análise que se fará dos dados. Esse planejamento deve ser feito com base na teoria, nas características do objeto de estudo e/ou nos achados empíricos prévios da literatura. A pergunta básica é: Que tipo de relação a teoria ou os achados empíricos estabelecem entre as variáveis, de interdependência ou dependência? Os dados disponíveis registram um conjunto de variáveis que se relacionam entre si (interdependentes) ou uma variável dependente? Caso a relação seja de interdependência, a análise mais adequada é de conglomerados ou *clusters*. Se a relação estabelecida é de dependência, com variáveis dicotômicas ou multicotômicas, então a análise é discriminante. Entretanto, uma análise não exclui a outra, desde que os critérios sejam atendidos. Uma estratégia de análise é investigar primeiro como os casos se agrupam, formando os *clusters*. Feito isso, pode-se investigar que variáveis podem influenciar esse agrupamento, por meio da análise discriminante.

Análise de Conglomerados ou de Agrupamentos (Clusters)

Conforme previamente salientado, esta análise está incluída no grupo de técnicas multivariadas. Sua finalidade é agregar objetos com base nas características que possuem (Hair et al., 2005). Esse agrupamento tem o objetivo de ser relativamente homogêneo, por isso é chamado de "conglomerados". Os resultados obtidos devem apresentar tanto uma homogeneidade interna (dentro de cada conglomerado) quanto em função da grande heterogeneidade externa (entre conglomerados), diferenciando-se dos demais. Isso quer dizer que cada sujeito deve apresentar características semelhantes aos sujeitos do seu grupo, mas características diferentes dos sujeitos dos demais grupos. Por exemplo, podemos usar a análise de *clusters* para saber como as variáveis responsabilidade financeira, posição hierárquica na estrutura familiar, condições de saúde podem diferenciar idosos na sua avaliação do clima familiar (Rabelo & Neri, 2020). Por outro lado, você pode identificar a diferença de um serviço oferecido por várias instituições, como foi investigado por Silva et al. (2021), um tipo de acessibilidade das páginas de internet de universidades do Nordeste que foram agrupadas em dois grupos, mais acessíveis e menos acessíveis.

Um dos princípios básicos da análise de *clusters* é o de que cada conglomerado possui um centroide, ou seja, um ponto em um gráfico que melhor representa todos os sujeitos do *cluster*. Assim, para avaliar se os clusters são parecidos ou distintos, deve-se avaliar também a distância (ou proximidade) entre eles. Se os *clusters* e seus respectivos centroides estiverem muito próximos, talvez não faça sentido dividir a amostra nesses conglomerados, pois há pouca diferença entre os sujeitos em relação às variáveis utilizadas na análise. A análise de *cluster* traz resultados mais úteis quando se percebe claramente essa distinção entre os grupos.

As duas maneiras de avaliar a distância entre dois *clusters* são a medida euclidiana e a *log-likelihood*. A medida euclidiana trata apenas do comprimento de uma linha reta entre os dois casos. Ela pode ser utilizada somente quando se têm exclusivamente variáveis contínuas. Já a *log-likelihood* pode ser usada tanto com Variáveis Independentes (VI) categóricas quanto contínuas. No caso das contínuas, são assumidas que elas têm distribuição normal. No caso das categóricas, elas são tratadas como multinomiais, ou seja, com mais de um possível valor para a variável dependente. Em resumo, a vantagem da medida euclidiana é ser mais simples, o que é útil na ciência, de acordo com o princípio da parcimônia, e a vantagem da *log-likelihood* é poder utilizar variáveis categóricas e contínuas (SPPS, 2009).

A análise de *cluster* pode ser feita por meio de três métodos: *two-way joining* (*two steps clustering*), *k-means clustering* e *joining* (*tree clustering* ou *cluster hierárquico*). Os três métodos têm o mesmo objetivo, o de identificar grupos mediante variáveis independentes, e são explicados a seguir (IBM Corp., 2023).

Two steps cluster. É um procedimento exploratório que visa descobrir em quantos grupos a amostra pode ser dividida. Todas as variáveis inseridas no modelo serão independentes, podendo ser utilizadas tanto variáveis categóricas como contínuas. O número de *clusters* pode ser determinado automaticamente ou pode ser estabelecido a priori.

K-médias. Permite que sejam criados grupos homogêneos conforme uma amostra grande e algumas variáveis independentes. Esse procedimento, no entanto, exige que o pesquisador determine o número de grupos (*clusters*) nos quais a amostra será dividida. Opcionalmente, o pesquisador pode escolher uma variável segundo a qual os casos serão rotulados, o que pode ser útil na preparação de uma análise discriminante.

Cluster hierárquico. Essa análise procura encontrar grupos relativamente homogêneos de casos ou variáveis. A fórmula matemática (algoritmo) para essa análise começa com cada sujeito ou variável pertencendo ao seu próprio grupo, e então vai juntando todos até que se tenha um único grupo com todos os sujeitos ou variáveis. O pesquisador pode observar todos os passos e escolher a melhor solução. De maneira semelhante à análise fatorial, uma boa solução deve apresentar um baixo número de *clusters* sem agrupar sujeitos ou variáveis distintas. Deve-se buscar uma solução com poucos elementos e que, ao mesmo tempo, explique a complexidade da realidade.

Análise Discriminante

A análise discriminante também está incluída no grupo de técnicas multivariadas, cuja finalidade é estabelecer funções discriminantes, ou combinações lineares das variáveis independentes que melhor discriminem entre as categorias da Variável Dependente (VD), grupos ou categorias. O objetivo é permitir a previsão e explicação das relações que provocam impacto no grupo ao qual os casos pertencem, por exemplo: uso ou não uso da descarga em um banheiro público (Delabrida, 2010); ser aprovado ou reprovado no fim do ano no ensino médio (Vicini & Souza, 2005); investir ou não na bolsa de valores (Silva et al., 2008); diferença entre os gêneros na satisfação residencial (Espiridião et al., 2020); discriminar o grau de habilidades sociais de crianças e adolescentes surdos (Quevedo & Andretta, 2021); identificar os estados brasileiros com classificar em baixo, médio e alto nível de incidência de dengue com base na gestão da água e do esgotamento sanitário (Nobrega, 2019). De outra forma, os objetivos da análise discriminante são entender diferenças de grupos e prever a probabilidade de uma entidade (indivíduo ou objeto) pertencer a uma classe ou grupo em particular com base em diversas variáveis independentes métricas.

Deve-se destacar que a análise discriminante é capaz de lidar com mais de duas categorias ou grupos; por exemplo, grau de investimento na bolsa: alto, médio e baixo. São criadas funções discriminativas com um grau de liberdade a menos que as categorias da variável dependente. A vantagem dessa análise é permitir trabalhar com variáveis não métricas usando uma técnica de dependência, similar à que se usa na regressão com variáveis métricas (Hair et al., 2005). Diferentemente da regressão logística, que analisa apenas variáveis dicotômicas ou binárias, a análise discriminante pode ter uma variável dependente com mais categorias.

A análise discriminante pode ser considerada uma inversão da *Multivariate Analysis of Variance* (Manova), pois a interpretação das variáveis dependentes e independentes é contrária. Na Manova, o objetivo é verificar as diferenças entre os grupos no escore em determinadas variáveis, enquanto na análise discriminante se procura descobrir se determinadas variáveis podem predizer o pertencimento aos grupos (Tabachnick & Fidell, 2007). Portanto, essa análise é apropriada quando se quer estabelecer, por meio de análise estatística multivariada, relações de dependência na qual a variável dependente é categórica, ou seja, nominal ou não métrica, enquanto as variáveis independentes são escalares ou métricas.

Essa análise envolve determinar uma variável estatística fruto da combinação linear das duas ou mais variáveis independentes que melhor discriminarão as diferentes categorias ou grupos numa função discriminante, ou seja, dimensões de discriminação entre as categorias ou grupos. Para isso, são criados centroides para cada categoria ou grupo da variável dependente, que representam os valores médios de cada categoria ou grupo. O levantamento deste local mais típico permite a comparação dos sujeitos por meio da diferença entre as suas distâncias. Essas distâncias mostram a capacidade de classificar os casos pertencentes às categorias ou aos grupos dentro da variável dependente. A regra é maximizar a variância entre os grupos ou categorias e minimizar a variância dentro deles para que as variáveis independentes possam ter uma função discriminativa (Hair et al., 2005). Dessa forma, uma análise inicial de *clusters* pode ser bem aproveitada para uma posterior análise discriminante.

Figura 11.2 *Passos da Análise Discriminante*

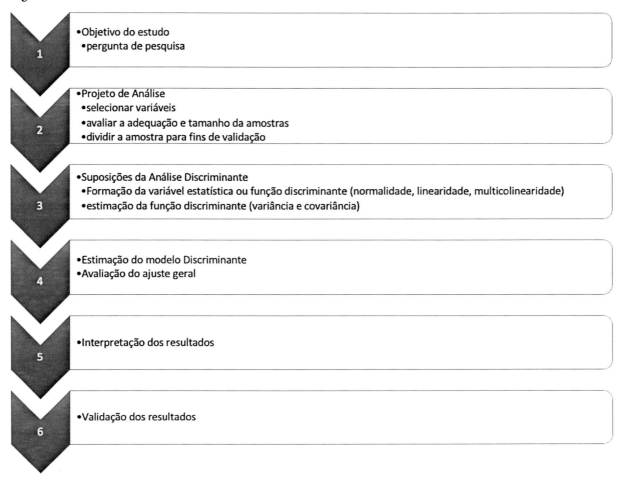

A **Figura 11.2** mostra os passos para a realização de uma análise discriminante, de acordo com Hair et al. (2005). Para explicar cada um dos passos, será utilizado o exemplo de uma pesquisa conduzida pela primeira autora.

Passo 1.   Objetivo do estudo

O objetivo do estudo era investigar o uso de banheiros públicos como uma forma de entender o comportamento em ambientes públicos. A hipótese do estudo é que a avaliação de um determinado ambiente público tem relação com o uso que se faz desse ambiente e pode ser influenciada por algumas variáveis. Ao identificar essas variáveis, seria possível intervir na forma de uso dos ambientes públicos. Essa parte é de fundamental importância, pois, ao fim das análises, os objetivos e hipóteses devem ser analisados à luz dos resultados.

Passo 2.   Organização da análise

    a. *Seleção de variáveis*. A seleção das variáveis foi feita para identificar se variáveis antecedentes (independentes) poderiam discriminar variáveis critério (dependentes). Foi realizada uma análise discriminante *stepwise* utilizando as variáveis que investigavam a ligação à universidade onde se localizavam os banheiros públicos investigados, bem como a forma de uso dos banheiros públicos e dados demográficos (idade e tempo de universidade). A função da análise foi identificar se essas variáveis antecedentes discriminariam as categorias de palavras lembradas a respeito dos banheiros públicos. As variáveis antecedentes "ligação à universidade" e "uso do banheiro público" foram oriundas de análises fatoriais dos itens de um questionário de pesquisa;

b. *Avaliação e adequação do tamanho da amostra.* Deve-se verificar o tamanho da amostra e se as categorias ou grupos são mutuamente excludentes e cobrem todos os casos. Pode-se criar variáveis categóricas de variáveis métricas ou utilizar os extremos polares (variáveis *dummy*). Foram utilizadas apenas as categorias que polarizavam as avaliações, positivas e negativas, ou seja, variáveis categóricas dicotômicas que seriam os grupos que melhor se diferenciaram em função de suas médias para as variáveis independentes e em termos de proporcionalidade de casos em cada categoria. Foi atendido ao critério de 20 casos por variável, que não é um valor fixo, mas serve como referência para o tamanho da amostra. Um baixo número de participantes interfere na sensibilidade do teste. Outro critério pode ser um mínimo de cinco casos por VI, e os casos nos grupos ou categorias devem ser proporcionais;

c. *Divis*ão da amostra para fins de validação. Como forma de validar os resultados da análise, divide-se a amostra do estudo em duas subamostras, chamadas de amostra de análise e amostra de teste. A subamostra de teste funcionará como um teste para a função discriminativa encontrada na subamostra de análise. Essa partição deve ser feita de maneira aleatória. Para garantir a aleatoriedade dos casos nas duas subamostras e sua proporcionalidade, pode ser 60% na primeira subamostra e 40% dos casos na segunda subamostra, guardando também a proporção de casos por VI.

Passo 3. Pressupostos

Assim como as demais análises multivariadas, a análise discriminante guarda alguns pressupostos a serem seguidos. Como a função discriminativa é uma relação linear entre as variáveis independentes, essa análise também deve atender a alguns dos pressupostos de uma regressão múltipla. Tabachnick e Fidel (2007) descrevem que, por ser semelhante à Manova, a análise discriminante tem praticamente os mesmos pressupostos. São eles:

a. *Normalidade multivariada.* As combinações lineares entre quaisquer combinações de variáveis devem ser normalmente distribuídas. Esse pressuposto não pode ser verificado pelos testes estatísticos disponíveis. De qualquer forma, a análise discriminante é robusta à quebra desse pressuposto, principalmente se a falta de normalidade ocorrer por assimetria, mas não por *outliers*;

b. *Ausência de outliers.* Conforme afirmado, a análise discriminante é sensível a *outliers* (casos extremos). Para ter melhores resultados, deve-se excluí-los. Os *outliers* multivariados podem ser identificados com técnicas como a distância Mahalanobis (1936);

c. *Homogeneidade das matrizes de variância-covariância.* Significa que as variáveis inseridas do modelo se devem distribuir da mesma maneira, principalmente com relação à simetria. A avaliação desse pressuposto é feita pelo teste *Box M*, que não deve ser significativo para que seja feita a afirmação da existência de homogeneidade. Cabe salientar que a análise discriminante é relativamente robusta à quebra desse pressuposto. Principalmente quando se está trabalhando com tamanhos de amostra grades e de tamanhos parecidos entre os grupos, a heterogeneidade das matrizes não tende a atrapalhar a análise discriminante;

d. *Linearidade*. A ausência de linearidade não é uma violação de pressuposto com grandes efeitos sobre a análise. De qualquer forma, cabe deixar claro que a análise discriminante é um modelo linear, ou seja, as correlações entre as variáveis têm que gerar resultados em forma de uma linha;

e. *Ausência de multicolinearidade e singularidade*. Significa que o modelo não deve ter variáveis redundantes. Se duas variáveis independentes forem muito correlacionadas, talvez seja necessário utilizar apenas uma delas no modelo.

Passo 4.   Estimação do modelo

a. O primeiro passo foi identificar se as respostas para cada uma das categorias, positiva e negativa, se diferiam (*Box M* = 17,007; p = 0,084), como pode ser visto na **Tabela 11.1**. O resultado não foi estatisticamente significativo, sugerindo a existência de homogeneidade das matrizes de covariância. Sendo assim, as demais análises puderam ser realizadas. No entanto, trata-se de um resultado próximo da significância ao nível de $p < 0,05$, o que recomenda cautela na interpretação desse resultado.

Tabela 11.1 *Resultado do Teste Box M*

	Box's M		17,007
		Approx.	1,659
F		gl 1	10
		gl 2	73442,829
		Sig.	,084

Nota. Delabrida (2010).

b. Para determinar a função discriminante, o pesquisador deve decidir o método de estimação para determinar o número de funções a serem retidas. Há duas formas para isso: o método simultâneo e o método *stepwise*. O primeiro é apropriado quando, por razões teóricas, quer-se incluir todas as variáveis na análise. O segundo método prevê a inserção das variáveis uma por vez, com base em seu poder discriminatório. A primeira variável, a princípio, é a mais discriminante. Esse método é mais adequado quando há um número grande de variáveis e quando há hipóteses específicas a respeito do peso das variáveis na análise segundo a teoria utilizada no estudo. O método *stepwise* ainda pode ser utilizado no nível exploratório, de forma a evitar que sejam inseridas no modelo variáveis que não tenham efeito sobre variável dependente ou variáveis muito correlacionadas com outras variáveis independentes, que possam trazer problemas de multicolinearidade.

A função discriminativa foi calculada em quatro passos, seguindo o método *stepwise*. Esse método foi escolhido por se supor de acordo com a teoria de que variáveis relacionadas à ligação ao lugar poderiam predizer a avaliação a respeito dos banheiros.

O primeiro passo identificou o fator "forma de uso dos banheiros públicos" específicos ($F_{1, 231.000}$ = 8,67; $p < 0,004$). O segundo passo acrescentou o fator "ligação à universidade" como discriminante ($F_{2, 230.000}$ = 7,91; $p < 0,001$). O terceiro passo acrescentou a idade como discriminante ($F_{3, 229.000}$ = 7,78; $p < 0,000$). E finalmente o quarto passo acrescentou o vínculo com a universidade como discriminante ($F_{4, 228.000}$ = 6,91; $p < 0,000$). Cada função deve ser analisada conforme sua significância, e a avaliação de precisão preditiva e a interpretação das funções discriminantes devem ser baseadas apenas em funções significantes (**Tabela 11.2**).

Tabela 11.2 *Variáveis Acrescidas ou Removidas da Análise Discriminante Stepwise*

Passo	Variável independente	Lambda de Wilks				F			
		Valor	gl_1	gl_2	gl_3	Valor	gl_1	gl_2	Sig.
1	Forma de Uso	,964	1	1	231	8,666	1	231	0,004
2	Ligação	,936	2	1	231	7,912	2	230	0,000
3	Idade	,908	3	1	231	7,777	3	229	0,000
4	Vínculo	,892	4	1	231	6,910	4	228	0,000

Nota. Delabrida (2010)

Como descrito na **Tabela 11.3**, a função discriminativa calculada foi estatisticamente significativa (χ^2 = 26,20; W=0,89; gl = 4; $p < 0,000$). A correlação canônica para a função foi de 0,33, que representa respectivamente 33% da relação total entre os preditores e os grupos e foi responsável por 100% da variabilidade explicada entre os grupos.

Tabela 11.3 *Número de Funções Identificadas pelo Lambda de Wilks*

Função discriminante	Lambda de Wilks	Qui-quadrado	gl	Sig.
1	,892	26,204	4	,000

Nota. Delabrida (2010).

c. A análise de centroides mostra o ajuste geral do modelo por meio da magnitude de diferenças entre os membros de cada categoria ou grupo. Como foi identificada apenas uma função discriminativa, pode-se identificar que as categorias de avaliação positiva (M = 0,97) e negativas (M = 1,04) se diferenciavam em termos de suas médias canônicas (**Tabela 11.4**).

Tabela 11.4 *Médias de Grupo (Centroides) de Funções Discriminativas Canônica*

Categorias	Função Discriminante 1
	Médias
Negativo	1,037
Positivo	0,969

Nota. Delabrida (2010).

METODOLOGIA QUANTITATIVA: TÉCNICAS E EXEMPLOS DE PESQUISA

Passo 5.   Interpretação dos resultados

Esses resultados são baseados em 74,6% dos casos corretamente classificados, sendo o grupo que avalia negativamente corretamente classificado em 96% dos casos, enquanto o grupo que avalia positivamente foi classificado em 22% dos casos corretamente. Esse nível de precisão preditiva é aceitável? Hair et al. (2005) sugerem a seguinte fórmula:

C = 1 / (número de casos dentro do grupo)

A fórmula é válida quando as amostras têm o mesmo tamanho. Quando não, vale usar o critério da chance máxima. Ele é calculado conforme os tamanhos dos grupos. Por exemplo, se a proporção é de 65% dos casos em um grupo e 35% de casos no outro grupo, a chance máxima de classificação correta é de 65%. No exemplo, a proporção é de 72% no grupo negativo e 28% no grupo positivo (**Tabela 11.5**).

Tabela 11.5 *Matriz de Classificação para Análise Discriminante das Categorias Positivo e Negativo de Avaliação do Banheiro Público*

		Pertinência prevista	
	Nº de casos	Negativo	Positivo
Negativo	173	166	7
		96%	4%
Positivo	67	52	15
		77%	22%
Casos não agrupados	80	69	11
		86,2%	13,8%

Nota. Delabrida (2010).

Com base nessa análise, pode-se concluir que a categoria positiva ($M = 2,99$; $DP = 0,78$) e a categoria negativa ($M = 3,29$; $DP = 0,67$) se diferenciam em função da forma de uso do banheiro público, da ligação à universidade, da idade e do vínculo com a universidade. Sendo assim, quem avalia negativamente ($M = 3,28$; $DP = 0,67$) tem um melhor uso do banheiro público específico do que quem avalia positivamente ($M = 2,99$; $DP = 0,77$). No entanto, quem avalia positivamente os banheiros públicos específicos tem uma maior ligação ($M = 2,56$; $DP = 0,77$) que quem avalia negativamente ($M = 2,20$; $DP = 0,90$) e tem uma menor idade ($M = 21$; $DP = 5,0$) que quem avalia negativamente ($M = 22,8$; $DP = 6,5$). Sobre o vínculo à universidade, dos 66 participantes que avaliam positivamente, 39 (59%) afirmaram se apresentar a outras pessoas falando do seu vínculo com a universidade, enquanto 27 (41%) não exibem esse comportamento. Dos 172 participantes que avaliam negativamente, 118 (69%) afirmam se apresentar falando do vínculo com a universidade, enquanto 54 (31%) não falam do seu vínculo com a instituição. Quem avalia negativamente se apresenta falando do seu vínculo com a universidade com uma maior porcentagem do que aqueles que avaliam positivamente.

Passo 6.   Validação dos resultados

Hair et al. (2005) sugerem que se utilize alguma técnica de validação dos dados. Os autores citam duas técnicas: partição da amostra ou validação cruzada. A partição da amostra é a separação da amostra em duas subamostras (análise e teste). A outra técnica é a validação cruzada na qual o pesquisador, após realizar as análises, divide a amostra em duas partes, resguardando o caráter de aleatoriedade, e repete as análises de forma independente nessas duas subamostras. Para comparar os resultados, deve-se criar duas matrizes de classificação, uma para cada subamostra, e comparar os resultados que não devem diferir muito. Outras formas de validação podem ser criar outras subamostras que caracterizem melhor a diferença entre as categorias ou grupos e testar esse modelo em amostras de outros estudos para aumentar a validade externa das predições feitas nesse estudo. Deve-se investigar também os casos não agrupados e os casos agrupados erroneamente.

Destaque. Mais de uma função

Como no exemplo foi identificada apenas uma função, não foi gerado o gráfico das funções combinadas. Quando forem geradas mais de uma função, deve-se analisar as funções de maneira separada e em conjunto. O programa de análise estatística oferece essa opção.

Gráficos e Figuras

As análises em questão produzem alguns gráficos e figuras bastante peculiares, e é importante uma familiarização com eles de forma facilitar a compreensão do que está sendo feito. Apresentamos o dendrograma e o mapa territorial como exemplos para cada uma das análises expostas no capítulo.

Dendrograma

Também é chamado de fenograma ou de gráfico da árvore. Esse gráfico é a síntese da análise de *cluster* hierárquico. Por ele, pode-se quantificar as semelhanças e diferenças entre os grupos. Esse gráfico pode aparecer tanto na horizontal quanto verticalmente (Vicini & Souza, 2005).

Figura 11.3 *Dendograma de uma Análise de Clusters Mostrando Semelhanças e Diferenças entre Países com base em Variáveis Econômicas*

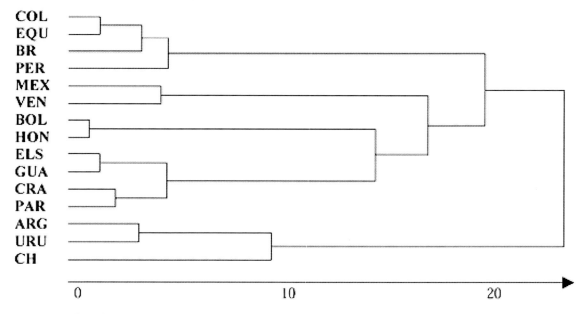

Nota. Kubrusly (2001).

A **Figura 11.3** mostra um dendograma envolvendo países. A pesquisa em questão estava interessada em verificar as semelhanças e diferenças com relação às variáveis PIB, INFLAÇÃO, JUROS EXTERNOS, CÂMBIO, RENDA e GASTOS SOCIAIS, considerando os países COLÔMBIA, EQUADOR, PERU, BRASIL, BOLÍVIA, HONDURAS, COSTA RICA, MÉXICO, EL SALVADOR, GUATEMALA, PARAGUAI, CHILE, VENEZUELA, ARGENTINA e URUGUAI. Assim, pode-se notar que os países com esses indicadores econômicos semelhantes também têm uma proximidade geográfica. Esse tipo de conclusão é possível pela visualização do gráfico. Note ainda que o gráfico tem um valor no seu eixo horizontal. Esse número indica a distância (no caso, euclidiana) entre os grupos.

Mapa Territorial

Esse é o gráfico peculiar da análise discriminante. Por ele, pode-se obter a separação em grupos, que é o objetivo da análise. Para auxiliar na compreensão, temos como exemplo o estudo de Halabisky et al. (2006), que teve como objetivo separar interneurônios de ratos conforme dados com relação à sua atividade eletrofisiológica. A análise discriminante foi utilizada porque permitiu discutir a questão de se os interneurônios são homo ou heterogêneos sem utilizar nenhum viés de estudos prévios.

Figura 11.4 *Mapa Territorial de Atividade Neurológica Discriminada por Aspectos Eletrofisiológicos*

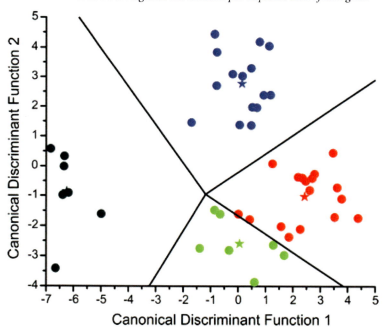

Nota. Halabisky Shen et al. (2006).

Por esse mapa territorial (**Figura 11.4**), pode-se perceber que existem quatro distintos grupos de interneurônios, que registram atividades eletrofisiológicas diferentes e que, portanto, desempenham papéis diferentes. Esses grupos são separados por linhas. Assim, caso seja descoberto um interneurônio não contemplado na pesquisa, basta observar em qual território do mapa ele se encontra a fim de determinar a que grupo ele pertence. As estrelas, no gráfico, representam os centroides, ou seja, um valor médio para todos os interneurônios daquele grupo, o território no mapa. Pelo mapa territorial, é possível observar que os grupos localizados abaixo e à direita têm interneurônios bastante próximos, e que os outros dois grupos são bastante distintos desses dois.

Outro exemplo é a pesquisa de Garcia-Rubio et al. (2019), que utilizou estatísticas de basquete para separar atletas pela sua posição. Os resultados indicaram que existe uma diferença entre armadores (bases), alas (aleros) e pivôs (pivots), conforme pode ser observado na **Figura 11.5**. Apesar dessa distinção, é possível perceber que alguns armadores ou pivôs têm características de alas, e vice-versa. Entretanto, dificilmente armadores vão se confundir com pivôs, e vice-versa também. Para entendedores do jogo, essa característica das posições é bastante clara, e aqui é demonstrada com dado empírico.

Figura 11.5 *Mapa Territorial das Posições de Jogadores de Basquete*

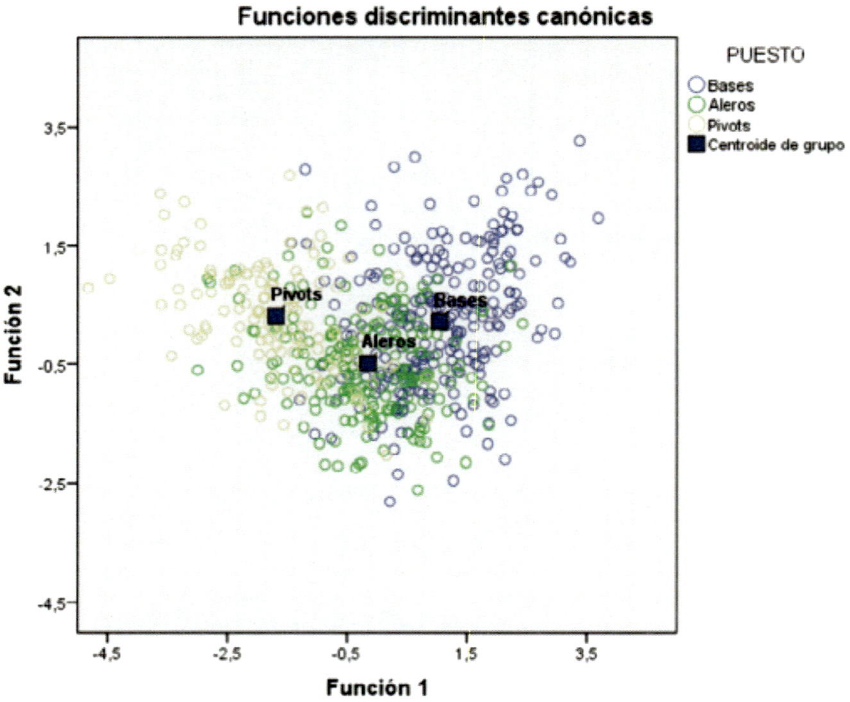

Nota. García-Rubio et al. (2019).

Considerações Finais

As análises apresentadas neste capítulo auxiliam a responder a perguntas sobre agrupamento de casos e diferenciação de grupos. Como, muitas vezes, o agrupamento e a diferenciação dos grupos são feitos de maneira arbitrária pelo pesquisador, ambas as análises não são tão utilizadas. No entanto, há a chance de uma classificação errônea, portanto as análises de conglomerados e discriminantes passam a ter grande importância.

Este grupo de análises é adequado para ser utilizado em combinação com outras análises. Vicini e Souza (2005) sugerem que se faça um desenho de análise de dados que inclua: análise de agrupamentos, para identificar os grupos investigados; análise de componentes principais, que permite uma redução de itens a fatores, reduzindo a quantidade de variáveis e aumentando o poder preditivo da análise; análise discriminante, que auxilia na diferenciação dos grupos; e análise de correspondência, que permite a análise de variáveis qualitativas. Também com a finalidade de agrupar itens, Cassepp-Borges e Ferrer (2019) analisaram o mapa territorial proveniente de um escalonamento multidimensional com a análise fatorial. Estes exemplos mostram como as diversas análises respondem a perguntas de pesquisa semelhantes e podem ser associadas.

Deve-se ressaltar a importância do cuidado em descrever, mesmo que resumidamente, os passos das análises para que o próprio pesquisador avalie a pertinência dos resultados, bem como permita essa avaliação aos seus pares. As análises apresentadas neste capítulo são compostas por vários diferentes índices a fim de interpretar os resultados. Todos têm alguma importância, principalmente na replicação dos resultados, portanto devem ser adequadamente descritos. Manuais como Tabachnick e Fidell (2007) ou Hair et al. (2005) podem auxiliar sobremaneira nessa tarefa.

Por fim, espera-se que as contribuições deste capítulo sejam úteis a pesquisadores e profissionais que buscam compreender a análise de *clusters* e a análise discriminante. Ambas as técnicas são pouco utilizadas na psicologia, no entanto percebe-se que elas guardam um enorme potencial para a área. Diversas questões de pesquisa podem ser mais bem respondidas com essas análises. É crescente o uso das análises de *cluster* e discriminante, e deseja-se que este capítulo possa auxiliar nesse crescimento.

Referências

Cassepp-Borges, V., & Ferrer, E. (2019). Are we missing the circumplexity? An examination of love styles. *Journal of Relationships Research, 10*(e21), 1-10. https://doi.org/10.1017/jrr.2019.13.

Delabrida, Z. N. C. (2010). *O cuidado consigo e o cuidado com o ambiente físico: Estudos sobre o uso do banheiro público* [Tese de doutoramento, Universidade de Brasília.]. Repositório Institucional da UnB. https://repositorio.unb.br/handle/10482/6963.

Esperidião, A. R., Penteado, A. P. B., Branquinho, R. V., Faganello, A. M. P., & Iarozinski Neto, A. (2020). Análise discriminante das características do meio urbano na satisfação do indivíduo. *Encontro Nacional de Tecnologia do Ambiente Construído, 18*(1), 1-8. https://doi.org/10.46421/entac.v18i.960.

García-Rubio, J., Courel-Ibáñez, J., Gonzalez-Espinosa, S., & Ibáñez Godoy, S. J. (2019). La especialización en baloncesto: Análisis de perfiles de rendimiento en función del puesto específico en etapas de formación. *Revista de Psicología del Deporte, 28*(3), 132-139. https://ddd.uab.cat/pub/revpsidep/revpsidep_a2019v28n3/revpsidep_a2019v28n3p132.pdf.

Hair, J. F, Black, W. C., Anderson, R. E., & Tatham, R. L. (2005). *Análise multivariada de dados*. Bookman.

Halabisky, B., Shen, F., Huguenard, J. R., & Prince, D. A. (2006). Electrophysiological classification of somatostatin-positive interneurons in mouse sensorimotor cortex. *Journal of Neurophysiology, 96*(2), 834-845. https://doi.org/10.1152/jn.01079.2005.

IBM Corp. (2023). *IBM SPSS Statistics for Windows, Version 29.0*. IBM Corp. [Programa de computador]. https://www.ibm.com/docs/pt/spss-statistics/29.0.0?topic=features-discriminant-analysis.

Kubrusly, L. S. (2001). Um procedimento para calcular índices a partir de uma base de dados multivariados. *Pesquisa Operacional, 21*(1), 107-117. https://doi.org/10.1590/S0101-74382001000100007.

Mahalanobis, P. C. (1936). On the generalised distance in statistics. *Proceedings of the National Institute of Sciences of India*, *2*(1), 49-55. https://www.ias.ac.in/article/fulltext/reso/004/06/0020-0026.

Nóbrega, D. M. (2019). *Modelos multivariados de análise discriminante como ferramenta de previsão de epidemias de dengue* [Dissertação de mestrado, Universidade Estadual da Paraíba]. Biblioteca Digital de Teses e Dissertações. http://tede.bc.uepb.edu.br/jspui/handle/tede/3476.

Quevedo, R. F. D., & Andretta, I. (2021). Crianças e adolescentes surdos: Perfil discriminante de habilidades sociais. *Psicologia: Teoria e Pesquisa*, 36, 1-9. https://doi.org/10.1590/0102.3772e36311.

Rabelo, D. F., & Neri, A. L. (2020). Clima familiar e saúde de idosos: Análise por conglomerados. *Revista Subjetividades*, *20*(3), 1-12. https://doi.org/10.5020/23590777.rs.v20i3.e10214.

Silva, T. F. C., Costa, L. U., Almeida, D. B. A., & Prearo, L. C. (2021). Atendimento aos estudantes com necessidades educacionais específicas em universidades e institutos federais do Nordeste: Análise dos sites institucionais. *Revista de Gestão e Avaliação Educacional*, *9*(18), 1-13. https://doi.org/10.5902/2318133847107.

Silva, W. V., Silva, S. M., Del Corso, J. M., & Oliveira, E. (2008). Finanças comportamentais: Análise do perfil comportamental do investidor e do propenso investidor. *Revista Eletrônica de Ciência Administrativa*, *7*(2), 1-14. https://doi.org/10.5329/RECADM.20080702001.

Tabachnick, B. G., & Fidell, L. S. (2007). *Using multivariate statistics*. Pearson.

Vicini, L. E., & Souza, A. M. (2005). *Análise multivariada: Da teoria à prática*. Editora UFSM.

12

TEORIA DE RESPOSTA AO ITEM EM PSICOLOGIA

Amanda Londero dos Santos
Edmilson Rodrigues Pinto

Introdução

As teorias da modelagem latente supõem que o comportamento humano é explicado pela interação entre os estímulos ambientais e as características individuais. Mas estas últimas são concebidas como variáveis latentes, que são traços ou habilidades individuais que não são diretamente observáveis e mensuráveis. Alguns exemplos de traços latentes são personalidade, criatividade, habilidade verbal, inteligência, satisfação ou atitude em relação a algum objeto social. Como essas variáveis latentes podem influenciar ou explicar o comportamento humano, torna-se fundamental conhecê-las, acessá-las e medi-las (justamente porque os objetos de estudo da psicologia são os processos mentais e os comportamentos humanos).

As teorias desenvolvidas para aferir um traço latente partem do pressuposto de que o comportamento do indivíduo acessado por um instrumento de medida, ou seja, o comportamento de resposta a um estímulo do teste, pode ser predito (ou explicado) por uma ou mais variáveis latentes. Para desenvolver um instrumento capaz de medir uma variável latente, alguns procedimentos são requisitados (ver Pasquali, 2010):

1. Etapa de definição teórica da variável latente, na qual se deve conhecer e definir exatamente o que se deseja medir (uma escala que tem por objetivo medir a criatividade, por exemplo, não pode, obviamente, medir outras coisas senão essa variável);

2. Operacionalização da variável latente, ou seja, escolha de indicadores comportamentais da variável latente (considerando a variável criatividade, um exemplo de operacionalização poderia ser "resolver os problemas quotidianos de forma original");

3. Construção de um instrumento que permita a avaliação da variável desejável.

Os instrumentos que aferem uma variável latente podem ser nomeados como testes psicométricos. Esses testes são instrumentos de avaliação baseados em estímulos padronizados predefinidos (isto é, itens de um teste). As respostas a esses estímulos, os comportamentos observáveis, são analisadas e interpretadas com critérios também padronizados, estabelecidos a priori, diminuindo-se, assim, os possíveis erros de avaliação por parte do avaliador (Pedrabissi & Santinello, 1997).

Para fundamentar a medição de variáveis latentes por testes, diversas teorias foram propostas para elaborar os itens, medir e comparar níveis de traços latentes de indivíduos. As principais teorias para a medição de variáveis latentes por testes são a Teoria Clássica dos Testes (TCT) e a Teoria de Resposta ao Item (TRI).

Os objetivos deste capítulo são introduzir os fundamentos, pressupostos e modelos matemáticos da TRI, comparando-a com a TCT; além de apresentar aplicações e implementação da TRI em psicologia. Os modelos de TRI (veja terceira seção) considerados para itens com resposta dicotômica serão o Modelo Logístico de Um parâmetro (ML1), o Modelo Logístico de Dois parâmetros (ML2) e o Modelo Logístico de Três parâmetros (ML3); para itens com respostas politômicas, o modelo de resposta gradual será considerado. Pressupostos de unidimensionalidade e independência local serão discutidos.

O capítulo está estruturado da seguinte forma. Na seção 1, será apresentada uma breve fundamentação teórica sobre a TCT, incluindo algumas críticas sobre sua utilização. Na 2, os fundamentos teóricos para a teoria de resposta ao item e as principais representações gráficas das análises da TRI, isto é, a curva de informação dos itens e a Função de Informação do Item (FII) e do teste. Na 3, será apresentada uma aplicação, incluindo implementações computacionais utilizando o software R (R Core Team, 2022), do modelo de resposta gradual, em uma escala referente ao nível de satisfação com o relacionamento amoroso (Londero-Santos et al., 2021). Finalmente, a conclusão mostra vantagens e possibilidades de pesquisa na área.

Teoria Clássica dos Testes

Na TCT, aplica-se a um indivíduo objeto de avaliação psicológica uma série de itens (estímulos), nos quais suas respostas (comportamentos) são determinadas pela(s) variável(eis) latente(s) subjacente(s). Por exemplo, deseja-se medir o nível de conhecimento em matemática de um indivíduo. Então, aplica-se a ele itens com diferentes graus de dificuldades, devendo o indivíduo escolher as alternativas com as respostas corretas. Assim, contam-se quantos acertos foram obtidos por ele (isto é, seu escore bruto) e infere-se o seu nível de conhecimento em matemática.

A teoria clássica dos testes, também conhecida como teoria do escore verdadeiro, postula que o escore obtido por um indivíduo em um item ou teste é representada pela seguinte equação (Gulliksen, 1987):

$$X = V + \varepsilon$$

Onde:

X = escore do indivíduo no teste, ou escore observado;

V = escore verdadeiro ou nível da variável latente do indivíduo;

ε = erro aleatório de medida.

O escore observado (X) é a única variável que se pode conhecer objetivamente, no entanto o objetivo dos instrumentos de medida é conhecer o escore verdadeiro (V). Isso é feito utilizando-se de técnicas para estimar o erro de medida (ε) e, assim, chegar à correta quantificação da variável latente do indivíduo. As técnicas para estimar o erro aleatório utilizam-se do processo de replicação, ou seja, mede-se uma determinada variável latente, por meio de um teste aplicado mais de uma vez ao mesmo indivíduo, e estima-se o erro aleatório de medida (Pedrabissi & Santinello, 1997). Para uma revisão das principais técnicas de análise de precisão de instrumentos, ver Pasquali (2011).

Os postulados da teoria clássica dos testes são: (1) a esperança do erro aleatório de medida é igual a 0, isto é, E (ε) = 0; (2) os erros aleatórios são normalmente distribuídos com média 0 e variância constante e igual a σ_ε^2, ou seja, $\varepsilon \sim N(0, \sigma_\varepsilon^2)C$; além disso, é suposto que a covariância entre os erros referentes a dois testes paralelos i e j, medindo a mesma variável latente, seja 0, isto é, $Cov(\varepsilon_i, \varepsilon_j) = 0$; (3) a covariância entre o erro aleatório e o escore verdadeiro é igual a 0, ou seja, $Cov(\varepsilon, V) = 0$; (4) as mensurações de uma mesma variável latente de um mesmo indivíduo são supostas como independentes entre si (Gulliksen, 1987). Esses postulados apresentam alguns pontos críticos, pois, além de a definição de erro de medida ser de difícil interpretação, a estimação do erro aleatório depende da técnica utilizada para estimá-lo; consequentemente, a estimação do escore verdadeiro, que é intimamente ligada à técnica de estimação do erro de medida, fica comprometida (Pedrabissi & Santinello, 1997).

O escore verdadeiro (V) é concebido como aquele valor que se obteria, caso fosse calculada a média de infinitas mensurações da mesma variável latente de um mesmo indivíduo. Assim, a média dos escores observados dessas infinitas mensurações convergiria para o escore médio verdadeiro ($E(V)$), já que $E(X) = E(V)$. Desta forma, pela Lei dos Grandes Números (ver Magalhães, 2011), temos que $\lim_{n\to\infty} \frac{s(x)}{n} = E(V)$, onde $S(x) = \Sigma_{i=1}^{n} x_i$. Observe também que $X \sim N(E(V), \sigma_x^2)$, onde $\sigma_x^2 = \sigma_v^2 + \sigma_\varepsilon^2$, sendo σ_v^2 a variância de V. Pode-se mostrar que a covariância entre o escore verdadeiro e o escore observado também é σ_v^2; desta forma, temos que a correlação entre o escore verdadeiro e o escore observado é dada por $\frac{\sigma_v}{\sigma_x}$, onde $\sigma_v = \sqrt{\sigma_v^2}$ e $\sigma_x = \sqrt{\sigma_v^2 + \sigma_\varepsilon^2}$. Para mais detalhes, veja Primi (2012).

Críticas à TCT

Os resultados da avaliação de uma variável latente na TCT são expressos em escores brutos ou padronizados. A interpretação do desempenho de um indivíduo em um teste dá-se por meio de comparação de seu escore com estimativas de parâmetros da população do qual o indivíduo faz parte. Esses parâmetros são estimados por meio de estudos sobre uma amostra representativa dessa população (essa amostra chama-se amostra de normatização). Por exemplo, vamos supor que o estudante Antônio, de 7 anos, respondeu a um teste que visa mensurar inteligência verbal e obteve escore bruto igual a 18. Esse escore bruto, por si só, é interpretável. No entanto, se o mesmo teste foi aplicado a uma amostra representativa da mesma população da que o estudante faz parte (isto é, amostra de normatização composta por estudantes de 7 anos com características sociodemográficas similares a de Antônio), é possível comparar o desempenho dele com o desempenho dessa amostra normativa. A maior parte dos testes psicológicos apresenta tabelas normativas expressas em escores padronizados (por exemplo, escore Z, QI de desvio e percentil).

O parâmetro de dificuldade de um item na TCT é dado pela proporção de respostas corretas ao item pela amostra normativa. Já a capacidade discriminativa de um item está relacionada com a variância do item na amostra normativa. Portanto, os parâmetros dos itens na TCT dependem das respostas dos indivíduos que compõem a amostra de normatização (Baker, 2001). Assim, por exemplo, respondendo ao mesmo teste para a estimação do investimento emocional (um dos sete fatores da sexualidade; ver Natividade & Hutz, 2016), um indivíduo poderia ser classificado como tendo altos níveis de investimento emocional, se fosse comparado com uma amostra normativa com baixos níveis de investimento emocional; e seria classificado com baixos níveis, caso a amostra normativa tivesse altos níveis de investimento emocional. Em outras palavras, um indivíduo pode ter diferentes níveis de traço latente estimado, dependendo das características da amostra normativa a que for comparado. Isso significa que as normas de interpretação de um teste dependem da amostra normativa que foi utilizada; neste caso, diz-se que o teste é sujeito-dependente (*subject dependent*, em inglês). Obviamente, esse problema é contornado utilizando uma amostra normativa composta por uma amostra aleatória e representativa da população ao qual o teste é destinado, no entanto esse tipo de amostragem é dificilmente utilizado em pesquisas psicológicas. Na maioria das situações, as amostras são compostas por meio de amostragem por conveniência.

Ainda, na TCT, a estimação do traço de um indivíduo é feita utilizando-se o escore bruto total no teste (isto é, somatória de acertos nos itens), e, portanto, a estimação do traço latente depende dos itens que compõem o teste. Diz-se, então, que a estimação do traço latente é dependente do teste (em inglês, *test-dependent*). Assim, as análises e interpretação estão sempre associadas ao instrumento como um todo. Por exemplo, um indivíduo com níveis medianos de inteligência terá uma habilidade subestimada em um teste, caso sejam administrados a ele predominantemente itens difíceis, pois ele erraria muitos itens. Esse mesmo indivíduo teria uma habilidade superestimada, caso o teste utilizado tivesse muitos itens fáceis, pois acertaria mais itens. Assim, torna-se difícil a comparação entre indivíduos que não foram submetidos aos mesmos testes, ou pelo menos ao que se denomina de forma paralela de testes (Embretson & Reise, 2000).

Além disso, não se pode garantir que exista uma relação linear direta entre o número de questões respondidas corretamente e o valor do traço medido, pois alguns itens do teste podem ter sido mais fáceis do que outros (Embretson & Reise, 2000). Por exemplo, dois indivíduos com o mesmo valor de escore bruto podem ter acertado quantidades diferentes de itens difíceis.

Diante dessas críticas, entre os anos 30 e 60 do século XX, foram propostos novos métodos para a mensuração de variáveis latentes, denominados de teoria de resposta ao item. No entanto, análises fundamentadas na teoria de resposta ao item foram somente possíveis com o desenvolvimento de computadores, que possibilitaram realizar cálculos matemáticos que dificilmente seriam computados à mão (Pasquali, 2011).

Teoria de Resposta ao Item

A TRI foi desenvolvida para superar as desvantagens da TCT e tem recebido grande atenção, tornando-se a técnica prevalente na área de testes de construtos latentes (Andrade et al., 2000). No Brasil, ela foi utilizada pela primeira vez em 1995 para analisar os dados do Sistema Nacional de Ensino Básico (Saebe), e possibilitou a comparação das habilidades dos alunos de diferentes séries do ensino fundamental (Andrade et al., 2000).

A teoria da resposta ao item representa um conjunto de modelos matemáticos que visa representar a relação entre a probabilidade de um indivíduo de acertar um item (ou endossar uma categoria de resposta) e seu(s) nível(is) de traço(s) latente(s) (Andrade et al., 2000). Em outras palavras, a TRI especifica a relação entre a performance observável do respondente ao teste e o seu traço não observável (ou sua habilidade assumida), que determina a performance no teste (Hambleton & Swaminathan, 1985).

Assim como a TCT, o objetivo da TRI é estimar o nível de determinada habilidade de um indivíduo. No entanto, a estimação é feita por meio da resposta de um indivíduo a uma série de itens analisados singularmente (e não utilizando o escore total bruto do teste, como faz a TCT).

Postulados da TRI

A TRI baseia-se em dois postulados, conforme afirmam Hambleton et al. (1991). O primeiro diz que o desempenho de um indivíduo em uma série de itens pode ser explicado por um ou mais traços latentes, denominado θ (Hambleton et al., 1991). Cada traço latente (θ) é uma variável contínua, podendo assumir valores contidos no conjunto dos números reais, variando de menos infinito a mais infinito (chamada de escala de habilidade). Logo, cada indivíduo tem uma certa quantidade, ou nível, de traço latente, que pode ser medida, e o indivíduo pode ser posicionado em um determinado ponto da escala do respectivo traço (Hambleton & Swaminathan, 1985). Assim, os modelos de teoria de resposta ao item representam funções matemáticas que denotam a relação entre o traço latente, as características (parâmetros) dos itens e a performance no teste. Existem vários modelos de TRI para expressar essa relação.

O segundo postulado afirma que a relação entre a performance do indivíduo e os traços latentes (que explicam essa performance) pode ser descrita pela Função de Resposta ao Item (FRI). A FRI é uma função de probabilidade que descreve a relação entre o escore do indivíduo em um item i (x_i) e os traços latentes (θ) que explicam esse escore. A FRI de um item i com resposta dicotômica (x_i = {0;1}, sendo: 0 = errou o item i; e 1 = acertou o item i), para uma habilidade θ fixada, tem distribuição Bernoulli e pode ser representada por:

$$f_i(\theta) \equiv P(\theta) \equiv [P_i(\theta)]^{x_i} [Q_i(\theta)]^{1-x_i} \equiv \{P_i(\theta)\ se\ x_i = 1, Q_i(\theta)\ se\ x_i = 0.$$

A expressão *supra* afirma que a probabilidade de um indivíduo obter escore x_i, dada a sua habilidade θ, é igual a $P_i(\theta)$, se x_i = 1 (o indivíduo acerta o item); e é igual a $Q_i(\theta)$, se x_i = 0 (o indivíduo erra o item).

A Curva Característica do Item (CCI) representa a relação entre a probabilidade de acertar (ou endossar) um item e o nível do traço latente (Hambleton et al., 1991). A CCI é uma função monotônica não descrente; assim, à medida que o traço latente aumenta, a probabilidade de acertar um item também aumenta. Em outras palavras, quanto maior a habilidade do indivíduo, maior é a sua probabilidade de acertar um item que mede tal habilidade. Por exemplo, em um teste que meça inteligência, quanto mais inteligente for o indivíduo, maior é a chance dele de responder corretamente aos itens de um teste.

A CCI pode ser matematicamente representada por:

$$P(\theta) = 1 - Q_i(\theta)$$

$Q_i(\theta)$ representa a probabilidade de o indivíduo obter escore x_i igual a 0, isto é, de errar o item i. Logo, $Q_i(\theta) = P(\theta)$.

Na **Figura 12.1**, são representadas quatro curvas características de itens. O eixo das abscissas (eixo x) refere-se à variável latente ou à habilidade mensurada pelo item, representada por θ, e o eixo das ordenadas (eixo y) representa a probabilidade de responder corretamente ao item. Um indivíduo com θ igual a 0 tem 50% de probabilidade de acertar o item representado na **Figura 12.1-B**, e 60% de probabilidade de acertar o item representado na **Figura 12.1-D**. As CCIs representadas na **Figura 12.1** diferem-se entre si por conta dos parâmetros dos itens.

Parâmetros dos Itens

Na TRI, a modelagem da CCI depende dos parâmetros dos itens. Os principais modelos de TRI utilizam os seguintes parâmetros para descrever os itens:

1. O parâmetro de acerto aleatório (parâmetro g, também conhecido como "chute") representa a probabilidade de responder corretamente a um item, mesmo por um indivíduo com baixa habilidade. Na **Figura 12.1**, as CCIs A, B e C apresentam itens com parâmetro g igual a 0, isto é, a probabilidade de acertar o item "chutando" é nula; já na CCI D (em que g = 0,2), há 20% de probabilidade de acertar o item por acaso (isto é, Pi = 0,2). O parâmetro de acerto aleatório é representado por uma assíntota horizontal à esquerda. A probabilidade de um indivíduo acertar um item com um nível de habilidade tendendo a menos infinito é igual ao valor do parâmetro g. Assim, independentemente da habilidade do indivíduo, a probabilidade de acertar o item é, pelo menos, igual ao parâmetro g;

2. O parâmetro de dificuldade ou localização do item (parâmetro *b*) representa a habilidade necessária de um indivíduo para ter uma probabilidade de acerto igual a (g+1)2. Note que, quando o parâmetro g = 0 (isto é, quando não há possibilidade de acertar o item ao acaso), o parâmetro *b* corresponde à habilidade necessária para ter 50% de chance de acertar o item. Na **Figura 12.1**, as CCIs A e B diferem-se somente pela diferença do parâmetro *b*. Ambas as curvas são semelhantes, elas se distinguem somente pela localização no eixo *x*. Na CCI A, em que o parâmetro *b* = 2, um indivíduo com nível de habilidade igual ao parâmetro *b* (isto é, =2) tem 50% de probabilidade de acertar o item. Na CCI B, em que o parâmetro *b* = 0, um indivíduo com nível de habilidade igual a 0 tem 50% de probabilidade de acertar o item.

Figura 12.1 *Curvas Características de Itens*

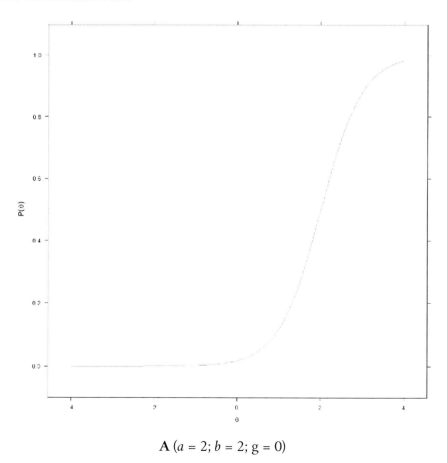

A (*a* = 2; *b* = 2; g = 0)

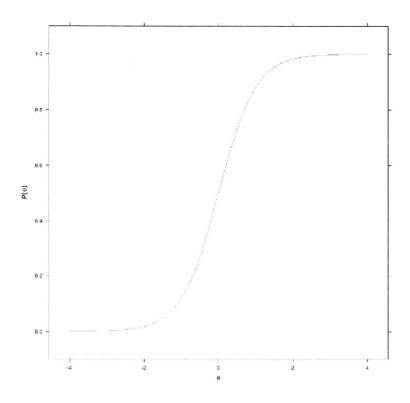

B ($a = 2, b = 0, g = 0$)

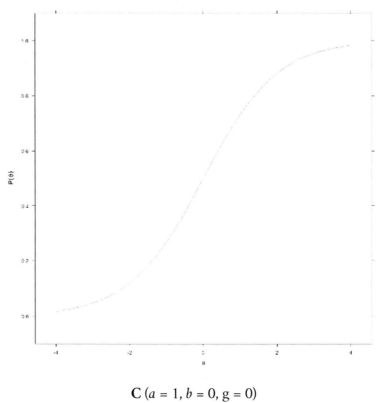

C ($a = 1, b = 0, g = 0$)

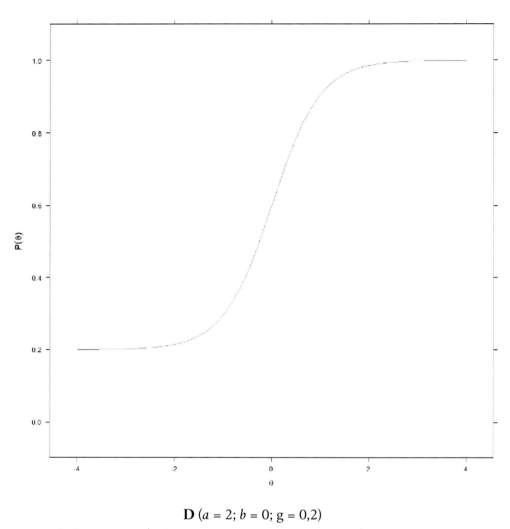

D ($a = 2$; $b = 0$; $g = 0{,}2$)

Nota. a = parâmetro de discriminação/inclinação; b = parâmetro de dificuldade/localização; g = parâmetro de acerto ao acaso/chute.

Na CCI D, em que o parâmetro $b = 0$ e $g = 0{,}2$, um indivíduo com nível de habilidade igual a 0 tem 60% ((0,2+1)2) de acertar o item.

3. Parâmetro de discriminação ou inclinação do item (parâmetro *a*) refere-se à capacidade do item de discriminar os indivíduos que têm habilidades abaixo do parâmetro *b* dos que têm habilidade acima do valor do parâmetro *b*. O parâmetro *a* de discriminação é proporcional à tangente da curva característica do item no ponto de inflexão. Assim, quanto mais inclinada for a curva, maior é o seu poder discriminativo. Na **Figura 12.1**, as CCIs B e C diferem-se somente pelo parâmetro *a*. Nota-se que a curva B (parâmetro $a = 2$) é mais inclinada do que a C (parâmetro $a = 1$). Na CCI B, a probabilidade de um indivíduo com $\theta = 2$ acertar o item é aproximadamente 100%, e de um indivíduo com $\theta = -2$, é aproximadamente 0%. Na CCI C, a probabilidade de um indivíduo com $\theta = 2$ acertar o item é aproximadamente 90%, e de um indivíduo com $\theta = -2$ é aproximadamente 10%. Assim, o item representado na CCI B consegue discriminar mais adequadamente os indivíduos em torno do parâmetro *b*.

Independência Local

O desempenho em um item pode ser explicado por um conjunto de k traços latentes $[\theta = (\theta_1, ..., \theta_k)]$ ou habilidades. O espaço de traço latente Θ é dito completo quando o item avalia todos os traços latentes necessários para explicar o desempenho do indivíduo.

A independência local (também denominada de independência condicional) afirma que, ao manter constantes as habilidades de um indivíduo, as suas respostas a um conjunto de itens diferentes são independentes entre si (não correlacionadas, isto é, os itens são respondidos de forma independentes entre si, para cada indivíduo), se fixadas as suas habilidades. Assim, os traços latentes são as únicas variáveis que influenciam as respostas dos indivíduos aos itens.

Para a definição formal da independência local, supõe-se que θ seja o conjunto de habilidades do indivíduo que influencia a performance em um teste, e x_i são as respostas do indivíduo a uma série de itens $i = 1, . . ., n$. $P(\theta)$ representa a probabilidade de resposta a uma série de itens i, dadas as habilidades do indivíduo. Assim, há independência local, se a probabilidade de um conjunto de respostas a uma série de itens é igual ao produto das probabilidades associadas às respostas do indivíduo a cada item individualmente, como segue a fórmula:

$$P(x_i, ..., x_n | \theta) = \prod_{i=1}^{n} P\,(x_i | \theta)$$

A independência local será obtida quando o espaço latente for completo, ou seja, todas as dimensões que influenciam a performance são consideradas. Haverá unidimensionalidade quando somente uma habilidade latente determina o desempenho no item. Por outro lado, existe multidimensionalidade, se uma série de traços latentes determinar o desempenho do respondente no item. Os modelos unidimensionais são menos complexos matematicamente (e, consequentemente, computacionalmente) que os multidimensionais (ver Van der Linden, 2016, vol. 1; Reckase, 2009; Reise & Revicki, 2015). Neste capítulo, consideraremos modelos de TRI que atendem aos pressupostos de unidimensionalidade.

Modelos Matemáticos Unidimensionais da TRI

Diversos modelos foram propostos para medir variáveis latentes. Existem modelos para itens de natureza dicotômica e não dicotômica.

Modelos Dicotômicos

Os principais modelos de resposta ao item para itens dicotômicos e unidimensionais são: o modelo logístico de um parâmetro (também denominado de modelo de Rash), o modelo logístico de dois parâmetros, e o modelo logístico de três parâmetros. Esses três modelos se diferenciam entre si pela quantidade de parâmetros dos itens que permitem variar.

O modelo logístico de um parâmetro (modelo de Rash)

O ML1, conhecido como modelo de Rash, envolve itens que apresentam variação somente no parâmetro b de dificuldade. O parâmetro a é constante e igual a 1, e o parâmetro g é igual a 0. O ML1 é dado por:

$$P(\theta_j) = \frac{1}{1 + e^{-1(\theta j - b_i)}}$$

com i (itens) = 1,..., I, e j (indivíduos) = 1, .., n, onde:

$P(\theta_j)$ é a função de resposta do item, ou seja, é a probabilidade de um indivíduo j com habilidade θ_j responder corretamente ao item i;

θ_j é a habilidade (traço latente) do indivíduo j;

X_{ij} é o escore do indivíduo j no item i;

b_i é o parâmetro de dificuldade do item i.

O modelo logístico de dois parâmetros

No ML2, o parâmetro a e o parâmetro b são estimados para cada item. Esse modelo é dado pela seguinte expressão matemática:

$$P(\theta_j) = \frac{1}{1 + e^{-Da_i(\theta j - b_i)}}$$

Onde a_i se refere ao parâmetro de discriminação (ou inclinação) do item i; e D refere-se ao fator de escala, constante e igual a 1. Utiliza-se o valor 1,7 quando se deseja que a função logística forneça resultados semelhantes ao da função ogiva normal (para mais informações, ver Lord & Novick, 2008).

(As demais notações são as mesmas descritas anteriormente no modelo ML1.)

O modelo logístico de três parâmetros

O ML3 acrescenta a estimação do parâmetro g, que considera itens nos quais se pode "chutar" e acertar o item por acaso. O modelo logístico de três parâmetros é dado por:

$$P(\theta_j) = g_i + (1 - g_i)\frac{1}{1 + e^{-Da_i(\theta j - b_i)}}$$

onde g_i se refere ao parâmetro de acerto ao acaso do item i.

(As demais notações são as mesmas descritas anteriormente nos modelos ML1 e ML2.)

Modelos de Respostas Politômicas

Com os avanços dos estudos sobre aplicações da TRI, modelos para itens não dicotômicos foram desenvolvidos e possibilitaram utilizar todas as possíveis categorias de respostas a um item (ou até mesmo respostas abertas a itens) para estimar a habilidade do indivíduo. Assim, para cada categoria de resposta ao item, são associados parâmetros (por exemplo, dificuldade e discriminação).

Em psicologia, grande parte dos instrumentos utilizados em avaliação psicológica emprega escalas de resposta ordenadas (por exemplo, a escala Likert), refletindo níveis do construto estudado (por exemplo, Londero-Santos et al., 2021; Natividade et al., 2019). Já foram propostos vários modelos para itens politômicos, tais como o modelo de resposta nominal, o modelo de escala gradual, o modelo de crédito parcial, o modelo de crédito parcial generalizado (ver Andrade et al., 2000). Um desses modelos, e um dos primeiros a serem propostos para categorias de respostas ordenadas, é o Modelo Geral de Resposta Gradual (GRM, *Graded Response Model*), desenvolvido por Samejima (1969, 1972, 1977).

Modelo de Resposta Gradual

O GRM representa um conjunto de modelos matemáticos que permitem o tratamento de respostas ordenadas politômicas a itens (isto é, as categorias de resposta a um item *i* são ordenadas do menor para o maior, em função do parâmetro dificuldade e representadas por números naturais do 0 em diante). O GRM é uma extensão do modelo ML2 (Ostini & Nering, 2006; Samejima, 2016).

Em psicometria, um item é uma operacionalização (isto é, um indicador comportamental) de um traço latente. Um item pode, por exemplo, ser uma afirmação do tipo: "Eu estou satisfeito com meu relacionamento amoroso". A **Figura 12.2** representa três formatos de respostas a um item. A **Figura 12.2-A** exemplifica uma escala de resposta dicotômica, em que o indivíduo seleciona se "discorda" ou "concorda" com esse item. Assim, o escore de um indivíduo, representado por xi, pode assumir valores iguais a 0 (se discordar do item) e 1 (se concordar com o item). A **Figura 12.2-B** apresenta um exemplo de escala de resposta gradual, em específico uma escala Likert de cinco pontos, na qual o respondente seleciona o seu grau de concordância com o item, em uma escala de resposta que vai de "discordo totalmente" a "concordo totalmente". Assim, o escore de um indivíduo pode assumir valores de 0 a 4 (isto é, xi = 0, 1, 2, 3, 4). Já a **Figura 12.2-C** apresenta um exemplo de escala de resposta contínua, no qual o indivíduo deve selecionar um ponto entre os extremos "discordo totalmente" a "concordo totalmente". Assim, o escore de um indivíduo pode assumir valores que estão contidos dentro dos números reais, e variam em um intervalo definido.

Destaca-se que todos os formatos de respostas representadas na **Figura 12.2** são ordenados; assim, quanto mais elevado for o traço latente mensurado pelo item, mais à direita será selecionada uma categoria de resposta/ponto na reta (nesse exemplo, quanto maior a satisfação com o relacionamento amoroso, maior a intensidade de concordar com o item).

Figura 12.2 *Formatos de Respostas*

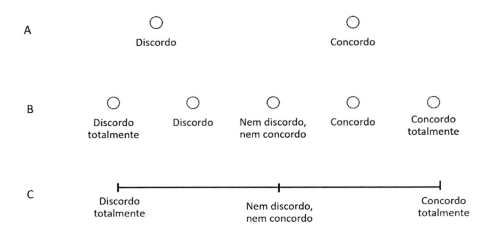

Nota. (A) Formato de resposta dicotômica. (B) Formato de resposta gradual. (C) Formato de resposta contínua. Item adaptado da escala de satisfação com o relacionamento amoroso (Londero-Santos et al., 2021).

Agora, considere um item *i* destinado a mensurar um construto unidimensional. Suponha que X_i, assumindo os valores 0, 1, ..., m_i, denota os possíveis escores do item *i*, e x_i é o escore de um indivíduo no item *i*. A resposta a um item *i* é classificada em $m+1$ categorias. Note que, em modelos de respostas dicotômicas (representado na **Figura 12.2-A**), existem duas possíveis categorias de respostas; nesse caso, m_i é igual a 1, já que o indivíduo pode selecionar "discordo totalmente" ($x_i = 0$) ou "concordo totalmente" ($x_i = 1$). Em modelos de respostas politômicas ordenadas (representado na **Figura 12.2-B**), existem cinco possíveis categorias de respostas, e m_i é igual a 4, já que o indivíduo pode selecionar "discordo totalmente" ($x_i = 0$), "discordo" ($x_i = 1$), "nem discordo, nem concordo" ($x_i = 2$), "concordo" ($x_i = 3$), ou "concordo totalmente" ($x_i = 4$).

Samejima (1969) propõe que um item politômico ordenado pode ser reduzido a um item dicotômico. Dado que as categorias de resposta ao item *i* são ordenadas, o escore x_i será correspondente à categoria escolhida pelo indivíduo. Suponha que $M_{xi}(\theta)$ seja a probabilidade condicional conjunta no qual o indivíduo endossou todas as categorias até x_i (e não endossou as categorias subjacentes). Assume-se que $M_{xi}(\theta)$ seja uma função monotônica não decrescente para todo θ, para xi = 1, 2, ..., m_i. Assim, a probabilidade de um respondente obter, pelo menos, escore 0 em um item ($x_i = 0$) é igual a 1, pois, sendo as categorias de respostas ordenadas, o indivíduo selecionará, pelo menos, a primeira categoria de resposta. Já a probabilidade de obter escore acima da categoria mais elevada ($x_i = m_i + 1$) é 0. Assim,

$$M_{xi}(\theta) = \{1 \ se \ x_i = 0, 0 \ se \ x_i = m_i + 1$$

No modelo de resposta gradual (Samejima, 1995), a probabilidade de X_i ser igual a x_i, dado, pode ser representada por:

$$P_\theta(x_i) \equiv P[X_i = x_i|\theta] = \prod_{u \leq x_i} M_u(\theta)\big[1 - M_{(x_i+1)}(\theta)\big]$$

A função acumulada, introduzida por Samejima (2016), representa a probabilidade acumulada em um escore em um item, Xi = xi. Dada a independência local, ela pode ser expressa por:

$$P_\theta^*(x_i) \equiv P(\theta) = \prod_{u \leq x_i} M_u(\theta)$$

Assim, a probabilidade de um indivíduo obter um escore igual ou superior a x_i é igual ao produto das funções $M_u(\theta)$. No GRM, apesar de haver mais de duas categorias de respostas, as categorias de respostas são agrupadas de modo que a probabilidade acumulada estime a probabilidade do indivíduo de, pelo menos, endossar/obter o escore xi. Assim, em uma escala de resposta de cinco pontos, $P_\theta^*(x_i = 2)$ representaria a probabilidade do respondente de selecionar a categoria 2, 3 ou 4.

Então, a probabilidade da resposta em uma categoria, dada a habilidade, $P_\theta(x_i)$, pode ser expressa na forma:

$$P_\theta(x_i) = P_\theta^*(x_i) - P_\theta^*(x_i + 1)$$

Logo, a probabilidade de um indivíduo obter o escore x_i é igual à probabilidade de obter, pelo menos, o escore x_i menos a probabilidade de obter, pelo menos, o escore x_i+1.

Em um instrumento com n itens, obtêm-se n respostas de um respondente ao instrumento. Samejima (1995) define padrão de resposta (denotado por V) como a sequência de categorias de resposta a um item dado pelo respondente a um conjunto de n itens.

Assim, $V = x_1, x_2, ..., x_i ... x_n$, em que x_i se refere ao escore de resposta ao item i, com $i=1, 2,..., n$.

O modelo matemático do GRM envolve estimar, para cada item i, o parâmetro de discriminação a do item i (que é constante ao longo de todas as categorias k a um item i) e o parâmetro b de localização, que expressa a dificuldade em cruzar o limiar de uma categoria de resposta para a categoria adjacente (por exemplo, passar de "concordo" para "concordo totalmente") (Osteen, 2010). Em um item em que há cinco categorias de respostas, serão estimados quatro parâmetros b (b_1 = limiar para passar da categoria 1 para a 2; b_2 = limiar para passar da categoria 2 para a 3; b_3 = limiar para passar da categoria 3 para a 4; b_4 = limiar para passar da categoria 4 para a 5). O parâmetro b_k representa o nível de traço latente que um indivíduo deve ter para ter a probabilidade igual a 50% para selecionar uma categoria k ou categorias superiores (Vicenzi et al., 2018, como citado em Maia, 2020).

O parâmetro b1 representa a habilidade do indivíduo para ter 50% de chance de receber escore 0, ou seja, endossar a primeira categoria (Penfield, 2014). O parâmetro b_m representa a habilidade do indivíduo para ter 50% de probabilidade de receber o escore m (Penfield, 2014). Ainda, o ponto mais alto da curva de cada categoria de resposta, para $1 < k < m$, é igual a ($\frac{b_k+b_{k+1}}{2}$) (Penfield, 2014). Na **Figura 12.3**, é representada a CCI de um item politômico utilizando GRM: o parâmetro b1 é igual a -1,5; assim, indivíduos com habilidade igual a -1,5 têm 50% de probabilidade de obter o escore é igual a 0 (ou endossar a primeira categoria P1); o ponto mais alta da curva do escore igual a 1 (isto é, curva da categoria P2) é igual a θ = (-1,5+0)/2 = -0,75; o do escore igual a 2 (isto é, curva da categoria P3) é igual a θ = (0+1,5)/2 = 0,75; o ponto mais alto do escore igual a 3 (isto é, curva da categoria P4) é igual ao valor de b3, isto é, θ = 1,5

Ainda, observando-se a **Figura 12.3**, pode-se afirmar que indivíduos com habilidades menores do que -1,5 têm maior probabilidade de endossar a categoria P1 (receber escore igual a 0); indivíduos com habilidades entre -1,5 a 0 têm maior probabilidade de endossar a categoria P2 (receber escore igual a 1); indivíduos com habilidades entre 0 a 1,5 têm maior probabilidade de endossar a categoria P3 (receber escore igual a 2); indivíduos com habilidades superiores a 1,5 têm maior probabilidade de endossar a categoria P4 (receber escore igual a 3).

Figura 12.3 *Curvas Características das Categorias para um Item Ajustado ao GRM*

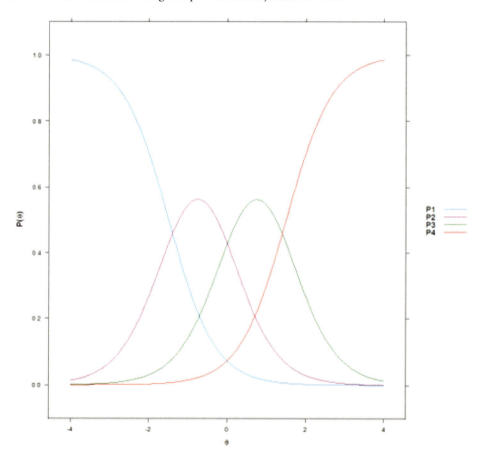

Nota. Parâmetros do item: a = 1,7; b1 = -1,5; b2 = 0; b3 = 1,5. b1 a b3 = parâmetros de localização. a = parâmetro de discriminação. P1, P2, P3 e P4 representam as categorias de respostas ao item.

A probabilidade de um indivíduo *j* selecionar pelo menos a categoria *k* do item *i* pode ser representada por:

$$P^*_{\theta_j}(X_j \geq x_{i,k}) = \frac{1}{1 + e^{-Da_i(\theta_j - b_{i,k})}}$$

com $i = 1,..., I; j = 1,..., n; k = 0, ..., m_i,$ em que:

$P^*_{\theta_j}(X_j \geq x_{i,k})$ refere-se à probabilidade de o indivíduo j, dada a sua habilidade, escolher, pelo menos, a categoria k (k=0, 1,..., m) do item i;

$b_{i,k}$ refere-se ao parâmetro de dificuldade da k-ésima categoria do item i;

θ_j refere-se à habilidade, proficiência (traço latente) do j-ésimo indivíduo;

a_i refere-se ao parâmetro de discriminação (ou de inclinação) do item i, com valor à inclinação da CCI no ponto;

D refere-se ao fator de escala constante igual a 1. Utiliza-se o valor 1,7 quando se deseja que a função logística forneça resultado semelhante ao da função ogiva normal (Camilli, 1994).

Função de Informação do Item

O objetivo da TRI é conhecer o valor real da variável latente (habilidade) do respondente. Estatisticamente, estima-se o valor do parâmetro habilidade (θ), ou valor real, por meio de um estimador (θ). Idealmente, o estimador deveria ser igual ao parâmetro habilidade θ, o que equivale a dizer que se consegue conhecer, sem erros, o valor da habilidade do respondente. No entanto, toda estimação contém algum nível de erro.

A informação de um item refere-se à precisão com a qual um parâmetro é estimado e depende da variabilidade das estimativas em torno do valor desse parâmetro. Quanto maior a variabilidade das estimativas em torno do parâmetro, maior é a quantidade de erro e, consequentemente, menor é a informação do item. Logo, uma medida de precisão é a variância do estimador (Baker, 2001).

A FII permite analisar a quantidade de informação de um item para estimar uma determinada habilidade. A fórmula matemática para calcular a quantidade de informação do item depende do modelo de TRI empregado.

A fidedignidade do instrumento na TRI é analisada por meio da função de informação do item (ou do teste), que indica a precisão na qual a performance em um item (ou do teste) pode ser usada para estimar o valor do traço latente para cada indivíduo. Na TRI, a informação do item (ou do instrumento como um todo) varia de acordo com o nível do traço latente estimado. Na **Figura 12.4**, é possível observar duas Curvas de Informação de dois Itens (CIIs) que se diferem somente pelo parâmetro b (curva A: b = -0,5; curva B: b = 0,5). Nota-se que a precisão do item é representada por uma curva na qual seu ápice (ou vértice da função) é no ponto do parâmetro b. A curva de informação de um teste é a somatória das áreas abaixo das CIIs dos itens que compõem o teste.

É importante destacar que na TRI, diferentemente da TCT, o grau de informação de cada item varia ao longo da escala de habilidade. Assim, se considerarmos estimar θ pelo método da Máxima Verossimilhança (MV), temos que o estimador $\hat{\theta}$ tem uma distribuição assintoticamente normal com média θ e variância $[I(\hat{\theta})]^{-1}$, onde $I(\hat{\theta})$ é a informação de Fisher estimada em $\hat{\theta}$ (veja Bolfarine & Sandoval, 2010); desta forma, a informação do item (isto é, maior precisão na estimativa de $\hat{\theta}$) é inversamente proporcional à informação de Fisher. De acordo com Andrade et al. (2000), para o modelo ML3, a informação do item é maior quanto mais o parâmetro b_i se aproxima de θ, quanto maior for o parâmetro a_i, e quanto mais o parâmetro g_i se aproximar de 0.

Figura 12.4 *Curvas de Informação de Itens*

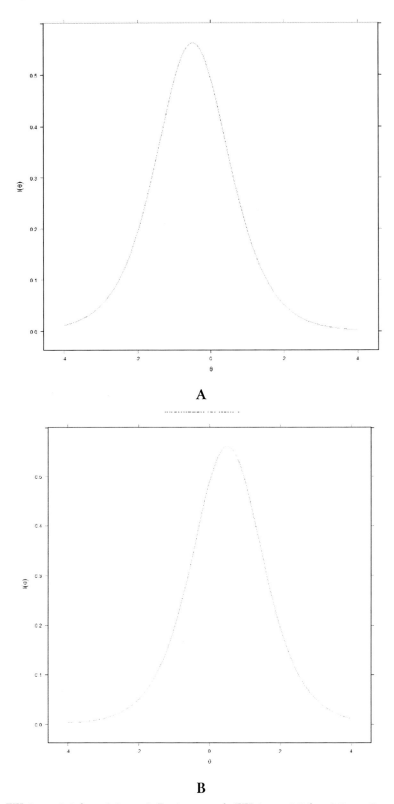

Nota. Parâmetros da FFI A: a = 1,5; b = -0,5; g = 0. Parâmetros da FFI A: a = 1,5; b = 0,5; g = 0.

A avaliação CII é muito importante na fase de elaboração do questionário, sendo um critério para seleção dos itens. Por exemplo, para construir um teste que consiga distinguir pessoas que estão acima ou abaixo de certo nível de habilidade, chamados testes de *cutoff*, seria necessário selecionar somente itens que são altamente informativos nessa específica região do *cutoff*. Por exemplo, se, por uma razão específica, alguém quisesse selecionar somente pessoas que estão acima do nível 0 de habilidade, poder-se-ia utilizar itens mais informativos em torno desse nível. Ainda, para construir um instrumento que estime com boa precisão o nível de traço latente dos indivíduos ao longo de toda a reta de habilidade, seria necessário selecionar itens que fossem altamente informativos e que estivessem distribuídos ao longo de toda a reta de habilidade (isto é, itens com parâmetros *b* variados). Idealmente, se fosse possível construir somente um item, cuja informação fosse constante e de valor elevado, isto é, que estimasse com altíssima precisão (isto é, com pouco erro de estimação) em todos os níveis de habilidade, não seria necessário utilizar outros itens além desse. Enfim, a precisão do teste inteiro pode ser avaliada pela função de informação do teste. Essa é, simplesmente, a soma das informações fornecidas para cada item que o compõe (veja Andrade et al., 2000).

Os Parâmetros e suas Estimativas

Na elaboração de instrumentos, os parâmetros a serem estimados são os parâmetros dos indivíduos, ou seja, o nível de habilidade (θ) do respondente ao instrumento, e os parâmetros dos itens (a depender do modelo de TRI utilizado, os parâmetros de dificuldade, discriminação e acerto aleatório). Os parâmetros são estimados, porque são desconhecidos, e a única informação observável é a pontuação obtida dos indivíduos nos testes. Como já mencionado, os parâmetros dos itens podem ser estimados pelo método de máxima verossimilhança.

O caso mais difundido e realístico é aquele em que não se conhecem nem os valores dos respondentes, nem os valores dos parâmetros dos itens. Nesse caso, efetua-se então uma estimativa conjunta ou simultânea dos parâmetros. A estimação conjunta utiliza a função de verossimilhança que pode ser maximizada por meio de um processo iterativo que se origina aplicando-se o algoritmo de Newton-Raphson, e que tem o objetivo de alcançar estimativas mais precisas e estáveis (Barbaranelli & Natali, 2005).

Considerando-se a estimativa conjunta e assumindo-se a suposição de independência local, pode-se formalizar a função de verossimilhança, que deve ser maximizada do seguinte modo (para mais detalhes, ver Baker & Kim, 2004):

$$L\left(u_{j1}, ..., u_{jl}|\theta\right) = \prod_{i=1}^{n}\prod_{j=1}^{N} P_{\theta}^{u_{ji}}(1 - P_{\theta})^{1-u_{ij}}$$

Onde:

$u_{1},...,u_{j}$ referem-se ao vetor de respostas dos indivíduos j, $j = 1, ..., n$;

θ refere-se ao vetor de parâmetro de habilidade dos indivíduos;

P_{θ} refere-se à probabilidade de resposta correta no item i do indivíduo j, ou seja, $P(\theta_{j})$;

i: 1,..., n (quantidade de itens);

j: 1,..., N (tamanho da amostra, quantidade de indivíduos).

O processo de estimação conjunta utiliza do processo iterativo de Newton-Raphson, que é formado por três passos principais (Andrade et al., 2000):

1. Tem-se uma estimativa inicial de θ que se obtém transformando a pontuação no teste em pontuação normal-padrão (Z);

2. Estima-se, com o método MV, os parâmetros dos itens, partindo de estimativas de precedentemente calculada;

3. Estima-se novamente θ, com o método MV, partindo dos parâmetros dos itens precedentemente estimados no passo 2.

Para maximizar a função de verossimilhança é necessário repetir de modo iterativo o processo, até que haja convergência entre os parâmetros estimados entre um ciclo e outro (Barbaranelli & Natali, 2005).

No processo de estimação conjunta, não são considerados dois casos: quando um indivíduo responde corretamente ou incorretamente a todos os itens, e quando todos os indivíduos responderam de maneira correta ou incorreta a um item. Desta forma, esses itens devem ser eliminados no processo de estimação, porque não fornecem informações suficientes (Barbaranelli & Natali, 2005).

Devido a algumas limitações dos métodos de estimativa conjunta de máxima verossimilhança, foram propostos métodos alternativos, como o método de máxima verossimilhança condicional, a estimativa marginal de máxima de verossimilhança, ou a estimativa bayesiana (Barbaranelli & Natali, 2005). Em particular, a estimação bayesiana utiliza as informações a priori que se têm sobre a distribuição dos parâmetros. Essas informações podem ser originárias de estudos precedentes de calibração e permitem obter informações sobre a distribuição dos parâmetros, as quais são expressas como funções de probabilidade. O teorema de Bayes é um processo que permite superar o problema da estimação imprópria para alguns padrões de resposta. Esse teorema é aplicado quando, uma vez que aconteceu o evento, se quer descobrir qual a probabilidade das causas que determinaram esse evento (Barbaranelli & Natali, 2005).

A Estimação de Máxima Verossimilhança Marginal (MMLE, do inglês *Marginal Maximum Likelihood Estimation*) tem a vantagem de ser aplicada a todos os tipos de modelos TRI. Além disso, ela produz estimativas suficientes para testes longos ou curtos (Barbaranelli & Natali, 2005). Na estimação marginal, é utilizado o Algoritmo Maximização de Expectativa (Algoritmo EM), teorizado em 1981 por Bock e Aitkin (como citado por Andrade et al., 2000; Barbaranelli & Natali, 2005), cujas iterações permitem aperfeiçoar as frequências esperadas para as respostas corretas para diversos níveis de traço latente. No estado de expectativa (*expectation*), calcula-se o número esperado de pessoas para cada nível de traço latente. No estado de maximização (*maximization*), utilizam-se esses valores esperados, maximizando-os. O processo termina quando se encontra uma estabilidade da estimativa final do parâmetro. (Barbaranelli & Natali, 2005; para uma revisão, ver Andrade et al., 2000).

Considerando-se que os processos de estimação mais utilizados na TRI aplicam o método de máxima verossimilhança, é útil evidenciar que independentemente da técnica aplicada, e, no caso de amostras grandes, as estimativas que são produzidas são: (1) consistentes, ou seja, existe uma convergência ao valor verdadeiro ao aumentar o tamanho amostral; (2) eficientes, isto é, o erro-padrão tem uma relação inversamente proporcional com o tamanho da amostra; (3) normais, ou seja, para infinitas mensurações, o erro padronizado tende a assumir uma distribuição normal com média 0 e variância 1 (Barbaranelli & Natali, 2005).

Aplicação do Modelo de Resposta Gradual na Escala do Nível de Satisfação com o Relacionamento Amoroso

Para ilustrar a aplicação do modelo de resposta gradual, foi utilizada uma amostra de 1.277 adultos provenientes das cinco regiões do Brasil, com média de idade de 33,4 (desvio-padrão [*DP*] = 9,71), variando de 18 a 72 anos, sendo 64,3% mulheres. Todos os participantes responderam à Escala do Nível de Satisfação com o Relacionamento Amoroso (Ensra) (Londero-Santos et al., 2021).

A Ensra (adaptado por Londero-Santos et al., 2021 de Rusbult et al., 1998) visa estimar o nível de satisfação com o relacionamento amoroso. A população-alvo do instrumento é adultos brasileiros vivenciando um relacionamento amoroso. O instrumento contém cinco itens em formato de afirmativas para serem respondidos em uma escala de concordância de cinco pontos. Quanto maiores os escores, maior a satisfação com o relacionamento amoroso. A **Tabela 12.1** apresenta, para os cinco itens da escala, a frequência de respostas observadas por categoria.

Tabela 12.1 *Frequência de Respostas Observadas por Categoria da Ensra-R*

Item	Categoria de resposta				
	0	**1**	**2**	**3**	**4**
i1	219	229	391	403	492
i2	349	453	332	263	337
i3	356	292	450	301	335
i4	145	211	335	333	710
i5	208	223	379	340	584

Nota. 0 = Discordo completamente; 1 = Concordo em parte; 2 = Nem discordo, nem concordo; 3 = Concordo em parte; 4 = Concordo completamente. i1 = "Eu me sinto satisfeito com o nosso relacionamento"; i2 = "Meu relacionamento é muito melhor do que os relacionamentos dos outros"; i3 = "Meu relacionamento está perto do ideal"; i4 = "Nosso relacionamento me faz feliz"; i5 = "Nosso relacionamento consegue satisfazer minhas necessidades de intimidade, companheirismo etc.".

Para realizar a estimação dos parâmetros dos itens e das habilidades dos indivíduos, foi utilizado o software R, e o pacote mirt (Chalmers, 2012). O pacote mirt foi escolhido porque apresentou melhor acurácia na estimação dos parâmetros comparado com o pacote ltm (Zhang & Pan, 2014). Os comandos utilizados para as análises encontram-se abaixo.

```
#Instalando e carregando pacotes
    install.packages("mirt")
    library(mirt)
    install.packages("psych")
    library(psych)
    install.packages("stats")
    library(stats)
```

```
#Importando dados em um arquivo .csv
ENSRA_R = read.csv("c:/ ... (endereço onde está localizado o arquivo)", header=TRUE, sep=";")

#Correlação rho de Spearman entre os itens
corr_ENSRA<-stats::cor(ENSRA, method ="spearman")

#Teste de bartlett
psych::cortest.bartlett(corr_ENSRA, n=nrow(ENSRA))

#KMO
KMO(ENSRA)

#Análise Paralela para retenção de fatores
# A função fa.parallel executa a análise paralela. Os argumentos fm="wls" e n.iter=500
# especificam o método e o número de simulações realizadas).
AP<-psych::fa.parallel(ENSRA, fm="wls", n.iter=500)

#Ajuste ao modelo de resposta gradual
model<-mirt(ENSRA, model=1, itemtype = 'graded')

#Avaliando as cargas fatoriais
summary(model)

#Estimação dos parâmetros dos itens
# O argumento IRTpars=TRUE converte os parâmetros dos itens em parâmetros da TRI
# convencionais, e simplify = TRUE simplifica a visualização da matriz de parâmetros.
coefmod<-coef(model, IRTpars=TRUE, simplify = TRUE)

#Estimação das habilidades dos respondentes
scores<-fscores(model, na.rm=TRUE)

# Para salvar os resultados estimados, utiliza-se a função write.csv
write.csv(scores, file="scoresENSRA.csv")

#Análises gráficas da TRI
# Para selecionar o tipo de gráfico que se deseja executar, utiliza-se o argumento type = seguido de:# 'trace', para a
curva característica do item; 'infotrace' para a curva de informação do item; 'infoS# E' para um gráfico combinado a
curva de informação do teste e o erro-padrão da medida. 'rxx' pa ra a função de precisão do instrumento. O argumento
'which.item =' seleciona e o(s) item(s) que # serão plotados.
plot(model, type="trace", main="ENSRA", which.item=1:5, theta_lim=c(-1.8,1.2)))
```

```
# Utilizando o argumento type = 'infoSE', produz-se o gráfico da Curva de Informação do Teste e
# do erro-padrão da medida. No argumento theta_lim=c(-3,3) informa a amplitude do eixo-x (i.e.,
# habilidade) que se deseja representar. O comando para realizar a Figura 12.7 foi o seguinte:
plot(model, type = 'infoSE', theta_lim=c(-3,3), main="ENSRA")

# Para produzir a curva de informação dos itens, utiliza-se o argumento type = 'infotrace'. Para
# sobrepor as CCI dos itens, basta acrescentar o argumento facet_items = FALSE.
plot(model, type = 'infotrace', facet_items = FALSE, theta_lim=c(-3,3),)
```

Ilustração de modelos e parâmetros dos itens

Para uma ilustração de modelos e parâmetros dos itens e visualização de CCIs, pode-se empregar o pacote shiny (Chang et al., 2022), no software R (R Core Team, 2022). Primeiramente, é necessário executar os seguintes comandos:

```
install.packages("shiny")
install.packages("mirt")
library(shiny)
library(mirt)
itemplot(shiny=TRUE)
```

Então, uma nova janela será aberta, na qual será possível selecionar um modelo de TRI (em Class of mirt item), o tipo de gráfico (type of plot to display), os parâmetros dos itens (a, b, g, u value), além da amplitude da reta. Para escolher o modelo ML1, seleciona-se a opção '1-4PL' e varia-se o parâmetro b (b *value*), enquanto os demais parâmetros do item devem ser mantidos constantes: parâmetro a (a *value*) = 1; parâmetro g (g *value*) = 0; parâmetro u (u *value*) = 1. Para escolher o modelo ML2, variam-se os parâmetros b (b value) e a (a *value*), enquanto devem ser mantidos constantes os demais parâmetros: parâmetro g (g *value*) = 0; parâmetro u (u *value*) = 1. Enfim, para modelo ML3, variam-se os parâmetros b (b *value*), a (a *value*) e g (g *value*), enquanto deve ser mantido constante o parâmetro u (u *value*) = 1.

Verificando o Pressuposto de Unidimensionalidade

Inicialmente, foi necessário verificar o pressuposto de unidimensionalidade. Para isso, realizou-se análise fatorial exploratória da Ensra, utilizando o método da análise paralela para retenção de fatores.

Também foi calculada a matriz de coeficientes de correlação *rho* de Spearman (1904), já que as variáveis são consideradas ordinais. A **Tabela 12.2** reporta os coeficientes de correlação *rho* de Spearman entre os itens da Ensra.

Tabela 12.2 *Coeficiente de Correlação Rho de Spearman entre os itens da Ensra*

Item	i1	i2	i3	i4	i5
i1	-				
i2	0,51	-			
i3	0,76	0,59	-		
i4	0,81	0,49	0,72	-	
i5	0,78	0,50	0,72	0,78	-

Nota. i1 a i5 representam os itens de 1 a 5, respectivamente, dos itens da Ensra.

Observa-se que todas as correlações entre os itens são positivas e superiores a 0,49. Segundo Tabachnick e Fidell (2013), para que seja plausível que haja um fator latente subjacente às variáveis, as correlações entre as variáveis devem ser superiores a 0,30.

A fim de avaliar em que medida a matriz de covariância é estatisticamente igual a uma matriz-identidade, realiza-se o teste de esfericidade de Bartlett. A hipótese nula (H_o) do teste de esfericidade de Bartlett afirma que a matriz de correlação é estatisticamente igual à matriz-identidade (Matos & Rodrigues, 2019; Tabachnick & Fidell, 2013). Em caso de não rejeição da hipótese, conclui-se que as variáveis são independentes (isto é, os itens não podem ser conjuntamente explicados por um traço comum). Em caso de rejeição da hipótese nula, concluiu-se que as variáveis são dependentes entre si, existindo, assim, algum tipo de associação entre as variáveis, sendo possível representar conjuntamente um ou mais traços latentes.

A hipótese nula do teste de esfericidade de Bartlett realizada nos itens da Ensra foi rejeitada, $X^2_{(10)} = 6272,29$, com *p-value* < 0,001. Conclui-se que a matriz de correlação é estatisticamente diferente da matriz-identidade. Esse resultado indica que as variáveis não são independentes entre si (há associação entre as variáveis), portanto podem ser agrupadas para representar pelo menos um construto ou fator latente.

A seguir, foi calculado o critério Kaiser-Meyer-Olkin (KMO), que representa a proporção de variância dos itens que pode ser explicada por um fator latente. Nos itens da Ensra, o KMO foi igual a 0,88, indicando que os dados estão adequados para a realização da AFE. Tabachnick e Fidell (2013) afirmam que valores de KMO superiores a 0,6 são adequados.

A fim de avaliar a dimensionalidade do instrumento, utilizou-se a análise paralela (Tabachnick & Fidell, 2013), em que são realizados três passos. Inicialmente, um conjunto de dados é gerado aleatoriamente utilizando o mesmo tamanho amostral dos dados empíricos. Em seguida, autovalores são calculados segundo uma análise de componente principal dos dados aleatórios. Os autovalores obtidos dos dados aleatórios são comparados com os autovalores dos dados reais. O número de fatores nos dados reais a ser retido refere-se àqueles que apresentam autovalores maiores do que um e que apresentam valores maiores do que os respectivos autovalores dos dados aleatórios. De acordo com a análise paralela empregada nos itens da Ensra, pode-se concluir que os itens são unidimensionais.

Análises da TRI

Ajustou-se um modelo unidimensional de análise fatorial de máxima verossimilhança para dados politômicos, utilizando o modelo de resposta gradual do Samejima (1969). O algoritmo escolhido foi o EM (Bock & Aitkin, 1981). A **Tabela 12.3** reporta as cargas fatoriais e comunidades dos itens da Ensra. As cargas fatoriais dos itens da Ensra variaram entre 0,65 e 0,95.

Tabela 12.3 *Resultado da Análise Fatorial da Ensra*

Itens	F1	h2
i1	0,95	0,90
i2	0,65	0,43
i3	0,89	0,79
i4	0,94	0,89
i5	0,92	0,85
SS *loadings*	3,85	
Proportion var.	0,77	

Nota. F1 = cargas fatoriais dos itens. h2 = comunalidade de cada item. SS *loadings* = soma das cargas fatoriais ao quadrado. *Proportion var.* = proporção de variância comum que o fator consegue extrair dos itens.

Posteriormente, estimaram-se os parâmetros dos itens da Ensra. Conforme se pode observar na **Tabela 12.4**, os parâmetros *a* (de discriminação/inclinação) dos itens variaram de 1,47 a 5,12, indicando alta capacidade discriminativa dos itens. Baker (2001) classifica o parâmetro *a* como tendo alto poder discriminativo, se valores entre 1,35 e 1,69; e muito alto poder discriminativo, se valores acima de 1,70. Os parâmetros *b* (de localização) variaram entre -1,52 e 1,28. Portanto, o instrumento conseguiu avaliar indivíduos que apresentam habilidade nesse intervalo. Analisando-se os parâmetros *b* do item 1, é possível afirmar que indivíduos com habilidades de até -1,24 têm maior probabilidade de selecionar a primeira opção de resposta. Indivíduos com habilidade entre -0,24 e -0,67 apresentam maior probabilidade de selecionar a segunda opção de resposta. Nota-se também que indivíduos com habilidades superiores a -0,606 têm maior probabilidade de selecionar a última opção de resposta.

Tabela 12.4 *Parâmetros dos Itens da Ensra*

Itens	A	b1	b2	b3	b4
i1	5,12	-1,24	-0,67	-0,006	0,61
i2	1,47	-1,30	-0,17	0,56	1,28
i3	3,32	-0,93	-0,34	0,37	0,95
i4	4,78	-1,52	-0,86	-0,22	0,28
i5	3,98	-1,31	-0,72	-0,04	0,48

Nota. a = parâmetro de inclinação do item. b = parâmetros de localização (*theresholds*) dos limiares de categorias 1 a 4.

Em seguida, foram estimadas as habilidades dos respondentes, isto é, a satisfação com o relacionamento amoroso, utilizando o algoritmo de otimização *Expected a Posteriori* (EAP). Na **Tabela 12.5**, para fim de exemplificação, são apresentadas as estimações de *theta* (θ) dos primeiros seis indivíduos do banco de dados.

Figura 12.5 *Curvas Características dos Itens da Ensra-R*

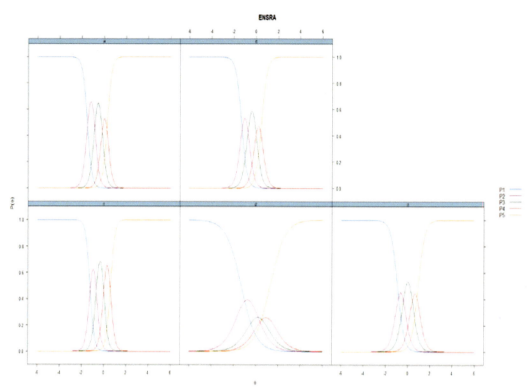

Tabela 12.5 *Estimação da Habilidade de Respondentes da Ensra*

Respondente	Estimações de theta
1	-0.48
2	0.46
3	-0.18
4	-0.38
5	0.91
6	-2.07

Nota. As estimações de *theta* encontram-se padronizadas, com média igual a 0 e desvio-padrão igual a 1.

Análises Gráficas da TRI

Gráficos da TRI foram construídos. Alguns dos principais gráficos são: a curva característica do item, a curva de informação do item e o erro-padrão da medida. A **Figura 12.6** reporta as curvas características dos cinco itens da Ensra.

Importante notar que, para qualquer nível de habilidade (isto é, qualquer ponto do eixo-x), a soma das probabilidades das curvas características das categorias do item (no eixo y) é igual a 1. Assim, basta traçar uma reta vertical em um ponto do eixo-x, e somar os valores do eixo-y que tocam a reta (ver **Figura 12.7**). Assim, um indivíduo com curvas das categorias da altura dos três IRFs é igual à unidade, que pode ser representada como $P_{1i}(\theta) + P_{2i}(\theta) + P_{3i}(\theta) + P_{4i}(\theta) + P_{5i}(\theta) = 1$.

Figura 12.6 *Curva Características das Categorias do Item 1*

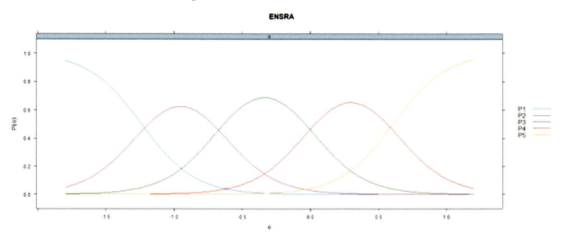

Observe na **Figura 12.6** que um indivíduo com habilidade igual a -0,5, por exemplo, tem aproximadamente 62% probabilidade de selecionar a terceira categoria da escala (P3, que se refere a "Nem discordo, nem concordo"), em torno de 28% de selecionar a segunda categoria (P2, que se refere a "discordo em parte"), e 8% de selecionar a quarta categoria de responda (P4, que se refere a "concordo em parte), 2% de selecionar a primeira categoria de resposta (P1, que se refere a "discordo completamente"), e praticamente 0% de selecionar a quinta categoria (P5, que se refere a "concordo completamente").

A **Figura 12.7** representa a curva de informação do teste e do erro-padrão da medida. O traço contínuo azul representa a informação do teste (isto é, a soma das áreas das curvas de informação de cada um dos cinco itens do instrumento). Assim, a Ensra-R consegue estimar com mais precisão habilidades em torno de -1,5 a 0,5. Fora desse intervalo, o erro-padrão da medida (representado no gráfico pelo pontilhado vermelho) aumenta.

Figura 12.7 *Curva de Informação do Teste*

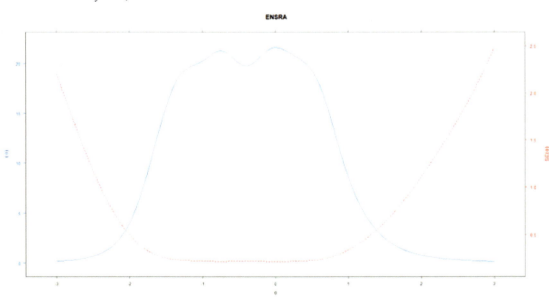

A **Figura 12.8** representa a curva de informações dos itens da Ensra. Nota-se que o item 2 (i2) é pouco informativo, contribuindo pouco para a estimação das habilidades dos indivíduos. Já o item 1 (i1) é o mais informativo do instrumento.

Figura 12.8 *Curvas de Informações dos Itens do Teste*

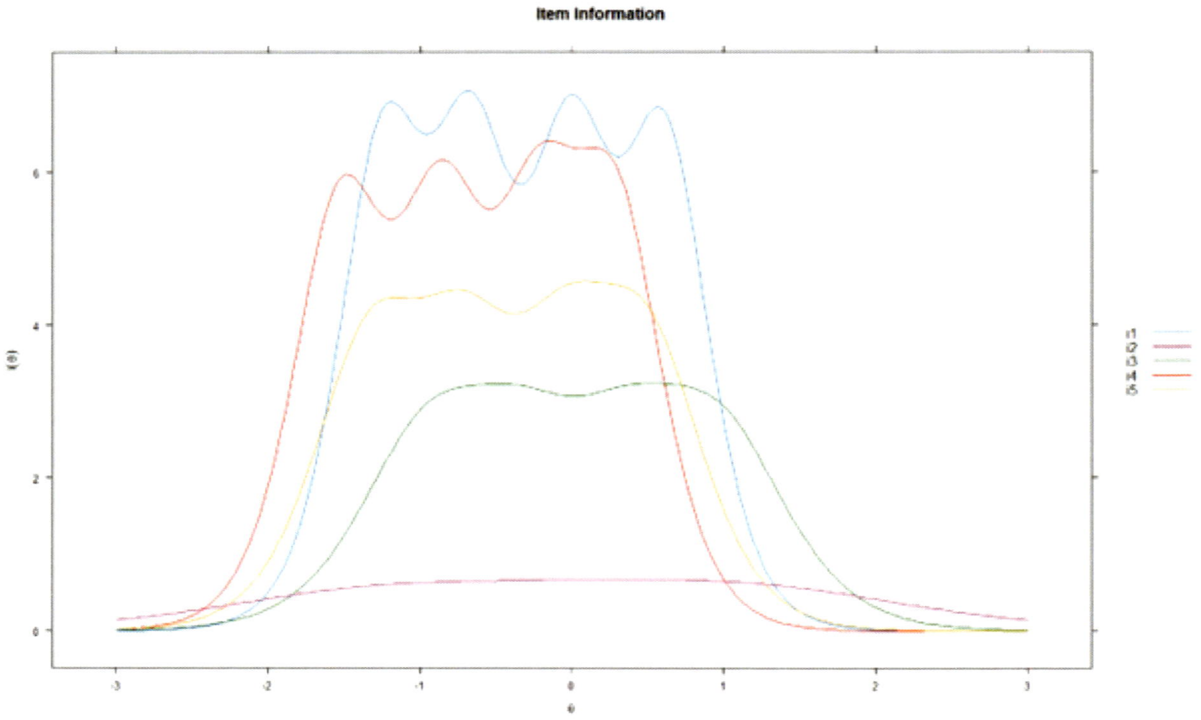

Conclusão

Modelos e métodos de TRI podem se tornar ferramentas poderosas na elaboração de instrumentos psicológicos e interpretação de seus resultados (Hambleton et al., 1991). Nas últimas décadas, houve um aumento expressivo na utilização de modelos de TRI para itens politômicos, adequando-se a formatos comuns de instrumentos em psicologia (*e.g.*, Londero-Santos et al., 2021; Natividade et al., 2019, 2020; Santos et al., 2020).

Vantagens da TRI sobre a TCT incluem a não dependência entre as características dos itens e o grupo de respondentes, a utilização de itens e não o teste como um todo para a estimação de habilidade dos respondentes, a não necessidade de testes paralelos para avaliação da precisão do instrumento, e a variação da precisão da medida de acordo com o nível de habilidade, não sendo constante ao longo de todo o instrumento (Hambleton et al., 1991).

Uma importante possibilidade da aplicação dos modelos de TRI é a criação de bancos de itens calibrados para aplicação em testagem adaptativa computadorizada. Assim, a estimação da habilidade do respondente ao teste dá-se por meio de aplicação de itens que são selecionados do banco simultaneamente à aplicação do teste. A cada aplicação de um teste, itens diferentes são selecionados. A testagem adaptativa computadorizada permite que um mesmo indivíduo responda a itens destinados a mensurar um construto, porém respondendo a itens diferentes em cada uma das aplicações (impossibilitando, assim, a memorização dos itens ou o efeito de aprendizagem). Além disso, permite que itens sejam selecionados para que consigam estimar com maior precisão a habilidade dos indivíduos, utilizando itens com parâmetros de dificuldade com valores próximos à habilidade dos indivíduos.

É importante ressaltar a necessidade de testes psicológicos que utilizam modelos de TRI para estimação da habilidade dos respondentes terem sua correção por meio informatizado, pois os cálculos são complexos, o que impossibilita sua realização manualmente.

Novos métodos de estimação de parâmetros dos itens e das habilidades dos indivíduos estão sendo aplicados, como, por exemplo, a estimação bayesiana (Santos, 2011; para mais detalhes, ver Baker & Kim, 2004). Ainda, modelos de TRI para avaliar construtos multidimensionais também estão sendo desenvolvidos e implementados (para aprofundamento, ver Van der Liden, 2016). No entanto, no Brasil, o emprego da TRI na área de psicometria é ainda bastante limitado.

É importante perceber que na TRI, apesar de ser uma teoria sofisticada e muito ampla, possibilitando a estimação da habilidade das pessoas em determinados construtos, a precisão da sua estimação está intrinsecamente ligada à bondade dos itens. Embora a TRI consiga superar diversas críticas direcionadas à TCT, ainda assim é indispensável que os construtores de testes sigam rigorosamente os procedimentos teóricos a fim de que sejam elaborados itens válidos para a mensuração de um construto psicológico (ver Pasquali, 2010, 2018).

Referências

Andrade, D. F., Tavares, H. R., & Valle, R. C. (2000). *Teoria da resposta ao item: conceitos e aplicações*. ABE.

Baker, F. B. (2001). *The basics of item response theory* (2nd ed.). ERIC Clearinghouse on Assessment and Evaluation.

Baker, F. B., % Kim, S. H. (2004). *Item response theory: Parameter estimation techniques* (2nd ed.). CRC Press.

Barbaranelli, C., & Natali, E. (2005). *I test psicologici: Teorie e modelli psicometrici*. Carocci.

Bock, R. D., & Aitkin, M. (1981). Marginal maximum likelihood estimation of item parameters: Application of an EM algorithm. *Psychometrika, 46*(4), 443-459. https://doi.org/10.1007/BF02293801.

Bolfarine, H., & Sandoval, M. C. (2010). *Introdução à inferência estatística* (Coleção Matemática Aplicada). Sociedade Brasileira de Matemática - SBM.

Camilli, G (1994). Origin of the scaling constant D=1.7 in item response theory. *Journal of Educational and Behavioral Statistics, 19*(3), 293-295. https://doi.org/10.2307/1165298.

Chalmers, R. P. (2012). Mirt: A multidimensional item response theory package for the R environment. *Journal of Statistical Software, 48*, 1-29. https://doi.org/ https://doi.org/10.18637/jss.v048.i06.

Chang, W., Cheng, J., Allaire, J., Sievert, C., Schloerke, B., Xie, Y., Allen, J., McPherson, J., Dipert, A., & Borges, B. (2022). *Shiny: Web application framework for R. R package version 1.7.2.* https://CRAN.R-project.org/package=shiny.

Embretson, S. E., & Reise, S. P. (2000). *Item response theory for psychologists.* Lawrence Erlbaum Associates.

Gulliksen, H. (1987). *Theory of mental tests.* Routledge. https://doi.org/10.4324/9780203052150.

Hambleton, R. K., & Swaminathan, H. (1985). *Item response theory: Principles and applications.* Springer Science & Business Media.

Hambleton, R. K., Swaminathan, H., & Rogers, H. J. (1991). *Fundamentals of item response theory* (Vol. 2). Sage.

Londero-Santos, A., Natividade, J. C., & Féres-Carneiro, T. (2021). Uma medida de satisfação com o relacionamento amoroso. *Avaliação Psicológica, 20*(1), 11-22. DOI 10.15689/ap.2020.2001.18901.02.

Lord, F. M., & Novick, M. R. (2008). *Statistical theories of mental test scores.* IAP.

Magalhães, M. N. (2011). *Probabilidade e variáveis aleatórias* (3rd ed.). Edusp.

Maia, J. M. (2020). *Estudo comparativo de métodos de estimação do modelo de resposta gradual para dados de burnout em enfermeiras* [Dissertação de mestrado, Universidade de São Paulo]. Biblioteca Digital USP. https://doi.org/10.11606/D.104.2020.tde-27072020-102417.

Matos, D. A. S., & Rodrigues, E. C. (2019). *Análise fatorial.* Enap.

Natividade, J. C., & Hutz, C. S. (2016). Personal characteristics associated with sexuality can be classified into seven dimensions in Brazil. *Personality and Individual Differences, 97*, 88-97. https://doi.org/10.1016/j.paid.2016.03.030.

Natividade, J. C., Carvalho, N. M., Londero-Santos, A., Carvalho, T. F., Santos, L. S., & Fagundes, L. S. (2019). Gratidão no contexto brasileiro: mensuração e relações com personalidade e bem-estar. *Avaliação Psicológica, 18*(4), 400-410. https://dx.doi.org/10.15689/ap.2019.1804.18712.08.

Natividade, J. C., Londero-Santos, A., Carvalho, N. M., Mello, R. M., Machado, R. N., & Féres-Carneiro, T. (2020). Desire to have children: Validity evidence of an instrument. *Psicologia Clínica, 32*(2), 273-294. http://dx.doi.org/10.33208/PC1980-5438v0032n02A04.

Osteen, P. (2010). An introduction to using multidimensional item response theory to assess latent factor structures. *Journal of the Society for Social Work and Research, 1*(2), 66-82. https://psycnet.apa.org/doi/10.5243/jsswr.2010.6.

Ostini, R., & Nering, M. L. (2006). *Polytomous item: Response theory models.* SAGE.

Pasquali, L. (2010). Testes referentes a construto: Teoria e modelo de construção. In L. Pasquali (Org.), *Instrumentação psicológica: Fundamentos e práticas* (pp. 166-198). Artmed.

Pasquali, L. (2011). *Psicometria: Teoria dos testes na psicologia e na educação.* Vozes.

Pasquali, L. (2018). *TRI - teoria de resposta ao item: Teoria, procedimentos e aplicações.* Appris.

Pedrabissi, L., & Santinello, M. (1997). *I test psicologici.* Il Mulino.

Penfield, R. D. (2014). An NCME instructional module on polytomous item response theory models. *Educational Measurement: Issue and Practice, 33*(1), 36-48. https://doi.org/10.1111/emip.12023.

Primi, R. (2012). Psicometria: Fundamentos matemáticos da teoria clássica dos testes. *Avaliação Psicológica, 11*(2), 297-307. http://pepsic.bvsalud.org/scielo.php?script=sci_arttext&pid=S1677-04712012000200015.

R Core Team (2022). *R: A language and environment for statistical computing.* R Foundation for Statistical Computing. https://www.R-project.org/.

Reckase, M. D. (2009). *Multidimensional item response theory*. Springer.

Reise, S. P., & Revicki, D. A. (2015). *Handbook of item response theory modeling: Applications to typical performance assessment*. Routledge; Taylor & Francis Group.

Rusbult, C. E., Martz, J. M., & Agnew, C. R. (1998). The investment model scale: Measuring commitment level, satisfaction level, quality of alternatives, and investment size. *Personal Relationships, 5*(4), 357-387. https://psycnet.apa.org/record/1998-03042-001.

Samejima, F. (1969). *Estimation of latent ability using a response pattern of graded scores*. Psychometrika Monograph Supplement.

Samejima, F. (1972). *A general model for free-response data*. Psychometrika Monograph Supplement.

Samejima, F. (1977). Weakly parallel tests in latent trait theory with some criticisms of classical test theory. *Psychometrika, 42*(2), 193-198. https://link.springer.com/article/10.1007/BF02294048.

Samejima, F. (1995). Acceleration model in the heterogeneous case of the general graded response model. *Psychometrika, 60*(4), 549-572. https://link.springer.com/article/10.1007/BF02294328.

Samejima, F. (2016). Graded response models. In J. V. D. L. Wim (Org.), *Handbook of item response theory* (Vol. 1, pp. 123-136). CRC.

Santos, M. A. (2011). *Análise bayesiana da TRI com resposta gradual* [Dissertação de mestrado, Universidade de São Paulo]. Biblioteca digital da Universidade de São Paulo. https://www.teses.usp.br/teses/disponiveis/45/45133/tde-20220712-130712/publico/SantosMarcosAlvesDos.pdf.

Santos, T. S. S., Andrade, D. F., Bornia, A.C., Conde, W. L., & Villar, B. S. (2020). Escala de violência intrafamiliar e escolar usando a teoria de resposta ao item. *Ciência: Saúde Coletiva, 25*(11), 4.479-4.484. https://doi.org/10.1590/1413-812320202511.34022018.

Spearman, C. (1904). The proof and measurement of association between two things. *The American Journal of Psychology, 15*(1), 72-101. https://doi.org/10.1590/1413-812320202511.34022018.

Tabachnick, B. G., & Fidell, L. S. (2013). *Using multivariate statistics* (6th ed.). Pearson.

Van der Linden, W. J. (Ed.). (2016). *Handbook of item response theory* (Vol. 1-2). CRC Press.

Zhang, O., & Pan, T. (2014). Comparison of parameter recovery using different computer programs and R-packages in estimating the graded response model. *Annual Meeting of American Education Research Association at Philadelphia*, 1-12. https://ouzhang.rbind.io/pdf/aera14_paper.pdf.

13

COMO MEDIR RELAÇÕES INTRA E INTERGRUPAIS

Elisa Maria Barbosa de Amorim-Ribeiro
Marcelo do Vale Cunha

Introdução

Na formação em psicologia, percebemos gradualmente como os fenômenos que estudamos relativos ao comportamento humano estão sujeitos a muitas influências. Essas influências vão do macrocontexto cultural, passam pelos grupos religiosos, educacionais, até as disposições individuais. Mesmo influências associadas ao nível mais macro são transmitidas por meio das relações interpessoais, assim como nossas características pessoais são formadas com significativa contribuição das relações proximais (Bronfenbrenner, 1979).

O estudo de fenômenos que perpassam relações interpessoais, os grupos e as relações entre os grupos é um marco da história da psicologia na compreensão do comportamento humano em sociedade. Na década de 30, os estudos de Kurt Lewin, Jacob Moreno e Helen Jennings foram centrais para lançar as bases de compreensão de processos grupais na psicologia social e da Análise de Redes Sociais (ARS). Moreno e Jennings desenvolvem a sociometria, teoria que elege a estrutura das relações como principal fenômeno de investigação. Kurt Lewin compreende a estrutura do grupo como um campo de forças sociais influentes na expressão dos comportamentos individuais (Scott, 2000). As relações intergrupais têm sido terreno para construção de teorias como a da identidade social, que explica como o pertencimento a grupos norteia a avaliação que fazemos de nós e dos outros (Ellemers & Haslam, 2011).

Embora reconheçamos as muitas influências que atravessam o comportamento humano, muitas vezes recorremos a maneiras de medir e intervir limitadas ao nível micro, ou seja, ao indivíduo. Na literatura científica, há consenso de que as pesquisas precisam avançar na busca por delineamentos capazes de alcançar diferentes níveis de análise, principalmente os níveis macro e meso. A análise de redes sociais é uma das estratégias possíveis para superar essas limitações e conseguir avaliar grupos, subgrupos e indivíduos de maneira interdependente (Humphrey & LeBreton, 2019).

A ARS é um campo de conhecimento interdisciplinar, com origem em disciplinas como sociologia, matemática, antropologia, psicologia social, epidemiologia e ciência computacional. Engloba um conjunto de teorias e estratégias de análises orientadas por um paradigma central: o cerne para a compreensão dos fenômenos está nas relações estabelecidas por um conjunto de atores (Freeman, 2011). Adotar a ARS como orientação teórica em psicologia significa priorizar as relações entre as pessoas, o que surge como resultado dessas relações, como elas nos orientam, promovem e constrangem o que fazemos. Muitas vezes, a ARS tende a ser caracterizada como um conjunto de ferramentas. Mas, para usar essas ferramentas e interpretar os indicadores gerados delas, precisamos compreender quais os seus princípios e o que ela traz de especial.

Este capítulo apresenta noções e medidas básicas do uso da análise de redes sociais para medir e analisar relações interpessoais dentro do grupo e entre grupos. Os princípios centrais são expostos de maneira sucinta junto às principais referências como guia para o leitor interessado em aprofundar suas leituras. Na sequência, trazemos exemplos de perguntas geradoras de redes, orientações de como organizar o banco e as indicações dos softwares de análises. As medidas que trazemos estão organizadas pelos níveis macro (estrutura geral da rede); meso (grupos ou comunidades); e micro (pessoas, atores ou nós). Cada análise é exemplificada com um caso real de estudo na área da psicologia, incluindo o menu utilizado no software, os *outputs* e a interpretação dada aos resultados.

A Análise de Redes Sociais

Diferentes campos de conhecimento constituem a chamada "ciência de redes". Esse termo é bastante abrangente e representa a análise das relações entre quaisquer tipos de atores, podendo ser, por exemplo, espécies vegetais, circuitos neuronais, circuitos elétricos, fluxos financeiros ou países. No âmbito da pesquisa qualitativa, as redes de palavras, denominadas redes semânticas, também são uma poderosa ferramenta de análise textual e compreensão de eixos de sentido dos fenômenos (Pereira et al., 2022). Também podemos encontrar estudos com atores de diferentes tipos, como, por exemplo, pessoas x instituições (Cunha, 2021), autores x palavras-chave (Ribeiro et al., 2019). Denominamos "análise de redes sociais" quando as interações a serem analisadas envolvem pessoas.

A rede é um conjunto de nós (atores) conectados por arestas (laços). O conjunto de teorias e ferramentas da ARS busca entender como um ator se insere na estrutura da rede e como essa mesma estrutura é construída com base nessas micro relações. Se pensarmos na rede como uma casa, as relações formadas por duas ou três pessoas vão sendo os pequenos tijolos que vão montando essa estrutura social. De maneira concomitante, a estrutura social oferece e limita oportunidades para as pessoas e os grupos que a compõem (Freeman, 2011).

Uma das contribuições de mapear ou identificar o padrão de interações é entender os recursos aos quais as pessoas têm ou não têm acesso de acordo com sua posição na rede e nos grupos de que participam. Além de saber os desenhos mais favoráveis para as pessoas, a maneira que elas se relacionam produz uma estrutura mais ou menos favorável para a atuação como grupo, como coletivo (Hanneman & Riddle, 2011b).

A teoria de capital social de Coleman (1988) é uma das teorias centrais em ARS. Consiste nos recursos existentes e potenciais decorrentes do pertencimento a uma rede de atores. Os estudos em capital social buscam compreender quais os arranjos de interação mais favoráveis para que os atores acessem os recursos que fluem na rede. A ideia central é que a distribuição dos recursos como, por exemplo, o acesso à informação depende das posições dos atores. A teoria dos laços fracos de Granovetter (1973) e a teoria dos buracos estruturais de Burt (2005) contribuem para a compreensão de arranjos entre a força dos laços e a estrutura geral da rede na apropriação de seus recursos.

A noção de coesão social integra as reflexões presentes na teoria de capital social e, embora não tivesse essa denominação, aparece como fenômeno relacional e cerne para compreensão dos grupos desde os estudos de cliques realizados por Moreno. A alta coesão acontece em grupos em que os membros têm relações recíprocas ou bidirecionais e fortes (frequentes, próximas). A estrutura de subgrupos muito coesos repercute em mecanismos de contágio de informações, ampliação da semelhança de comportamentos dos membros do grupo e exigência por homogeneização de normas e valores. Esses grupos também representam um contexto de maior solidariedade, identidade e cooperação. Como desvantagem, grupos muito coesos tornam a informação redundante, pode haver pressão por conformidade sobre os membros e poucas chances de acesso a novas informações (Freeman, 2011).

A qualidade dos laços entre as pessoas em um grupo, o grau em que as relações são ou não contributivas ou positivas têm grande impacto para o propósito do grupo e seus membros. Redes em que os laços são mais duradouros e afetivamente mais fortes são fontes de suporte social, e seus membros apresentam melhor adaptação psicológica e satisfação com o grupo. Os laços podem se formar em função da identificação de semelhanças, assim como podemos ampliar as semelhanças em razão da convivência. A disponibilidade é outra explicação para a formação de laços e acontece em função da presença de pessoas em um mesmo espaço, a exemplo de espaços de trabalho (Perry et al., 2018).

O leitor interessado em aprofundar seus conhecimentos em análise de redes sociais encontrará principais teorias e estratégias de medida apresentadas por autores expoentes no *Handbook of Social Network Analysis* (Scott et al., 2011). A International Network for Social Network Analysis (2002) reúne em seu site (https://www.insna.org/) as principais publicações e os eventos da área.

Como Coletar os Dados

Existem diferentes estratégias para coletar dados de redes sociais informais: questionário auto ou heteroaplicado, observação, extração de dados de trocas de e-mails, conversas em redes sociais, entrevistas. A mais comum é por meio de questionário, auto ou heteroaplicado. Há também diferentes escolhas sobre o recorte de tempo e o número de pessoas que podem ser citadas. Por exemplo: 1) Cite os colegas da universidade que você conheceu nos últimos seis meses; ou 2) Cite até cinco colegas da universidade com quem você conversou no último ano; ou ainda 3) Cite os colegas do curso com quem você saiu para almoçar neste semestre. Esses exemplos mostram diferentes opções de perguntas geradoras de rede e estabelecem certas diretrizes de quantidade de citações e recorte de tempo.

As perguntas geradoras da rede devem atender ao objetivo da pesquisa ou intervenção sobre o tipo de rede e de laço ou laços que se pretende estudar. Quanto aos tipos de rede, podemos distinguir dois tipos básicos: rede completa e rede egocêntrica. Na rede completa, todos os integrantes de um grupo respondem ao questionário informando com quem estabelecem conexão. Na rede egocêntrica, além de responder sobre com quem mantém contato, a pessoa informa como ela percebe as relações entre seus contatos.

Como exemplos de tipos de laços, podemos citar: parentesco, vizinhança, amizade, informação, confiança e rejeição. Um instrumento de coleta de redes também tem a possibilidade de incluir dados sobre a força da relação. Esse indicador de força pode ser obtido por meio, por exemplo, de frequência de interações, tempo de duração e intensidade, como grau de proximidade.

Um estudo realizado por Cunha (2021) analisou contribuições do suporte social na saúde mental de psicólogos e assistentes sociais que atendem a vítimas de violência sexual. A rede dos profissionais foi mapeada de maneira síncrona, com base nas seguintes consignas: 1) Cite as instituições e pessoas com que você entra em contato em razão do trabalho como vítimas de violência sexual; 2) Informe como esses contatos se relacionam entre si; e 3) Qualifique cada contato de acordo com a contribuição dada para resolução do caso ou redução da sobrecarga de trabalho (escala de 1, "não contribuiu"; até 5, "contribuiu muito"). Nesse exemplo, a pergunta de mapeamento da rede gerou uma rede egocêntrica; delimitou os contatos em razão do conteúdo do trabalho; não estabeleceu número limite de citações; abrangeu tanto pessoas como instituições; e usou o grau de contribuição como medida valorativa da força da relação.

Como Organizar o Banco de Dados

Uma vez que a coleta ocorra por meio de formulário eletrônico, ainda que presencial, há a grande vantagem de os dados serem automaticamente organizados em planilhas. Isso facilita ordenar e ajustar os dados da maneira que os softwares requerem para realizar os cálculos e gerar as imagens.

A **Figura 13.1** mostra opções de como organizar os dados para gerar as redes. A opção 1 é uma matriz quadrada, também denominada matriz de adjacência, com os respectivos nomes das pessoas que responderam ao instrumento na primeira linha e na primeira coluna na mesma sequência. Colocar o número 1 na coluna correspondente a Luiza significa dizer que Ana citou Luiza. A opção 2 é uma tabela com o nome de Ana repetido de acordo com a quantidade de pessoas que ela citou. A primeira coluna recebe o título de *Source*, a pessoa que indica os nomes; e a segunda coluna, *Target*, referindo-se ao nome de quem foi citado. Ambas as opções são denominadas **tabelas de arestas**, o que significa dizer que é o arquivo dos laços, das relações.

A terceira tabela da **Figura 13.1**, a de atributos, informa as características das pessoas da rede. Essa tabela é chamada de **tabela de nós** (atores, pessoas) e contribui tanto para análises de grupos como para a visualização por meio de cores e/ou formas. A depender do objetivo da pesquisa ou do diagnóstico a ser realizado de um grupo, essas características podem ser origem, gênero, renda, cor ou qualquer escore de medidas de outras variáveis estudadas (habilidades sociais, bem-estar psicológico, comprometimento no trabalho, desempenho acadêmico etc.).

Figura 13.1 *Exemplos de Matrizes e Tabelas do Banco de Dados de Redes*

Arestas Modelo 1

	Ana	Luiza	Gil	Sara	Marcos
Ana	0	1	1	1	1
Luiza	1	0	0	0	1
Gil	1	0	0	0	0
Sara	1	0	0	0	1
Marcos	1	1	0	1	0

Arestas Modelo 2

Source	Target
Ana	Luiza
Ana	Gilberto
Ana	Sara
Sara	Marcos
Luiza	Ana
Luiza	Marcos
....	....

Atributos

ID	Gênero	Cor
Ana	Feminino	Negra
Luiza	Feminino	Branca
Gil	Masculino	Pardo
Sara	Feminino	Amarelo
Marcos	Não Binário	Negro

Existem muitas opções de softwares para realizar análise de redes sociais, e boa parte deles traz formatos de arquivos intercambiáveis e faz leitura de planilhas eletrônicas. Os softwares variam em função da capacidade no tratamento do volume de dados e da oferta de medidas de análise. Para as medidas e os exemplos demonstrados neste capítulo, recorremos a dois deles, o Gephi versão 0.97 (Bastian et al., 2009) e o Ucinet 6.758 (Borgatti et al., 2002).

O Gephi é um software livre e com versões para diversos sistemas operacionais. Dentre as vantagens oferecidas, destacamos ser compatível com diferentes sistemas operacionais e ter a riqueza de opções de edição de imagens e importação de planilha de medidas geradas por ator. Algumas medidas demonstradas neste capítulo, como o *E-I index* e a centralidade de poder, estão disponíveis apenas no Ucinet, um software comercial, compatível com o sistema operacional do Windows.

O capítulo demonstra as sequências para rodar as medidas apresentadas (a maioria no Gephi 0.9.7), mas indicamos que o leitor acesse os vídeos de tutoriais completos presentes nos sites dos respectivos softwares. Amorim-Ribeiro et al. (2015) lançaram um guia básico para uso do Ucinet demonstrando algumas rotinas, *outputs* e suas interpretações.

Medidas em ARS: níveis micro, meso e macro

Em qualquer um dos níveis analisados, os elementos básicos da rede serão: 1) os **nós** ou os **vértices**, que são os atores, as pessoas integrantes da rede representadas geralmente por círculos; e 2) as **arestas** ou os laços, que são as relações entre os nós e graficamente são representadas por linhas com ou sem setas. A presença das setas indica que a relação tem uma direção, é **unidirecional**. Relações **bidirecionais** ou recíprocas geralmente são demonstradas por linhas, sem setas. O **grafo** ou **sociograma** é a representação gráfica da rede estudada. O nível **macro** é a estrutura da rede como um todo; o nível **meso** são as comunidades e grupos; e o nível **micro**, os nós com suas posições e atributos. A **Figura 13.2** demonstra esses elementos básicos.

Figura 13.2 *Elementos Básicos e Níveis de uma Rede Social*

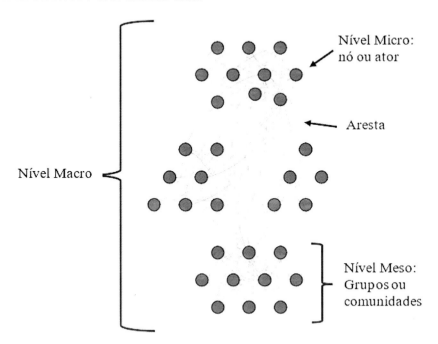

Para demonstrar as principais medidas nos três níveis de análise, vamos usar como exemplo-base a pesquisa desenvolvida por Amorim-Ribeiro et al. (2015, 2017, 2019). O objetivo geral deste estudo foi analisar como a posição dos estudantes cotistas e dos não cotistas nas redes sociais da turma influencia sua formação acadêmica. Participaram 926 estudantes de uma universidade federal brasileira, distribuídos em 25 turmas. Foram mapeados laços de amizade, informação, lacuna e rejeição. Essas redes foram analisadas sob o enfoque das relações entre os grupos de cotistas e não cotistas. No nível macro e meso, os resultados indicaram haver pouca integração entre os grupos, principalmente nos cursos mais elitizados e de elevada concorrência. No nível micro, quanto às posições dos alunos nas redes, os alunos cotistas assumiram posições menos centrais nas redes de suas turmas. Os cotistas que mantiveram relações com membros do seu grupo e do grupo de não cotistas foram os com melhor desempenho acadêmico. Os exemplos dos cálculos e visualizações da rede serão dados com a rede de amizade de uma turma de alta concorrência do curso de exatas.

Para gerar o banco de dados das relações de amizade entre os alunos da turma, cada estudante da turma respondeu à pergunta: "Escreva o nome dos colegas da turma que você considera seus amigos ("amigos" aqui significa dizer aqueles com os quais você tem mais afinidade, proximidade)". O aluno poderia citar qualquer colega da turma da disciplina em que estava acontecendo a coleta presencial. Caso quisesse, poderia recorrer à lista de presença e consultar os respectivos nomes dos colegas. Com isso, os pesquisadores definiram um universo delimitado, passo necessário para investigar uma rede completa. Quanto à força do laço, o tipo de instrução dada já caracterizou um laço forte ao considerar amigos os colegas de maior proximidade.

Após alimentar o banco de dados como orientado na seção anterior, salve o arquivo de Excel no formato **separado por vírgulas** ou **.csv**. O primeiro passo é importar para o Gephi as planilhas de nós e de arestas, uma de cada vez. Um dos caminhos possíveis é seguir a sequência: Arquivo → importar planilha (**Figura 13.3**).

Figura 13.3 *Importar Arquivo com Tabela de Arestas*

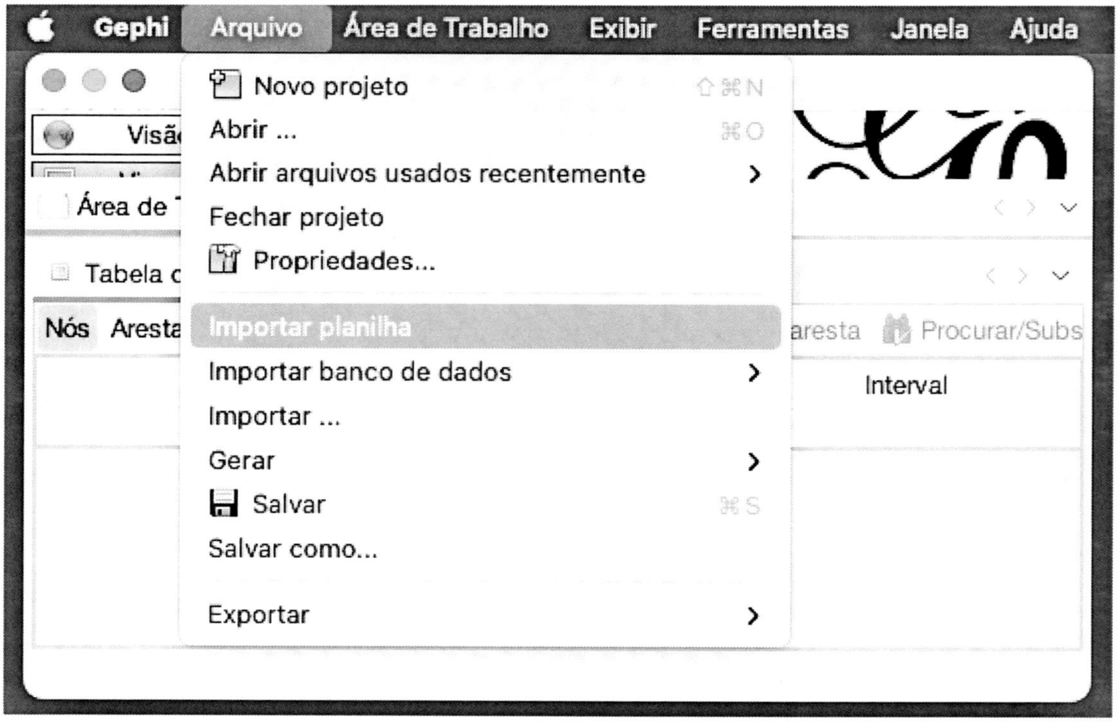

Após a escolha do arquivo desejado, o software abrirá uma janela em que você precisa escolher o tipo de tabela que está importando. No nosso exemplo, organizamos o banco conforme a opção "Arestas Modelo 2" da **Figura 13.1**, e deve ser importado sob a opção *"Edges table"*. A **Figura 13.4** demonstra duas janelas e as opções escolhidas. Observe, na imagem referente à Janela 1, que aparece a tabela de arestas Modelo 2, com os títulos das colunas nomeados com *Source* e *Target*. Esses títulos das colunas devem constar na sua tabela no Excel, e é recomendável o formato **separado por vírgulas** ou **.csv**.

Nessa tabela, podemos identificar os primeiros atores da tabela importada, exemplificando que o aluno 104 citou quatro colegas, o 105, o 106, o 107 e o 132. Esses números são códigos atribuídos aos alunos dessa turma do curso de exatas, no contexto maior do banco de dados que inclui mais oito cursos, com o objetivo de assegurar o sigilo dos participantes. Ao clicar "Próximo" na Janela 1, a Janela 2 é aberta pelo Gephi. Nela você deve escolher a opção *"Intervals"* em *"Time representations"* e escolher quais colunas você deseja importar. Basta *"Finalizar"*, e a tabela de nós ou tabela de atributos poderá ser utilizada para ajustar a visualização de acordo com o que queremos destacar.

Figura 13.4 *Importar Planilha de Arestas 2: opção "Edges Table"*

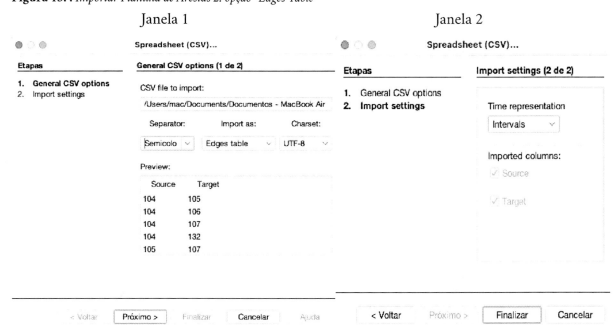

Para importar a tabela com a lista total de alunos presentes na rede e suas características, usamos novamente a sequência *Importar→Planilha* (**Figura 13.2**). Na sequência, o software mostra a Janela 1 (**Figura 13.5**). Verifique se está marcada a opção *"Nodes table"* e se o arquivo importado é o correto, sua tabela de nós. Clique "Próximo" e você verá a Janela 2 (**Figura 13.5**); certifique-se de que as opções demonstradas na figura estão marcadas e clique "Finalizar".

Figura 13.5 *Importar Planilha de nós: ajuste da opção "Nodes Table"*

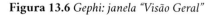

O cálculo das medidas e a elaboração da figura foram realizados no Gephi 0.9.7. A **Figura 13.6** oferece uma visão geral do software com os dados da rede inseridos e rotinas básicas executadas. Na imagem, podemos identificar três janelas principais: **"Visão geral"**; **"Laboratório de dados"** e **"Visualização"**.

A primeira janela, "Visão Geral" (**Figura 13.6**), engloba uma série de recursos, a saber: 1) Aparência com ferramentas de edição dos nós e das arestas da rede com base nas medidas geradas e nos atributos dos nós; 2) Distribuição que oferece diferentes maneiras de visualizar a distribuição geral da rede; 3) Grafo com opções diversas para alterar a imagem da rede, além de selecionar e editar nós específicos; 4) Contexto, informando o número de nós e de arestas; e 5) Estatísticas, que oferece as opções de medidas disponíveis.

Figura 13.6 *Gephi: janela "Visão Geral"*

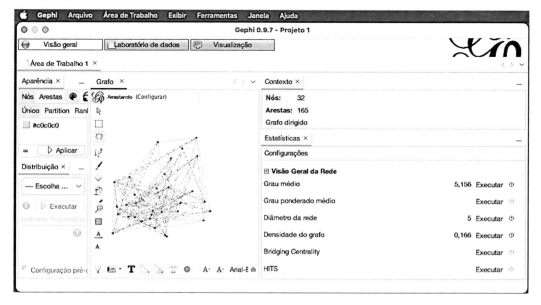

A janela "Laboratório de dados" ou "Tabela de dados" mostra as tabelas de nós e arestas importadas e permite edições nos respectivos nomes dos atores, por meio da coluna "***Label***" (**Figura 13.7**). Além disso, acrescenta a cada ator da rede as medidas de centralidade decorrentes das análises geradas na seção de estatísticas. A terceira janela, a de "Visualização", permite a extração do grafo em formato de imagem e traz recursos avançados de edição da imagem, como, por exemplo, alterar as arestas para padrões curvos (**Figura 13.8**).

Figura 13.7 *Gephi: janela "Laboratório de dados" e "Visualização"*

Id	Label	...	COTA	In-Degr...	Out-D...	Degree	Closeness ...	Betweenness ...	Modularity Cl...
104	1		2	0	4	4	0.397436	0.0	1
105	2		2	4	4	8	0.4	0.059356	1
106	3		1	9	8	17	0.47619	0.090578	3
107	4		2	3	3	6	0.306122	0.002366	1
108	5		2	7	8	15	0.379747	0.017115	0
109	6		2	4	6	10	0.365854	0.000269	0
110	7		2	6	7	13	0.37037	0.014051	0
111	8		2	10	11	21	0.5	0.111965	0
112	9		2	7	9	16	0.491803	0.06416	0
113	10		2	7	0	7	0.0	0.0	0
114	11		2	4	4	8	0.361446	0.019516	0
115	12		2	6	0	6	0.0	0.0	0
116	13		2	7	8	15	0.379747	0.023884	0

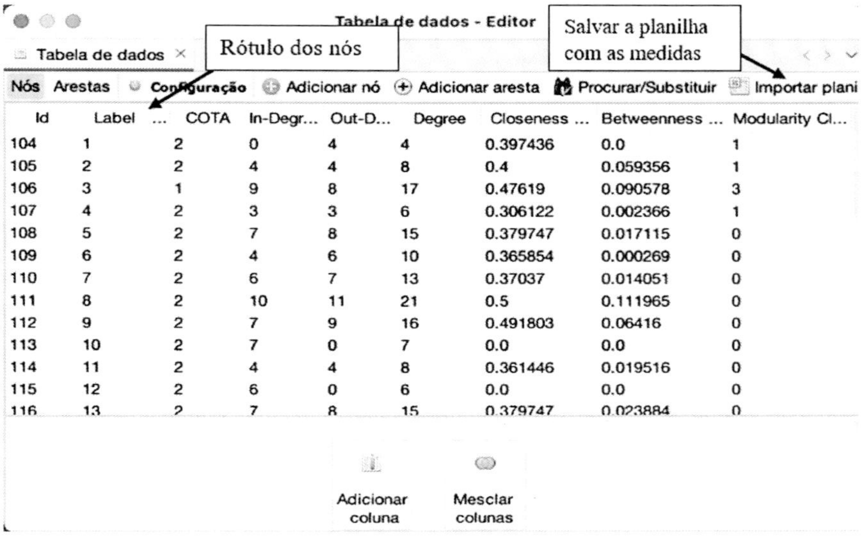

Figura 13.8 *Gephi: janela de "Visualização"*

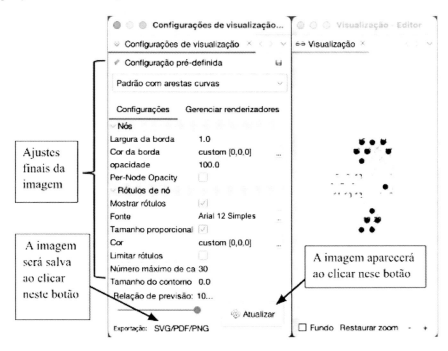

Nível Macro: a estrutura geral da rede

O tamanho da rede de amizade dos alunos da turma de exatas é de 32 nós. Esse número é a junção dos alunos que responderam ao questionário mais os que foram citados. Esses 32 alunos estabeleceram 165 conexões entre eles. A densidade da rede revela a quantidade de laços existentes diante da quantidade possível de laços dado o número de nós. Na turma estão presentes 17% dos laços possíveis. Em média, juntando quantas vezes citou e foi citado, cada aluno possui 5,16 indicações. O valor de 27% de centralização de grau indica que há uma distribuição moderada de conexões, sem atores muito díspares concentrando muitas citações. Observando as arestas como caminhos entre os atores, identificamos que, em média, cada ator precisa percorrer 2,39 caminhos para alcançar os demais da rede. A maior distância entre dois atores da rede configura o diâmetro, de valor 5 na nossa rede-exemplo. A **Tabela 13.1** sintetiza esses resultados.

Tabela 13.1 *Dados Macroestruturais da Rede "Turma de Exatas"*

Tamanho	Arestas	Densidade	Grau médio	Centralização de grau	Diâmetro	Distância média
32	165	0,17	5,16	0,27	5	2,39

Nível Meso: relações intergrupais e grupais

O nível das comunidades e grupos pode ser avaliado em termos das quantidades de relações mútuas, da proximidade de alcance dos membros de subgrupos e da frequência de laços dentro dos grupos, comparada com a frequência de laços fora dos grupos. Subgrupos com relações muito frequentes, próximas, diretas e fortes formam *clusters*, ou seja, subgrupos muito coesos.

Modularidade

A modularidade indica a quantidade de comunidades ou grupos existentes na rede. O algoritmo identifica se a quantidade de laços entre determinados membros da rede é maior quando comparado a conexões produzidas em arranjos aleatórios (Freeman, 2011).

Para calcular a modularidade no Gephi 0.9.7, basta acessar o menu *Janela → Estatísticas → Modularidade*. Ao executar a opção "Modularidade", aparecerá uma janela com o relatório da medida, informando o número de comunidades e o número de atores ou tamanho de cada comunidade em um gráfico (**Figura 13.9**).

Figura 13.9 *Modularidade: cálculo do número de comunidades na rede*

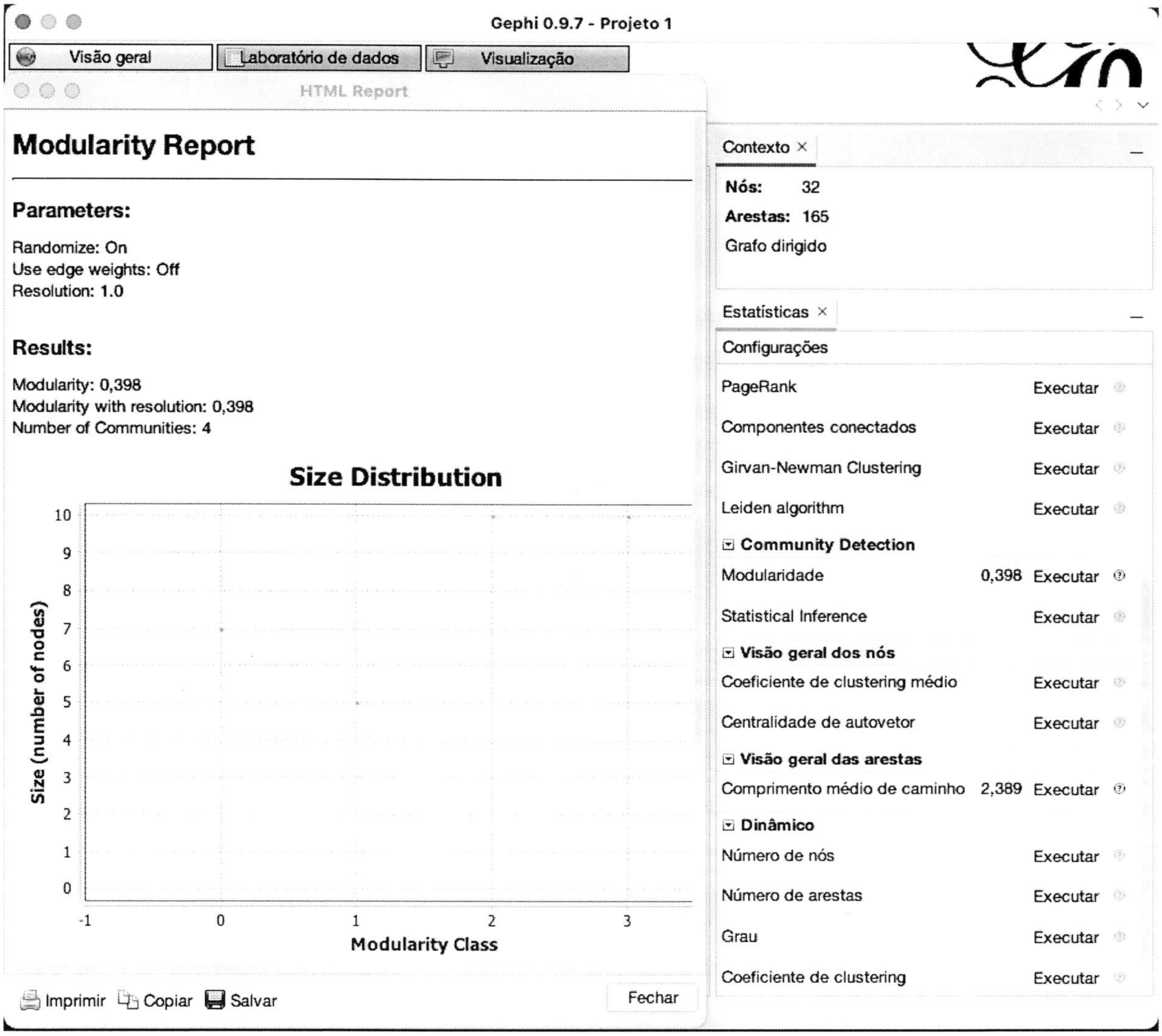

A distribuição dos nós foi realizada com base no algoritmo de modularidade (Blondel et al., 2008), demonstrando as quatro comunidades indicadas por esse algoritmo. Para gerar uma figura que distribua os nós de acordo com a modularidade, acesse a janela em *Visão Geral → Distribuição → Circle Pack Layout → Hierarquia 1 → Modularidade* (**Figura 13.10**). Caso essa opção não esteja disponível no menu distribuição, busque no menu superior do Gephi, na opção *Ferramentas → Plug-ins → Plug-ins disponíveis → Pesquisar → Circle Pack Layout*.

Figura 13.10 *Visualização da Modularidade: distribuição "Circle Pack Layout"*

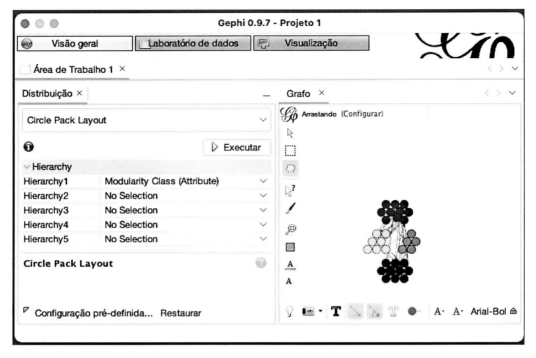

Em geral, ao solicitar a distribuição *"Circle Pack Layout"*, os nós ficam muito próximos. Se quisermos espalhar os nós, solicitamos *Visão Geral → Distribuição → Expansão → Executar*. Clicamos o botão "Executar" a quantidade de vezes que queiramos aumentar a expansão dos nós (**Figura 13.11**).

Figura 13.11 *Distribuição "Expansão"*

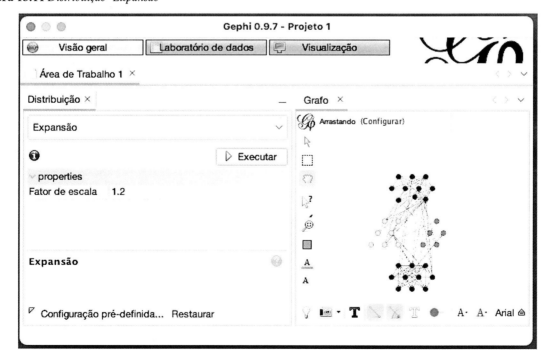

A aparência das comunidades pode ser configurada por cores ao adicionarmos o filtro de cor por comunidade seguindo a sequência: *Visão Geral → Aparência → nós → cores → partição → classe de modularidade* (**Figuras 13.12 e 13.13**).

Figura 13.12 *Visualização da "Modularidade": filtro de cor por comunidade*

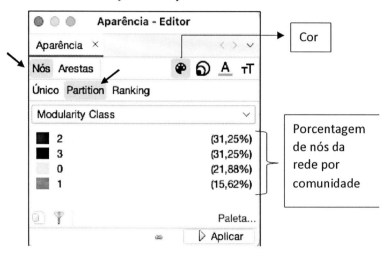

Figura 13.13 *Rede da "Turma de Exatas": visualização das comunidades*

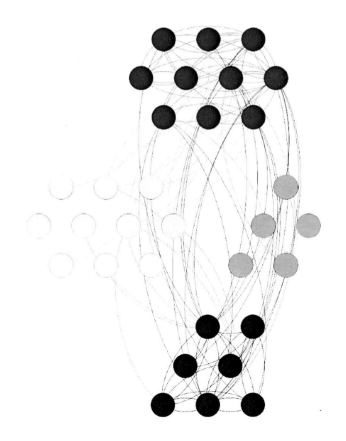

Ao pensar em uma visualização que contribua para refletir sobre a integração entre cotistas e não cotistas, podemos gerar a imagem da rede com a mesma distribuição por comunidades, mas com as cores filtradas pelo atributo "tipo de ingresso na universidade" (cotista ou não cotista). Essa informação está disponível como opção na paleta de cores porque foi preenchida no banco de dados na tabela de nós. Essa tabela precisa ter sido importada com a tabela de arestas. A **Figura 13.14** é o sociograma da rede dessa turma. Os cotistas estão representados pela cor preta; e os não cotistas, pela cor cinza. A sequência no Gephi seguida foi: *Visão Geral → Aparência → nós → cores → partição → cotas*.

Uma delas é formada apenas por alunos não cotistas, e as demais são mistas, mas sempre com predominância de membros cotistas ou não cotistas. Com base na matriz de atributos, é possível ver a distribuição de membros nas quatro comunidades por meio de outras características, como gênero, por exemplo.

Caso a pesquisa envolvesse uma fase de intervenção com o objetivo de reduzir a endogeneidade das comunidades, os alunos que conectam membros de diferentes comunidades seriam pontos-chave nesse processo. Compreender as características de cada comunidade e o efeito da formação dos subgrupos na dinâmica de sala de aula também poderia ser um ponto central de atenção. Uma vez detectadas as comunidades, o pesquisador precisa associar as medidas de redes a outras fontes de dados para compreender a identidade de cada comunidade. Para serem interpretadas, as medidas precisam adquirir sentido junto ao contexto em que foram geradas.

Figura 13.14 *Rede da "Turma de Exatas": visualização das comunidades com nós coloridos por tipo de ingresso na universidade*

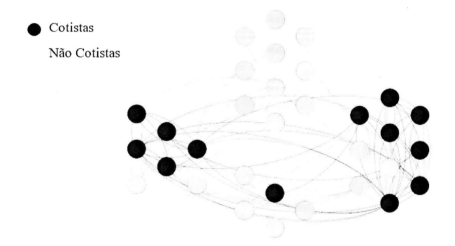

E-Index

O *E-Index* é a medida que avalia o grau de homofilia e heterofilia na rede como um todo, nos grupos e em cada membro da rede estudada. O construto "homofilia" é uma das explicações possíveis sobre como os laços se formam. De acordo com essa explicação, há uma tendência de as pessoas se aproximarem de outras em razão de alguma semelhança, como, por exemplo, gênero, crença religiosa, posicionamento político ideológico, cor ou raça. Isso faz com que o contato entre pessoas semelhantes aconteça em uma frequência mais alta do que o contato entre pessoas diferentes, ou seja, tendemos a nos relacionar com pessoas parecidas conosco (Perry et al., 2018)

A medida avalia a proporção de laços externos e internos presentes nos subgrupos, podendo variar de -1 a +1. Quanto mais perto de -1, maior a endogeneidade no grupo, mais as pessoas estão se relacionando com seus semelhantes. Quanto mais perto de +1, maior integração e diversidade presente na rede. Uma especificidade dessa medida é que podemos determinar sobre qual característica queremos avaliar o grau de homogeneidade ou heterogeneidade das relações. Podemos escolher, por exemplo, avaliar o grau de integração do grupo considerando o gênero, a raça ou a renda.

O *E-I Index* é encontrado no menu do software Ucinet, seguindo a sequência: *Network* → *Cohesion* → *E-I Index*. No caso do estudo de Amorim-Ribeiro et al. (2017, 2019), o atributo escolhido foi o tipo de ingresso na universidade: por cotas ou por livre concorrência. Na rede de alunos da turma de exatas, foi encontrado o valor -0,42. Considerando que o valor varia de -1 a +1, a turma apresenta elevada homofilia, ou seja, há elevada endogeneidade: não cotistas priorizam estabelecer conexões com não cotistas, e cotistas buscam relações com seus iguais, os cotistas. Entre as turmas da universidade pesquisadas, foi um dos indicadores mais elevados de endogenia encontrados, ou seja, onde há menor integração entre cotistas e não cotistas

Neste tópico apresentamos duas medidas profícuas na detecção de comunidades e do grau de heterogeneidade dos grupos na rede. Esses são apenas dois exemplos de um leque mais amplo de medidas envolvendo grupos. Existem medidas de subgrupos como os cliques, n-cliques, n-clãs e k-plexes que vão se diferenciar nos critérios estabelecidos para considerar a existência de um grupo. A medida de densidade pode ser calculada no nível meso, dentro e entre grupos. Nesse caso, o critério para ser considerado de um mesmo grupo é ter características semelhantes, como pertencer à mesma instituição, por exemplo (Amorim-Ribeiro et al., 2015).

Nível Micro: observando as posições e os papéis das pessoas

As medidas dos membros na rede não são características individuais, como cor, gênero ou origem. Os indicadores no nível micro resultam das relações que cada membro estabelece com os demais membros da rede. Os diversos tipos de centralidade são obtidos por meio da quantidade e da qualidade das conexões de cada nó e dos caminhos formados por essas conexões na estrutura da rede. O **Quadro 13.1** lista exemplos dos tipos de centralidade e suas respectivas definições.

Quadro 13.1 *Tipos de Centralidade e Definições*

Centralidade	Definição (Hanneman & Riddle, 2011a, 2011b).
Grau	Soma da quantidade de vezes que a pessoa é citada com a quantidade de pessoas que ela cita. Em redes dirigidas, existem as medidas de centralidade de grau de entrada (quantidade de vezes que é citada por outros); e grau de saída (quantidade de vezes que cita outras pessoas). Medida de frequência, mais simples e não vinculada à estrutura da rede, como as demais.
Intermediação	Informa quanto uma pessoa é caminho para as outras alcançarem alguém na rede.
Proximidade	Trata do potencial de uma pessoa chegar às outras na rede de maneira mais rápida que as demais.
Bonacich	Considerado um indicador de poder do ator, analisa com quem a pessoa está conectada. Quando vamos calcular, precisamos escolher se consideramos mais central quem está perto de alguém muito conectado ou o contrário.
Autovetor	Semelhante à anterior, leva em conta os vizinhos da pessoa na rede e possui um algoritmo mais indicado para redes grandes.

Para calcular os indicadores de centralidade, recorremos ao menu *Janela → Estatísticas → Grau médio*. As medidas poderão ser vistas e exportadas por meio da *Janela → Tabela de dados → Nós*. Organizar os dados em uma planilha contribui para identificar os atores com indicadores mais relevantes. A depender da questão de pesquisa, esses indicadores podem ser os maiores e/ou os menores nas medidas geradas. Em muitos casos, pode ser igualmente importante identificar quem está na periferia e quem está no centro da rede. Importar a planilha com os dados de centralidade pode ser útil para testar a variabilidade dessas medidas com outras variáveis da pesquisa. Na pesquisa de Amorim-Ribeiro et al. (2019), as medidas de centralidade foram correlacionadas com medidas de desempenho e comprometimento acadêmico.

Para exemplificar as medidas discutidas, destacamos nove alunos da turma de um curso de exatas e seus respectivos indicadores em cada tipo de centralidade. Os alunos foram classificados do maior ao menor valor das medidas em uma sequência hierárquica.

Os alunos 8, 17 e 23 têm a maior centralidade de grau e mantêm contatos de amizade com até 21 colegas em uma turma de 32 alunos. Os alunos 17, 24 e 30 registram elevada centralidade de intermediação, eles são as principais pontes ou caminhos para os colegas chegarem aos demais. Os que têm centralidade de proximidade mais destacada são os alunos 8, 24 e 17. Estes alunos estão posicionados na rede de tal forma que eles têm maior agilidade para alcançar os demais, quando comparados aos outros colegas. Nas centralidades de Bonacich e Autovetor, encontramos novamente os alunos 8, 23 e 24, que, além de estarem em posições privilegiadas, estão por perto de colegas prestigiados na turma.

Tabela 13.2 *Dados de Centralidade por Ator (Aluno)*

Aluno	Grau	Intermediação	Proximidade	Bonacich	Autovetor
8	21	0,11	0,596	10.505	0,464
17	20	0,14	0,574	7.627	0,337
23	19	0,11	0,62	10.604	0,469
24	17	0,15	0,596	9.013	0,398
3	17	0,08	0,544	6.547	0,289
9	16	0,06	0,517	7.666	0,339
14	15	0,04	0,554	6.498	0,287
13	15	0,02	0,525	7.536	0,333
5	15	0,02	0,47	6.158	0,272
30	14	0,14	0,59	7.552	0,33

O sociograma ou grafo foi novamente gerado e demonstrado na **Figura 13.15** com algumas configurações distintas. Alteramos as cores dos grupos para tons de cinza para que os códigos de identificação dos alunos pudessem aparecer no grafo. Os cotistas estão de cinza mais escuro; e os não cotistas, de cinza claro. O tamanho dos nós ou dos círculos que representam cada aluno são proporcionais à centralidade de intermediação. Tendo as relações intergrupais entre cotistas e não cotistas como principal objeto de análise da rede, os alunos com maior intermediação podem ser considerados fundamentais para conectar membros dos distintos grupos.

Figura 13.15 *Rede de Alunos de Exatas: tamanho dos nós proporcionais à centralidade de intermediação*

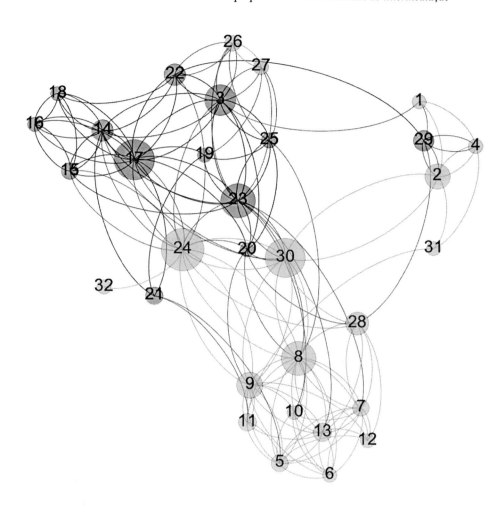

A identificação das comunidades na rede e dos papéis dos atores pode prover informações para processos de intervenção. No caso das comunidades identificadas, caso o objetivo fosse ampliar a integração entre estudantes cotistas e não cotistas, os atores com elevados graus de centralidade de intermediação e de proximidade constituiriam elementos-chave.

Considerações Finais

Este capítulo demonstra o potencial do uso das premissas e ferramentas da análise de redes sociais na pesquisa sobre relações interpessoais e processos grupais. Esse campo de estudos reúne e aplica-se a distintas áreas de conhecimento e tem a capacidade de superar teórica e metodologicamente polaridades entre indivíduo e seu contexto social.

A superação dessas dualidades acontece principalmente pela eleição da relação como unidade de análise e principal fator influente na formação da estrutura social e no comportamento das pessoas. De maneira concomitante, relações entre duas ou três pessoas lançam as bases de formação de uma estrutura social mais ampla, e essa estrutura é o contexto de recursos e limitações para as pessoas.

Olhar para as redes sociais, para os grupos e para as pessoas nelas imersas garante uma análise multinível: níveis macro, meso e micro. Trata-se de compreender os caminhos pelos quais os recursos fluem e como tornar esses recursos acessíveis de maneira homogênea para as pessoas e de maneira que o grupo opere para alcançar objetivos coletivos.

Esperamos que o leitor possa fazer uso dessas contribuições teóricas e ferramentas para o estudo de processos grupais e intergrupais, ampliando seu leque de opções para compreender fenômenos no âmbito interpessoal, com atenção à importância de interpretar as medidas à luz das teorias que as embasam e de informações aprofundadas sobre o contexto estudado.

Referências

Amorim-Ribeiro, E. M. B., Peixoto, A. L. A., & Bastos, A. V. B. (2017). Interação entre estudantes cotistas e não cotistas e sua influência na integração social e desempenho acadêmico na universidade. *Estudos de Psicologia, 22*(4), 401-411. https://dx.doi.org/10.22491/1678-4669.20170041.

Amorim-Ribeiro, E. M. B., Peixoto, A. L. A., Miranda, J. G. V., & Bastos, A. V. B. (2019). O uso de análise de redes sociais no estudo das relações intergrupais entre cotistas e não cotistas de uma universidade pública. *Estudos de Psicologia*, 36, 1-10. http://dx.doi.org/10.1590/1982-0275201936e170167.

Amorim-Ribeiro, E. M. B., Melo, P. T. N. B., & Oliveira, C. F. (2015). Iniciação ao uso do Ucinet. In A. V. B. Bastos, E. Loiola, & H. P. Regis (Orgs.), *Análise de redes sociais no* contexto organizacional (pp. 151-188). Edufba.

Bastian, M., Heymann S., & Jacomy M. (2009). *Gephi: An open source software for exploring and manipulating networks.* International AAAI Conference on Weblogs and Social Media.

Blondel, V. D., Guillaume, J. L., Lambiotte, R., & Lefebvre, E. (2008). Fast unfolding of communities in large networks. *Journal of Statistical Mechanics: Theory and Experiment*, 10, 1-12. https://doi.org/10.1088/1742-5468/2008/10/P10008.

Borgatti, S. P., Everett, M. G., & Freeman, L. C. (2002). Ucinet for Windows: software for social network analysis. *Connections, 15*(1), 12-15. https://www.researchgate.net/publication/216636663_UCINET_for_Windows_Software_for_social_network_analysis/link/5611760f08aec422d116feec/download.

Bronfenbrenner, U. (1979). *The ecology of human development: Experiments by nature and designs.* Harvard University Press.

Burt, R. S. (2005). *Brokerage and closure: An introduction to social capital.* Oxford University Press.

Coleman, J. (1988). Social capital in the creation of human capital. *American Journal of Sociology, 94*, S95-S120. https://www.jstor.org/stable/2780243.

Cunha, R. C. S. (2021) *Trauma vicário: O suporte social no trabalho com vítimas de violência sexual* [Dissertação de mestrado, Universidade Salgado de Oliveira].

Ellemers, N., & Haslam, S. A. (2011) Social identity theory. In P. A. Van Lange, E. T. Higgins, & A. W. Kruglanski (Eds.), *Handbook of theories of social psychology* (pp. 379-398). Sage Publications.

Freeman, L. C. (2011). The development of social network analysis–with an emphasis on recent events. In J. Scott, & P. J. Carrington (Eds.), *The Sage handbook of social network analysis* (pp. 40-54). Sage Publications.

Granovetter, M. S. (1973). The strength of weak ties. *American Journal of Sociology, 78*(6), 1.360-1.380. http://www.jstor.org/stable/2776392.

Hanneman, R. A., & Riddle, M. (2011a). A brief introduction to analyzing social network data. In J. Scott, & P. J. Carrington (Eds.), *The Sage handbook of social network analysis* (pp. 331-339). Sage Publications.

Hanneman, R. A., & Riddle, M. (2011b). Concepts and measures for basic network analysis. In J. Scott, & P. J. Carrington (Eds.), *The Sage handbook of social network analysis* (pp. 340-367). Sage Publications.

Humphrey, S. E., & LeBreton, J. M. (2019). *The handbook of multilevel theory, measurement, and analysis.* American Psychological Association.

Pereira, H. B. B., Grilo, M., Fadigas, I. S., Souza Junior, C. T., Cunha, M. V., Barreto, R. S. F. D., ... & Henrique, T. (2022). Systematic review of the "semantic network" definitions. *Expert Systems with Applications, 210,* 1-8. https://doi.org/10.1016/j.eswa.2022.118455.

Perry, B. L., Pescosolido, B. A., & Borgatti, S. P. (2018). *Egocentric network analysis: Foundations, methods, and models* (Vol. 44). Cambridge University Press.

Ribeiro, H. C. M., Corrêa, R., & Ribeiro, G. K. M. (2019). Redes sociais de um e dois modos: trajetória da produção científica do Encontro de Ensino e Pesquisa em Administração e Contabilidade. *Revista Gestão Universitária na América Latina,* 12(2), 253-270. https://doi.org/10.5007/1983-4535.2019v12n2p253.

Scott, J. (2000). *Social network analysis: A handbook* (2nd ed.). Sage Publications.

14

MÉTODO JT: ESTRATÉGIA PARA AVALIAR A EFETIVIDADE DAS INTERVENÇÕES

Clarissa Pinto Pizarro de Freitas
Paulo Roberto Soares da Silva Alves
Maria Eduarda de Melo Jardim
Adriana Benevides Soares

Introdução

A valorização da promoção do bem-estar e desenvolvimento saudável dos indivíduos, integrado ao desenvolvimento das ciências psicológicas, permitiu o fortalecimento das intervenções baseadas em evidências (Harvey et al., 2022; Paveltchuk et al., 2022). Estas se caracterizam como ações desenvolvidas com base na interseção dos dados empíricos de estudos científicos, da expertise clínica dos profissionais sobre as características contextuais, culturais e dos valores dos pacientes (American Psychological Association [APA], 2020). Compreende-se que essas intervenções valorizam o conhecimento científico na tomada de decisões sobre o tratamento, consideram as percepções e habilidades técnicas dos profissionais referentes ao caso que estão atendendo e avaliam a aplicabilidade dessas ações em face das características do contexto e da população atendida (APA, 2020). Desta forma, ao utilizá-las, os profissionais de psicologia adotam ações que contribuem ao desenvolvimento de seus clientes/pacientes, assim como minimizam a exposição desses indivíduos aos efeitos iatrogênicos que podem estar associados às intervenções psicológicas (Harvey et al., 2022; Paveltchuk et al., 2022).

A avaliação das intervenções baseadas em evidências é complexa e requer atenção a diferentes aspectos, tais como os benefícios aos participantes, o custo-benefício da intervenção, o potencial de replicabilidade da intervenção em diferentes contextos e respeito aos princípios éticos. Os benefícios da intervenção podem ser avaliados por meio da melhora clínica do paciente, pela redução do seu sofrimento psicológico, assim como pela promoção do bem-estar e desenvolvimento de habilidades (APA, 2020; Harvey et al., 2022).

Tendo em vista a complexidade intrínseca ao processo de avaliação de intervenções baseadas em evidências, Jacobson e Truax (1991) desenvolveram o método JT, com a finalidade de contribuir para a obtenção de evidências de validade interna e ecológica das ações realizadas. Esse método permite que limitações no processo de avaliação da efetividade e eficácia das intervenções sejam superadas, tais como a exigência de que as amostras envolvam diversos participantes, a necessidade de grupo controle/comparação e as influências dos escores de participantes com níveis baixos ou altos nas análises de comparação de grupo (Guhn et al., 2014; Jacobson & Truax, 1991).

As evidências de validade interna demonstram que uma proposição teórica sobre a relação entre duas ou mais variáveis foi corroborada pelos achados empíricos (Koh, 2014). A utilidade do método JT pode ser observada no estudo de Souza et al. (2018), no qual foi proposto que o Treinamento de Habilidades Sociais (THS) se constituía em uma estratégia adequada para estudantes do ensino fundamental desenvolverem essas habilidades. O método JT foi aplicado para avaliar o Índice de Mudança Confiável (IMC) entre 26 estudantes do ensino fundamental (M = 10,4 anos; DP = 0,9 anos; 50% do sexo feminino) que participaram do THS. Os resultados indicaram a efetividade do THS na promoção de habilidades sociais dos estudantes do ensino fundamental, permitindo que fosse observada a validade interna desta pesquisa.

As evidências de validade ecológica referem-se ao nível em que as condições do estudo representam o contexto em que os fenômenos investigados ocorrem. Dessa forma, esse tipo de evidência contribui para compreender se os resultados do estudo podem ser generalizados a contextos e populações semelhantes às investigadas na pesquisa desenvolvida (Lischetzke, 2014). Por exemplo, um estudo de Souza et al. (2018), que faz uso do método JT, apresenta evidência ecológica ao demonstrar a efetividade de um THS realizada no contexto escolar dos estudantes do ensino fundamental, o que indica que resultados semelhantes seriam obtidos ao desenvolver a intervenção com outros estudantes.

Referente à necessidade de amostras com diversos participantes, o método JT supera essa limitação. No processo de avaliação da efetividade das intervenções, em vez de comparar o resultado do grupo como um todo, compara-se cada participante consigo mesmo no tocante aos seus escores antes e após a intervenção em um dado instrumento psicométrico (Jacobson & Truax, 1991). Desta forma, o método JT permite a obtenção de evidências de validade interna e ecológica de estudos que envolvam não apenas vários participantes (Morgan-Lopez et al., 2022), como também é possível aplicá-lo em estudos com um número reduzido de participantes (Ribas et al., 2022), ou até mesmo com apenas um participante (*e.g.*, pesquisas com amostras de difícil acesso).

A utilização de grupos-controle em estudos experimentais ou grupos de comparação em pesquisas quase-experimentais é essencial para aumentar a validade interna de um estudo, uma vez que permitem identificar quais variáveis atuam como antecedentes do fenômeno investigado e controlam os efeitos de variáveis intervenientes (Koh, 2014). Apesar disso, há contextos em que o respeito aos princípios éticos impede que um grupo de participantes seja alocado como controle ou comparação, tendo em vista que estes seriam privados de receber atendimento (APA, 2020). Por exemplo, é inviável, em um estudo que busque avaliar a efetividade de intervenções para promoção de habilidades de leitura de crianças diagnosticadas com dislexia, dividir os participantes entre aqueles que participam da intervenção e aqueles que não, pois o segundo grupo poderá sofrer prejuízos ao ser privado dessa participação. Observa-se que o método JT permite avaliar a efetividade da intervenção sem a presença de um grupo-controle, tendo em vista que esse método mostra se as mudanças ocorridas nos escores do participante são decorrentes da intervenção ou se podem ser atribuídas a fatores externos (Guhn et al., 2014; Jacobson & Truax, 1991).

Outra contribuição do método JT é a possibilidade de investigar com maior profundidade os efeitos da intervenção entre os participantes em relação às análises de comparação de médias [*e.g.*, teste *t*, Análise de Variância (Anova)]. A análise de comparação de médias entre grupos expostos a diferentes intervenções, ou dos mesmos participantes antes de realizar a intervenção e após o término dela, é uma excelente estratégia para demonstrar a existência de diferenças estatisticamente significativas entre os grupos, mas estas não evidenciam os efeitos da intervenção para cada participante individualmente (Jacobson & Truax, 1991).

Ademais, uma limitação que pode estar associada à análise de comparação de médias são os efeitos dos escores muito altos ou muito baixos de um participante, que, mesmo que não seja identificado como um caso extremo (*outlier*), pode influenciar positivamente ou negativamente o resultado do teste

(Jacobson & Truax, 1991). Uma comparação de médias de uma intervenção para o desenvolvimento de habilidades de escrita em um grupo de crianças diagnosticadas com disortografia, por exemplo, pode revelar uma diferença significativa entre as médias dos escores antes e após o tratamento. Tais resultados, entretanto, não permitem identificar qual criança apresentou maior benefício com a intervenção e qual permaneceu com dificuldades para desenvolver suas habilidades de escrita.

No âmbito das limitações do método JT, pode-se observar que este frequentemente não poderá refletir as experiências subjetivas dos participantes, especialmente no que se refere à Significância Clínica (SC) das intervenções. Nesse sentido, De Smet et al. (2020) apontam que, do ponto de vista dos participantes, um bom resultado pode ser entendido como sentir-se empoderado, encontrar equilíbrio pessoal e encontrar a possibilidade de enfrentamento contínuo. Os autores pontuam que a classificação Jacobson-Truax de resultados positivos ou negativos, entretanto, não seria capaz de identificar essas nuances nas experiências dos participantes por meio das mudanças nos escores das dimensões avaliadas. Assim, conforme sinalizado por Stänicke e McLeod (2021), bons resultados em medidas de autorrelato quantitativo podem vir acompanhados por relatos de negativos obtidos com base em fontes qualitativas, tais como entrevistas ou observações externas. Da mesma forma, informações qualitativas podem sugerir um bom resultado, enquanto dados quantitativos podem indicar que a psicoterapia não beneficiou os participantes.

Nesse contexto, as alterações nos escores dos participantes são difíceis de interpretar. Um aumento em uma pontuação de sintomas negativos, por exemplo, poderia evidenciar uma piora, ao mesmo tempo que poderia indicar apenas um maior reconhecimento do real nível de angústia por parte do sujeito. Ademais, alguns indivíduos podem fornecer uma representação mais precisa de seus problemas, enquanto outros buscam transmitir uma impressão ilusória de bem-estar emocional (Stänicke & McLeod, 2021).

Contudo, intervenções com suporte empírico, assim como outros tipos de avaliações como a terapia baseada em feedback, são fundamentadas na suposição de que os dados produzidos pelas medidas de resultado são válidos e confiáveis para fornecer orientação para a ação (Stänicke & McLeod, 2021). Além disso, as investigações quantitativas permitem, por meio do seu rigor metodológico, o acesso a informações essenciais e fidedignas acerca dos sujeitos e das populações (Mussi et al., 2019).

Nesse contexto, situa-se a possibilidade de interação do método JT com abordagens qualitativas de pesquisa que possam fomentar uma análise mais fidedigna da realidade dos indivíduos, compensando as limitações de um método com as potências de outro. Nesse sentido, ao conceber o método JT, Jacobson e Truax (1991) buscaram aprofundar as definições de mudança clínica confiável e mudança clínica significativa, bem como desenvolver estratégias para mensurá-las de forma rigorosa e precisa, poderosa no seu potencial de contribuição para o desenvolvimento de intervenções efetivas que promovam o bem-estar e desenvolvimento saudável dos indivíduos.

Índice de Mudança Confiável

O IMC permite avaliar se as mudanças nos escores de um indivíduo ao longo do tempo podem ser consideradas estatisticamente significativas. No contexto da avaliação de efetividade das intervenções, o IMC permite verificar se o indivíduo apresenta diferenças estatisticamente significativas nos escores da variável critério antes da intervenção e após a intervenção (Guhn et al., 2014; Jacobson & Truax, 1991), o que permite observar se as ações realizadas provocam mudança clínica de fato sobre os participantes.

Mensurar se as mudanças clínicas apresentadas são confiáveis é relevante, pois, apesar de as intervenções terem como foco o desenvolvimento dos participantes, deve-se considerar as possibilidades de estas produzirem efeitos negativos ou prejuízos a eles. Ao comparar os indivíduos com eles mesmos antes e após intervenção, o método JT permite evidenciar quais participantes foram por ela beneficiados, quais não obtiveram mudanças significativas em seus escores e aqueles que podem ter vivenciado algum tipo de efeito negativo ou prejuízo resultante da intervenção (Jacobson et al., 1984; Jacobson & Truax, 1991).

A análise do IMC é padronizada para o escore Z, que apresenta uma distribuição de Gauss, o que permite identificar se o valor de IMC pode ser considerado estatisticamente significativo (Guhn et al., 2014). Essa análise é possível, pois compreende-se que, na distribuição de Gauss, os valores localizados em 95% do intervalo da distribuição ocorreram ao acaso. Nas situações em que se apresenta um valor inferior a 5% de probabilidade de ocorrência, compreende-se que este é estatisticamente significativo e não resulta de um erro de medida (Field et al., 2020). O procedimento para calcular o IMC será abordado na seção "Exemplos" deste capítulo.

Ao estabelecer que a média da distribuição do IMC é 0 e que o desvio-padrão é igual a 1, os valores que são superiores (1,96) ou inferiores (-1,96) a dois desvio-padrão da média indicam a presença de uma mudança clínica confiável. Isso ocorre porque o limiar de -1,96 se localiza no percentil 2,5%; e o limiar de 1,96, no percentil 97,5%. Dessa forma, valores de IMC inferiores a -1,96 ou superiores a 1,96 indicam que os resultados são estatisticamente significativos, pois apresentam uma probabilidade de ocorrência inferior a 5%. Por outro lado, valores maiores que -1,96 e menores que 1,96 registram uma probabilidade de até 95%, de modo que podem resultar de erros de medida ou flutuações nas médias dos participantes ao longo do tempo (**Figura 14.1**) (Guhn et al., 2014; Jacobson & Truax, 1991).

Figura 14.1 *Representação Gráfica dos Valores de IMC na Distribuição de Gauss*

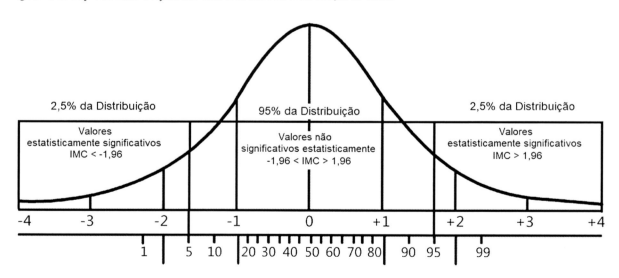

O IMC pode registrar valores positivos e negativos. Após calcular o IMC, deve-se interpretar se este é categorizado como uma Mudança Positiva Confiável (MPC), Ausência de Mudança (AM) e Mudança Negativa Confiável (MNC). A MPC evidencia que os participantes apresentaram uma melhora clínica, ou seja, foram observados: redução dos sintomas, desenvolvimento de habilidades ou aumento nos níveis de bem-estar. A AM demonstra que a intervenção não trouxe efeitos ao participante, de modo que não são observadas mudanças estatisticamente significativas nos escores dos participantes. A MNC indica que o indivíduo sofreu prejuízos ao participar das ações propostas a ponto de serem observados: redução nos níveis de desfechos considerados positivos (*e.g.*, habilidades sociais, aprendizagem, bem-estar) e aumento daqueles categorizados como negativos (*e.g.*, ansiedade, dificuldades de leitura, estresse).

Nas intervenções que buscam a promoção de desfechos positivos, tais como a obtenção de escores mais elevados de bem-estar ou autoeficácia, a MPC é observada quando os valores do IMC são superiores a 1,96; a AM engloba os resultados superiores a -1,96 até os inferiores a 1,96; e a MNC ocorre ao obterem-se resultados inferiores a -1,96 (Aguiar et al., 2009; Jacobson & Truax, 1991). Com base nisso, compreende-se que o IMC com valor superior a 1,96 representa a ocorrência de benefícios estatisticamente significativos, porque é esperado que uma intervenção verdadeiramente efetiva promova um aumento significativo dos escores do participante no construto investigado.

Nas ações focadas em reduzir os escores de desfechos negativos, como no caso de intervenções que buscam reduzir o escore de ansiedade ou estresse dos participantes, a MPC é obtida quando o IMC apresenta valores inferiores a -1,96; a AM abrange os valores superiores a -1,96 até os inferiores a 1,96; e a MNC é observada na presença de resultados superiores a 1,96 (Aguiar et al., 2009; Jacobson & Truax, 1991). Tendo em vista que ações focadas na redução de desfechos negativos buscam reduzir os níveis destes, a obtenção de IMC inferiores a -1,96 demonstra que a intervenção produz uma melhora clínica estatisticamente significativa.

Significância Clínica

O método JT permite investigar as evidências de validade ecológica por meio da análise da SC. Esse indicador possibilita comparar os participantes entre eles, assim como verificar se os benefícios das ações realizadas produzem mudanças de escores relevantes do ponto de vista de critérios externos (Del Prette & Del Prette, 2008; Jacobson & Truax, 1991). Ao comparar os escores dos participantes antes e ao fim da intervenção, a SC possibilita classificar o grau da mudança experienciada pelos participantes.

Na proposta da avaliação da SC de Jacobson et al. (1984), esse indicador deve ser utilizado em contextos que permitam identificar os participantes como pertencentes a um grupo clínico ou não clínico. O grupo clínico seria composto por indivíduos que apresentam altos níveis de sofrimento psíquico e comportamentos prejudiciais a si ou às pessoas com quem se relacionam. O grupo não clínico seria constituído por participantes que conseguem se desenvolver de forma saudável e se relacionar de forma positiva com outras pessoas.

A análise da SC é estabelecida por meio de um ponto de corte numérico, o qual separa a população clínica da população saudável e normativa. Se após a intervenção os participantes demonstrarem ter superado esse ponto de corte, pode-se categorizá-los como recuperados. (Aguiar et al., 2009; Jacobson et al., 1984; Jacobson & Truax, 1991). Desse modo, é possível, aliado ao índice de mudança confiável, falar de pacientes que apresentam ausência de mudança estatisticamente confiável; de pacientes com mudanças positivas confiáveis, mas não recuperados; de pacientes com mudanças negativas confiáveis; e de pacientes com mudanças positivas confiáveis e recuperados. A forma de calcular a significância clínica será apresentada na seção "Exemplo".

Ao dividir os participantes nessas quatro categorias, torna-se possível identificar aqueles que obtiveram melhoras clínicas que permitiram que mudassem de uma condição clínica para a não clínica. Podem ser identificados os indivíduos que, apesar de se beneficiarem com as ações realizadas, continuam sendo categorizados no grupo clínico. Os achados também evidenciam quais participantes permaneceram com escores estáveis. Ademais, são apontados quais indivíduos vivenciaram prejuízos ao participar das ações desenvolvidas ao longo do tempo (Jacobson et al., 1984; Jacobson & Truax, 1991).

Apesar da relevância da SC para obtenção de evidências ecológicas da efetividade de uma intervenção, esse indicador deve ser utilizado em contextos que permitam identificar os participantes como pertencentes a um grupo clínico ou não clínico (Jacobson et al., 1984). Pontua-se que, na perspectiva utilizada no método JT, a diferenciação dos grupos clínicos e não clínicos é intrínseca ao fenômeno investigado, de modo que não requer que estes sejam referenciados em indicadores de escores normativos desse construto (Jacobson et al., 1984). Com base nesse entendimento, observa-se que determinadas variáveis permitem categorizar os participantes em grupo clínicos e não clínicos, tais como as dificuldades de aprendizagem, os níveis de sintomas de comportamentos disruptivos, depressivos, de ansiedade e irritabilidade. Entretanto, desfechos positivos podem não se adequar à diferenciação de grupos classificados como clínicos e não clínicos, como as habilidades sociais, os níveis de satisfação com a vida e o desempenho escolar. Diante do exposto, compreende-se que se torna responsabilidade do profissional que utiliza o método JT considerar se o cálculo da SC deve ser realizado, ponderando quanto este contribuirá na interpretação dos resultados obtidos por meio da avaliação da intervenção. Além disso, o profissional pode realizar entrevistas com os participantes para avaliar como eles se beneficiaram com a intervenção como uma estratégia para aprofundar os achados obtidos por meio do método JT.

Como Interpretar o Índice de Mudança Confiável e a Significância Clínica

Para fins didáticos da interpretação do IMC e da SC, será discutido um exemplo fictício sobre os efeitos de uma intervenção nos níveis de autoestima e ansiedade em oito estudantes do terceiro ano do ensino médio (50% do sexo feminino), com idade média de 17 anos (DP = 1 ano). A autoestima será o desfecho positivo analisado; e a ansiedade, o negativo, de modo que seja possível visualizar as particularidades da interpretação das variáveis critério das duas valências.

A autoestima foi avaliada por meio da escala de autoestima de Rosenberg (Hutz & Zanon, 2011), pois esta apresenta consistência interna satisfatória (α = 0,90) (Hutz & Zanon, 2011). Os escores de autoestima variam de 1 a 4; e, quanto maiores os escores, maiores os níveis de autoestima (Hutz & Zanon, 2011). A ansiedade foi mensurada por meio da Escala Beck de Ansiedade (BAI) (Cunha, 2001), que apresenta excelente índice de confiabilidade (α = 0,92). Os escores de ansiedade variam de 0 a 3; e escores mais altos indicam a presença de maior severidade dos sintomas de ansiedade (Cunha, 2001).

Os resultados evidenciaram que Olívia e Oscar obtiveram melhoras clínicas significativas para autoestima e ansiedade, como observado nos seus valores de IMC (**Tabela 14.1**) e na análise gráfica da SC (**Figura 14.2**). Olívia e Oscar pertencem à categoria dos "recuperados", pois eles apresentaram melhoras clínicas significativas. Isso ocorreu porque, antes da intervenção, Olívia e Oscar registravam níveis baixos de autoestima e altos de ansiedade. Já na avaliação ao término da intervenção, apresentaram um aumento significativo de sua autoestima e redução da ansiedade (**Figura 14.2**).

Figura 14.2 *Análise dos Efeitos da Intervenção sobre os Escores de Autoestima e Ansiedade por meio do Método JT*

A. Escores de autoestima

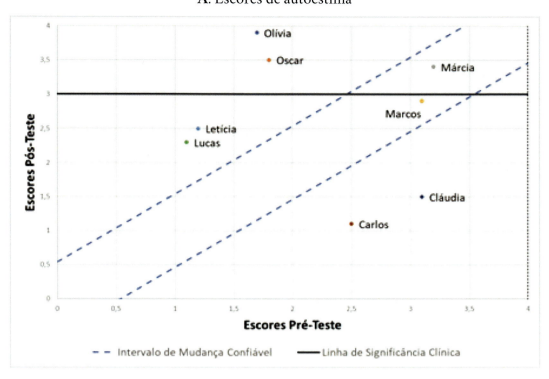

B. Escores de ansiedade

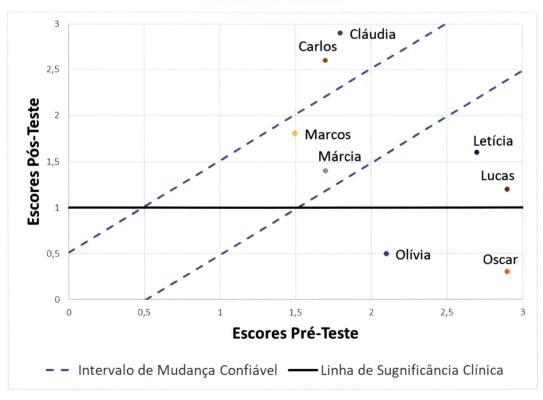

Márcia e Marcos não apresentaram mudanças significativas em seus escores de autoestima e ansiedade, como observado na análise gráfica da SC (**Figura 14.2**) e nos seus valores de IMC (**Tabela 14.1**). Eles são categorizados como participantes "estáveis". Pode-se compreender que Márcia e Marcos não apresentam melhoras significativas, pois, ao iniciarem a intervenção, já apresentavam níveis altos de autoestima e baixos de ansiedade, e consequentemente foram menos beneficiados pela intervenção.

Letícia e Lucas obtiveram escores muito baixos de autoestima e muito altos de ansiedade antes da intervenção. Os valores do IMC demonstram que se beneficiaram da intervenção. Já a análise gráfica da SC indica que as mudanças nos escores não foram suficientes para que não fossem mais identificados no grupo clínico. Dessa forma, Letícia e Lucas pertencem à categoria de participantes que "melhoraram", tendo em vista que, mesmo se beneficiando da intervenção, permanecem no grupo clínico.

Cláudia e Carlos podem ser inseridos nos grupos dos participantes com "prejuízos". O IMC (**Tabela 14.1**) e a análise gráfica da SC (**Figura 14.2**) demonstram que não obtiveram ganhos ao participar das ações propostas, vivenciado uma diminuição dos seus escores de autoestima e aumento de ansiedade ao longo da intervenção.

Tabela 14.1 Índice de Mudança Confiável *Segundo o Método JT dos Escores de Autoestima e Ansiedade Antes e Após a Intervenção*

	Autoestima				**Ansiedade**			
	T1	**T2**	**IMC**		**T1**	**T2**	**IMC**	
Olívia	1,7	3,9	7,97	MPC	2,1	0,5	-6,14	MPC
Oscar	1,8	3,5	6,16	MPC	2,9	0,3	-9,97	MPC
Márcia	3,2	3,4	0,72	AM	1,7	1,4	-1,15	AM
Marcos	3,1	2,9	-0,72	AM	1,5	1,8	1,15	AM
Letícia	1,2	2,5	4,71	MPC	2,7	1,6	-4,22	MPC
Lucas	1,1	2,3	4,35	MPC	2,9	1,2	-6,52	MPC
Cláudia	3,1	1,5	-5,80	MNC	1,8	2,9	4,22	MNC
Carlos	2,5	1,1	-5,07	MNC	1,7	2,6	3,45	MNC

Nota. T1 = Escores Antes da Intervenção; T2 = Escores Após a Intervenção; IMC = Índice de Mudança Confiável; MPC = Mudança Positiva Confiável; AM = Ausência de Mudança; MNC = Mudança Negativa Confiável.

Os achados indicam que as ações propostas para aumentar os níveis de autoestima e reduzir a ansiedade entre estudantes do terceiro ano do ensino médio apresentam evidências de validade, especialmente quando aplicadas para adolescentes com níveis baixos de autoestima e altos de ansiedade, como no caso de Olívia, Oscar, Letícia e Lucas. Apesar disso, estudos futuros devem propor o desenvolvimento de outras ações que tenham o potencial de beneficiar participantes com níveis altos de autoestima e baixos de ansiedade, como foi o caso de Márcia e Marcos. Ademais, será necessário investigar quais características pessoais e da intervenção causaram prejuízos a Cláudia e Carlos, tendo em vista que ambos vivenciaram uma redução nos níveis de autoestima e aumento da ansiedade.

Por fim, observa-se que o método JT se constitui em uma estratégia confiável para demonstrar os benefícios das intervenções (Aguiar et al., 2009; Jacobson et al., 1984; Jacobson & Truax, 1991). Apesar da complexidade das análises, observa-se que o ponto de corte do IMC (1,96) permite identificar se a mudança clínica é confiável ou não. Aliada a esta, a análise gráfica proposta por Aguiar et al. (2009) para interpretar a SC possibilita que o método JT seja utilizado como um recurso para avaliar a efetividade das intervenções em diferentes contextos. Além disso, a análise centrada na comparação do indivíduo consigo mesmo possibilita a compreensão de quais ações realizadas podem ser benéficas ao seu desenvolvimento.

Exemplos

Serão demonstrados os procedimentos para a aplicação do método JT no R, para o qual será utilizado o estudo de Souza et al. (2018), com objetivo de avaliar a efetividade de um treinamento de habilidades sociais em 26 escolares do quinto ano do Ensino Fundamental I (M = 10,4 anos; DP = 0,9 anos; 50% do sexo feminino). Além dos alunos, participaram da pesquisa 26 responsáveis pelas crianças envolvidas e a professora regente da turma. Esperava-se averiguar os efeitos do THS em problemas de comportamento e desempenho acadêmico dos participantes analisando os dados por meio do método JT. No estudo em questão, parte-se da hipótese corroborada por literatura prévia de que as habilidades sociais contribuem para o desenvolvimento socioemocional, acadêmico e para a redução de problemas.

Ademais, a aquisição de um repertório de habilidades sociais pode repercutir na vida futura de um indivíduo e em suas relações interpessoais (Souza et al., 2018). As autoras sinalizam, ainda, que os participantes vivem e estudam em áreas de vulnerabilidade social. Nesse contexto, pode-se reiterar a importância de um método confiável que permita a avaliação da efetividade da intervenção sem que haja necessidade de um grupo controle, visto o estado de vulnerabilidade na amostra utilizada e os possíveis benefícios que poderiam advir da intervenção.

Para a apresentação da realização do método, será usada a dimensão "Cooperação/afetividade avaliada pelos professores", a qual pode ser lida no exemplo como "coop". A seguir, apresenta-se um tutorial da aplicação.

Aplicação do Método JT no R

Este tutorial também pode ser encontrado em https://github.com/paulorssalves/JT_R/blob/main/JT_R.ipynb.

Importação do documento

Para calcular o índice de mudança confiável e de significância clínica no R, é necessário primeiro importar o documento para manipulação no programa. Serão utilizados os dados coletados antes e após o treinamento de habilidades sociais da pesquisa realizada por Souza et al. (2018). Neste exemplo, uma planilha em formato .xlsx será usada, mas isso poderia igualmente ser realizado com um arquivo .csv ou outros formatos. Para este propósito, será empregado o pacote readxl. Para instalá-lo, basta executar a linha de código:

```
install.packages("readxl")
```

Tendo este pacote sido instalado, a importação do documento pode ser feita da seguinte forma:

```
data <- readxl::read_excel("dados.xlsx")
```

Utilizando o comando head(), podemos verificar as seis primeiras entradas do programa, mas vale lembrar que as mudanças se operam sobre todas as linhas. Mostram-se as seis primeiras apenas para acumular espaço. A **Figura 14.3** apresenta a disposição e o conteúdo do documento importado:

```
head(data)
```

Figura 14.3 *Representação da Disposição e Conteúdo do Documento Importado Após o Comando Head(Data)*

A tibble: 6 × 7

sujeitos	Idade	Gênero	CoopAfetProT1	CoopAfetProT2	PCExtProT1	PCExtProT2
\<dbl\>	\<dbl\>	\<dbl\>	\<dbl\>	\<dbl\>	\<dbl\>	\<dbl\>
1	10	2	1.6666667	2.000000	0.6666667	0.3333333
2	10	2	0.0000000	1.000000	0.5000000	1.0000000
3	10	1	0.3333333	1.333333	1.8333333	1.3333333
4	10	2	1.6666667	1.333333	0.3333333	1.0000000
5	10	1	2.0000000	1.000000	0.6666667	1.1666667
6	13	2	0.6666667	1.666667	0.5000000	0.5000000

Definição de constantes

Uma vez que o status do documento foi verificado, antes de dar prosseguimento, cabe que sejam definidas as constantes utilizadas no programa. É prejudicial para a compreensão e legibilidade do código não transformar quaisquer números ou valores importantes em variáveis, portanto os valores extremos do índice de mudança confiável (1,96 e -1,96) e o alfa de Cronbach da amostra, previamente calculado, são a seguir definidos:

```
CONF <- 1.96 # valor de corte do índice de mudança confiável
ALPHA_coop <- 0.78 # alfa referente à variável Cooperação/Afetividade (Coop) avaliada pelos professores, calculado previamente utilizando as respostas anteriores à intervenção
```

Cálculo do ponto de corte da significância clínica

Tendo isso sendo feito, o cálculo do ponto de corte da SC pode ser feito de forma breve. Há três formas diferentes de fazê-lo (Jacobson & Truax, 1991). O primeiro cenário (a) trata do caso de não haver dados normativos sobre as populações clínica e não clínica:

$$\alpha = M_1 + 2S_1$$

Em que $M1$ e $S1$ correspondem, respectivamente, à média e ao desvio-padrão dos escores pré-intervenção da amostra.

O segundo caso (b) é utilizado quando há dados normativos, isto é, média e desvio-padrão de uma população não clínica, e não há intersecção entre os desvios-padrão da amostra clínica e a amostra normativa:

$$b = M_0 - 2s_1$$

Em que M_0 representa a média da amostra normativa.

O terceiro caso (c) é utilizado quando há dados normativos, e os desvios-padrão da amostra clínica e não clínica interseccionam-se. Neste caso, há duas opções: uma para o caso de o ponto de interseção entre os desvio-padrão se encontrar no meio exato entre as duas amostras (1), e uma para o caso de isso não ocorrer (2).

$$(1) \quad C = \frac{M_0 + M_1}{2}$$

$$(2) \quad C = \frac{S_0 M_1 + S_1 M_0}{S_0 + S_1}$$

Em que s0 corresponde ao desvio-padrão da amostra normativa.

Nesta demonstração, utilizaremos o exemplo (a), utilizado quando não se têm valores normativos de uma população não clínica. Faremos o cálculo referente à variável Cooperação/Afetividade (coop). Utilizamos a função *mean()* para calcular a média; e a função *sd()* para calcular o desvio-padrão:

```
coop <- data[4:5] # pois a quarta e a quinta coluna referem os escores pré e pós-teste desta variável
coop.pre <- coop[[1]] # os escores pré-teste da variável cooperação estão na primeira coluna do elemento "coop".

# média; a função "mean()" é utilizada para calcular a média
m.coop <- mean(coop.pre)

# desvio-padrão; a função para cálculo do desvio-padrão é "sd()"
sd.coop <- sd(coop.pre)

# ponto de corte
corte.coop <- m.coop + (2*sd.coop)
```

Cálculo do Índice de Mudança Confiável

O cálculo do IMC consiste na subtração dos escores do indivíduo pré-intervenção (E_{pre}) dos escores pós-intervenção ($E_{pós}$) dividida pelo erro-padrão da diferença (S_{diff}) (Guhn et al., 2014; Jacobson & Truax, 1991):

$$IMC = \frac{E_{pós} - E_{pré}}{S_{diff}}$$

Em que

$$S_{diff} = \sqrt{2\,(S_E)^2}$$

Em que S_E, o erro-padrão de medida, é calculado da seguinte forma:

$$S_E = S_1 \sqrt{1 - r_{xx}}$$

Em que S_1 é o desvio-padrão da amostra pré-intervenção, e rxx é uma medida de confiabilidade, tal como o alfa de Cronbach.

Para calcular o IMC, é necessário utilizar os escores pós-teste das variáveis. Uma vez que a matriz coop contém tanto os escores pré- e pós-intervenção, isso pode ser feito da seguinte forma:

```
# Em ambas as variáveis, a segunda coluna representa os escores pós-teste.
coop.pos <- coop[[2]]
```

É necessário calcular primeiro o erro-padrão de medida:

```
# para a variável coop
ep_medida.coop <- sd.coop * sqrt(1-ALPHA_coop)
```

E então o erro-padrão da diferença:

```
ep_diferenca.coop <- sqrt(2*(ep_medida.coop**2))
```

O IMC é calculado a seguir. Como os valores das variáveis coop.pre e coop.pos se referem aos escores puros, elas são posteriormente reorganizadas em uma tabela com a função data.frame():

```
IMC_coop <- (coop.pos - coop.pre) / ep_diferenca.coop
imc.coop.df <- data.frame(IMC_coop)
```

Organizando variáveis

Os valores agora obtidos podem ser transformados e adicionados como uma nova coluna às variáveis coop e pc.ext:

> # como a variável coop possui duas colunas, a primeira referente aos escores pré-teste; e a segunda, aos escores pós-teste, uma terceira coluna, contendo os valores atribuídos à variável imc.coop.df, pode ser criada da seguinte forma:
>
> coop[3] <- imc.coop.df
>
> # então se renomeia esta coluna utilizando a variável name() por motivos de auxiliar a compreensão:
>
> names(coop)[3] <- "IMC"

Podemos então obter a interpretação dos resultados observando os valores da coluna IMC. Se os valores são superiores a 1,96, então há uma mudança positiva confiável. Se os valores são inferiores a -1,96, há uma mudança negativa confiável. Em caso de valores superiores a -1,96, mas inferiores a 1,96, então há uma ausência de mudança confiável. Podemos, entretanto, delegar essa interpretação ao próprio R, criando uma função e aplicando-a aos valores da coluna 3 com a função apply():

> # MDC = mudança positiva confiável
>
> # MNC = mudança negativa confiável
>
> # ADM = ausência de mudança
>
> mudança <- **function**(value) {
>
> **if** (value > 1.96) { **return**("MPC") }
>
> **else if** (value < -1.96) { **return**("MNC") }
>
> **else if** ((value > -1.96) & (value < 1.96)) {**return**("ADM") }
>
> }
>
> # interpretação para a variável coop
>
> coop[4] <- apply(coop[3], 1, mudança)
>
> names(coop)[4] <- "Interpretação"

E então utilizamos head() para verificar parte dos resultados, como demonstrado na **Figura 14.4**:

> head(coop)

Figura 14.4 *Representação do Resultado do Documento Importado Após o Comando Head(Data)*

CoopAfetProT1	CoopAfetProT2	IMC	Interpretação
\<dbl>	\<dbl>	\<dbl>	\<chr>
1.6666667	2.000000	1.062333	ADM
0.0000000	1.000000	3.186998	MPC
0.3333333	1.333333	3.186998	MPC
1.6666667	1.333333	-1.062333	ADM
2.0000000	1.000000	-3.186998	MNC
0.6666667	1.666667	3.186998	MPC

Podemos reduzir as casas decimais utilizando da coluna IMC a função round(). Essa função recebe dois parâmetros: o primeiro é o número (ou grupo de números) a ser arredondado, o segundo é o número de casas decimais a manter. Para o primeiro parâmetro, utilizamos coop[3], pois o escore do IMC que estamos arredondando se encontra na terceira coluna da variável coop. Serão mantidas duas casas decimais:

```
coop[3] <- round(coop[3], 2)
```

Construção de gráficos

Isso é o bastante para o cálculo e interpretação da mudança provocada por uma intervenção pelo método JT. Caso se queira, entretanto, produzir gráficos para promover uma interpretação visual dos resultados, isso pode ser feito utilizando a função plot().

Nesta função, o parâmetro x corresponde ao eixo-x; e o parâmetro y, ao eixo-y. Os parâmetros xlim e ylim representam, respectivamente, os valores mínimo e máximo da linha do eixo-x e da linha do eixo-y. Os valores aqui adotados foram escolhidos por conveniência, para facilitar a interpretação do gráfico. Os parâmetros xlab e ylab correspondem, respectivamente, às legendas do eixo-x e do eixo-y.

Por padrão, o R representa os resultados como círculos pretos ocos no gráfico, mas, como nesta amostra há múltiplos indivíduos que se sobrepõem no gráfico, decidimos representá-los por círculos e triângulos de cores azul e vermelho parcialmente translúcidos, para que seja possível identificar a sobreposição de indivíduos pela cor e pela forma. Isso é representado pelos parâmetros pch e col, que correspondem, respectivamente, às formas utilizadas e às cores utilizadas. As cores utilizadas estão em formato de hexadecimal, vermelho e azul, com 50% de opacidade. Os valores 1 e 2, no parâmetro pch, correspondem ao círculo e ao triângulo.

O comando plot() deve ser seguido do comando abline() para desenhar linhas. Esta função será utilizada para exibir as linhas da bissetriz, as que assinalam os intervalos de mudança confiável e a que representa a significância clínica.

O primeiro parâmetro da função abline() corresponde ao coeficiente linear; e o segundo, ao coeficiente angular da reta. Assim, a exibição do gráfico dos resultados para a variável Cooperação/Expressividade pode ser feita da seguinte forma:

```
# o eixo-x representa os escores pré-teste e o eixo-y representa os escores pós-teste.
plot(x=coop.pre, y=coop.pos,
 xlim=c(-0.5,3), ylim=c(-0.5,3), pch=c(1,2), col=c("#ff000088","#0000ff88"),
 xlab="Cooperação Pré", ylab="Cooperação Pós")
# com 0 de coeficiente linear e 1 de coeficiente angular, garantimos que x = y para cada ponto atravessado pela bissetriz, de modo que ficarão exatamente sobre a bissetriz apenas os indivíduos que não exibiram nenhuma mudança.

abline(0,1)
# o parâmetro lty representa a linha. lty=2 corresponde a linhas tracejadas, e lty=3, a linhas pontilhadas.

# utilizamos a variável corte.coop para representar a linha de corte da significância clínica. O parâmetro h indica que a linha deve ser horizontal.
abline(h=corte.coop, lty=2)
```

```
# utilizamos a variável limite_coop para representar o limite superior do IMC. É utilizada a constante CONF que definimos
anteriormente.
limite_coop <- CONF*ep_diferenca.coop

abline(limite_coop,1, lty=3)
# para representar o limite inferior do IMC, utilizamos o negativo da variável limite_coop.
abline(-limite_coop,1,lty=3)
```

O resultado, então, é demonstrado na **Figura 14.5**. A linha tracejada horizontal representa o ponto de corte da significância clínica. Vê-se que nessa amostra nenhum dos participantes obteve um escore que o levasse a ser considerado como "recuperado". Houve três participantes que obtiveram uma mudança negativa confiável, conforme pode ser observado nas três pessoas que se encontram abaixo da linha pontilhada inferior. Estes são os indivíduos que obtiveram IMC < -1,96. Houve também sete pessoas (algumas das quais se encontram sobrepostas) que exibiram uma mudança positiva confiável e que são identificadas como aquelas que estão acima da linha pontilhada superior, e obtiveram IMC > 1,96. No centro, há a bissetriz, a linha sólida. Esta é o ponto médio em que x = y, ou seja, em que o escore pré-intervenção é igual ao escore pós-intervenção. As pessoas que se encontram exatamente sobre a bissetriz não apresentaram nenhuma mudança em seus escores. Há múltiplas outras pessoas que apresentaram mudanças negativas ou positivas, mas que não foram estatisticamente significativas, e podem ser atribuídas a erro de medida ou causada por fatores que não a própria intervenção. Estas têm -1,96 ≤ IMC ≤ 1,96.

Figura 14.5 *Gráfico dos Resultados de uma Intervenção em THS*

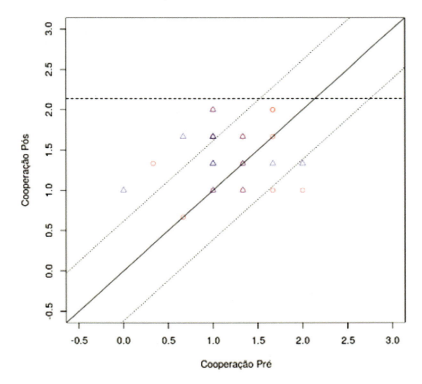

Referências

Aguiar, A. A. R., Aguiar, R. G., & Del Prette, Z. A. (2009). *Calculando a significância clínica* e o índice de mudança confiável *em pesquisa-intervenção*. EdUFSCar.

American Psychological Association. (2020). *Division 12 of the American Psychological Association*. https://www.div12.org/.

De Smet, M. M., Meganck, R., De Geest, R., Norman, U. A., Truijens, F., & Desmet, M. (2020). What "good outcome" means to patients: Understanding recovery and improvement in psychotherapy for major depression from a mixed-methods perspective. *Journal of Counselling Psychology*, *67*(1), 25-39. https://doi.org/10.1037/cou0000362.

Del Prette, Z. A. P., & Del Prette, A. (2008). Significância clínica e mudança confiável: A efetividade das intervenções em psicologia. *Psicologia: Teoria e Pesquisa*, *24*(4), 105-114. https://doi.org/10.1590/S0102-37722008000400013.

Field, A. Miles, J., & Field, Z. (2020). *Discovering statistics using R*. Sage.

Guhn, M., Forer, B., & Zumbo, B. D. (2014). Reliable change index. In A. C. Michalos (Ed.), *Encyclopedia of quality of life and well-being research*. Springer. https://doi.org/10.1007/978-94-007-0753-5_2465.

Harvey, A. G., Callaway, C. A., Zieve, G. G., Gumport, N. B., & Armstrong, C. C. (2022). Applying the science of habit formation to evidence-based psychological treatments for mental illness. *Perspectives on Psychological Science*, *17*(2), 572-589. https://doi.org/10.1177/1745691621995752.

Jacobson, N. S., & Truax, P. (1991). Clinical significance: A statistical approach to defining meaningful change in psychotherapy research. *Journal of Consulting and Clinical Psychology*, *59*(1), 12-19. https://doi.org/10.1037/0022-006X.59.1.12.

Jacobson, N. S., Follette, W. C., & Revenstorf, D. (1984). Psychotherapy outcome research: Methods for reporting variability and evaluating clinical significance. *Behavior Therapy*, *15*(4), 336-352. https://doi.org/10.1016/S0005-7894(84)80002-7.

Koh, K. (2014). Experimental design. In A. C. Michalos (Ed.), *Encyclopedia of quality of life and well-being research*. Springer. https://doi.org/10.1007/978-94-007-0753-5_2465.

Lischetzke, T. (2014). Daily diary methodology. In A. C. Michalos (Ed.), *Encyclopedia of quality of life and well-being research*. Springer. https://doi.org/10.1007/978-94-007-0753-5_2465.

Morgan-Lopez, A. A., Saavedra, L. M., Ramirez, D. D., Smith, L. M., & Yaros, A. C. (2022). Adapting the multilevel model for estimation of the reliable change index (RCI) with multiple timepoints and multiple sources of error. *International Journal of Methods in Psychiatric Research*, *31*(2), 1-11. https://doi.org/10.1002/mpr.1906.

Mussi, R. F. F., Mussi, L. M. P. T., Assunção, E. T. C., & Nunes, C. P. (2019). Pesquisa quantitativa e/ou qualitativa: distanciamentos, aproximações e possibilidades. *Revista Sustinere*, *7*(2), 414-430. https://doi.org/10.12957/sustinere.2019.41193.

Paveltchuk, F., Mourão, S. E. D. Q., Keffer, S., da Costa, R. T., Nardi, A. E., & Carvalho, M. R. (2022). Negative effects of psychotherapies: A systematic review. *Counselling and Psychotherapy Research*, *22*, 267-278. https://doi.org/10.1002/capr.12423.

Ribas, M. C., & Abramides, D. V. M. (2022). Treinamento de habilidades sociais educativas com mães de pré--adolescentes com deficiência auditiva. *Psicologia em Estudo, 27*, 1-15. https://doi.org/10.4025/psicolestud.v27i0.47686.

Souza, M. S. D., Soares, A. B., & Freitas, C. P. P. (2018). Efeitos de um treinamento de habilidades sociais no comportamento e desempenho acadêmico. *Avaliação Psicológica, 17*(4), 417-427. https://doi.org/10.15689/ap.2018.1704.2.02.

Stänicke, E., & McLeod, J. (2021). Paradoxical outcomes in psychotherapy: Theoretical perspectives, research agenda and practice implications. *European Journal of Psychotherapy & Counselling, 23*(2), 115-138. https://doi.org/10.1080/13642537.2021.1923050.

15

DELINEAMENTO LONGITUDINAL: FUNDAMENTOS CONCEITUAIS, METODOLÓGICOS E ANALÍTICOS

Pedro Afonso Cortez
Francine Náthalie Ferraresi Rodrigues Queluz
Ligia de Santis
Joyce Aguiar

Introdução

Grande parte das teorias envolve a testagem de elementos longitudinais. Nas diferentes áreas científicas, raramente se encontram fenômenos cuja explicação seja alcançada em um recorte temporal exclusivo. Ainda assim, a maioria dos estudos tende a ser transversal (isto é, com uma única operacionalização de mensuração). Nos estudos transversais, as inferências são feitas com base no relacionamento entre duas ou mais variáveis que foram medidas de forma simultânea. Desse modo, ainda é incipiente o número de estudos, principalmente na psicologia, que fazem menção ao tempo ao discutir de que modo a variável X exerce efeito na variável Y. Os estudos tendem a enfatizar as relações diretas entre as variáveis em um único momento, e não a focar relações causais que podem ser testadas estatisticamente (Ployhart & Vanderberg, 2010).

De modo alternativo, alguns estudos (Wang et al., 2017) apresentam diferentes teorias que defendem a mensuração de variáveis antecedentes e consequentes em momentos distintos, mas não estabelecem com pertinência o relacionamento entre variáveis ao se considerar o tempo como variável explicativa. Nesses delineamentos, o tempo é utilizado como controle no método do estudo para evitar vieses ocasionados pela mudança temporal dos fenômenos avaliados. Isso reforça a necessidade de estabelecer contribuições para a condução adequada de delineamentos longitudinais (Hopwood et al., 2022). Estudiosos da área defendem que parte da dificuldade na operacionalização de delineamentos longitudinais se associa à incerteza dos pares acadêmicos e profissionais sobre a forma correta de implementação, bem como à elaboração de justificativas pertinentes para a proposição deste tipo de delineamento (Diallo & Moustafa, 2021; Wang et al., 2017). Diante do exposto, este capítulo pretende apresentar um guia introdutório aos delineamentos longitudinais para pesquisas na área da saúde.

Delineamento Longitudinal

De maneira geral, não há um consenso sobre a conceitualização de delineamentos longitudinais, exceto o de que se caracterizam por analisar variações de diversas características ao longo do tempo, medindo os mesmos construtos, na mesma população, em mais de um período. As aferições são feitas, preferencialmente, no mínimo em três períodos. *Grosso modo*, os delineamentos longitudinais podem ser prospectivos ou retrospectivos. Os estudos prospectivos são elaborados no tempo presente, e é realizado um planejamento metodológico futuro de modo a verificar suas hipóteses. Como pré-requisito, há uma padronização das informações a serem coletadas. Já os estudos retrospectivos são realizados considerando registros do passado. Neste caso, não há um desenho metodológico anterior, mas sim um levantamento das informações já disponíveis até o momento presente (Ployhart & Vanderberg, 2010; Taris, 2000; Wang et al., 2017). Neste capítulo, o foco será introduzir os estudos longitudinais de modo expandido, cuja definição operacional prevê a realização de diferentes momentos de mensuração ao longo do tempo.

Pesquisas longitudinais são delineamentos que enfatizam a investigação da mudança nos fenômenos de interesse, empregando ao menos três eventos de mensuração de variáveis inter-relacionadas simultaneamente. Isso significa que estudos que se utilizam de duas medidas de variáveis distintas (tempo 1 = variável independente X; tempo 2 = variável dependente Y) não podem ser considerados estudos longitudinais, uma vez que não se observam mudanças substantivas dos construtos ao longo do tempo. Neste caso, trata-se unicamente de uma variante de estudos transversais, cuja observação das variáveis ocorre ao menos uma única vez. Na maior parte das investigações, o maior número de observações da mesma variável tende a fortalecer o estudo longitudinal, o que é recomendado no delineamento desse tipo de estudo (Ployhart & Vanderberg, 2010; Wang et al., 2017).

De forma prática, historicamente as pesquisas longitudinais serviram para entender fenômenos relacionados ao envelhecimento populacional ou a relação entre a passagem de tempo e alguma política pública realizada, como, por exemplo, melhora das condições médico-sanitárias, uso de vacinas, exercícios físicos, alimentação, padrão de sono etc. Isto foi feito para verificar, em longo prazo, como essas variáveis afetaram a vida dos indivíduos e de suas comunidades. Mais recentemente, principalmente após a década 90, os estudos longitudinais também foram voltados para verificar os impactos que o estilo de vida das pessoas pode ter na saúde mental dos indivíduos, como, por exemplo, na presença de ansiedade, depressão, estresse e até nas taxas de suicídio (Torquati et al., 2019; Tully-Wilson et al., 2021; Wang et al., 2017), ou ainda, estudos iniciais sobre o impacto da pandemia em diferentes áreas da saúde da população mundial (Chadi et al., 2022; Demakakos, 2021). Ademais, as pesquisas longitudinais podem servir para subsidiar decisões em políticas públicas tanto em âmbito nacional quanto internacional, sendo extremamente importante delineá-las de forma adequada a fim de apresentar dados altamente confiáveis, com metodologia rigorosa e baseada em evidências ao considerar suas implicações teórico-práticas à realidade concreta.

Diante disso, percebe-se que a realização de pesquisas longitudinais exige do pesquisador um foco no rigor científico, de forma que a natureza dinâmica das variáveis seja considerada em vez da compreensão focal e individual dos construtos. Prioriza-se muitas vezes a relação teórico-prática do estudo em detrimento das estatísticas de ajuste das medidas e que tendem a ser exploradas com maior propriedade em estudos transversais. Isso não significa que a avaliação dos modelos de mensuração deva ser abandonada. No entanto, o foco nas relações dinâmicas das variáveis ao longo do tempo, em vez do simples ajustamento da mensuração, precisa se tornar prioridade nesse tipo de investigação. É também por esta razão que a maior parte dos estudos longitudinais tende a apresentar delineamento experimental ou quase-experimental, pois segue um rigor metodológico que tende a priorizar a validade ecológica em detrimento da validade interna. Isso significa que os pesquisadores optam por perspectivas com maior nexo epistemológico interacionista e ambiental nessas investigações, por entenderem que, ao se tratar de seres humanos em mudanças temporais complexas, não é possível isolar as variáveis de interesse (Menard, 2008; Wang et al., 2017).

Nos estudos longitudinais, é comum que as variáveis também ocorram de forma multinível. Não se pretende aprofundar este tópico no presente capítulo, sendo necessária a inspeção em literatura específica (Fokkema et al., 2021), mas é fundamental ressaltar que, para o apropriado nexo teórico-prático, as medidas repetidas das variáveis inter-relacionadas precisam estar alinhadas quanto ao nível de mensuração e inferência (individual, grupal, organizacional ou nacional, por exemplo). Esse tipo de alinhamento facilita ao pesquisador apreender que a mudança ocorre em função do tempo, e não em função de outros fenômenos complexos, tais como a emersão, que pode ocorrer quando variáveis de níveis distintos são avaliadas (Menard, 2008).

Outra questão fundamental na definição de delineamentos longitudinais está na quantidade de medidas necessárias para afirmar que se trata desse tipo de desenho de investigação. Costumeiramente, pesquisadores aprendem que duas medidas são suficientes para o desenho longitudinal, o que é parcialmente verdade em alguns casos em que as variáveis são observadas com elevada sistematicidade (Spector, 2019). Ainda assim, recomenda-se, por definição neste capítulo, que ao menos três mensurações temporais sejam adotadas, com o intuito de otimizar a apreensão do tamanho do efeito da variação entre tempos distintos do estudo em questão (Wang et al., 2017). Com o intuito de facilitar a visualização do que efetivamente se afirma como evento de mensuração em delineamentos longitudinais, apresentam-se a seguir algumas estratégias práticas de investigação.

Estratégias de Pesquisa em Estudos Longitudinais: caso-controle, estudo de coorte e ensaios clínicos

Entre as possibilidades mais comuns de realização de estudos longitudinais estão os estudos de caso-controle, estudo de coorte (retrospectivo e prospectivo) e ensaios clínicos. Nessas diferentes estratégias de investigação, o tempo usualmente é uma variável importante para o nexo teórico-prático. O termo "retrospectivo" indica a observação conforme registros do passado até o momento presente, devendo os dados de origem ter credibilidade em relação ao fator ou variável observada, bem como ao desfecho clínico ou variável explicativa de interesse. A nomenclatura prospectiva designa as estratégias em que se faz o delineamento a partir do momento presente, e seguem-se as observações de forma padronizada pelo tempo futuro em determinado recorte temporal. As estratégias longitudinais costumeiramente envolvem uma lógica de seguimento (*follow up*) visando acompanhar ao longo da sequência temporal a exposição, ausência desta ou intervenção terapêutica, além de condições como o aparecimento de alguma doença ou algum aspecto evolutivo da variável observada. Em linhas gerais, visam acompanhar mudanças e transformações ao longo do tempo, podendo ser aplicadas com foco de análise individual (seres humanos, células em cultura, microrganismos) ou coletivo (populações humanas, grupos, instituições) (Koller et al., 2014).

Nas estratégias de estudo caso-controle (*case-control study*), normalmente o grupo de interesse é dividido em dois, ficando um como controle e outro na situação clínica de interesse. Por exemplo, pessoas com ou sem diagnóstico de doença do novo coronavírus (Covid-19) ou pessoas com ou sem presença de sintomas depressivos. Com base nessa divisão, almeja-se encontrar um fator explicativo entre as pessoas do grupo clínico, como, por exemplo, a exposição a determinada variável ou determinado fator na história pessoal que explique as diferenças entre os grupos ao longo do tempo. São normalmente estudos retrospectivos que buscam encontrar qual fator de exposição contribuiu para a situação clínica. São também utilizados em casos em que a ética seria comprometida ao se proporem estudos longitudinais prospectivos, como em casos de maior vulnerabilidade, como fome ou exposição à violência (Gil, 2017).

Por sua vez, as estratégias do tipo coorte (*cohort study*) são empregadas em situações em que se distribuem os participantes do estudo entre expostos ou não expostos a determinada condição de interesse na investigação, a qual costumeiramente é nomeada como fator. O delineamento longitudinal neste tipo de estratégia de investigação consiste em realizar o seguimento do participante diante do fenômeno de interesse por um período, com o intuito de estimar a incidência (frequência com que surgem novos casos) em um intervalo de tempo em face dos expostos e não expostos ao fator gerador da condição investigada. "Coorte" usualmente é sinônimo de estratégias que empregam um grupo de indivíduos que têm uma característica comum, que é a presença de uma exposição a um fator em estudo ou, então, a ausência desse fator como hipótese explicativa temporal da condição clínica em análise (Hochman et al., 2005).

Por exemplo, considerando o fator "tempo passado" entre as coletas, pode-se comparar a proporção de pessoas que, dada a condição de exposição (grupo exposição) ou não exposição (grupo de não exposição) a um fator, ficaram doentes entre os expostos, e a proporção dos que ficaram doentes entre os não expostos. Se for maior o número de doentes entre aqueles que foram expostos ao fator, pode-se indicar a relevância dessa condição na hipótese explicativa da condição clínica em análise. Esse tipo de estratégia permite realizar inferência sobre o nexo de causalidade do processo investigado em função do fator de exposição ao longo do tempo, sendo possível acompanhar séries históricas (coorte retrospectiva = menos onerosa e com menor possibilidade de controle dos vieses da casuística, que já ocorreu) ou variantes interventivas (coorte prospectiva = mais onerosa com maior possibilidade de controle dos vieses da casuística, que ainda acontecerá) (Nohr & Liew, 2018).

Nas estratégias de ensaios clínicos (*clinical trial*), é usual a busca pela determinação do tratamento mais adequado mediante observação e comparação ao longo do tempo de grupos de pacientes com queixa clínica ou adoecimento equivalente. Com isso, comparam-se dois grupos de indivíduos simultaneamente. O primeiro grupo recebe a intervenção em teste (grupo experimental). O segundo grupo não recebe a intervenção em teste (grupo-controle). Ao fim de determinado período temporal, avaliam-se os desfechos clínicos, com o intuito de subsidiar a indicação de tratamento com melhores desfechos nos futuros pacientes com condição clínica equivalente (Hochman et al., 2005).

É fundamental destacar que as práticas ótimas de ensaios clínicos requerem randomização (*randomized*) e mascaramento duplo (*double-blind*). A randomização consiste na aleatoriedade amostral em que os participantes apresentam a mesma chance para pertencer aos respectivos grupos controle e experimental, sendo a distribuição realizada por meio de evento aleatório, tal como um sorteio. O mascaramento duplo é conhecido como "duplo cego", ocorrendo quando o participante e a pessoa que aplica a intervenção desconhecem qual das intervenções está empregando. O mascaramento duplo visa eliminar do delineamento longitudinal vieses cognitivos associados à expectância de efetividade, tal como o efeito placebo. Os ensaios clínicos usualmente avaliam uma única variável para evitar efeitos confundidores, e, nas hipóteses complexas de diferenças em grupos subclínicos, faz-se mister a estratificação da amostra com a criação de subgrupos controles e clínicos para cada efeito adicional que será investigado (Kazdin, 2021).

Em função do uso com maior expressividade na área de ciências da saúde, as publicações de ensaios desta modalidade tendem a focalizar: clínica, práticas terapêuticas e fármacos. No entanto, raciocínio similar pode vir a ser expandido para áreas de ciências humanas e sociais aplicadas, desde que estabelecidos adequadamente: a intervenção que se pretende firmar como prática efetiva ao problema, os enquadramentos teórico-práticos que diferenciam os grupos controle e experimental e as respectivas variáveis que comprovam as similaridades da população em análise diante do problema a ser enfrentado. Por último, observa-se a necessidade de ter definido, ao início da investigação, o desfecho ou resultado da investigação (*outcome, end point*) pretendido. Essa definição pode ser expressa de forma dicotômica com base em eventos clínicos (cura; não cura), ou contínua com base em exames (ponto de corte em exame ou indicador clínico), e usualmente se encontra atrelada a determinado período, tendo em vista que os ensaios clínicos tendem a ser prospectivos com período de execução predeterminado. Uma síntese das estratégias de pesquisa longitudinais mais comuns é disposta na **Figura 15.1**.

Figura 15.1 *Estratégias de Pesquisa em Estudos Longitudinais*

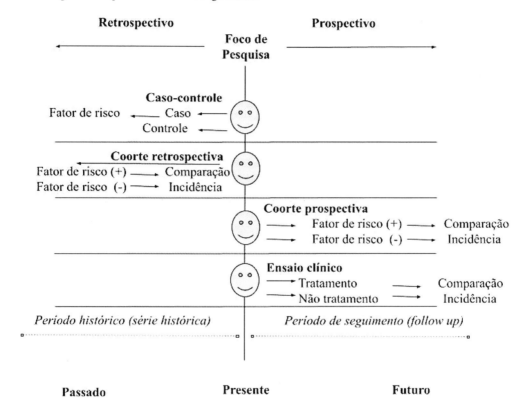

Estabelecidas as estratégias mais usuais, faz-se preciso mais uma vez salientar as limitações dos estudos longitudinais de duas ondas. Nas diferentes estratégias apresentadas, a possibilidade de compreensão da mudança ao longo do tempo será limitada ao empregar somente dois momentos de observação, pois toda e qualquer mudança do Tempo 1 para o Tempo 2 tende a ser linear. Deste modo, dificulta-se a determinação do tamanho do efeito da mudança ao longo do tempo nos estudos de duas ondas. Nos estudos com apenas duas ondas de avaliação, o que se observa é apenas um pequeno evento, que pode não ser capaz de representar a verdadeira diferença longitudinal do fenômeno investigado. Assim, não se pode inferir com qualidade se a mudança foi estacionária, crescente, decrescente ou constante (Singer & Willett, 2003).

Ademais, estudos com apenas dois momentos de mensuração tendem a ser mais suscetíveis aos erros de modelos de mensuração e outros erros sistemáticos decorrentes das estratégias de operacionalização da investigação adotadas pelo pesquisador. Deste modo, o pesquisador pode concluir erroneamente que houve uma verdadeira mudança entre o Tempo 1 e o Tempo 2, quando, de fato, houve problemas associados aos escores das variáveis ou algum erro sistemático no momento da coleta de dados dos estudos, por exemplo (Ployheart & Vanderberg, 2010). Desta feita, percebe-se a importância de considerar alguns elementos cabíveis à mensuração e práticas analíticas em estudos longitudinais, uma vez que, mesmo com certa flexibilização em razão da complexidade do delineamento adotado, são essas decisões que nortearão o desenho metodológico para que ele seja replicável e baseado em evidências com alto impacto teórico-prático à realidade concreta.

Mensuração e Técnicas Analíticas em Delineamentos Longitudinais

Para avançar na compreensão dos delineamentos longitudinais, faz-se preciso apreender as formas de mensuração e técnicas analíticas aplicáveis ao delineamento supracitado. Compreender os fundamentos da mensuração possibilita assegurar a representatividade da variável que se pretende avaliar. As técnicas analíticas, por sua vez, consolidam a adequada inferência que se pretende estabelecer por meio do delineamento longitudinal. O maior aprofundamento sobre esses temas essenciais ao delineamento longitudinal é elencado a seguir.

Fundamentos da Mensuração

Um dos aspectos fundamentais para a proposição adequada de delineamentos longitudinais decorre da necessidade de assegurar que a variável mensurada se mantenha operacionalizada de forma equivalente entre os diferentes momentos de observação. Essa questão é particularmente relevante no caso de autores das áreas de ciências humanas, ciências da saúde e ciências sociais aplicadas, cujas mensurações diretas do fenômeno na realidade podem ser inviáveis. Neste caso, utilizam-se de teorizações subjacentes que suportam a mensuração por meio de instrumentos, inventários, escalas e indicadores baseados em construtos (*e.g.*, traços latentes, variância comum, fator comum etc.). Nessas situações, deve-se avaliar, previamente ao uso das técnicas analíticas de modelagem longitudinal, a análise de invariância das medidas empregadas (Widaman et al., 2010).

Não se pretende, neste capítulo, aprofundar o tema de análise de invariância de medidas de forma detalhada, considerando a existência de aporte em outras literaturas — incluindo capítulos desta obra — que podem vir a expandir a apreensão sobre o tema (Damásio, 2013). No entanto, no caso da análise de invariância em delineamentos longitudinais, busca-se responder à seguinte questão: Será que os participantes da investigação respondem ao instrumento de avaliação do construto teorizado da mesma forma no decorrer do tempo? Como, por exemplo: Será que um paciente, em momento de agudo sofrimento e afetação pela doença, pode não ter as mesmas condições de vivência e relato do processo de adoecimento após a fase aguda? Ou ainda: Um trabalhador que iniciou o trabalho teria condições de reportar as condições de gestão muito diferente daquela que conseguirá realizar com seis meses de inserção no ambiente laboral? (Vandenberg & Lance, 2000). De forma sintética, a questão da invariância das medidas em delineamentos longitudinais pode ser abordada conforme a **Tabela 15.1**.

METODOLOGIA QUANTITATIVA: TÉCNICAS E EXEMPLOS DE PESQUISA

Tabela 15.1 *Invariância da Medida em Delineamentos Longitudinais*

Descrição	Invariância configural	Invariância métrica	Invariância escalar
Parâmetros avaliados	Número de fatores, componentes, itens e variáveis observadas no modelo de mensuração.	Peso da carga fatorial ou componencial no modelo de mensuração.	Valor do intercepto no modelo de mensuração.
Importância nos delineamentos longitudinais	Alta: Assegura lógica teórico-prática de operacionalização das variáveis para comparação temporal.	Moderada: Resguarda calibração dos escores em função da concepção teórico-prática de operacionalização das variáveis para comparação temporal.	Baixa: Possibilita aferir diferenças de escores entre subgrupos distintos em função da concepção teórico-prática de operacionalização das variáveis para comparação temporal.
Impacto nos delineamentos longitudinais	Mudanças no modelo de mensuração entre tempos diferentes de avaliação indicam que a teorização do fenômeno de base modificou, não sendo lógica a comparação temporal por se tratar de fenômenos que se distinguem de forma temporal naquela amostra ou subgrupo.	Mudanças no peso das cargas fatoriais ou componenciais podem indicar necessidade de calibração do escore da variável entre tempos distintos, considerando que a importância das variáveis observadas oscilará entre os tempos de mensuração indicando mudança no significado da variável ou viés de resposta naquela amostra ou subgrupo.	Mudanças no intercepto (representado no modelo linear $y = a + bx + E$ – como o valor de escore predito (y) do participante da pesquisa, quando o valor da variável observada (x) = 0) desaconselham a comparação de médias entre grupos distintos ao longo do tempo em razão da possibilidade de diferenças ocorrerem devido à não equivalência do intercepto que torna o escore incomparável entre subgrupos distintos.

Nota. Adaptada de Ployheart e Vanderberg (2010).

Cabe ressaltar que os modelos supracitados devem ser testados de forma sequencial. Primeiramente, testa-se a invariância configural, depois a invariância métrica, e, nos casos que em se pretende a comparação de escore observados, faz-se uso do teste de invariância métrica. A invariância configural tende a ser condição essencial para a mensuração adequada em delineamento longitudinal (Damásio, 2013). No caso de não observação das demais invariâncias (métrica, escalar), a modelagem por ser realizada, desde que relatadas as respectivas limitações e consequências derivadas da observação de não invariância para as hipóteses testadas no delineamento longitudinal. O debate sobre o tema é extenso, tratando ainda sobre a invariância da medida em função da invariância residual das observações (erros ou resíduos entre grupos que podem elicitar hipóteses alternativas de erro sistemático ao delineamento), além de métodos proximais de estimação de invariância (Seddig & Leitgöb, 2018).

Adicionalmente, sobre a questão da heterogeneidade populacional (invariância estrutural = covariâncias entre grupos; invariância da média latente = teste de hipótese nula de diferenças no escore médio entre grupos). Um aprofundamento nesses tópicos pode ser útil aos pesquisadores cujas modelagens se destinam a modelos de maior complexidade relacional e temporal dentro dos delineamentos longitudinais. Aos delineamentos longitudinais mais comuns, desde que inspecionadas e declaradas as respectivas propriedades de mensuração e limitações dos modelos em termos de invariância configural, métrica e escalar, as inferências apresentadas por meio de delineamento longitudinal podem vir a contribuir adequadamente ao campo científico cujas elaborações são pretendidas (Meredith & Horn, 2001).

Práticas Analíticas em Delineamentos Longitudinais

Para dar sequência à compreensão do tema, algumas recomendações analíticas são realizadas. Inicialmente, algumas indicações sobre a codificação da mudança temporal. Em seguida, as tradições mais comuns de modelos analíticos são sintetizadas, com o intuito de fundamentar as escolhas de algoritmos para a modelagem considerando vantagens e desvantagens de cada modelo. Detalham-se também as indicações para lidar com limitações amostrais, tendo em vista que delineamentos longitudinais usualmente podem enfrentar dificuldades na manutenção da amostragem completa durante todo o período de investigação.Nas ocasiões de descrição das mudanças nos delineamentos longitudinais, o tempo é uma métrica principal que demanda codificação anterior à modelagem. É por meio do tempo que se descreve a mudança, sendo o tempo usualmente a variável preditora em pesquisas longitudinais (Ployhart & Ward, 2011). Assim, é preciso decidir sua métrica da mesma forma que pesquisadores das áreas de ciências humanas e sociais aplicadas decidem pela quantidade de pontos em escalas Likert e de diferencial semântico. Mudanças hipotetizadas como não lineares demandam adição de termos adicionais para modelar a curva não linear, outras abordagens que podem ser úteis aos pesquisadores em diferentes situações de delineamento longitudinal, conforme a **Tabela 15.2**.

Tabela 15.2 *Exemplos de Codificação Temporal em Delineamentos Longitudinais*

Codificação temporal	Exemplo de mudança hipotetizada	Formato de coleta dos dados	Formato de modelagem dos dados em expoente quadrático
Polinomial	*Mudança linear*	*0, 1, 2, 3, 4*	*0, 1, 4, 9, 16*
A distância entre os tempos é igualmente espaçada, e os números referenciam quando ocorreu a medição. Os números simplesmente referenciam quando a medição ocorreu, e isso é verdadeiro, independentemente de os dados terem sido medidos diariamente, mensalmente ou anualmente. Termos de ordem superior são simplesmente expoentes da métrica de tempo linear. No lado negativo, muitas vezes há alta colinearidade entre os termos lineares e quadráticos porque cada termo é simplesmente uma expressão dos outros, sendo esta uma desvantagem desta abordagem.			
Polinomial ortogonal	*Mudança linear com mitigação de colinearidade*	*-2, -1, 0, 1, 2*	*2, -1, -2, -1, 2*
O termo quadrático não são simplesmente os valores quadrados do termo linear. Deste modo, a soma dos valores positivos e negativos em cada termo resulta em 0. Com relação ao termo linear, ainda existem intervalos iguais entre os valores, e os valores negativos e positivos indicam o mesmo vetor de mudança em ambas as direções, tendo o 0 como ponto médio. A desvantagem desta abordagem ocorre com a ambiguação do ponto zero que se coloca no meio dos períodos. A interpretação do intercepto torna-se limitada. A curva tende a apresentar um pico no tempo médio (0 = -2) que se achata ao passar do tempo.			
Tempos de interesse	*Mudança descontínua*	*V1 (tratamento):* 0,0,0,0,0,0,1,1,1,1,1,1 *V2 (desfecho):* 0,0,0,0,0,0,0,1,2,3,4,**5**	*V1 (tratamento):* 0,0,0,0,0,0,1,1,1,1,1,1 *V2 (desfecho):* 0,0,0,0,0,0,0,1,4,9,16,**25**
A codificação do tempo como condição de existência de tratamento ou intervenção pode ser feita em uma variável (V1) para representar quando no tempo se espera que a interrupção (não tratamento) ocorra gerando o espaçamento codificado como "0" ou termo equivalente. Consequentemente, a variância pode ser estimada em termos de mudança linear antes da transição, durante a transição e após a transição na variável de desfecho (V2). No uso de modelagem de curvas de crescimento latente (LGCM), não é preciso utilizar polinômios, sendo possível que a estimação seja realizada pelo próprio modelo como uma função de ajuste à curva modelada. Uma desvantagem desta abordagem está no problema da máxima local, em que as estimativas se tornam enviesadas aos dados disponíveis, sendo necessário se atentar para essa limitação.			

Nota. Adaptada de Singer e Willet (2003).

Mediante a realização da codificação temporal, faz-se preciso avançar para a escolha dos estimadores de modelagem. Conforme demonstrado por Ployheart e Vanderberg (2010), diferentes estimadores podem ser empregados com respectivas vantagens e desvantagens. O *General Linear Model* (GLM) é mais adequado para questões em que o interesse está na mudança média do grupo ao longo do tempo, as suposições residuais são razoavelmente atendidas e os dados ausentes não são predominantes ao longo do delineamento. Nos casos em que há o interesse na mudança média do grupo ao longo do tempo, mas com razoável violação das suposições residuais, uma alternativa robusta pode ser o *Generalized Estimating Equation* (GEE). O GEE é conhecido por ser uma modelagem mais flexível usada para estimar os parâmetros de um modelo linear generalizado com uma possível correlação desconhecida entre observações de diferentes pontos de tempo. O *Random Coefficient Modeling* (RCM) e o *Latent Growth Curve Model* (LGCM) podem ser empregados para questões sobre crescimento e previsão de mudanças intraunidade ao longo do tempo, como quando diferentes unidades mudam de maneiras diferentes. O RCM é preferível quando as ocorrências de medição diferem entre as unidades (por exemplo, cada participante é medido em um momento diferente), há dados ausentes ou se deseja empregar um modelo com estimação não linear. O LGCM mostra-se otimizado em situações em que se pretende incorporar e remover a falta de confiabilidade da análise, especialmente em modelos longitudinais complexos com múltiplas variáveis X, M e Y, ou modelos em que a mudança é dinâmica entre múltiplas variáveis. No entanto, de forma mais prática, os analistas empregam de forma intercambiável o RCM e o LGCM, sendo uma questão de preferência, considerando que, para grande parte dos problemas de investigação, ambos devem produzir resultados similares. A seguir, sintetizam-se características principais de cada um dos modelos supracitados.

Medidas repetidas (GLM) (Singh et al., 2013): Esse modelo de medidas repetidas é útil para modelar a mudança quando o interesse é principalmente entender a mudança média para grupos de observações. Testa-se a hipótese de diferença entre os grupos observados. O GLM de medidas repetidas é diferente do GLM para medidas transversais, de modo que cada linha no modelo de medidas repetidas representa uma observação específica em um determinado momento. O modelo de medidas repetidas teria quatro linhas para cada participante, caso houvesse quatro medidas distintas. No modelo de medidas repetidas, as variáveis independentes representam a codificação do tempo, tal como apresentado na codificação temporal, em vez de expressarem uma codificação de agrupamento dos casos. Ainda sobre o modelo de medidas repetidas, é possível testar formas mais complexas, muitas vezes referidas como análise de tendências, mediante manipulação da variável temporal. Um problema do GLM está na não independência local e na heterogeneidade dos resíduos que podem alterar o valor de p (nível de significância estatística). Isso decorre do pressuposto de esfericidade, que é uma condição na qual pares de condições (ou observações repetidas) têm variâncias iguais. Se esta condição se mantiver, o teste F e o respectivo nível de significância desse teste para o GLM não serão enviesados. Se a esfericidade for violada, o teste F pode resultar um falso positivo, concluindo falsamente que o valor F apresenta significância estatística. Alternativamente, é possível implementar rotinas robustas ao GLM de medidas repetidas que podem vir a minimizar a violação da esfericidade, como é o caso do GEE.

Equações de estimativas generalizadas (GEE) (Guimarães & Hirakata, 2013): Muitas vezes, é inviável que as condições de esfericidade e normalidade sejam alcançadas plenamente. Nessa situação, empregar o GEE pode ser uma alternativa. O modelo GEE demanda que o pesquisador estabeleça a priori a função de ligação, o padrão de distribuição da variável dependente e, por fim, a estrutura de correlação dos dados observados. Mediante a definição dessas condições, os parâmetros de regressão são estimados de forma ótima ao modelo especificado. Os cálculos das variâncias são realizados usando uma função de ligação, possibilitando a geração de uma equação, cuja iteração busca a satisfação dos mínimos quadrados para a explicação da variável dependente, usualmente tendo como critério a minimização extensa em comparação a um modelo de regressão com estimativas perfeitamente ajustadas. À medida que o tamanho destas alterações ao longo da iteração tende a 0, as estimativas dos parâmetros estabilizam sugerindo os valores mais eficientes para a modelagem em questão. São comuns aos pesquisadores dúvidas sobre as funções a serem implementadas, que dependem da variável dependente. A função de ligação identidade é preferível para variáveis contínuas (assumindo-se, desta forma, que a distribuição variável seja próxima à normalidade). Para casos assimétricos com a distribuição *gamma*, faz-se uso da ligação logarítmica. No caso de variáveis dependentes com respostas binárias, a função implementada é a logística (*logito*). Como critério de parada para estimação e iteração da matriz de correlações intraindividuais, o estimador *Quasi likelihood under Independence model Criterion* (QIC) pode ser indicado com razoável robustez a dados faltantes do tipo *Missing Completely at Random* (MCAR). Uma limitação do GEE está na dificuldade de operacionalização para pesquisadores iniciantes, que podem não conhecer as propriedades dos dados a serem modelados, o que é requisito para a estimação correta do GEE. Além disso, a geração de estimativas de ajuste necessita de aprimoramento para as modelagens baseadas no GEE, tendo em vista a predominância do arbítrio teórico prático ou clínico na definição do modelo ótimo, em vez de propostas com maior base analítica.

Modelo hierárquico (RCM) (Bliese & Ployhart, 2002): A nomenclatura mais adequada para essa proposta seria "modelagem de coeficientes aleatórios", mas, pela popularização como "modelo hierárquico", adotou-se esta definição na apresentação ao longo do capítulo. Representa uma abordagem mais sofisticada para modelar a mudança do que o GLM, e é uma das formas dominantes de modelar as mudanças em ciências humanas e sociais aplicadas, bem como em outras áreas que utilizam tratamentos multivariados (Madssen et al., 2021). Esses modelos também são chamados de "modelos de curva de crescimento", por causa de suas raízes históricas na literatura do campo agrário e educacional, cujas bases previam ao longo do tempo razoável desenvolvimento. Nesse modelo, faz-se a equação em níveis de modelagem (nível 1 = mudança intraunidade ao longo do tempo; nível 2 = diferenças interunidades na mudança ao longo do tempo), sendo possível admitir valores de intercepto e coeficiente angular diferentes para cada condição, com o intuito de descobrir a inclinação média entre elas, a fim de estimar o modelo em questão. Desde que os dados ausentes sejam MCAR ou MAR, as estimativas de RCM devem ser imparciais (ver Little & Schenker, 1995). Trata-se de um modelo com maior flexibilidade, sendo capaz de lidar com violações das suposições de erro GLM (Bliese & Ployhart, 2002) e situações em que cada observação é medida em diferentes ocasiões (Singer & Willett, 2003). É possível adicionar nesses modelos preditores estatísticos ou dinâmicos, e há razoável robustez para lidar com dados faltantes do tipo MCAR ou MAR.

Modelo de curva de crescimento latente (LGCM) (Burant, 2016): É importante salientar, antes da apresentação deste modelo, que, para alguns pesquisadores, há certa convergência entre LGCM e RCM, principalmente entre aqueles que não trabalham com modelagem de construtos e variáveis latentes. Estabelecida essa diferenciação preliminar, é possível avançar nas vantagens de utilização da modelagem LCGM em relação às abordagens RCM ou GLM. Tanto o GLM quanto o RCM assumem que não há erro de mensuração, o que não é factível em modelagens de construtos e variáveis latentes. Mediante a LCGM, é possível usar informações do nível unitário do modelo de mensuração (item, indicador etc.) que integra os erros de mensuração no processo de interação e estimativa da modelagem. Adicionalmente, o LCGM apresenta maior flexibilidade em relação aos demais modelos, facilitando a modelagem de relações complexas de mudança multivariada. Isso ocorre porque, no LCGM, é possível fixar ou deixar livre para estimação as variáveis latentes, os interceptos e as demais funções estimadas, de modo que, valendo-se de uma sustentação teórico-prática, torna-se possível avaliar relações complexas como mediação, moderação, entre outras dentro da perspectiva de modelagem longitudinal (Pacewicz & Myers, 2021). Com isso, além de incluir o modelo de mensuração, pode-se realizar modelos estruturais entre variáveis, a fim de testar como a mudança em uma variável está associada ou influencia a mudança em outra variável. Por fim, entre os modelos apresentados, encontra-se a possibilidade de implementação facilitada da análise de invariância no LCGM, assegurando que as estimações das relações em termos longitudinais se ajustem às interações que resultam nas definições dos interceptos latentes das variáveis (estado inicial) e o coeficiente angular do modelo (mudança observada). Em caso de dificuldade de iterações e convergência da análise de invariância dentro do LCGM, pode ser factível a demonstração prévia dessa condição e, posteriormente, a realização da modelagem LCGM de modo regular.

Pelo exposto, podemos observar que as práticas analíticas envolvem escolhas dos pesquisadores que pressupõem o delineamento longitudinal de forma adequada. Desde a coleta de dados até o momento analítico, consideram-se as diferentes vantagens e desvantagens dos modelos propostos, com o intuito de maximizar aquele que potencializa a resposta ao problema investigado. Para os leitores iniciantes em práticas analíticas, para os quais o detalhamento do tópico retratado possa ter suprimido a possibilidade de compreensão de maneira focal, reiteram-se as indicações definidas por Ployheart e Vanderberg (2010) a seguir. O interesse teórico-prático em testar a mudança média do grupo pode resultar no uso do modelo de medidas repetidas (GLM) ou de equações de estimativas generalizadas (GEE). O foco teórico prático em testar diferenças de interunidades na mudança intraunidade pode recomendar o uso de modelo hierárquico (RCM) ou modelo de curva de crescimento latente (LGCM). Algumas práticas envolvendo diferentes modelos e formatos de delineamento longitudinal são salientadas a seguir, com o intuito de facilitar a visualização das possibilidades de implementação neste tipo de delineamento.

Aplicação de Delineamentos Longitudinais em Múltiplos Contextos

Internacionalmente, um dos estudos longitudinais de maior notoriedade é o estudo sobre o desenvolvimento adulto conduzido por um grupo de pesquisadores e pesquisadoras da Universidade de Harvard, nos Estados Unidos (cf. https://www.adultdevelopmentstudy.org). O estudo, que teve início em 1938 e decorre até os dias de hoje, tinha como objetivo inicial identificar as variáveis — sejam elas marcadores biológicos, sejam hábitos (*e.g.*, prática regular de atividade física, cuidados com a alimentação etc.) ou psicossociais (*e.g.*, traços de personalidade, relações interpessoais etc.) — que os indivíduos cultivam ao longo de seu desenvolvimento adulto e que poderiam ser preditoras de um envelhecimento saudável. De fato, essa é uma das vantagens de um estudo de desenho longitudinal relativamente aos de desenho transversal, pois permitem não somente identificar de que modo as variáveis estão associadas como ampliam a possibilidade de oferecer hipóteses explicativas, uma vez que é possível estabelecer uma causalidade e a ordem temporal dos eventos que estão imbricados nessa associação (Tooris & Kompier, 2014)

O estudo contou originalmente com duas coortes. A primeira, recrutada conforme o denominado estudo *Grant*, era formada por 268 estudantes que estavam cursando o segundo ano naquela universidade, portanto com média de 19 anos de idade, e todos eles homens, já que não eram admitidas mulheres àquela época. A segunda, do estudo intitulado *Glueck*, era constituída por 456 adolescentes das periferias de Boston, com idades entre 11 e 16 anos. Enquanto os participantes da coorte *Grant* faziam parte do grupo de intervenção, os do grupo *Glueck* formavam o grupo-controle. Para responder ao objetivo do estudo, a equipe multidisciplinar de origem (formada por psiquiatras, psicólogos e antropólogos) optou por uma coleta que permitisse a completa avaliação da saúde física e mental dos participantes e uma diversificação dos tipos de dados a serem analisados, utilizando-se de instrumentos de coleta quantitativa e qualitativa, nomeadamente: questionários de autorresposta (satisfação com a vida, satisfação conjugal, avaliação da qualidade de vida etc.), exames médicos e realização de entrevistas semiestruturadas. A equipe realizou várias ondas de coletas, sendo a periodicidade da resposta a cada um dos instrumentos a seguinte: os questionários eram respondidos novamente pelos participantes a cada dois anos; os exames de aptidão física, a cada cinco anos; e as entrevistas, inicialmente a cada cinco anos e depois a cada dez. Com efeito, o intervalo entre as ondas é uma das grandes preocupações metodológicas que devem ser ponderadas na elaboração de um projeto de pesquisa longitudinal. Isto porque, se o intervalo entre as coletas for demasiado curto ou longo relativamente ao período em que uma variável interfere sobre a outra, a magnitude do efeito poderá variar fortemente ou até mesmo levar o pesquisador ou pesquisadora a uma leitura equivocada dos resultados (Tooris & Kompier, 2014). Por exemplo, em um estudo que avalia o efeito do consumo de bebidas alcoólicas sobre a capacidade de memória em adultos, o intervalo entre as ondas deve ser ajustado para que as alterações na memória possam ser de fato atribuídas ao consumo de álcool, e não a outros fatores que fazem parte do desenvolvimento adulto e poderiam, de alguma forma, interferir sobre os resultados.

No que diz respeito ao estudo de Harvard, até o presente momento, a coleta bianual dos questionários continua a ser realizada com os descendentes dos participantes do estudo original. Assim, após mais de oito décadas de coleta, o estudo tem gerado uma quantidade massiva de dados de distintas classificações — escalares, categóricas, neuroimagens etc. — e uma considerável produção científica com os mais diversos resultados. Por exemplo, quais as variáveis que melhor predizem a adição ou remissão de substâncias alcoólicas (Vaillant, 2003), o modo como traços de personalidade podem explicar o surgimento de determinadas condições ao longo do desenvolvimento (Soldz & Vaillant, 1999), o modo como as adversidades vividas na infância podem impactar o bem-estar na idade adulta (Moril et al., 2019) e moldar a forma como as pessoas adultas se comportam em situações de estresse (Petrova et al., 2021), entre outras.

Outro exemplo de projeto longitudinal desenvolvido nos Estados Unidos, que contou com uma coleta nacional, é o *National Longitudinal Study of Adolescent to Adult Health* (Add Health). Esse estudo de coorte foi criado na década de 90 e é até hoje a maior e mais abrangente pesquisa longitudinal já realizada com adolescentes (Add Health, n.d.). O objetivo inicial do projeto era entender os mecanismos causais da saúde em adolescente, levando em consideração seus múltiplos contextos de vida. Com o passar dos anos, os adolescentes que compunham a amostra do estudo entraram na vida adulta, e os pesquisadores passaram a investigar como as experiências vividas e avaliadas na adolescência se relacionavam à saúde e a outros aspectos da vida adulta, com desfechos de saúde física e mental (Harris et al., 2019).

Para atingir estes objetivos, os pesquisadores do projeto *Add Health* realizaram cinco ondas de coleta de dados (em 1995, 1996, 2001-2002, 2008-2009 e 2016-2018), e na primeira os adolescentes deveriam ter entre 12 e 19 anos. Para atingir os objetivos propostos, uma diversidade de dados foi coletada ao longo do tempo, incluindo informações ambientais, comportamentais, psicossociais, biológicas e genéticas, que são relacionadas a desfechos de saúde e bem-estar na vida adulta. Em relação aos comportamentos relacionados à saúde, por exemplo, estão disponíveis informações sobre atividade física, comportamento sexual e uso de substâncias, entre outras. As informações coletadas variam em cada onda de coleta de dados de acordo com objetivos específicos propostos (Harris et al., 2019).

Diversos estudos com objetivos mais específicos, também de caráter longitudinal, derivaram deste completo banco de dados. Por exemplo, Abdel Magid et al. (2022) utilizaram dados da primeira e da quarta ondas de coleta de dados para investigar como características individuais, escolares e do bairro onde os adolescentes viviam poderiam influenciar os níveis de pressão arterial no início da vida adulta. Os resultados indicaram que, comparadas com as informações sobre características do bairro onde moravam, características individuais e escolares dos adolescentes tinham maior relação com o risco à hipertensão quando adultos. Em outro estudo, que utilizou dados de três ondas de coleta de dados do projeto *Add Health* (primeira, terceira e quarta ondas), Ararso et al. (2021) investigaram a relação entre a exposição inicial a abusos físico ou sexual na infância e/ou a condições de desabrigo e o posterior consumo de drogas durante o início da vida adulta. Com base nos resultados verificados, é possível concluir que adolescentes expostos a condições de abuso ou de desabrigo (ou ambas) têm maiores riscos para o posterior uso/abuso de substâncias.

No âmbito nacional, na área de estudos sobre o envelhecimento, um exemplo de projeto de caráter longitudinal é o *Estudo Longitudinal da Saúde dos Idosos Brasileiros* (Elsi – Brasil). Esse estudo foi pensando diante do rápido envelhecimento da população brasileira, considerado um dos mais acelerados do mundo. Esta mudança impõe desafios sociais relevantes para os países, em especial àqueles mais desiguais e de baixa e média renda, como o Brasil. Diante disso, o estudo foi desenvolvido com o intuito de fornecer uma fonte nacional de dados sobre o processo de envelhecimento no Brasil, bem como seus determinantes na área da saúde, econômica e psicossocial, e suas diversas consequências sociais (Lima-Costa et al., 2018).

Em relação ao seu design metodológico, como relataram seus próprios organizadores, o estudo "é uma pesquisa longitudinal, de base domiciliar, conduzida em amostra nacional representativa da população com 50 anos ou mais" (Elsi – Brasil, 2015). A coleta de dados de base (*baseline survey*) foi realizada em 2016 e incluiu entrevistas domiciliares e individuais, mensurações físicas, testagem sanguínea e o armazenamento de amostras para análise posteriores. As coletas de dados posteriores estão planejadas para acontecer a cada três anos (com exceção do armazenamento das amostras, que será realizado a cada seis anos). Os dados da coleta de base já foram comparados com estimativas nacionais, para verificar se as características seriam equivalentes, e poucas diferenças foram verificadas (Lima-Costa et al., 2018).

Apesar de ser um bom exemplo metodológico de um estudo longitudinal, nacional e de larga escala, resultados longitudinais com base em seus dados ainda são escassos, uma vez que o banco de dados do Elsi – Brasil ainda está em desenvolvimento. No entanto, estudos com os dados da coleta de base (portanto, ainda de caráter transversal) foram realizados sobre diferentes temas ligados à saúde dos idosos. Por exemplo, foram realizados estudos sobre a prevalência de Acidente Vascular Cerebral (AVC) e a identificação dos fatores associados à independência nas atividades diárias dos idosos (Torres et al., 2022), sobre a desigualdade na autoavaliação da saúde no Brasil (Pérez et al., 2022) e sobre aspectos associados à multimorbidade desta população (Rodrigues et al., 2022). Esses estudos são uma amostra da riqueza de resultados que poderão ser verificados segundo os dados longitudinais que serão gerados, no futuro, pelo projeto Elsi – Brasil.

Considerações Finais

O presente capítulo apresentou os fundamentos de delineamentos do tipo longitudinal, perpassando a definição desse tipo de delineamento, a natureza e substancialidade da mudança temporal, além de estratégias comuns, formatos de codificação do tempo e outras questões importantes associadas à modelagem e à análise de dados, cujo enfoque está na apreensão temporal como variável substantiva para explicação ou predição dos fenômenos de interesse. Os exemplos elencados ao longo do capítulo oportunizaram uma expansão da compreensão das possibilidades ofertadas por meio dos delineamentos longitudinais, mas não esgotam as oportunidades cabíveis quando se estabelece um nexo teórico-prático cuja transição temporal envolva a apreensão do efeito nas variáveis de interesse. Almeja-se que os fundamentos expostos no capítulo sirvam como um glossário preliminar capaz de impactar positivamente as condições geradoras de delineamentos longitudinais aos pesquisadores e estudantes falantes de língua portuguesa, cujo escopo formativo a obra pretende impactar positivamente mediante o contributo ofertado por este capítulo. A realidade é perpassada pelo tempo de forma contínua, o que requer a inclusão e maior investigação dessa variável explicativa nas ciências da saúde e nos diferentes campos do conhecimento. Espera-se que o conteúdo deste capítulo favoreça o uso de delineamentos longitudinais de forma ampliada mediante formulações ótimas dessa estratégia de delineamento.

Referências

Abdel Magid, H. S., Milliren, C. E., Rice, K., Molanphy, N., Ruiz, K., Gooding, H. C., Richmond, T. K., Odden, M. C., & Nagata, J. M. (2022). Adolescent individual, school, and neighborhood influences on young adult hypertension risk. *PloS One, 17*(4), 1-17. https://doi.org/10.1371/journal.pone.0266729.

Ararso, Y., Beharie, N. N., Scheidell, J. D., Schatz, D., Quinn, K., Doran, K. M., & Khan, M. R. (2021). The joint effect of childhood abuse and homelessnesson substance use in adulthood. *Substance Use & Misuse, 56*(5), 660-667. https://doi.org/10.1080/10826084.2021.1887249.

Bliese, P. D., & Ployhart, R. E. (2002). Growth modeling using random coefficient models: Model building, testing, and illustrations. *Organizational Research Methods, 5*(4), 362-387. https://doi.org/10.1177%2F109442802237116.

Burant, C. J. (2016). Latent growth curve models: Tracking changes over time. *The International Journal of Aging and Human Development, 82*(4), 336-350. https://doi.org/10.1177%2F0091415016641692.

Chadi, N., Ryan, N. C., & Geoffroy, M. C. (2022). Covid-19 and the impacts on youth mental health: Emerging evidence from longitudinal studies. *Canadian Journal of Public Health, 113*, 44-52. https://doi.org/10.17269/s41997-021-00567-8.

Damásio, B. F. (2013). Contribuições da análise fatorial confirmatória multigrupo (AFCMG) na avaliação de invariância de instrumentos psicométricos. *Psico-USF, 18*, 211-220. https://doi.org/10.1590/S1413-82712013000200005.

Demakakos, P. I. (2021). Importance of population-based longitudinal studies to understanding the impact of Covid-19. *Journal of Epidemiology & Community Health, 75*, 815-816. http://dx.doi.org/10.1136/jech-2021-217114.

Diallo, T. M., & Moustafa, A. A. (2021). Longitudinal data analysis: The multiple indicators growth curve model approach. In A. A. Moustafa, *Big data in psychiatry & neurology* (pp. 51-68). Academic Press.

Estudo Longitudinal da Saúde dos Idosos Brasileiros [ELSI] (2015). *O que é o Elsi-Brasil*. Elsi – Brasil. http://elsi.cpqrr.fiocruz.br/a-pesquisa/o-que-e-o-elsi-brasil/.

Fokkema, M., Edbrooke-Childs, J., & Wolpert, M. (2021). Generalized linear mixed-model (GLMM) trees: A flexible decision-tree method for multilevel and longitudinal data. *Psychotherapy Research, 31*(3), 329-341. https://doi.org/10.1080/10503307.2020.1785037.

Gil, A. (2017). *Como elaborar projetos de pesquisa*. Atlas.

Guimarães, L. S. P., & Hirakata, V. N. (2013). Uso do modelo de equações de estimativas generalizadas na análise de dados longitudinais. *Clinical and Biomedical Research, 32*(4), 503-511. https://seer.ufrgs.br/index.php/hcpa/article/view/36971.

Harris, K. M., Halpern, C. T., Whitsel, E. A., Hussey, J. M., Killeya-Jones, L. A., Tabor, J., & Dean, S. C. (2019). Cohort profile: The national longitudinal study of adolescent to adult health (add health). *International Journal of Epidemiology, 48*(5), 1.415-1.415k. https://doi.org/10.1093/ije/dyz115.

Hochman, B., Nahas, F. X., Oliveira Filho, R. S. D., & Ferreira, L. M. (2005). Desenhos de pesquisa. *Acta Cirúrgica Brasileira, 20*, 2-9. https://doi.org/10.1590/S0102-86502005000800002.

Hopwood, C. J., Bleidorn, W., & Wright, A. G. (2022). Connecting theory to methods in longitudinal research. *Perspectives on Psychological Science, 17*(3), 884-894. https://doi.org/10.1177/17456916211008407.

Kazdin, A. E. (2021). *Research design in clinical psychology*. Cambridge University Press.

Koller, S. H., Couto, M. C. P. P., & Hohendorff, J. V. (2014). *Manual de produção científica*. Editora Penso.

Lima-Costa, M. F., Andrade, F. B., Souza Jr., P., Neri, A. L., Duarte, Y., Castro-Costa, E., & Oliveira, C. (2018). The Brazilian longitudinal study of aging (Elsi-Brazil): Objectives and design. *American Journal of Epidemiology, 187*(7), 1.345-1.353. https://doi.org/10.1093/aje/kwx387.

Madssen, T. S., Giskeødegård, G. F., Smilde, A. K., & Westerhuis, J. A. (2021). Repeated measures Asca+ for analysis of longitudinal intervention studies with multivariate outcome data. *PLoS Computational Biology, 17*(11), 1-2. https://doi.org/10.1371/journal.pcbi.1009585.

Menard, S. (2008). *Handbook of longitudinal research: Design, measurement, and analysis*. Elsevier Inc.

Meredith, W., & Horn, J. (2001). The role of factorial invariance in modeling growth and change. In L. M. Collins, & A. G. Sayer (Eds.), *New methods for the analysis of change* (pp. 203-240). American Psychological Association. https://doi.org/10.1037/10409-007.

Morrill, M. I., Schulz, M. S., Nevarez, M. D., Preacher, K. J., & Waldinger, R. J. (2019). Assessing within - and between - family variations in an expanded measure of childhood adversity. *Psychological Assessment, 31*(5), 660-673. https://doi.org/10.1037/pas0000691.

National Longitudinal Study of Adolescent to Adult Health (n.d.). *About Add Health*. Add Health. https://addhealth.cpc.unc.edu/about/#studies-satellite.

Nohr, E. A., & Liew, Z. (2018). How to investigate and adjust for selection bias in cohort studies. *Acta Obstetricia et Gynecologica Scandinavica, 97*(4), 407-416. https://doi.org/10.1111/aogs.13319.

Pacewicz, C. E., & Myers, N. D. (2021). Latent growth curve modeling in exercise science. *Measurement in Physical Education and Exercise Science, 25*(1), 53-65. https://doi.org/10.1080/1091367X.2020.1803331.

Pérez, R. A., Tejada, C. A. O., Triaca, L. M., Bertoldi, A. D., & Santos, A. M. A. (2022). Socioeconomic inequality in health in older adults in Brazil. *Dialogues in Health, 1*, 1-8. http://dx.doi.org/10.1016/j.dialog.2022.100009.

Petrova, K., Nevarez, M. D., Rice, J., Waldinger, R. J., Preacher, K. J., & Schulz, M. S. (2021). Coherence between feelings and heart rate: Links to early adversity and responses to stress. *Affective Science, 2*, 1-13. https://doi.org/10.1007/s42761-020-00027-5.

Ployhart, R. E., & Vanderberg, R. J. (2010). Longitudinal research: The theory, design, and analysis of change. *Journal of Management, 36*(1), 94-120. https://doi.org/10.1177/0149206309352110.

Ployhart, R. E., & Ward, A. K. (2011). The "quick start guide" for conducting and publishing longitudinal research. *Journal of Business and Psychology, 26*(4), 413-422. https://doi.org/10.1007/s10869-011-9209-6.

Rodrigues, L. P., Vissoci, J., França, D. G., Caruzzo, N. M., Batista, S., Oliveira, C., Nunes, B. P., & Silveira, E. A. (2022). Multimorbidity patterns and hospitalisation occurrence in adults and older adults aged 50 years or over. *Scientific Reports, 12*(1), 1-11. https://doi.org/10.1038/s41598-022-15723-4.

Seddig, D., & Leitgöb, H. (2018). Approximate measurement invariance and longitudinal confirmatory factor analysis: concept and application with panel data. *Survey Research Methods, 12*(1), 29-41. https://doi.org/10.18148/srm/2018.v12i1.7210.

Singer, J. D., & Willett, J. B. (2003). *Applied longitudinal data analysis: Modeling change and event occurrence.* Oxford University Press.

Singh, V., Rana, R. K., & Singhal, R. (2013). Analysis of repeated measurement data in the clinical trials. *Journal of Ayurveda & Integrative Medicine, 4*(2), 77-81. https://doi.org/10.4103%2F0975-9476.113872.

Soldz, S., & Vaillant, G. E. (1999). The big five personality traits and the life course: A 45-year longitudinal study. *Journal of Research in Personality, 33*(2), 208-232. https://doi.org/10.1006/jrpe.1999.2243.

Spector, P. E. (2019). Do not cross me: Optimizing the use of cross-sectional designs. *Journal of Business and Psychology, 34*(2), 125-137. http://doi.org/10.1007/s10869-018-09613-8.

Taris, T. (2000). *Longitudinal data analysis.* Sage Publications.

Tooris, T. W., & Kompier, M. A. J. (2014). Cause and effect: Optimizing the designs of longitudinal studies in occupational health psychology [Editorial]. *Work & Stress, 28*(1), 1-8. https://doi.org/10.1080/02678373.2014.878494.

Torquati, L., Mielke, G. I., Brown, W. J., Burton, N. W., & Kolbe-Alexander, T. L. (2019). Shift work and poor mental health: A meta-analysis of longitudinal studies. *American Journal of Public Health, 109*(11), e13-e20. https://doi.org/10.2105/AJPH.2019.305278.

Torres, J. L., Andrade, F. B., Lima-Costa, M. F., & Nascimento, L. R. (2022). Walking speed and home adaptations are associated with independence after stroke: A population-based prevalence study. *Ciência* & Saúde *Coletiva, 27*(6), 2.153-2.162. https://doi.org/10.1590/1413-81232022276.13202021.

Tully-Wilson, C., Bojack, R., Millear, P. M., Stallman, H. M., Allen, A., & Mason, J. (2021). Self-perceptions of aging: A systematic review of longitudinal studies. *Psychology and Aging, 36*(7), 773-789. https://doi.org/10.1037/pag0000638.

Vaillant, G. E. (2003). A 60-year follow-up of alcoholic men. *Addiction, 98*(8), 1.043-1.051. https://doi.org/10.1046/j.1360-0443.2003.00422.x.

Vandenberg, R. J., & Lance, C. E. (2000). A review and synthesis of the measurement invariance literature: Suggestions, practices, and recommendations for organizational research. *Organizational Research Methods, 3*(1), 4-70. https://doi.org/10.1177%2F109442810031002.

Wang, M., Beal, D. J., Chan, D., Newman, D. A., Vancouver, J. B., & Vandenberg, R. J. (2017). Longitudinal research: A panel discussion on conceptual issues, research design, and statistical techniques. *Work, Aging and Retirement, 3*(1), 1-24. https://doi.org/10.1093/workar/waw033.

Widaman, K. F., Ferrer, E., & Conger, R. D. (2010). Factorial invariance within longitudinal structural equation models: Measuring the same construct across time. *Child Development Perspectives, 4*(1), 10-18. https://doi.org/10.1111%2Fj.1750-8606.2009.00110.x.

16

ANÁLISE DE FUNÇÃO DE OTIMIZAÇÃO SITUACIONAL

Vithor Rosa Franco

Introdução

A mensuração de construtos psicológicos é o foco da subárea conhecida como psicometria (Hutz et al., 2015). Mais especificamente, a psicometria tem como seus principais pilares o desenvolvimento de instrumentos de medida psicológicos (como testes, questionários e escalas) e o desenvolvimento dos métodos estatísticos necessários para avaliar esses instrumentos. A coleta de dados em psicometria geralmente é feita conforme um desenho correlacional de pesquisa: os participantes recebem questionários e devem respondê-los de acordo com a sua interpretação e percepção de qual resposta melhor reflete o que é solicitado nas orientações do instrumento. Esse procedimento assume que: (i) as pessoas têm acesso consciente ao processo psicológico avaliado pelo instrumento; e (ii) que as pessoas estão sendo sinceras quando fornecem suas respostas. Obviamente, existem procedimentos analíticos mais avançados (p.ex., Prelec, 2004; Primi et al., 2019) para tentar ao menos minimizar vieses de mensuração quando esses pressupostos não são atendidos. No entanto, na prática geral da psicometria, esses vieses não são avaliados.

Outro importante aspecto é que medidas psicológicas na área da psicometria são desenvolvidas baseadas na Teoria da Variável Latente (TVL; Borsboom, 2008). A TVL é o fundamento teórico das três principais famílias de procedimentos analíticos da psicometria: (i) a Teoria Clássica dos Testes (TCT; Traub, 1997); (ii) a análise fatorial (Thompson, 2004); e (iii) a Teoria de Resposta ao Item (TRI; Embretson & Reise, 2013). Como consequência, é observado que essas teorias são equivalentes, no sentido de que cada uma pode ser considerada como um tipo especial da outra. Por exemplo, os escores de soma calculados na TCT são equivalentes aos escores fatoriais de uma análise fatorial estimada segundo um modelo paralelo (McNeish & Wolf, 2020): um modelo fatorial em que todas as cargas fatoriais são fixadas em 1 e a variância residual de todos os itens é igual. Uma análise fatorial da matriz de correlações policóricas é equivalente a uma análise de TRI no qual o modelo apresenta dados ao menos ordinais e em que há um parâmetro de discriminação (Bock et al., 1988; Takane & De Leeuw, 1987). Assim, é possível concluir que os métodos tradicionais de psicometria, apesar de muitas vezes serem apresentados como complementares ou até mesmo contraditórios, representam diferentes modelos derivados de uma mesma teoria.

Cabe ressaltar que não é problema haver equivalência entre os modelos mais popularmente utilizados na psicometria. No entanto, é importante reconhecer que a utilização desses modelos é fundamentada na ideia de que uma variável latente (ou seja, o construto psicológico de interesse) causa os padrões de resposta observados. Assim, é possível perguntar: Existe outra forma de pensar as medidas psicológicas? Franco et al. (2021) respondem a essa pergunta ao proporem que é indispensável que o contexto de mensuração seja levado em conta no processo de estimação da magnitude do traço latente dos respondentes de um instrumento psicológico. A abordagem proposta pelos autores foi nomeada Análise de Função de Otimização Situacional (*situational optimization function analysis*, SOFA). Como o nome sugere, a abordagem SOFA envolve uma análise de como os indivíduos reagem a uma situação que predispõe certos comportamentos "ótimos". Para a compreensão dessa abordagem, é necessário compreender o que seria o comportamento "ótimo", como esse aspecto pode ser avaliado pela abordagem e, por fim, como medidas psicológicas podem ser geradas no contexto dessa abordagem. Por isso, o objetivo deste capítulo é apresentar a análise de função de otimização situacional SOFA.

Disposições e Situações: aspectos de causalidade

Tradicionalmente, na área de psicometria, os instrumentos de medida são voltados para a avaliação exclusiva de aspectos disposicionais dos indivíduos. Aspectos, ou variáveis, disposicionais são aqueles que representam o padrão específico com que cada indivíduo tende a reagir em contextos distintos resultantes das próprias experiências passadas (Heider, 1958). Entre as variáveis disposicionais mais proeminentes, vale a pena citar a personalidade, a inteligência, o conhecimento e as atitudes. As variáveis disposicionais também podem ser distinguidas em relação a suas estabilidades temporais e de influência por outras variáveis. Variáveis disposicionais do tipo "traço" não tendem a mudar ao longo do tempo e são difíceis de mudar por meio de intervenções. Variáveis disposicionais do tipo "estado" são mais sensíveis ao contexto e a intervenções. Embora seja difícil estabelecer empiricamente se uma variável disposicional é um traço ou um estado, é razoável supor que variáveis com maior influência biológica tendem a ser mais estáveis (como é o caso da personalidade e da inteligência; Briley & Tucker-Drob, 2014; Tucker-Drob & Briley, 2014), enquanto variáveis com maior influência do contexto social tendem a ser menos estáveis (como é o caso da relação entre atitudes e comportamento; Glasman & Albarracín, 2006). É importante salientar também que, para muitos construtos disposicionais, não é possível estabelecer se o tal construto é completamente um traço ou um estado, dado que a estabilidade de um fenômeno pode ser estabelecida em níveis, e não apenas como uma propriedade categórica (ou seja, se um construto "é" ou "não é" estável).

Contrastam-se às variáveis disposicionais as variáveis situacionais. As variáveis situacionais são todos os fatores do ambiente físico e social e incluem ruídos, temperatura, odores, iluminação, normas e leis e locais, quantidade de indivíduos compartilhando um ambiente, a qualidade das interações entre os indivíduos, entre outros. Diferentemente dos psicometristas, os psicólogos sociais dão principal atenção a como as variáveis situacionais podem afetar o comportamento dos indivíduos. No início do desenvolvimento da psicologia social, existiam discursos acalorados sobre quais variáveis (disposicionais ou situacionais) deveriam ser, de fato, o foco da psicologia (Kimble, 1993).

Embora discussões como essas ainda existam, atualmente é mais amplamente compreendido que o entendimento e a descoberta sobre a condição humana dependem de estudos complexos que consigam avaliar todos os aspectos que podem influenciar o comportamento humano. Em uma retomada histórica, um dos primeiros psicólogos a tentar defender a necessidade de incorporar tanto variáveis disposicionais quanto situacionais nas investigações psicológicas foi Kurt Lewin. Lewin (1936) resumiu seu argumento na seguinte equação heurística:

$$B = f(P, E), \tag{1}$$

onde B é o comportamento, P são as variáveis disposicionais e E são as variáveis situacionais. Em palavras, a Equação 1, conhecida como a equação de Lewin, diz que o comportamento é uma função das variáveis disposicionais e das variáveis situacionais. Essa equação é definida como heurística pois Lewin não propôs um método ou procedimento específico para mensurar os valores de cada um dos aspectos envolvidos. De fato, a ideia de Lewin era de que a equação representasse, da forma mais genérica possível, uma lei fundamental da psicologia: a de que o comportamento humano é multideterminado.

Apesar de ter sido proposta há quase 90 anos, a equação de Lewin parece muitas vezes não ser levada em consideração na avaliação, ou mais especificamente, na testagem psicológica. De fato, muitos procedimentos de avaliação e testagem psicológica são voltados para a identificação de características individuais, independentemente do contexto do indivíduo avaliado (Millsap, 2012). Em alguns casos, não levar o contexto em consideração pode até ser uma abordagem apropriada, dado que, assim, não se incorporam à avaliação preconcepções, que, muitas vezes de cunho preconceituoso, acabam gerando resultados injustos e inválidos. Por outro lado, condições de desenvolvimento e interações distintas podem levar a consequências comportamentais e desenvolvimentais distintas, sendo, nesses casos, primordial a avaliação do contexto. A psicologia social e outras ciências sociais, como a sociologia, a antropologia, a economia e o serviço social, dedicam-se mais profundamente a compreender as influências do contexto social sobre os seres humanos. Mas, numa concepção de avaliação psicológica integrativa, essas áreas, por muitas vezes, ao contrário da testagem psicológica, acabam considerando apenas, ou em maior magnitude, fatores sociais e ambientais.

Nesse sentido, é importante salientar que o estudo de "aspectos" que influenciam o comportamento ou desenvolvimento—ou, enfim, que afetam o ser humano de forma geral—muitas vezes se baseiam na definição de relações causais entre o "aspecto" e a consequência que é gerada por ele. Embora, por um lado, discussões sobre causa e efeito sejam ricas e completas de contradições ou ideias concorrentes (por exemplo, ver Illari et al., 2011), quando se pensa em avaliação e, por consequência, em intervenção, é importante compreender que o resultado de uma avaliação deve indicar o caminho a ser seguido para se alcançar um objetivo. Em outras palavras, o que pode ser mudado para que o comportamento mude. Assim, discussões causais, apesar de serem complexas e de difícil consolidação em áreas tão abrangentes quanto a psicologia, precisam ser conduzidas de alguma forma. De fato, muitas dessas discussões já são feitas, embora muitas vezes a terminologia utilizada encubra os pressupostos causais feitos por teorias ou métodos utilizados. Nesse contexto, uma ferramenta abrangente para discutir relações causais faz-se necessária. Essa ferramenta existe, a teoria de cálculo causal (também conhecida como *do*-cálculo; do inglês, *do-calculus*) de Pearl (2009).

Uma exposição completa da teoria de Pearl foge ao propósito deste capítulo (mas, ao leitor interessado que deseja evitar fórmulas e equações excessivas, leia Pearl & Mackenzie, 2018). No entanto, é de auxílio notável a compreensão das ideias básicas dessa teoria para que se entendam os argumentos posteriores sobre como desenvolver teorias psicométricas mais apropriadas a contextos nos quais as variáveis situacionais devem ser levadas em conta. Um dos mais importantes fundamentos a se compreender dessa teoria é que Pearl propõe que relações causais podem ser representadas por grafos (Roberts, 1978). Um grafo é um objeto matemático composto por nodos e arestas. Os nodos, na teoria de Pearl, são as variáveis de um estudo. As arestas, as relações de dependência entre essas variáveis. É importante notar que foi utilizado o termo "dependência" em vez "correlação". Isto porque a teoria de Pearl se aplica mesmo para relações que sejam não-lineares, sendo a correlação um tipo especial de dependência; a dependência linear. Tal fundamento permite que relações complexas de causa e efeito sejam representadas graficamente, sem necessidade de descrevê-las em fórmulas para serem compreendidas por outros pesquisadores. Por exemplo, o caso simples de relação causal entre duas variáveis, X e Y, sendo afetada por uma causa comum não-observada, Z, conforme representado na **Figura 16.1**.

Figura 16.1 *Representação das Relações Causais Entre as Variáveis Z, X e Y Quando a Variável Z Não é Observada e a Variável X é Apenas Observada ou Controlada Experimentalmente*

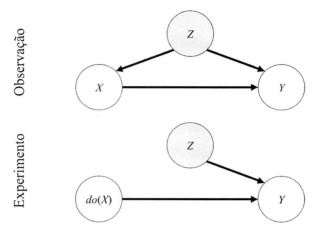

Nota. A operação *do*(·) representa o controle experimental de uma variável. O fundo cinza no nodo da variável Z significa que essa variável não foi observada.

A **Figura 16.1** também representa a justificativa dada por Pearl (2009) do porquê experimentos serem tão eficientes para testar relações causais. No grafo superior, está representado um estudo observacional. As variáveis X e Y foram observadas (ou mensuradas), e deseja-se saber qual a magnitude do efeito causal da variável X sobre a variável Y. Por um ponto de vista lógico e matemático, no entanto, não é possível fazer essa estimativa, dado que a mensuração da magnitude da relação entre X e Y (por meio de uma correlação, por exemplo) é afetada também pela relação que X e Y têm com a variável não observada Z. Esse fato, aliás, é o que motiva o famoso aforismo: "correlação não implica causalidade". De fato, ainda que a seta que liga as variáveis X e Y no grafo superior fosse removida — ou seja, mesmo que na realidade não haja uma relação causal entre essas variáveis —, qualquer estudo correlacional envolvendo X e Y poderia gerar uma correlação significativa entre ambas, dado que essas variáveis têm uma causa em comum.

No entanto, o poder do método experimental é ilustrado pelo grafo inferior. Nele, vemos duas mudanças principais em comparação ao grafo superior. Primeiro, a variável X foi substituída pela expressão *do*(X). A expressão *do*(X) significa simplesmente que a variável X, neste contexto, foi controlada experimentalmente. Assim, a segunda principal mudança do grafo é a ausência da seta que ligava a variável Z à variável X. Em termos práticos, isto significa que, ao controlar experimentalmente a variável X, a variável Z deixa de ser uma causa da variável X. Por exemplo, imagine que queremos estudar se jogar videogames violentos (variável X) faz com que (ou seja, "causa") crianças se comportem de forma mais agressiva (variável Y). Digamos que fizemos um estudo em que perguntamos para crianças quantas horas de videogames violentos elas jogavam por dia e contamos quantas vezes por dia essas crianças agiam de forma agressiva em suas interações pessoais. Digamos também que a análise de dados mostrou que essas duas variáveis estão correlacionadas. Seria razoável supor que jogar videogames violentos "causa" comportamentos mais agressivos? Provavelmente não. Uma hipótese psicológica simples que contradiz essa inferência poderia ser que indivíduos com personalidades mais agressivas (variável Z) estariam mais propensas tanto a jogar videogames violentos quanto a agir de forma mais agressiva.

Deve-se perceber que essa hipótese implica que o tipo de videogame que a criança jogará, bem como a qualidade de suas interações pessoais, depende de sua predisposição. Uma forma de testar quais das duas hipóteses é verdadeira seria alocar aleatoriamente diversas crianças a três grupos: o primeiro jogaria apenas videogames violentos; o segundo grupo jogaria apenas videogames de cooperação; e o terceiro não jogaria nenhum jogo. Além disso, seria necessário garantir que nenhuma criança pudesse jogar nenhum outro tipo de jogo além daquele que foi especificado a ela, bem como garantir que as crianças do terceiro grupo nunca jogassem jogo algum. Obviamente, esse experimento mental é inviável e antiético. No entanto, nesse cenário as crianças não jogariam os jogos que elas estão supostamente "propensas" a jogar, mas sim o jogo que foi determinado a elas de forma aleatória. Isto significa que, caso se observe uma relação entre qual o tipo de jogo jogado e comportamentos agressivos, poderá se inferir que existe algum tipo de relação causa e efeito entre jogar videogames e o comportamento das crianças.

Grafos como os que estão representados na **Figura 16.1** são de grande importância para compreender quais inferências causais podem ser feitas conforme os resultados de um estudo e quais pressupostos causais (ou seja, quais teorias e hipóteses sobre relações de causa e efeito) são feitos, mesmo que de forma implícita, em um estudo. Um outro aspecto importante da teoria de Pearl (2009) é que ela permite identificar em quais cenários estudos observacionais podem sim levar a inferências válidas sobre relações causais. Embora a demonstração matemática desse fato seja relativamente simples, a representação gráfica da **Figura 16.2** será utilizada como fundamento para essa discussão. Para isso, primeiro é necessário deixar explícito que essas inferências serão válidas apenas quando não existirem variáveis não-observadas gerando ruídos no estudo (conhecido como o pressuposto de ausência de confundidoras). Assim, assumindo que há apenas três variáveis, pode-se definir três tipos distintos de processos geradores dos dados: estruturas-v; efeitos seriais; e causas comuns. Representações desses três tipos estão ilustradas na **Figura 16.2**. É importante salientar que, até realizarmos investigações científicas, não temos certeza de que tipo de processo estamos falando. Portanto, essa discussão refere-se às hipóteses formuladas sobre o que ocorreu para que os dados apresentassem as relações de dependência que são eventualmente observadas entre eles.

Figura 16.2 *Tipos Possíveis de Relações Causais em Estudos com Três Variáveis, na Ausência de Variáveis Não Observadas*

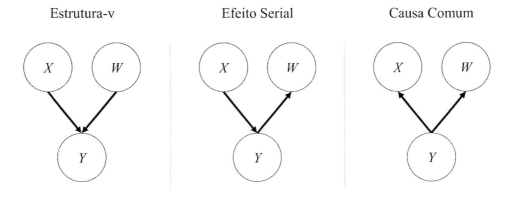

A estrutura-v ocorre quando há duas causas para uma terceira variável e essas causas são independentes entre si. O efeito serial ocorre quando uma variável X é a causa direta de uma variável Y e a variável Y é a causa direta de uma variável W. A causa comum ocorre quando uma variável é a causa de outras duas variáveis. Para evitar discussões formais (em termos de fórmulas), a forma mais intuitiva de compreender as capacidades de inferência causal de cada tipo de estrutura envolve comparar a **Figura 16.2** com a **Figura 16.1**. Assim, podemos observar que o cenário de causa comum é similar ao cenário, na **Figura 16.1**, onde a variável Z causa as variáveis X e Y, mas não existe uma relação causal entre X e Y. O cenário de efeito serial é similar ao cenário, na **Figura 16.1**, onde a variável Z causa as variáveis X e Y, mas não existe uma relação causal entre Z e Y. A estrutura-v é similar ao grafo inferior da **Figura 16.1**, onde duas causas (X e Z) são independentes do efeito (Y). Essa similaridade entre a estrutura-v e o grafo que representa o efeito de se realizar um experimento (ou seja, o grafo inferior da **Figura 16.1**) é o principal fundamento para se compreender inferência causal: sempre que duas causas de um efeito forem independentes entre si, então pode-se inferir pela relação de causa e efeito das variáveis envolvidas. Num estudo correlacional, sempre que duas variáveis forem independentes (ou, em modelos lineares, sempre que a correlação entre duas variáveis for 0 ou não significativa) entre si, mas forem ambas dependentes de uma terceira variável, será razoável inferir que existe uma relação de causa e efeito.

Perceba que, caso o processo gerador dos dados seja um efeito serial ou uma causa comum, serão observadas correlações entre as três variáveis envolvidas. Por essa razão, diz-se que as correlações geradas por esses dois processos são "causalmente não-identificáveis". Em termos não técnicos, isso significa dizer que não é possível diferenciar relações de dependência que foram geradas por um efeito serial de relações de dependência que foram geradas por uma causa comum usando apenas dados coletados em estudos observacionais. A importância de compreender esses aspectos fundamentais da teoria *do*-cálculo no contexto de avaliação psicológica é que teorias psicométricas tradicionais são baseadas, em sua maioria, em estruturas do tipo "causa comum". Como se pretende discutir limitações inferenciais da psicometria tradicional neste capítulo, é fundamental estabelecer o que se considera como uma avaliação no contexto da psicometria, qual sua teoria fundamental e como essa teoria pode ser estendida.

Psicometria Tradicional e a Teoria do Traço Latente

Convencionalmente, a psicometria é apresentada de acordo com duas teorias principais: a teoria clássica dos testes; e a teoria de resposta ao item. Para alguns autores, a Teoria do Traço Comum (TTC), representada nas análises fatoriais, é apenas uma extensão da TCT, enquanto outros autores a consideram como uma teoria à parte. Neste capítulo, no entanto, não fazemos distinções entre a TCT, a TTC e a TRI em nível de teoria, mas sim apenas em nível de implementação. McDonald (2013) demonstra e discute detalhadamente o porquê de essas teorias poderem todas ser consideradas como equivalentes.

De fato, observaremos que a TCT é nada mais que um modelo específico da TTC. Seguindo ainda McDonald (2013), tem-se como mais adequado falar, na psicometria tradicional, em termos da teoria da variável latente. De forma geral, a TVL assume que o comportamento é causado por um aspecto do indivíduo que não pode ser observado diretamente. Na estatística, este aspecto geralmente é nomeado de variável latente. Em termos de processos geradores de dados, como discutido anteriormente, a TVL é um modelo de causa comum. Em termos formais, a TVL é definida similarmente à equação de Lewin:

$$B = f(\theta), \tag{2}$$

onde substituímos o P pela letra grega θ (lê-se *theta*), que representa a magnitude da variável latente nos indivíduos. Em palavras, a Equação 2 diz que o comportamento humano é uma função da variável latente sob estudo.

Na TCT, assume-se que tanto o comportamento quanto a variável latente são variáveis mensuradas no nível intervalar. Isso significa que é possível operar com soma e multiplicação e trabalhar com modelos lineares. Dessa forma, a TCT estabelece que o comportamento (ou seja, a nota ou escore bruto em um instrumento psicológico) é igual a:

$$X = \theta + \varepsilon, \tag{3}$$

onde X é o escore bruto em um instrumento psicológico, θ é o escore verdadeiro do indivíduo, e ε (lê-se *epsilon*) é o erro de medida. Para que o modelo seja interpretável, é necessário também assumir que o erro de medida tem uma média igual a 0. Em palavras, isso significa que se assume que não existe uma influência marcante de outra variável latente no processo de resposta. Por exemplo, imagine que aplicamos uma prova de matemática com cem questões a um estudante que acabou de sair do ensino médio. Digamos que o estudante acertou apenas 32 questões. O valor de X para esse estudante, então, seria de 32 de um máximo possível de 100. Diríamos, então, que o estudante tem um baixo conhecimento de matemática. No entanto, essa conclusão é válida apenas porque assumimos que, por exemplo, o desempenho do estudante não fora afetado pela sua ansiedade.

Algumas limitações da TCT são evidentes com base no exemplo apresentado. Primeiro, assume-se que todas as questões estão igualmente associadas ao escore verdadeiro. Se uma das questões fosse "qual o valor de 2 + 2?" e a outra fosse "qual a derivada $3t^7 - 6sen(t^4) + 8t^3 - 12cos(t) + 19$?", ficaria evidente que não podemos considerar que todas as questões são igualmente representativas do construto "conhecimento em matemática". Dessa forma, a TTC, por meio das análises fatoriais, estende a Equação 3 para:

$$X_j = \mu_j + \lambda_j\theta_f + \varepsilon_j, \tag{4}$$

onde Xj é a resposta ao item j, μ_j (lê-se *miu* de j) é a dificuldade do item j, λ_j (lê-se *lambda* de j) é a carga fatorial (ou correlação, se padronizada) entre θ_f (o escore verdadeiro f) e o item j, e ε_j é o erro de medida para o item j.

Em comparação à Equação 3, fica evidente que o modelo da TTC permite avaliar tanto aspectos específicos dos itens quanto a inclusão da influência de mais de um escore verdadeiro (ou variável latente), embora seja necessária uma quantidade razoável de itens para se poder testar de fato a influência de múltiplos fatores sobre as respostas de cada item. Vale salientar também que as Equações 3 e 4 são idênticas, caso se assuma que a dificuldade de todos os itens é igual—como geralmente se trabalha com medidas padronizadas, definem-se as dificuldades como iguais a 0—, que as cargas fatoriais são todas iguais a 1, e que o erro da medida é igual para todos os itens. Esse modelo é conhecido, na literatura de análise fatorial, como modelo fatorial paralelo (McNeish & Wolf, 2020).

Uma limitação da TTC é que ela assume que as respostas aos itens de instrumentos psicológicos são medidas em um nível intervalar. No entanto, na maioria dos casos, as respostas aos itens são binárias (p.ex., "certo" e "errado", "sim" e "não", "1" e "0", entre outros) ou ordinais (p.ex., uma escala de concordância com cinco categorias de resposta, "discordo totalmente", "discordo", "não concordo nem discordo", "concordo" e "concordo totalmente"). Essa limitação da TTC foi uma das principais motivações que levaram ao desenvolvimento da TRI. Existem diversos modelos desenvolvidos na TRI (para uma revisão destes, veja Van der Linden, 2016). Mas, para facilmente identificarmos a relação entre a TRI e as outras teorias, descrevemos o modelo logístico de dois parâmetros multidimensional, definido como:

$$X_j = I_0\left(a_j\theta_f - \mu_j + \varepsilon_j\right),\tag{5}$$

onde Xj é a resposta ao item j, μ_j é a dificuldade do item j, a_j é a discriminação do item j em relação ao fator f, ε_j é o erro de medida para o item j, e $I_0(\cdot)$ representa a função indicadora que transforma valores positivos em 1 e valores negativos em 0, permitindo assim a modelagem de respostas binárias. É fácil notar que as Equações 5 e 4, as quais representam a TRI e TTC, respectivamente, são equivalentes. Se mudarmos o sinal das dificuldades e removermos a função indicador, chegaremos exatamente à mesma fórmula. Estudos metodológicos mostram também como converter a discriminação em cargas fatoriais segundo a fórmula $\lambda = \frac{a}{\sqrt{3,29+a^2}}$ (Camilli, 1994). Uma relação determinística (ou seja, por uma fórmula exata) entre os parâmetros dos modelos, é outra evidência de suas equivalências.

Pelas equivalências entre esses modelos, as mesmas limitações em termos de inferências causais são comuns a todos eles. Como visto, processos causais de causa comum geram dependências entre os dados que não são distinguíveis, em estudos observacionais, de outros tipos de processos causais. Isso significa dizer que, mesmo que ajustemos idealmente um modelo de análise fatorial ou TRI aos dados, o resultado da análise não nos garante que, de fato, o modelo de medida está de acordo com nosso modelo (para uma discussão específica ao modelo de Rasch, ver Wood, 1978). Por isso, devemos nos perguntar: É possível gerar modelos psicométricos que nos permitam fazer inferências causais mais precisas?

Uma alternativa foi proposta por Van Bork et al. (2022), que recebeu o nome de Teoria Causal dos Erros (TCE). De forma geral, a TCE não é nada mais do que outra extensão da teoria da variável latente. A sua principal distinção das outras teorias provenientes da TVL é que a TCE se propõe a compreender de forma mais aprofundada as influências do erro de medida. Para isso, Van Bork et al. (2022) propõem que o erro de medida, , deve ser dividido em duas partes: as variáveis circunstanciais (representadas pela letra grega psi, ψ) e as variáveis características (representadas pela letra grega phi, φ, lê-se "fi"). As variáveis circunstanciais são os erros aleatórios, ou as variações na resposta que não são sistemáticas. As variáveis são os erros sistemáticos, as quais, em alguns casos, também podem ser compreendidas como escores verdadeiros, embora englobem qualquer característica dos indivíduos. Formalmente, a TCE, seguindo a notação da TCT, pode ser representada da seguinte forma:

$$X = \theta + \varphi + \psi.\tag{6}$$

Em termos gerais, a TCE é similar aos modelos multifatoriais da TTC, também conhecidos como "multidimensionais" na TRI. No entanto, a compreensão dos "multifatores" vai além de variáveis latentes. Uma representação possível em termos de estrutura causal é apresentada na **Figura 16.3**. No grafo superior, está representada a teoria do traço latente conforme os modelos tradicionais da TCT, TTC e TRI. É possível perceber que a inferência causal desses modelos depende do pressuposto de que a variável latente é independente do erro de medida . No entanto, imagine o seguinte cenário: constrói-se uma medida representada pelas variáveis em X para medir "atitudes pró-sociais" (as quais podem ser definidas como um conjunto de crenças positivas em relação ao apoio de alcance de objetivos de outras pessoas ou grupos de pessoas; Penner et al., 2005). Assim, o θ no grafo superior da **Figura 16.3** seria, idealmente, uma medida de atitudes pró-sociais. No entanto, sabe-se pela literatura que traços de personalidade (p.ex., a amabilidade; Thielmann et al., 2020) podem influenciar as atitudes dos indivíduos e, portanto, gerar um viés de medida neste cenário hipotético. Viés de medida (ou também conhecido na literatura de metrologia como acurácia) é definido como uma subestimação, ou superestimação, de uma medida devido a influência de fatores não controlados (Furnham, 1986).

Figura 16.3 *Representações Gráficas da Teoria do Traço Latente e da Teoria Causal dos Erros*

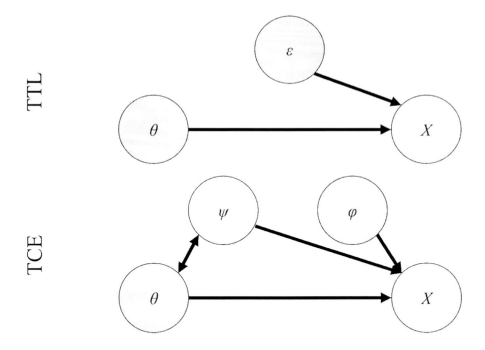

Nota. TTL: Teoria do Traço Latente. TCE: Teoria Causal dos Erros.

No grafo inferior da **Figura 16.3**, ilustra-se como a TCE poderia lidar com o problema do viés no nosso exemplo. O ideal seria considerar também que a personalidade, representada nesse exemplo por ψ, influencia as respostas em X. Por isso, inclui-se uma seta bidirecional entre θ e ψ, representando, no nosso exemplo, a influência da personalidade nas atitudes pró-sociais. No entanto, é importante notar que o nodo de ψ está em uma cor um pouco mais clara do que os nodos de θ e φ. Quer se dizer com isso que as variáveis características que podem ser representadas por ψ podem tanto ser observadas quanto latentes. A seta bidirecional, por outro lado, significa que essas variáveis podem tanto ser dependentes quanto independentes de θ. Um exemplo em que uma variável característica é, ao menos a princípio, independente do escore verdadeiro é o nosso exemplo da matemática (escore verdadeiro) e da ansiedade (variável característica). Um exemplo em que a variável característica é observável é o caso de quando o desempenho acadêmico é influenciado pelo nível socioeconômico do respondente (p. ex., Tan et al., 2020). Obviamente, pode haver casos que misturam tanto variáveis observadas quanto latentes, como variáveis dependentes e independentes do escore verdadeiro. Ressalta-se também que a TCE não é a primeira proposta a identificar as fontes do erro de medida (ver, por exemplo, a teoria de generalizabilidade, em Shavelson & Webb, 1981; e os modelos explicativos da TRI, em De Boeck & Wilson, 2004). No entanto, foi no desenvolvimento da TCE que se desenvolveu uma análise de causalidade relacionada aos erros de medida no contexto da TVL.

Como fechamento a esta seção, cabe dizer que a TCE, apesar de não ser muito diferente dos outros modelos da TVL, é importante, por salientar que modelos de medida em psicometria devem ser construídos levando em consideração a possibilidade de fazer inferências causais válidas segundo os modelos. De fato, a decomposição do erro em variáveis características e variáveis circunstanciais permite distinguir os efeitos de (falta de) precisão e (falta de) acurácia, sendo que a acurácia raramente é avaliada em estudos psicométricos. Assim, pode-se dizer que a TCE é um pouco distinta da TCT, da TTC e da TRI, no sentido de que não representa um conjunto de modelos ou métodos analíticos, mas sim uma abordagem de como analisar dados psicométricos. Essa abordagem exige, certamente, que pesquisadores conheçam melhor a análise de dados e suas teorias, sendo, portanto, mais difícil de implementar. Por outro lado, certamente ela pode servir de inspiração para que se desenvolvam modelos psicométricos mais precisos e com maior validade teórica. Valendo-se de uma motivação similar, Franco et al. (2021) propuseram a análise de função de otimização situacional, colocando foco sobre as variáveis situacionais, em contraste com a TCE, que foca principalmente as variáveis disposicionais.

Análise de Função de Otimização Situacional

As duas principais motivações de Franco et al. (2021) para o desenvolvimento da abordagem da análise de função de otimização situacional (*situational optimization function analysis*, SOFA) foram: (i) a inclusão de variacionais situacionais em modelos de medida conforme a equação de Lewin; e (ii) o aprimoramento das inferências causais feitas conforme modelos psicométricos. Os grafos da **Figura 16.4** representam as distinções entre os modelos psicométricos tradicionais e a proposta baseada na equação de Lewin. O grafo superior, que representa a psicometria tradicional, demonstra que as medidas são derivadas, levando-se em consideração apenas o efeito da pessoa (P) sobre o comportamento (B). As variáveis situacionais (E) não são consideradas nos modelos de medida. Vale salientar que variáveis situacionais podem sim ser consideradas em modelos psicométricos, como é o caso em análises fatoriais confirmatórias multigrupo e análises de modelo de causa e indicadores múltiplos (Valentini et al., 2018). No entanto, o argumento feito aqui é que as variáveis situacionais não são inerentes ao modelo de medida na psicometria tradicional, portanto muitas vezes não são incluídas nas análises.

Figura 16.4 *Grafos Representando os Modelos Causais Assumidos pela Teoria do Traço Latente e pela Equação de Lewin*

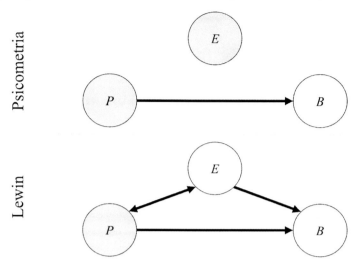

Nota. P: Pessoa, ou a variável latente. E: Ambiente, ou a variável situacional. B: Comportamento.

No grafo inferior da **Figura 16.4**, no entanto, considera-se um modelo em que as variáveis situacionais são consideradas como necessárias para se explicar o comportamento. Nesse cenário, um problema torna-se evidente: a correlação entre a situação e a pessoa. Esse fato é um problema pela possibilidade de interpretações causais do modelo, as quais, nesse cenário, não são bem definidas. Por exemplo, pessoas que são mais impulsivas e que apresentam princípios morais mais flexíveis vão tender a se expor a situações de risco e que reforcem comportamentos moralmente questionáveis. Por outro lado, uma pessoa se desenvolver num ambiente que reforça comportamentos moralmente questionáveis poderá acabar desenvolvendo princípios morais mais flexíveis e comportamentos mais impulsivos. Em um exemplo mais simples, a capacidade de leitura das pessoas fica pior em ambientes mal iluminados. Simetricamente, pessoas com a visão menos nítida buscam ambientes mais bem iluminados para poder realizar suas leituras.

A partir disso, Franco et al. (2021) propõem que uma forma de gerar medidas que considerem as variáveis situacionais e, simultaneamente, sejam causalmente identificáveis é controlar experimentalmente a variável situacional que caracteriza o instrumento (ou tarefa) psicológico sendo utilizado. É importante notar que essa abordagem, obviamente, está limitada, assim como estudos convencionais em psicologia, do quanto a situação é de fato controlável. Por exemplo, não podemos intencionalmente expor as pessoas a contextos que reforcem comportamentos moralmente questionáveis. No entanto, podemos construir um teste de leitura, feito em uma sala especial, em que o nível de iluminação é determinado de forma aleatória para cada respondente da nossa amostra. Assim, a abordagem SOFA é particularmente interessante em casos nos quais as tarefas experimentais tenham uma dependência clara do contexto e seja possível criar uma versão simplificada do contexto de estudo em termos de design experimental de uma tarefa psicológica. Esse tipo de abordagem é bastante comum em estudos da psicologia social (por exemplo, com o uso de cenários experimentais; p.ex., Blascovich et al., 2002) e da psicologia cognitiva (no contexto da modelagem cognitiva; p.ex., Lee & Wagenmakers, 2014).

Outro aspecto interessante da abordagem SOFA é que ela permite distinguir traços de estados latentes; ou ao menos testar hipóteses em relação às propriedades das medidas realizadas. A **Figura 16.5** mostra como, ao menos teoricamente, isso pode ser feito na abordagem SOFA. Ao controlar experimentalmente a variável situacional, é possível concluir que não são as disposições do indivíduo que afetam o ambiente e que não existe uma causa comum para ambas. Portanto, caso seja observada alguma relação entre variáveis disposicionais e situacionais, a única inferência plausível é que a variável disposicional está sendo afetada pela variável situacional. De acordo com o grafo superior—e de acordo também com a definição de traço—, uma variável disposicional é um traço sempre que é estatisticamente independente da variável situacional controlada experimentalmente. De acordo com o grafo inferior—e de acordo também com a definição de estado—, uma variável disposicional é um estado sempre que é estatisticamente dependente da variável situacional controlada experimentalmente. É importante notar que os grafos incluem um nodo representado por , refletindo as variáveis circunstanciais ou simplesmente o erro aleatório do modelo. Assim, nota-se uma relação entre a abordagem SOFA e a TCE: o erro de medida pode ser decomposto tanto em um erro aleatório quanto em um erro sistemático. Na TCE, o erro sistemático envolve outras variáveis latentes para além do escore verdadeiro. Na SOFA, o erro sistemático também envolve variáveis latentes, mas estas são estimadas em relação ao impacto das variáveis situacionais que foram experimentalmente controladas.

Figura 16.5 *Grafos Representando os Modelos Causais da Abordagem SOFA para mensurar Traços e Estados Latentes*

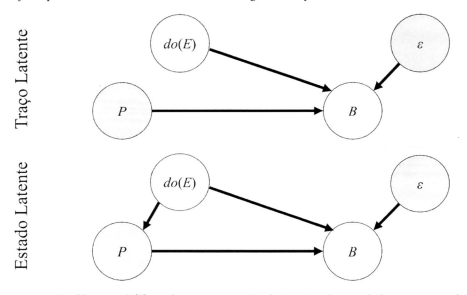

Nota. *P*: Pessoa, ou a variável latente. *do(E)*: Ambiente, ou a variável situacional controlada experimentalmente. *B*: Comportamento. *ε*: Erro randômico do modelo.

Neste ponto, salienta-se que a abordagem SOFA não está definida por um modelo específico, como acontece com a TTC e as análises fatoriais e com a TRI e os modelos derivados dela (os quais, muitas vezes, se confundem com a própria teoria em si). De fato, a SOFA se propõe a ser mais como um "guia" de como desenvolver modelos psicométricos nos quais as variáveis situacionais podem ser inseridas, aumentando a interpretabilidade causal dos modelos e enriquecendo as análises sobre a variável latente. Realmente, em Franco et al. (2021), os autores propuseram um modelo que lide apenas com traços latentes e que seja fortemente inspirado na análise do observador ideal (Geisler, 2003). A análise do observador ideal é um tipo de análise normativa, desenvolvida no campo dos estudos de tomada de decisão, que estabelece como o "observador ideal" deveria agir para gerar um resultado ótimo em uma tarefa específica. Nesse contexto, a análise do observador ideal serve ao propósito de demonstrar como a incerteza, ou ruído, pode fazer com que mesmo um observador ideal haja de forma não ótima. No contexto da SOFA, no entanto, não é necessário fazer um pressuposto de qual seria o comportamento ótimo em um cenário. De fato, o modelo proposto por Franco et al. (2021) busca analisar qual seria o comportamento ideal dos indivíduos para cada cenário experimental; por isso o nome de análise de função de otimização situacional. Ou, em extenso, a SOFA é uma abordagem voltada à descoberta do comportamento esperado, dadas as influências das variáveis situacionais. Desvios do comportamento esperado ocorrem tanto pela flutuação aleatória dos dados quanto pelas características individuais dos respondentes. Portanto, formalmente, a abordagem SOFA é definida por qualquer modelo que possa ser representado como:

$$B = f(E) + F(\varepsilon, P), \tag{7}$$

onde $F(\cdot)$ é um modelo de mistura relacionando o erro aleatório e os efeitos das variáveis disposicionais P com o comportamento observado.

Em Franco et al. (2021), um modelo que atende às especificações da Equação 7 foi proposto visando a dois aspectos principais: as variáveis situacionais são mensuradas em um nível intervalar; e a relação entre as variáveis situacionais e o comportamento pode ser não linear. Esses não são pressupostos da SOFA, mas foram especificados neste modelo tanto para incentivar que experimentos sejam desenvolvidos com foco nas dimensões possíveis das variáveis situacionais (em contraste com uso de poucos grupos experimentais) quanto para desincentivar o uso de modelos lineares na abordagem. Modelos lineares são muitas vezes usados como *default* nas diversas áreas da ciência, mas isso é uma verdade particular no caso da psicologia (Beller & Baier, 2013). Assim, relações não--lineares são muitas vezes ignoradas, fazendo com que relações reais entre processos psicológicos sejam consideradas como "não-significativas", dado que não se ajustam ao modelo *default* da área. Novamente, essa decisão reflete o fundamento da SOFA, a qual é uma forma de desenvolver modelos, não um modelo específico (como muitas vezes é o caso da TTC e da TRI, embora essas abordagens permitam também a extensão de seus modelos principais). Assim, a abordagem SOFA pode ser resumida em cinco características principais: (i) o controle experimental de variáveis situacionais é necessário para a identificação causalmente adequada de modelos de medida; (ii) modelos baseados na SOFA são sensíveis ao contexto de pesquisa e devem refletir hipóteses específicas do estudo; (iii) o principal objetivo de qualquer modelo baseado na SOFA é identificar os efeitos das variáveis situacionais e, com base nisso; (iv) realizar a mensuração das variáveis disposicionais como "desvios" do comportamento esperado pelos efeitos das variáveis situacionais; e (v) produzir medidas mais qualificadas para construtos psicológicos.

Sobre a quinta característica, uma discussão mais teórica, porém idealmente resumida, faz-se necessária. Como uma medida "mais qualificada", deseja-se expressar duas ideias principais. Primeiro, a ideia de que a medida gerada no paradigma SOFA é menos, ou até mesmo nada, dependente do acesso consciente ao processo psicológico e também da sinceridade dos respondentes. Isso porque o fundamento do procedimento é a avaliação do comportamento em si em relação com as influências situacionais. Como consequência, a medida gerada no contexto da abordagem SOFA seria afetada pelas percepções dos indivíduos, mas apenas se os indivíduos soubessem: (i) qual o efeito esperado da variável situacional controlada experimentalmente; e (ii) se fossem capazes de agir de acordo com uma impressão específica que desejam transmitir. Dessa forma, é razoável assumir que uma medida gerada no contexto da SOFA apresenta menos vieses relacionados à percepção dos respondentes. A segunda ideia que se deseja expressar com a expressão "medidas mais qualificadas" está relacionada com a teoria de mensuração conjunta aditiva (Luce & Tukey, 1964). Em resumo, a teoria de mensuração conjunta aditiva estabelece que, quando duas (ou mais) variáveis independentes, mensuradas ao menos em nível ordinal, afetam aditivamente uma variável dependente, é possível inferir que todas as variáveis envolvidas podem ser mensuradas num nível intervalar de medida. Em outras palavras, a teoria de mensuração conjunta aditiva estabelece em quais casos variáveis ordinais podem ser reescalonadas como variáveis intervalares. De forma geral, a psicometria tem ignorado a teoria de mensuração conjunta aditiva e as implicações que ela traz para os modelos da psicometria (Michell, 2000, 2008, 2009, 2014, 2020). Os modelos desenvolvidos na SOFA, no entanto, estão mais atrelados à teoria de mensuração conjunta aditiva, desde que as variáveis situacionais sejam mensuradas, ao menos, em nível ordinal. Como as variáveis pessoais são conceitualizadas como desvios sistemáticos do modelo, há uma garantia maior do que em modelos psicométricos convencionais que, de fato, a variável latente seja mensurada em um nível de medida intervalar. Para avaliar as potencialidades da abordagem SOFA, um exemplo empírico é fundamental.

Uma Aplicação da SOFA

Para exemplificar o uso da SOFA, usaremos os mesmos dados usados no estudo empírico feito em Franco et al. (2021). Os códigos e os dados para realizar essas análises estão disponíveis em Franco et al. (2020). O estudo empírico original tinha como objetivo mensurar as disposições em um contexto de comportamentos de cooperação/competição. Esse contexto foi definido conforme uma tarefa experimental de dilemas sociais. Os dilemas sociais são jogos usados para avaliar como as pessoas decidem se comportar em contextos nos quais suas ações podem maximizar ganhos individuais ou grupais (Van Lange et al., 2013). Mais especificamente, Franco et al. (2021) decidiram utilizar o dilema do "prisioneiro iterado" (Andreoni & Miller, 1993), dado que esse jogo tem como o "comportamento ideal" a competição. O dilema do prisioneiro pode ser definido como um jogo de interpretação de papéis para avaliar como o comportamento racional pode levar à competição. Nesse jogo, dois indivíduos têm que decidir competir (trair o outro jogador) ou cooperar (ficar em silêncio sobre seu crime) como se fossem prisioneiros sendo inquiridos independentemente por detetives da polícia. Se ambos decidirem competir, cada um deles cumprirá dois anos de prisão. Se um deles decidir competir, mas o outro decidir cooperar, o que competiu será posto em liberdade e o que cooperou cumprirá três anos de prisão. Se ambos decidirem cooperar, ambos cumprirão apenas um ano de prisão. No dilema do prisioneiro iterado, os jogadores precisam decidir como se comportar em cada iteração (ou, mais informalmente, em cada rodada). No estudo empírico de Franco et al. (2021), os participantes jogaram durante 10 rodadas e os resultados de cada rodada foram somados para se chegar ao resultado final do jogo, indicando ao participante o total de anos de prisão que ele teria que cumprir, caso o cenário do jogo fosse real. O segundo jogador, no entanto, era um participante simulado no computador. Mais especificamente, os participantes jogaram contra uma máquina que dava comandos aleatórios, mas com probabilidades definidas de cooperação e competição. A probabilidade de cada participante simulado cooperar foi extraída de uma distribuição uniforme padrão. Assim, garantiu-se a alocação aleatória dos participantes às categorias experimentais, bem como se definiu a variável situacional como a probabilidade do participante simulado em decidir cooperar.

Franco et al. (2021) também utilizaram a escala de cooperação-competição (escala Coop--Comp; Teixeira et al., 2010) para mensurar as percepções dos participantes sobre as suas atitudes em relação às suas tendências de cooperar ou competir. A escala Coop-Comp é composta por 11 sentenças relacionadas a quanto os participantes tendem a compartilhar ganhos em vez de maximizar apenas seus ganhos individuais (p.ex., "eu acho que o trabalho em grupo é mais importante do que vencer"). Os participantes tinham que indicar em que medida concordavam com cada frase, variando de 1 (discordo totalmente) a 5 (concordo totalmente). Itens relacionados à competição (p.ex., "eu me preocupo quando outras pessoas têm um desempenho melhor do que o meu") tiveram suas categorias de resposta invertidas, de modo que pontuações mais altas em todos os itens representavam uma atitude mais competitiva. Como primeiro procedimento analítico, os autores utilizaram a análise fatorial do item para verificar a validade da estrutura interna da escala Coop-Comp (Wirth & Edwards, 2007). Essa análise mostrou que o item 11 da escala foi o único item com carga fatorial abaixo de 0,30, portanto esse item foi excluído do restante das análises. Para gerar a medida com o dilema dos prisioneiros iterados de acordo com a abordagem SOFA, Franco et al. (2021) utilizaram a modelagem conjunta (Turner et al., 2013). Em poucas palavras, a modelagem conjunta é similar à modelagem por equações estruturais: o modelo geral é dividido em modelo estrutural e em modelo de medida. No entanto, o modelo de medida não precisa ser linear, não precisa ser baseado na análise fatorial, tampouco usar a mesma categoria de dados. De fato, Turner et al. (2013), ao proporem os procedimentos fundamentais da modelagem conjunta, buscavam combinar a análise de dados comportamentais com a análise de dados neurológicos em um único procedimento.

No estudo empírico de Franco et al. (2021), foram testados quatro cenários: um cenário onde a medida gerada pelo SOFA foi estimada de forma independente da medida gerada pela escala Coop-Comp (ou seja, a tendência a competir); um cenário onde a correlação entre as medidas foi estimada de forma simultânea (com o uso da modelagem conjunta); um cenário onde as medidas foram estimadas como independentes (com correlação centrada em 0); e um cenário onde a correlação entre as medidas era perfeita. O modelo que apresentou melhor ajuste foi o modelo que estimou a correlação entre as medidas, sendo essa correlação estatisticamente diferente de 0. Para chegar a essa conclusão, os autores avaliaram tanto o Critério de Informação de Desvio (*Deviance Information Criterion*, DIC) quanto o Intervalo de Alta Densidade (*Highest Density Interval*, HDI) de 95%. O DIC é um estimador de erro preditivo (ou seja, uma estimativa do tamanho do erro para a aplicação do modelo a novos dados), sendo uma generalização hierárquica do estimador de erro preditivo (*Akaike Information Criterion*, AIC). O HDI de 95% é um intervalo que representa quais valores têm—de acordo com os dados, com o modelo e com as probabilidades a priori—95% de probabilidade de serem os valores reais do parâmetro. Repare que intervalos de confiança geralmente são interpretados dessa forma, embora não seja uma interpretação correta (para mais detalhes, ver Hoekstra et al., 2014). Neste capítulo, vamos testar os cenários onde a correlação entre as medidas foi estimada e o cenário onde as medidas foram fixadas como independentes. No entanto, testamos ainda mais três cenários: (i) um cenário onde se avaliou o efeito da variável preditora (ou seja, a probabilidade de o jogador virtual competir) tanto na medida gerada pelo dilema dos prisioneiros iterados quanto na medida gerada pela escala Coop-Comp; (ii) um cenário onde se avaliou o efeito da variável preditora apenas na medida gerada pelo dilema dos prisioneiros iterados; e (iii) um cenário onde se avaliou o efeito da variável preditora apenas na medida gerada pela escala Coop-Comp. Com esses cenários adicionais, está se testando se as medidas geradas pelo dilema dos prisioneiros iterados e pela escala Coop-Comp podem ser consideradas como estados ou traços. Estes cenários não foram testados em Franco et al. (2021), mas têm um impacto importante para que se possa interpretar os resultados do estudo.

Para testarmos esses cenários, não foram utilizados os modelos analíticos propostos por Franco et al. (2021). A primeira razão para isso é que o modelo utiliza uma função de base radial gaussiana polinomial, que, além de ser complexa demais para se explicar neste capítulo, gera muitas dificuldades para a estimação por ter um grande número de parâmetros. A segunda razão é que, como a SOFA foi proposta como uma forma de criar modelos, em vez de representar um modelo único, é uma boa ferramenta didática desenvolver uma versão nova do modelo neste capítulo. Assim, a principal diferença entre os modelos usados em Franco et al. (2021) e os modelos usados aqui é que utilizamos uma base fixa baseada em *B-spline* (Eilers & Marx, 1996). A *B-spline* é utilizada para estimar curvas ao gerar divisões da variável de interesse a partir de nós (pontos fixos ao longo dos valores possíveis dessa variável) e combinações aditivas de polinomiais. O cálculo exato da *B-spline* é complexo e foge ao propósito do capítulo. Aqui, é suficiente dizer que esse método é bastante utilizado em modelagem não-paramétrica, principalmente no contexto de regressões não-paramétricas. Esse método é utilizado por permitir também uma flexibilização do tipo de relações que podem ser encontradas entre a variável preditora e o comportamento dos indivíduos no dilema dos prisioneiros iterados. Essa mesma flexibilização foi aplicada aos cenários onde as medidas são consideradas como estados latentes. Além do uso da *B-spline*, na aplicação deste capítulo foram removidos hiperparâmetros de hiperparâmetros, aumentando a estabilidade geral do modelo e melhorando sua testabilidade (para detalhes, ver Bamber & Van Santen, 2000). Todas as análises foram implementadas no software R (R Core Team, 2022), com apoio do software JAGS (Plummer, 2003) e estão disponíveis em Franco (2022). Vale ressaltar que as análises também foram feitas na abordagem bayesiana, a qual é computacionalmente intensiva. Por esta razão, as 15 cadeias de iteração do modelo foram rodadas em paralelo até se atender à convergência dessas cadeias (para detalhes, ver Franco & Andrade, 2021).

Os resultados das análises estão apresentados na **Tabela 16.1**. Além do HDI 95% das correlações entre as medidas derivadas do dilema dos prisioneiros iterados e da escala Coop-Comp e do DIC, utilizamos outros índices também usados em Franco et al. (2021) para comparar os modelos. Esses índices foram calculados usando um procedimento semelhante ao proposto por Lewandowsky e Farrell (2010, Capítulo 5) para calcular a variação entre DIC e o DIC de melhor ajuste (representado como ΔDIC), a razão de verossimilhança de DIC (*Likelihood Ratio*, LR) e os pesos dos DICs (w), os quais representam as probabilidades posteriores dos modelos. Para o DIC e o ΔDIC, quanto menor o valor, melhor o ajuste do modelo. Para a LR e o w, quanto maior o valor, melhor. Assim, é possível identificar que o modelo com melhor ajuste foi aquele que considerou a medida derivada pelo dilema dos prisioneiros iterados como um estado, mas a medida da escala Coop-Comp como um traço. O segundo modelo com melhor ajuste foi aquele que considerou ambas as medidas como estados. No entanto, é interessante reparar que o modelo que considerou apenas a medida da escala Coop-Comp como um estado foi o modelo com o segundo pior ajuste. O modelo com pior ajuste foi aquele que considerou as duas medidas como traços e como independentes. Por fim, é possível notar também que apenas o modelo que considerou as duas medidas como traços correlacionados estimou essa correlação como estatisticamente diferente de 0. Para todos os outros modelos, os HDI 95% englobam o valor de 0, indicando independência entre as medidas quando se considera o efeito do contexto sobre uma ou ambas as medidas.

METODOLOGIA QUANTITATIVA: TÉCNICAS E EXEMPLOS DE PESQUISA

Tabela 16.1 *Desempenho dos Diferentes Cenários Analíticos Testados*

Cenário	HDI 95% Correlação	DIC	ΔDIC	LR	w
Traço: Correlacionados	[0,33; 0,97]	1.716,86	12,038	0,002	0,001
Traço: Independentes	[−0,10; 0,39]	1.738,14	33,311	0,000	0,000
Estado: Dual	[−0,34; 0,38]	1.705,33	0,505	0,777	0,436
Estado: SOFA	**[−0,29; 0,35]**	**1.704,82**	**0**	**1**	**0,562**
Estado: Coop-Comp	[−0,15; 0,36]	1.720,06	15,239	0,000	0,000

Nota. DIC: critério de informação de desvio. ΔDIC: variação relativa de DIC. LR: razão de verossimilhança. w: probabilidade posterior.

Vale salientar neste momento a importância da testagem de modelos alternativos. Tomando como base o estudo original feito em Franco et al. (2021), a conclusão tomada seria de que as medidas geradas são traços correlacionados. No entanto, ao testarmos cenários adicionais, a conclusão mais plausível parece ser a de que a medida derivada do dilema dos prisioneiros iterados é uma medida de estado, enquanto a medida derivada da escala Coop-Comp é uma medida de traço. No entanto, vimos também que o modelo que considera as duas medidas como estados é o segundo melhor modelo. Assim, estudos futuros com melhorias metodológicas podem ajudar a compreender melhor qual é, de fato, o tipo de cada uma das medidas. Por exemplo, um estudo posterior com uma amostra maior e que realize medidas repetidas pode diminuir a quantidade de ruído nos dados, tanto por alcançar uma amostra mais representativa quanto por permitir reduzir a variância relacionada aos próprios participantes. No entanto, tal delineamento gerará novos desafios ao modelo, que necessitará de uma nova hierarquia (relacionada às medidas repetidas) e também de maior tempo de processamento (dado que cada participante traz dois parâmetros adicionais ao modelo). Mas cabe lembrar que é justamente essa a motivação principal da SOFA: uma abordagem que incentiva a criação de modelos de medida que melhor reflitam as hipóteses e a qualidade dos desenhos de pesquisa nos contextos em que se acredita que possa haver uma influência da situação sobre o comportamento e sobre as disposições.

Considerações Finais

É importante como consideração final apontar que a SOFA não tem como objetivo substituir a teoria da variável latente nem nenhuma das abordagens derivadas desta. De fato, o exemplo de aplicação apresentado pode ser pensado como uma extensão da teoria da variável latente, tendo em vista que dados e modelos psicométricos também foram utilizados na pesquisa. No entanto, a SOFA, por seu fundamento na equação de Lewin e em procedimentos experimentais, permite que um número maior de inferências seja feito, tendo maior validade principalmente em questões relacionadas à causalidade. Cabe ressaltar que a abordagem SOFA muito se assemelha à análise de estado-traço proposta por Bamber (1979). A análise de estado-traço parte da ideia de que as variáveis independentes de um estudo afetam de forma distinta grupos naturais ou experimentais de indivíduos por intermédio de variáveis latentes. Esses efeitos vão ser distintos a cada operacionalização do construto por cada grupo de indivíduos, gerando, assim, evidências da ação exata da variável latente, mesmo sem nenhum processo natural de sua mensuração. A principal diferença entre a análise de estado-traço e a SOFA é que a primeira assume que a relação entre a variável independente e a variável dependente é completamente mediada por uma variável latente. No caso da SOFA, a relação entre a variável independente e a variável dependente não precisa sequer ser parcialmente mediada pela variável latente (embora, no nosso exemplo, isso tenha ocorrido). Seria interessante que as duas abordagens fossem combinadas de forma que suas limitações (p. ex., Ashby & Bamber, 2022) fossem suprimidas e estudos mais ricos em informações pudessem ser gerados. Como lição geral, conclui-se que a psicometria tem muito a ganhar ao começar a incorporar métodos experimentais aos seus desenhos de pesquisa.

Referências

Andreoni, J., & Miller, J. H. (1993). Rational cooperation in the finitely repeated prisoner's dilemma: Experimental evidence. *The Economic Journal, 103*(418), 570-585. https://doi.org/10.2307/2234532.

Ashby, F. G., & Bamber, D. (2022). State trace analysis: What it can and cannot do. *Journal of Mathematical Psychology, 108*, 1-17. https://doi.org/10.1016/j.jmp.2022.102655.

Bamber, D. (1979). State-trace analysis: A method of testing simple theories of causation. *Journal of Mathematical Psychology, 19*(2), 137-181. https://doi.org/10.1016/0022-2496(79)90016-6.

Bamber, D., & Van Santen, J. P. (2000). How to assess a model's testability and identifiability. *Journal of Mathematical Psychology, 44*(1), 20-40. https://doi.org/10.1006/jmps.1999.1275.

Beller, J., & Baier, D. (2013). Differential effects: Are the effects studied by psychologists really linear and homogeneous? *Europe's Journal of Psychology, 9*(2), 378-384. https://doi.org/10.5964/ejop.v9i2.528.

Blascovich, J., Loomis, J., Beall, A. C., Swinth, K. R., Hoyt, C. L., & Bailenson, J. N. (2002). Immersive virtual environment technology as a methodological tool for social psychology. *Psychological Inquiry, 13*(2), 103-124. https://doi.org/10.1207/S15327965PLI1302_01.

Bock, R. D., Gibbons, R., & Muraki, E. (1988). Full-information item factor analysis. *Applied Psychological Measurement, 12*(3), 261-280. https://doi.org/10.1177%2F014662168801200305.

Borsboom, D. (2008). Latent variable theory. *Measurement: Interdisciplinary Research and Perspectives, 6*(1-2), 25-53. https://doi.org/10.1080/15366360802035497.

Briley, D. A., & Tucker-Drob, E. M. (2014). Genetic and environmental continuity in personality development: A meta-analysis. *Psychological Bulletin, 140*(5), 1303-1331. https://doi.org/10.1037/a0037091.

Camilli, G. (1994). Teacher's corner: origin of the scaling constant $d = 1.7$ in item response theory. *Journal of Educational Statistics, 19*(3), 293-295. https://doi.org/10.3102%2F10769986019003293.

De Boeck, P., & Wilson, M. (2004). Explanatory item response models: A generalized linear and nonlinear approach. Springer.

Eilers, P. H., & Marx, B. D. (1996). Flexible smoothing with B-splines and penalties. *Statistical Science, 11*(2), 89-121. https://doi.org/10.1214/ss/1038425655.

Embretson, S. E., & Reise, S. P. (2013). *Item response theory*. Psychology Press.

Franco, V. R. (2022). *CapituloSOFA*. https://github.com/vthorrf/CapituloSOFA.

Franco, V. R., & Andrade, J. M. (2021). Aplicações da psicometria bayesiana: Do básico ao avançado. In C. Faiad, M. N. Baptista, & R. Primi (Orgs.), *Tutoriais em análise de dados aplicados à psicometria* (pp. 51-75). Editora Vozes.

Franco, V. R., Wiberg, M., & Laros, J. A. (2020). *Supplemental materials for situational optimization function analysis: An ideal performance analysis inspired on Lewin's equation*. https://doi.org/10.17605/OSF.IO/5VNXC.

Franco, V. R., Wiberg, M., & Laros, J. A. (2021). Situational optimization function analysis: An ideal performance analysis inspired on Lewin's equation. *Psychological Methods, 27*(6), 917-929. Advance online publication. https://doi.org/10.1037/met0000319.

Furnham, A. (1986). Response bias, social desirability and dissimulation. *Personality and Individual Differences, 7*(3), 385-400. https://doi.org/10.1016/0191-8869(86)90014-0.

Geisler, W. S. (2003). Ideal observer analysis. In L. Chalupa, & J. Werner (Eds.), *The visual neurosciences* (pp. 825-837). MIT Press.

Glasman, L. R., & Albarracín, D. (2006). Forming attitudes that predict future behavior: A meta-analysis of the attitude-behavior relation. *Psychological Bulletin, 132*(5), 778-822. https://doi.org/10.1037/0033-2909.132.5.778.

Heider, F. (1958). *The psychology of interpersonal relations*. Wiley.

Hoekstra, R., Morey, R. D., Rouder, J. N., & Wagenmakers, E. J. (2014). Robust misinterpretation of confidence intervals. *Psychonomic Bulletin & Review, 21*(5), 1.157-1.164. https://doi.org/10.3758/s13423-013-0572-3.

Hutz, C. S., Bandeira, D. R., & Trentini, C. M. (2015). *Psicometria*. Artmed Editora.

Illari, P. M., Russo, F., & Williamson, J. (2011). *Causality in the sciences*. Oxford University Press.

Kimble, G. A. (1993). Evolution of the nature–nurture issue in the history of psychology. In R. Plomin, & G. E. McClearn (Eds.), *Nature, nurture & psychology* (pp. 3-25). American Psychological Association.

Lee, M. D., & Wagenmakers, E. J. (2014). *Bayesian cognitive modeling: A practical course*. Cambridge University Press.

Lewandowsky, S., & Farrell, S. (2010). *Computational modeling in cognition: Principles and practice*. Sage.

Lewin, K. (1936). *Principles of topological psychology*. McGraw-Hill.

Luce, R. D., & Tukey, J. W. (1964). Simultaneous conjoint measurement: A new type of fundamental measurement. *Journal of Mathematical Psychology, 1*(1), 1-27. https://doi.org/10.1016/0022-2496(64)90015-X.

McDonald, R. P. (2013). *Test theory: A unified treatment*. Psychology Press.

McNeish, D., & Wolf, M. G. (2020). Thinking twice about sum scores. *Behavior Research Methods, 52*(6), 2.287-2.305. https://doi.org/10.3758/s13428-020-01398-0.

Michell, J. (2000). Normal science, pathological science and psychometrics. *Theory & Psychology, 10*(5), 639-667. https://doi.org/10.1177%2F0959354300105004.

Michell, J. (2008). Is psychometrics pathological science? *Measurement, 6*(1-2), 7-24. https://doi.org/10.1080/15366360802035489.

Michell, J. (2009). The psychometricians' fallacy: Too clever by half? *British Journal of Mathematical and Statistical Psychology, 62*(1), 41-55. https://doi.org/10.1348/000711007X243582.

Michell, J. (2014). The Rasch paradox, conjoint measurement, and psychometrics: Response to Humphry and Sijtsma. *Theory & Psychology, 24*(1), 111-123. https://doi.org/10.1177%2F0959354313517524.

Michell, J. (2020). Thorndike's credo: Metaphysics in psychometrics. *Theory & Psychology, 30*(3), 309-328. https://doi.org/10.1177%2F0959354320916251.

Millsap, R. E. (2012). *Statistical approaches to measurement invariance*. Routledge.

Pearl, J. (2009). *Causality*. Cambridge University Press.

Pearl, J., & Mackenzie, D. (2018). *The book of why: The new science of cause and effect*. Basic Books.

Penner, L. A., Dovidio, J. F., Piliavin, J. A., & Schroeder, D. A. (2005). Prosocial behavior: Multilevel perspectives. *Annual Review of Psychology, 56*, 365-392. https://doi.org/10.1146/annurev.psych.56.091103.070141.

Plummer, M. (2003). JAGS: A program for analysis of Bayesian graphical models using Gibbs sampling. In *Proceedings of the 3rd international workshop on distributed statistical computing* (Vol. 124, No. 125.10).

Prelec, D. (2004). A Bayesian truth serum for subjective data. *Science, 306*(5695), 462-466. https://doi.org/10.1126/science.1102081.

Primi, R., Santos, D., De Fruyt, F., & John, O. P. (2019). Comparison of classical and modern methods for measuring and correcting for acquiescence. *British Journal of Mathematical and Statistical Psychology, 72*(3), 447-465. https://doi.org/10.1111/bmsp.12168.

R Core Team (2022). *R: A language and environment for statistical computing*. R Foundation for Statistical Computing. http://www.R-project.org/.

Roberts, F. S. (1978). *Graph theory and its applications to problems of society*. Odyssey Press.

Shavelson, R. J., & Webb, N. M. (1981). Generalizability theory: 1973–1980. *British Journal of Mathematical and Statistical Psychology, 34*(2), 133-166. https://doi.org/10.1111/j.2044-8317.1981.tb00625.x.

Takane, Y., & De Leeuw, J. (1987). On the relationship between item response theory and factor analysis of discretized variables. *Psychometrika, 52*(3), 393-408. https://doi.org/10.1007/BF02294363.

Tan, C. Y., Lyu, M., & Peng, B. (2020). Academic benefits from parental involvement are stratified by parental socioeconomic status: A meta-analysis. *Parenting, 20*(4), 241-287. https://doi.org/10.1080/15295192.2019.1694836.

Teixeira, L. A. G., Iglesias, F., & Castro, R. (2010). *Mensurando atitudes em dilemas sociais: Versão brasileira da escala de cooperação e competitividade*. [Não publicado].

Thielmann, I., Spadaro, G., & Balliet, D. (2020). Personality and prosocial behavior: A theoretical framework and meta-analysis. *Psychological Bulletin, 146*(1), 30-90. https://doi.org/10.1037/bul0000217.

Thompson, B. (2004). *Exploratory and confirmatory factor analysis: Understanding concepts and applications*. American Psychological Association.

Traub, R. E. (1997). Classical test theory in historical perspective. *Educational Measurement, 16*(4), 8-13. https://doi.org/10.1111/j.1745-3992.1997.tb00603.x.

Tucker-Drob, E. M., & Briley, D. A. (2014). Continuity of genetic and environmental influences on cognition across the life span: A meta-analysis of longitudinal twin and adoption studies. *Psychological Bulletin*, *140*(4), 949-979. https://doi.org/10.1037/a0035893.

Turner, B. M., Forstmann, B. U., Wagenmakers, E. J., Brown, S. D., Sederberg, P. B., & Steyvers, M. (2013). A Bayesian framework for simultaneously modeling neural and behavioral data. *NeuroImage*, *72*, 193-206. https://doi.org/10.1016/j.neuroimage.2013.01.048.

Valentini, F., Franco, V., & Iglesias, F. (2018). Introdução à análise de invariância: Influência de variáveis categóricas e intervalares na parametrização dos itens. In B. F. Damásio, & J. C. Borsa (Orgs.), *Manual de desenvolvimento de instrumentos psicológicos* (pp. 347-374). Vetor Editora.

Van Bork, R., Rhemtulla, M., Sijtsma, K., & Borsboom, D. (2022). A causal theory of error scores. *Psychological Methods.* Advance online publication. https://doi.org/10.1037/met0000521.

Van der Linden, W. J. (2016). *Handbook of item response theory.* Chapman and Hall; CRC.

Van Lange, P. A., Joireman, J., Parks, C. D., & Van Dijk, E. (2013). The psychology of social dilemmas: A review. *Organizational Behavior and Human Decision Processes*, *120*(2), 125-141. https://doi.org/10.1016/j.obhdp.2012.11.003.

Wirth, R. J., & Edwards, M. C. (2007). Item factor analysis: Current approaches and future directions. *Psychological Methods*, *12*(1), 58-79. https://psycnet.apa.org/doi/10.1037/1082-989X.12.1.58.

Wood, R. (1978). Fitting the Rasch model: A heady tale. *British Journal of Mathematical and Statistical Psychology*, *31*(1), 27-32. https://doi.org/10.1111/j.2044-8317.1978.tb00569.x.

SOBRE OS ORGANIZADORES

Adriana Benevides Soares tem pós-doutorado pela Universidade Federal de São Carlos e pela Universidade São Francisco; é doutora e mestra em Psicologia pela Universidade de Paris XI; pós-graduada em Terapia Cognitivo-Comportamental pelo Centro Universitário Redentor. Terapeuta certificada pela Federação Brasileira de Terapias Cognitivas. Psicóloga pela Universidade Federal do Rio de Janeiro (UFRJ). Professora titular da Universidade do Estado do Rio de Janeiro (UERJ) e da Universidade Salgado de Oliveira (UNIVERSO). Pesquisadora 1 do Conselho Nacional de Desenvolvimento Científico e Tecnológico; e Cientista do Nosso Estado pela Fundação de Amparo à Pesquisa do Estado do Rio de Janeiro. Pesquisa nas áreas de habilidades sociais, especialmente no contexto educativo e no tema relativo à adaptação acadêmica à universidade.

E-mail: adribenevides@gmail.com

Orcid: 0000-0001-8057-682X

Marcia Cristina Monteiro tem pós-doutorado pela Universidade do Estado do Rio de Janeiro (UERJ) e pela Universidade Salgado de Oliveira (UNIVERSO); é doutora em Psicologia pela UNIVERSO e mestra pela Universidade Federal do Rio de Janeiro (UFRJ); pós-graduada em Terapia Cognitivo-Comportamental pelo Centro Universitário Celso Lisboa; especialista em Psicopedagogia pela UERJ; Psicóloga pela Universidade Gama Filho. Professora da UNIVERSO. Orientadora Educacional na Fundação de Apoio à Escola Técnica do Estado do Rio de Janeiro. Pesquisa nas áreas de orientação vocacional, maturidade para escolha profissional, habilidades sociais, transição e adaptação acadêmica.

E-mail: marcialauriapsi@outlook.com

Orcid: 0000-0003-2892-1808

Maria Eduarda de Melo Jardim é doutoranda e mestra em Psicologia Social pela Universidade do Estado do Rio de Janeiro (UERJ). Psicóloga formada pela Universidade Federal Fluminense (UFF).

E-mail: duuda.jardim@gmail.com

Orcid: 0000-0002-5989-2440

Rejane Ribeiro é bacharela em Ciências Biológicas pela Universidade Castelo Branco e graduanda em Psicologia pela Universidade do Estado do Rio de Janeiro (UERJ).

E-mail: rejaneribeiro.rj@gmail.com

Orcid: 0000-0001-9720-7005

Cesar Augusto Cobellas de Medeiros é mestrando pelo Programa de Pós-Graduação em Psicologia Social da Universidade do Estado do Rio de Janeiro (UERJ); graduado em Ciências Contábeis pela Universidade Federal Fluminense (UFF). Psicólogo pela Universidade do Estado do Rio de Janeiro (UERJ). Bolsista da Coordenação de Aperfeiçoamento de Pessoal de Nível Superior. Pesquisador nas áreas de psicologia do esporte e das habilidades sociais no contexto esportivo.

E-mail: cesar56759@yahoo.com.br

Orcid: 0000-0003-2763-3644

SOBRE OS AUTORES

Adriana Benevides Soares tem pós-doutorado pela Universidade Federal de São Carlos (UFSCar) e pela Universidade São Francisco (USF); é doutora e mestra em Psicologia pela Universidade de Paris XI; pós-graduada em Terapia Cognitivo-Comportamental pelo Centro Universitário Redentor. Terapeuta certificada pela Federação Brasileira de Terapias Cognitivas. Psicóloga pela Universidade Federal do Rio de Janeiro (UFRJ). Professora titular da Universidade do Estado do Rio de Janeiro (Uerj) e da Universidade Salgado de Oliveira (Universo). Pesquisadora 1 do Conselho Nacional de Desenvolvimento Científico e Tecnológico (CNPq); e Cientista do Nosso Estado pela Fundação de Amparo à Pesquisa do Estado do Rio de Janeiro. Pesquisa nas áreas de habilidades sociais, especialmente no contexto educativo e no tema relativo à adaptação acadêmica à universidade.

E-mail: adribenevides@gmail.com

Orcid: 0000-0001-8057-682X

Alexsandro Luiz de Andrade tem pós-doutorado em Desenvolvimento Profissional e Personalidade pela Hawaii University, EUA; é doutor em Psicologia, no campo de psicometria, avaliação psicológica e relacionamento interpessoal, pela Universidade Federal do Espírito Santo (Ufes); mestre em Psicologia pela Universidade Federal de Santa Catarina (Ufsc). É psicólogo pela Ufsc. Recebe financiamento do CNPq (Produtividade em Pesquisa e Universal) e da Fundação de Amparo à Pesquisa (Fapes). É professor associado do Programa de Pós-Graduação em Psicologia (PPGP) da Ufes (Mestrado e Doutorado em Avaliação Psicológica e Desenvolvimento de Carreira) e do Programa de Mestrado Profissional em Gestão Pública. Pesquisa nas áreas de desenvolvimento de carreira, interações trabalho-família e justiça social.

E-mail: alex.psi.andrade@gmail.com

Orcid: 0000-0003-4953-0363

Amanda Londero dos Santos é doutora em Psicologia pelo PPGP da Pontifícia Universidade Católica do Rio de Janeiro (PUC-Rio), com pós-doutorado em Psicologia na PUC-Rio; mestra em *Psicologia Sociale, del Lavoro e della Comunicazione* pela Università degli Studi di Padova (UniPd), Itália; graduada em *Scienze Psicologiche Sociali e del Lavoro* pela UniPd. É professora do Departamento de Psicometria no Instituto de Psicologia da UFRJ, atuando no PPGP. Seus interesses de pesquisa são: relacionamentos amorosos (casal e família), grupos sociais, cognição social, bem-estar, avaliação psicológica, psicometria, construção e adaptação de instrumentos psicológicos, pesquisas com uso da teoria de resposta ao item, modelagem por equações estruturais.

E-mail: amandalondero@me.com

Orcid: 0000-0003-3536-0834

André Pereira Gonçalves é doutor e mestre em Psicologia, com área de concentração em avaliação psicológica, pela USF, com bolsa da Coordenação de Aperfeiçoamento de Pessoal de Nível Superior (Capes); graduado em Psicologia pela Universidade José do Rosário Vellano (2015); especialista em Avaliação Psicológica pela PUC, campus Poços de Caldas/MG (2017). Membro do Grupo de Trabalho (GT) "Avaliação Psicológica e Psicopatologia" da Associação Nacional de Pesquisa e Pós-Graduação em Psicologia (Anpepp). Professor adjunto no Instituto Multidisciplinar em Saúde na Universidade Federal da Bahia (Ufba). Docente no Programa de Pós-Graduação em Psicologia da Saúde da Ufba.

E-mail: andregoncalvespsi@gmail.com

Orcid: 0000-0002-2470-4040

Ariela Raissa Lima-Costa cursa pós-doutorado pela Universidade Federal do Rio Grande do Sul (UFRGS); é doutora e mestra em Psicologia pela USF. Psicóloga pela Universidade Estadual do Piauí (Uespi). Professora do Programa de Pós-Graduação Stricto Sensu da USF. Pesquisa nas áreas de agressividade, personalidade, psicopatologia e fundamentos e medidas em psicologia.

E-mail: arielalima10@gmail.com

Orcid: 0000-0002-5942-6466

Bruno Bonfá Araujo cursa pós-doutorado pela University of Western Ontario; é doutor e mestre em Psicologia pela USF; especialista em Neurociências pela Universidade Federal de São Paulo. Psicólogo pela Universidade de Mogi das Cruzes. Pesquisa nas áreas de personalidade, psicopatologia e fundamentos e medidas em psicologia.

E-mail: brunobonffa@outlook.com

Orcid: 0000-0003-0702-9992

Clarissa Pinto Pizarro de Freitas tem pós-doutorado, doutorado e mestrado em Psicologia pela UFRGS. Professora da PUC do Rio Grande do Sul (PUCRS). Pesquisadora 2 do CNPq. Pesquisa nas áreas de psicometria e psicologia organizacional, especialmente temas relacionados ao bem-estar.

E-mail: freitas.cpp@gmail.com

Orcid: 0000-0002-2274-8728

Edmilson Rodrigues Pinto é doutor em Engenharia de Produção, na área de pesquisa operacional, pelo Instituto Alberto Luiz Coimbra de Pós-Graduação e Pesquisa de Engenharia (Coppe) da UFRJ; mestre em Estatística e Métodos Quantitativos pela Universidade de Brasília (UnB); graduado em Matemática pela Universidade Federal de Uberlândia (UFU). Professor titular da UFU, na área de Estatística. Pesquisa nas áreas de probabilidade e estatística, pesquisa operacional e estatística aplicada, com ênfase em planejamento ótimo de experimentos e modelos lineares generalizados, atuando principalmente nos seguintes temas: modelagem estatística, planejamento de experimentos industriais, experimentos com misturas e aplicações.

E-mail: edmilso.pinto@ufu.br

Orcid: 0000-0003-3673-9328

Elisa Maria Barbosa Amorim-Ribeiro tem pós-doutorado pela UnB; é doutora e mestra em Psicologia pela Ufba; especialista em Gestão do Trabalho e Educação para a Saúde pela Universidade Federal do Rio Grande do Norte (UFRN). Professora da Pós-Graduação em Psicologia Social da Universo. Desenvolve pesquisas em análise de redes e processos psicossociais em contextos de educação, trabalho e efetivação de políticas públicas.

E-mail: ribeiro.emba@gmail.com

Orcid: 0000-0002-4550-454X

Emmy Uehara Pires é doutora e mestra em Psicologia Clínica pela PUC-Rio; especialista em Neuropsicologia pelo Conselho Federal de Psicologia (CFP); graduada em Psicologia pela UFRJ. Professora adjunta do Departamento de Psicologia e do Programa de Pós-Graduação da Universidade Federal Rural do Rio de Janeiro (PPGPSI/UFRRJ). Parecerista ad hoc do Sistema de Avaliação de Testes Psicológicos (Satepsi/CFP). Coordenadora e líder do Grupo de Pesquisa do CNPq "Núcleo de Ações e Reflexões em Neuropsicologia do Desenvolvimento" e "ST3M²-C: Estudos sobre Empoderamento de Meninas e Mulheres na Ciência". Atua nas linhas de pesquisa de avaliação psicológica, neuropsicologia: avaliação e intervenção, construção e adaptação de instrumentos, inovação tecnológica, empoderamento feminino na ciência.

E-mail: emmy.uehara@gmail.com

Orcid: 0000-0002-3845-4839

Evandro Morais Peixoto é doutor em Psicologia como Profissão e Ciência pela PUC de Campinas, com estágio doutoral (Programa de Doutorado Sanduíche no Exterior) desenvolvido na Université du Québec à Trois-Rivières, Canadá, estágio pós-doutoral em Psicologia desenvolvido na USF. Docente do Programa de Pós-Graduação Stricto Sensu em Psicologia da USF. Membro do GT Avaliação Psicológica em Psicologia Positiva e Criatividade na Anpepp. Conselheiro do XIX Plenário do Conselho Federal de Psicologia (gestão 2022-2025). Coordenador da Comissão Consultiva em Avaliação Psicológica do CFP. É bolsista Produtividade em Pesquisa Nível 2 do CNPq. Coordenador do Núcleo de Estudos e Pesquisa em Psicologia do Esporte e do Exercício (NuEPPEE) da USF.

E-mail: peixotoem@gmail.com

Orcid: 0000-0003-1007-3433

Felipe Valentini tem pós-doutorado pela University of Massachusetts, EUA; doutor pela UnB; mestre pela UFRN. Professor do Programa de Pós-Graduação Stricto Sensu em Psicologia da USF. Pesquisador 2 do CNPq. Membro do Conselho do International Test Commission. Pesquisa nas áreas de psicometria, métodos quantitativos, vieses de resposta, inteligência e habilidades socioemocionais.

E-mail: valentini.felipe@gmail.com

Orcid: 0000-0002-0198-0958

Flávia Lucena Barbosa é doutoranda e mestra em Psicologia Social, do Trabalho e das Organizações pela UnB. Psicóloga pelo Centro Universitário de Brasília. Consultora de análises psicométricas. Atuou como bolsista de Apoio Técnico à Pesquisa no grupo "Aprendizagem no Trabalho e nas Organizações" do PPG em Psicologia Social, do Trabalho e das Organizações da UnB, onde auxiliou na coordenação das atividades do grupo, bem como assistiu alunos da pós-graduação nas análises estatísticas de seus projetos. Interesses de pesquisa em: aprendizagem, psicologia do trabalho, psicologia cognitiva, psicometria e ciência de dados.

E-mail: flavialucena82@gmail.com

Orcid: 0000-0002-1125-0449

Francine Náthalie Ferraresi Rodrigues Queluz tem pós-doutorado pela USF e pela Mount Saint Vincent University; doutora, mestra e psicóloga pela UFSCar. Professora titular do Centro Universitário Adventista de São Paulo. Pesquisa nas áreas de habilidades sociais, saúde mental e avaliação psicológica.

E-mail: francine.queluz@gmail.com

Orcid: 0000-0002-8869-6879

Gisele Magarotto Machado é doutoranda e mestra em Psicologia, com ênfase em avaliação psicológica, pela USF. Psicóloga pela Universidade José do Rosário Vellano. Pesquisa nas áreas de psicometria, personalidade, psicopatia, psicopatologia e avaliação psicológica.

E-mail: gimagarotto@hotmail.com

Orcid: 0000-0003-1983-6636

Gustavo Henrique Martins é doutorando e mestre pelo PPGP da USF. Psicólogo pela USP. Gerente de projetos do Laboratório de Ciências para a Educação (eduLab21) do Instituto Ayrton Senna. Membro da diretoria executiva da Associação Brasileira de Orientação Profissional e de Carreira (gestão 2022-2023). Professor de Psicologia da Faculdade de Extrema. Membro do GT de Psicometria da Anpepp. Sócio-fundador do CATvante: Laboratório de Testagem Computadorizada. Tem se dedicado aos estudos nas áreas da psicometria, orientação profissional e de carreira e testagem adaptativa computadorizada.

E-mail: gustavoh.martins95@gmail.com

Orcid: 0000-0002-5125-2553

Igor Gomes Menezes é psicometrista e *associate professor* da *Faculty of Business, Law and Politics* da University of Hull – Kingston Upon Hull, Inglaterra. É diretor do *Master of Science* (MSc) *in People Analytics* e líder do *People Analytics and Psychometrics Laboratory*. Realizou seu pós-doutorado na University of Cambridge, de 2013 a 2014 trabalhando na implementação da teoria de resposta ao item multidimensional na plataforma Concerto, e de 2016 a 2017 em um projeto em parceria com *Board of Studies, Teaching and Educational Standards*/New South Wales Education Standards Authority (Bostes/Nessa), Austrália, para testar novos algoritmos de *machine learning* e técnicas psicométricas modernas. Seus interesses de pesquisa incluem o desenvolvimento e validação de instrumentos psicométricos para medir construtos psicológicos em diferentes campos e a combinação de machine learning e técnicas psicométricas para investigar relações entre comportamentos organizacionais como sistemas complexos.

E-mail: I.G.Menezes@hull.ac.uk

Orcid: 0000-0002-0767-6535

Jairo Eduardo Borges-Andrade é *Doctor of Philosophy* **e** *Master of Science* (PhD/MSc) em Instructional Systems pela Florida State University (1977/1979), com estágios de pós-doutorado: Instituto Superior de Ciências do Trabalho e da Empresa/Instituto Universitário de Lisboa (ISCTE/ IUL, 2010); University of Sheffield, Inglaterra, e Rijksuniversiteit Gröningen, Holanda (2001); International Food Policy Research Institute, EUA (1990). Psicólogo pela UnB (1972). Pesquisador na Empresa Brasileira de Pesquisa Agropecuária (1979-1993). Professor titular/emérito da UnB (1979/2021). Professor ou pesquisador visitante, em curtos períodos, em universidades europeias, sul-africana e colombianas. Gestão realizada em órgãos públicos e entidades científicas e profissionais. Bolsista de Produtividade Sênior do CNPq, com o projeto "Aprendizagem (no) & Desenho (do) Trabalho".

E-mail: jairo.borges@gmail.com

Orcid: 0000-0002-2373-9057

Jeanne dos Santos Oliveira Marques Dantas é mestranda em Psicologia Social pela Uerj; pós-graduanda em Neuropsicologia Clínica pelo Instituto de Neurociências Aplicadas; e pós-graduada em Psicologia Organizacional e Terapia Cognitivo-Comportamental pela Faculdade do Leste Mineiro. Psicóloga pela Universidade Estácio de Sá. Administradora pelo Centro Universitário Celso Lisboa. Bolsista pela Capes. Pesquisadora do Laboratório de Medidas da Psicologia (Labmedi).

E-mail: jeanne_oliver1918@hotmail.com

Orcid: 0000-0003-3584-824X

José Augusto Evangelho Hernandez é doutor em Psicologia pela UFRGS); docente do Programa de Pós-Graduação em Psicologia Social da Uerj; e coordenador do Labmedi.

E-mail: hernandez.uerj@gmail.com

Orcid: 0000-0001-9402-7535

Josemberg Moura de Andrade tem estágio de pós-doutorado pela University of Hull - Kingston Upon Hull, Inglaterra; título de doutor (2008) e mestre (2005) em Psicologia Social, do Trabalho e das Organizações, com ênfase em avaliação psicológica, pela UnB. Psicólogo (2003) pela Universidade Federal da Paraíba; e especialista em Avaliação Psicológica pelo CFP. É professor associado do Departamento de Psicologia Social e do Trabalho e professor permanente do Programa de Pós-Graduação em Psicologia Social, do Trabalho e das Organizações, ambos da UnB. É bolsista de Produtividade em Pesquisa 2, membro da Comissão Consultiva em Avaliação Psicológica (Satepsi/CFP) e membro da Comissão Assessora de Especialistas em Avaliação de Políticas Educacionais do Instituto Nacional de Estudos e Pesquisas Educacionais Anísio Teixeira/Ministério da Educação. Seus interesses de pesquisa incluem psicometria aplicada, avaliação da personalidade e avaliação educacional em larga escala.

E-mail: josemberg.andrade@gmail.com

Orcid: 0000-0002-2611-0908

Joyce Aguiar é doutora em Psicologia pela Universidade do Porto, Portugal, em regime de cotutela com a UFSCar; pós-graduada (*Master in Business Administration*) em Gestão e Liderança de Pessoas pela Universidade 7 de Setembro. Psicóloga pela Universidade Federal do Ceará. Pesquisadora convidada no Centro de Psicologia Diferencial, do Centro de Psicologia da Universidade do Porto. Pesquisadora do Centro de Investigação de Políticas do Ensino Superior. Os seus estudos centram-se na compreensão dos processos e contextos que (re)produzem desigualdades, com ênfase nas diferenças associadas ao gênero e origem socioeconômica. Seus interesses de pesquisa incluem, entre outros: trabalho precário, burnout e parentalidade, com uma abordagem predominantemente quantitativa. Mais recentemente, tem-se dedicado a estudos acerca de mobilidade internacional de estudantes e internacionalização do ensino superior.

E-mail: joyceaguiar@fpce.up.pt

Orcid: 0000-0002-5462-4914

Júlia Mulinari Peixoto é doutoranda em Psicologia pela Ufes; e mestra em Psicologia pela UFRJ. Psicóloga pela Universidade Federal Fluminense (UFF). Realiza pesquisas em desenvolvimento de carreira, orientação profissional, avaliação psicológica, psicologia organizacional e do trabalho.

E-mail: juliamulinari3@gmail.com

Orcid: 0000-0002-6189-5501

Larissa Maria David Gabardo-Martins é doutora e mestra em Psicologia pela Universo; pós-graduada em Apoio Matricial, com ênfase para Núcleo de Apoio à Saúde da Família, pela Fundação Oswaldo Cruz (Fiocruz). Psicóloga pela Universo. Professora titular da PUC-Rio e da Universo. Pesquisa nas áreas de saúde e bem-estar nas organizações; suporte social no contexto familiar e no contexto organizacional; relação entre o trabalho e a família; avaliação psicométrica de instrumentos de medida utilizados no contexto organizacional.

E-mail: gabardo.larissa@gmail.com

Orcid: 0000-0003-1356-8087

Ligia de Santis cursa pós-doutorado em Psicologia pela USF, com período de sanduíche na Université Catholique de Louvain, Bélgica; doutora em Psicologia pela UFSCar, com período de sanduíche na University of Guelph, Canadá; mestra em Psicologia pela UFSCar, com período de sanduíche na Universidade do Porto, Portugal. Psicóloga pela UFSCar. Pesquisa nas áreas de relações familiares, parentalidade, burnout parental e fundamentos da medida e instrumentação psicológica.

E-mail: ligiasantis@gmail.com

Orcid: 0000-0001-5127-3285

Lucas de Francisco Carvalho é doutor e mestre em Psicologia, com ênfase em avaliação psicológica, pela USF (bolsa Fundação de Amparo à Pesquisa do Estado de São Paulo), com parte do doutorado na University of Toledo, EUA; graduação em Psicologia pela Universidade Presbiteriana Mackenzie, formação em Acompanhamento Terapêutico pelo Instituto de Psiquiatria do Hospital das Clínicas de São Paulo; e especialista em Revisão Sistemática e Metanálise pela Faculdade de Medicina da Universidade de São Paulo. Foi professor do curso de Psicologia da Mackenzie (2011-2012). É docente do Programa de Pós-Graduação Stricto Sensu em Psicologia da USF, com fomento de órgãos públicos nacionais. É bolsista Produtividade em Pesquisa do CNPq.

E-mail: lucas@labape.com.br

Orcid: 0000-0002-3274-9724

Marcelo do Vale Cunha é físico, doutor em Modelagem Computacional e Tecnologia Industrial pelo Serviço Nacional de Aprendizagem Industrial/Centro Integrado de Manufatura e Tecnologia/BA. Atua nas áreas de física estatística, sistemas complexos e redes sociais e complexas, especialmente em redes semânticas; professor do Instituto Federal da Bahia, campus Barreiras.

E-mail: marcelovale@ifba.edu.br

Orcid: 0000-0001-9212-8105

Maria Eduarda de Melo Jardim é doutoranda e mestra em Psicologia Social pela Universidade do Estado do Rio de Janeiro (Uerj). Psicóloga formada pela Universidade Federal Fluminense (Uff).

E-mail: duuda.jardim@gmail.com

Orcid: 0000-0002-5989-2440

Matheus Svóboda Caruzo é doutorando em Psicologia Social pela Uerj; mestre em Psicologia pelo PPGPSI/UFRRJ; graduado em Psicologia pela UFRRJ. Pesquisador do Labmedi, com foco de pesquisa nas áreas de diversidade sexual, relacionamentos amorosos, avaliação psicológica, neuropsicologia e psicometria.

E-mail: psicaruzo@gmail.com

Orcid: 0000-0002-4319-5237

Maynara Priscila Pereira da Silva é doutoranda e mestra em Psicologia pelo PPGP da USF. Psicóloga pela Universidade Paulista. Membro do NuEPPEE. Tem conhecimento e interesse em pesquisas nas seguintes temáticas: psicologia do esporte, psicologia positiva, desenvolvimento positivo de jovens, psicometria, vieses de respostas e na construção/adaptação de instrumentos.

E-mail: maynarapriscilap@gmail.com

Orcid: 0000-0002-4027-8985

Micheline Roat Bastianello é doutora e mestra em Psicologia pela UFRGS; especialista em Psicoterapia Psicanalítica de Crianças e Adolescentes pela Universidade do Vale do Rio dos Sinos (Unisinos); graduada em Psicologia pela Universidade Federal de Santa Maria. Professora adjunta do Departamento de Psicologia da UFF, Instituto de Ciências da Sociedade e Desenvolvimento Regional. Sócia-fundadora e tesoureira, por três gestões, da Associação Brasileira de Psicologia Positiva. Associada ao Instituto Brasileiro de Avaliação Psicológica. Atua nas linhas de pesquisa de avaliação psicológica, psicologia positiva, psicologia da saúde e metodologia de pesquisa científica.

E-mail: mbastianello@id.uff.br

Orcid: 0000-0003-2555-9217

Paloma Pereira de Almeida é doutora em Psicologia pela PUC-Rio; mestra em Psicologia pela Universidade Federal de Pernambuco; especialista em Design Instrucional pelo Serviço Nacional de Aprendizagem Comercial de São Paulo; e psicóloga pela Faculdade Frassinetti do Recife. Autora do livro Gestão Igualitária: Bases e práticas para uma empresa contemporânea e coautora de livros sobre avaliação psicológica e carreira. É fundadora da ASeleta, consultoria especializada no desenvolvimento humano nas organizações com forte experiência em formação de pessoas e de lideranças, e na reestruturação do setor de RH em empresas de pequeno, médio e grande porte. Também atua como professora convidada na Fundação Getulio Vargas do RJ, da PUC-Rio e da Escola Superior de Agricultura Luiz de Queiroz da USP. Está trabalhando na construção de um instrumento para avaliar e medir a inteligência emocional de líderes brasileiros utilizando o método da escolha forçada.

E-mail: paloma@aseleta.com.br

Orcid: 0000-0002-0291-9753

Paulo Roberto Soares da Silva Alves é psicólogo pela Uerj e consultor em psicometria e análise de dados para pesquisas quantitativas.

E-mail: paulorssalves@gmail.com

Orcid: 0000-0002-5626-8837

Pedro Afonso Cortez é doutor em Psicologia pela USF, com período sanduíche no ISCTE IUL; mestre em Psicologia Aplicada pela UFU. Pesquisador 2 do CNPq. Parecerista do Satepsi/CFP. Pesquisa nas áreas de: gênero, minorias e diversidade; trabalho, instituições e violências; interdisciplinaridade em saúde coletiva; práticas de saúde mental baseadas em evidências; fundamentos da medida e instrumentação psicológica.

E-mail: cor.afonso@gmail.com

Orcid: 0000-0003-0107-2033

Vicente Cassepp-Borges tem pós-doutorado em Quantitative Psychology pela University of California, Davis; é doutor em Psicologia Social, do Trabalho e das Organizações pela UnB. Psicólogo graduado pela Unisinos. Professor associado da UFF, Volta Redonda. Editor da Revista Interpersona: An International Journal on Personal Relationships. Apresentador dos canais CientifiCaliente (youtube.com/cientificaliente) e GATE UFF (youtube.com/gateuff). Pesquisador nas áreas de amor e relacionamentos, psicometria, avaliação psicológica e psicologia quantitativa.

E-mail: cassepp@gmail.com

Orcid: 0000-0001-8742-3097

Víthor Rosa Franco é doutor e mestre pelo Programa de Pós-Graduação em Psicologia Social, do Trabalho e das Organizações da UnB. Psicólogo e bacharel em Psicologia pela UnB. Professor auxiliar no Programa de Pós-Graduação Stricto Sensu em Psicologia da USF. Pesquisas são desenvolvidas principalmente na subárea de fundamentos e medidas da psicologia na especialidade de técnicas de processamento estatístico, matemático e computacional em psicologia. Os principais interesses de pesquisa, em relação a aspectos metodológicos, incluem teoria da medição e modelagem quantitativa com métodos bayesianos e computacionais em psicometria. Em relação a aspectos teóricos, as pesquisas são desenvolvidas em contextos principalmente de avaliação de saúde mental, educacional e social.

E-mail: vithorfranco@gmail.com

Orcid: 0000-0002-8929-3238

Wanderson Fernandes de Souza é doutor em Saúde Pública e mestre em Epidemiologia pela Escola Nacional de Saúde Pública da Fiocruz; graduado em Psicologia pela UFRJ. Professor associado do Departamento de Psicologia e do PPGPSI da UFRRJ Coordenador líder do Grupo de Pesquisas "Laboratório de Avaliação em Saúde". Atua nas áreas de avaliação psicológica, psicometria, fundamentos e metodologia de pesquisa, psicologia clínica, psicoterapia cognitivo-comportamental e epidemiologia.

E-mail: wanderson.souza@gmail.com

Orcid: 0000-0002-9389-6234

Zenith Nara Costa Delabrida tem pós-doutorado pela Universidade de Surrey, Reino Unido; é doutora e mestra em Psicologia pela UnB; pós-graduada em Psicologia do Social, do Trabalho e das Organizações; com especialidade em Psicologia Ambiental. Psicóloga pela UnB. Professora associada no Departamento de Psicologia na Universidade Federal de Sergipe (UFS). Ex-presidente da Associação Brasileira de Psicologia Ambiental e Relações Pessoa-Ambiente. Coordena o Núcleo de Pesquisa e Intervenção em Psicologia Ambiental. Professora na Pós-Graduação em Desenvolvimento e Meio Ambiente da UFS. Desenvolve pesquisas sobre as relações pessoa-ambiente no ambiente urbano, nos problemas ambientais, em situações de violência, bem como sobre soft skills.

E-mail: zenith@ufs.br

Orcid: 0000-0003-1878-6040

ÍNDICE REMISSIVO

acurácia 11, 16, 129-133, 137, 237, 313, 314

acurácia diagnóstica 11, 16, 129-133

acurácia total 131, 133

adoção de itens de escolha forçada 155

Agape 92

ajuste do modelo 50, 58, 99, 112, 140, 142, 320

ajuste relativo 191

algoritmo 207, 235, 236, 240, 241, 258, 259

alpha de Cronbach 101

análise da matriz de covariância entre os itens 173

análise de classes latentes 187, 196

análise de componentes principais 88, 104, 216

análise de função de otimização situacional 13, 18, 305, 306, 314, 317

análise de invariância 16, 139, 140, 142, 148, 149, 292, 297, 325

análise de perfis latentes 187, 188, 196

análise de redes sociais 249-252, 265, 266

análise fatorial confirmatória multigrupo 16, 139, 143, 147, 148, 150, 183, 300

análises de variância 183

análises fatoriais confirmatórias 314

análises fatoriais exploratórias 188

análises multivariadas 193, 210

análises para dados longitudinais 183

Anova de dois fatores 20, 21, 23, 29-32

Anova de medidas repetidas 20-22, 32, 39

Anova de um fator 20, 21, 23, 24, 31, 39

ansiedade 20-23, 130, 273-276, 288, 311, 314

aquiconex.fit 175, 179

aquiescência 12, 16, 153, 154, 156, 162, 163, 166, 171, 173, 178, 182, 183, 185

área sob a curva 131

arestas 250, 252-258, 262, 307

artefato metodológico 167

as variáveis circunstanciais 312, 316

ausência de mudança 272, 273, 276, 281

autoengano 154

autoestima 69, 84, 89, 274-276

autorrelato 87, 130, 131, 153-157, 160-162, 165, 182, 183, 271

autovalor 94

backward 57, 58

balanceamento dos itens 155, 156

beck depression inventory 133

bem-estar 68, 84, 85, 172, 246, 252, 269, 271, 273, 298, 299, 329, 330, 334

bidirecionais 64, 173, 250, 253

big five inventory 160

Bonferroni 23, 24, 37

bootstrap 75, 77, 92, 95, 202

boxplot 27, 28

B-spline 320

cálculo amostral 22

cálculo da especificidade 132

cálculo da sensibilidade 132

cargas fatoriais 89, 94-97, 99, 101, 102, 109, 110, 117, 123-125, 141, 167, 170, 171, 173, 176, 179, 240, 241, 305, 311, 312

cargas fatoriais constantes 167

caso extremo 270

caso-controle 289

causa comum 308, 310, 312, 316

cbind 196

CFI 100, 112, 113, 127, 138, 140, 143, 148, 149, 172-174, 176, 179, 186

ciência de redes 250

classes latentes modelados 192

coeficiente de correlação linear de Pearson 42

coeficiente de determinação 44, 47, 50, 65

coeficientes de regressão 51, 54, 59, 60, 173

coesão social 250

colinearidade 58, 59

comportamento 15, 17, 27, 51, 63, 66, 83, 95, 96, 107, 155, 157, 158, 160, 173, 209, 213, 219, 249, 265, 277, 285, 299, 306, 307, 309-311, 314-318, 320, 321

comportamentos disruptivos 274

confiabilidade 89, 97, 101, 102, 106, 274, 280, 295

configural 140-143, 147, 148, 293

construto latente 89-91, 95, 100

construtos disposicionais 306

convergência da análise de invariância 297

coorte retrospectiva 290

correlação 20, 41-47, 50, 57, 60, 67, 87-92, 94-96, 100-102, 117, 123, 125, 143, 165, 173, 200, 201, 212, 221, 239, 240, 295, 307, 308, 310, 311, 315, 319, 320

correlação bivariada 42, 45

correlação de Pearson 44-47, 90, 95

correlação Kendall Tau-b 44

correlações entre erros 110

correlações policóricas 90, 91, 305

covariância 42, 108, 110, 112, 167, 169, 171, 173, 174, 211, 220, 221, 240

covariância de fatores comuns 169

covariância dos termos de erro 169

covariância populacional 112

covariância residual 167

covariâncias entre grupos 293

covariáveis 48, 56, 196

critério de informação de desvio 319, 321

critérios de inclusão 130, 157

default 133, 196, 317

delineamento experimental 288

delineamento longitudinal 13, 15, 17, 287, 290, 292-294, 297

demográficos 188, 210

DENTRO do grupo 24, 154, 213, 250

depressão 21-23, 89, 130, 133, 288

desaquiescência 154, 166

desejabilidade social 12, 16, 153, 154, 157-162, 183

desfecho 41, 51, 54, 57, 188, 274, 289, 291

desfechos negativos 273

desfechos positivos 201, 273, 274

desvio-padrão 22, 24, 27, 31, 54, 161, 237, 242, 272, 279, 280

desvios da normalidade 90

diagnóstico de colinearidade 58

diagonal Weighted Least Square 175

diagrama de caminho 108

dificuldades de leitura 273

dimensionalidade 17, 88, 97, 104, 240

dislexia 270

dissonância significativa 130

distribuição de Gauss 272

distribuição normal 15, 20, 21, 44, 55, 90, 112, 207, 236

distribuições complexas 187

efeito halo 154

efeito serial 310

eigenvalue 94

emersão 289

empiristas 87

end point 291

endogeneidade 262, 263

endogenia 263

ensaios clínicos 289-291

ENTRE grupos 22, 24, 139-141, 250, 263, 270, 293

enviesado 141

equação de Lewin 307, 310, 314, 315, 321

equação heurística 306

equação linear 51

equações de estimativas generalizadas 295, 297, 301

Equimax 95

equivalência métrica 141

Eros 92

erro amostral 19, 22, 51, 54, 59

erro de medida 173, 220, 221, 272, 283, 311-314, 316

erro-padrão da diferença 279, 280

erro-padrão de medida 280

erros aleatórios 169, 220, 312

erros de previsão 47, 52

erros sistemáticos 291, 312

escala psicométrica 139, 144

escores brutos 91, 92, 156, 162, 221

esfericidade 15, 20, 36, 37, 39, 91, 99, 102, 240, 295

espúrio 167

esquizoide 187, 199

estado 19, 21, 130, 236, 277, 297, 306, 316, 320, 321, 327, 329, 334, 335

estilo de resposta extrema 166

estimador de erro preditivo 319

estimadores 112, 175, 189, 190, 295

estimados 22, 65, 108, 110, 112, 113, 140, 166, 174, 199, 221, 228, 231, 235, 236, 296

estimativas 34, 50, 58, 67, 75, 76, 90, 94, 97, 125, 157, 191, 194, 221, 233, 235, 236, 295-297, 299, 301

estratégias de interceptos randômicos 155

estratégias de ipsatização 155

estresse 171, 273, 288, 298

estrutura fatorial 87-89, 91, 92, 95, 97, 100, 101, 107, 108, 126, 140, 175, 176, 178, 179, 182, 188

estrutura medular 87

estrutura-v 310

estudo de coorte 289, 298

estudos experimentais 270

evidências empíricas 17, 63, 87, 88, 173

extração de fatores 89, 90, 95

extração fatorial 94

Factor 11, 16, 59, 62, 87, 88, 90-106, 126, 138, 150, 151, 161-163, 183-186, 203, 246, 302, 322, 324, 325

fator g 87

fator 19-21, 23-27, 31, 37, 39, 87-90, 94, 95, 97, 99-101, 108, 109, 114, 117, 123, 124, 140, 141, 145, 146, 156-158, 160, 167-176, 178, 179, 182, 212, 228, 233, 240, 241, 265, 289, 290, 292, 312

fatorabilidade 91, 99, 102

fit.measures 175, 179

flutuações 272

follow up 289

forma matricial 170, 171

forward 57, 58

função Diagram 117

general linear model 33, 295

generalização dos resultados 54, 130

generalized estimating equation 295

Gephi 252-259, 262, 266

gold standard 130

gráfico Q-Q 52, 53

gráficos de dispersão 45

grafo 253, 256, 257, 264, 307, 308, 310, 313-316

grafos 307, 309, 314-316

graus de liberdade 94, 100, 110, 140

Greenhouse-Geisser 36, 37

grupo clínico 129, 130, 273, 274, 276, 289

grupo-controle 270, 290, 298

grupo experimental 290

grupo exposição 290

grupo não clínico 130, 273

grupos de comparação 270

grupos latentes 187

habilidades socioemocionais 172, 331

heterofilia 262

heterogeneidade populacional 293

high-stakes 154

homocedasticidade 20, 39, 53, 55, 66

homofilia 262, 263

imputação múltipla 190

independência 15, 20, 39, 41, 55, 66, 220, 227, 231, 235, 295, 299, 320

index 90, 93, 97, 100, 112, 123, 174, 253, 263, 284, 301

índice de ajuste não normalizado 140

índice de mudança confiável 17, 270, 271, 273, 274, 276-279, 284

índice de Tucker-Lewis 140

índice de validade de conteúdo do item 155

índice Kappa 155

índices de Bartlett 91

índices de modificação 113, 116, 121, 124, 125

inferência causal 310, 313

inferências causais 309, 312, 314

inferências indutivas 87

intercepto randômico 12, 17, 165-167, 169-171, 173-175, 178, 179, 182, 183

intersecções das médias 142

intervalos de confiança 27, 45, 75, 92, 94, 319

intervenção 7, 21, 22, 251, 262, 265, 269-277, 282, 283, 289, 290, 298, 307, 331, 337

invariância 11, 16, 139-144, 147-150, 182, 183, 292, 293, 297, 300, 325

invariância da média latente 293

invariância de medida 140, 142, 182

invariância escalar 142, 148

invariância estrutural 293

irritabilidade 274

Jamovi 16, 44, 64, 71, 73-80, 85

JASP 16, 44-46, 48-50, 52, 56, 58, 60, 61, 139, 143-145, 148-150

Kaiser-Meyer-Olkin 91, 240

latent growth curve model 295

least significant difference (LSD) 23

Likert 16, 93, 113, 153-155, 157-160, 182, 196, 229, 294

limiar 231, 272

Linearidade 53, 55, 66, 90, 211

linha intercepta 51

listwise 190

log-likelihood 190, 191, 197, 207

Ludus 92

macro 249, 250, 253, 254, 258, 266

magnitude da variável latente 311

mania 92, 96

maquiavelismo 193

mascaramento duplo 290

matriz de adjacência 252

matriz de carga fatorial 169

matriz de Correlação 46, 47, 87, 90-92, 94, 95, 102, 165, 240

matriz de correlação entre os itens 165

matriz de correlações policóricas 90, 305

matriz de covariância observada 174

matriz de covariância teoricamente prevista 174

maximum likelihood 95, 112, 189, 190, 203, 236, 245

maximum likelihood robust standard errors —

mean 100, 112, 123, 150, 163, 174, 175, 279

medida intervalar 44, 318

medidas repetidas 11, 15, 19-22, 32, 33, 37, 39, 289, 295, 297, 321

meso 249, 250, 253, 254, 258, 263, 266

método Hull 94, 100

método JT 12, 17, 269-277, 282

método máxima verossimilhança 112

método máxima verossimilhança robusta 112

método por passos 57

métodos oblíquos 96, 100

metrologia 313

m-fator comum 171

m-fator de intercepto randômico 171

micro 249, 250, 253, 254, 263, 266

minimum average partial 94

missing 56, 73, 92, 103, 203, 217, 296

missing completely at random 296

modelagem conjunta 319

modelagem de equações estruturais 99, 108, 123, 139, 174

modelagem de respostas binárias 312

modelagem longitudinal 292, 297

modelagens confirmatórias 192

modelo bifactor 126, 167

modelo de curva de crescimento latente 296, 297

modelo de fator m-dimensional 167

modelo de intercepto randômico 166, 167, 169, 171, 173, 175, 178, 179, 182, 183

modelo hierárquico 296, 297

modelo hipotetizado 107, 174

modelo unidimensional 97, 240

modelos de curva de crescimento 174, 296

modelos de mensuração com múltiplos indicadores 182

modelos de mistura 187

modelos de previsão para dados clusterizados 183

modelos de segunda ordem 126

modelos multifatoriais 313

modelos multinível 182

modularidade 258-261

Mplus 11, 16, 44, 107, 108, 112-118, 123-127, 138, 151, 191

mudança negativa confiável 272, 276, 281, 283

mudança positiva confiável 272, 276, 281, 283

multicolinearidade 55, 59, 66, 67, 73, 211

multigrupo 16, 139, 140, 143, 147, 148, 150, 151, 183, 300, 314

multiple group analyses 92, 93

não lineares 55, 66, 294

não paramétricas 44

narcisismo 69, 84, 193

narcisista 187, 199

neutralização valorativa dos itens 155, 159

nível intervalar 311, 312, 317, 318

NNFI 100, 140

nodes table 255, 256

nodos 307, 313

normalidade 15, 20, 39, 53, 55, 66, 73, 90, 94, 102, 112, 210, 295, 296

normalidade multivariada 55, 90, 210

Oblimin 96, 102, 104

observador ideal 316, 317

ortogonal 95, 102, 167

outcome 202, 284, 291, 301

outliers ou valores extremos 55

output 24, 27, 30, 35, 36, 45, 46, 50, 77, 84, 94, 99, 114, 116, 117, 121, 122, 134, 197, 198, 200

overfactoring 89

pairwise 23, 38, 190

pandemia 129, 288

parametrização 96, 102, 325

parâmetro da equivalência configural 140

parcimoniosos 191

percentil 221, 272

percentual da variância 44, 65

pesquisas quase-experimentais 270

plot 66, 75, 134, 194, 200, 239, 282

poLCA 196, 197, 203

polinomial 320

ponto de corte numérico 273

Pragma 92

princípios éticos 269, 270

Promax 96

Promin 96, 102, 104

propriedades de aditividade 55

psicometria 9, 17, 18, 84, 87, 149, 154, 161, 162, 185, 192, 202, 229, 245, 246, 305, 306, 310, 314, 318, 322, 323, 329-333, 335-337

quadrados dos resíduos 48

quádruplas de itens 155, 157, 162, 183

Quality Assessment of Diagnostic Accuracy Studies 130

Quartimax 95

Quartimin 96

quasi likelihood under independence model criterion 296

Qui-Quadrado 112, 123, 140, 174

R 8, 9, 11, 16, 42-47, 50, 54, 56-58, 60-62, 65, 67, 79-82, 84, 85, 102-105, 107, 118, 119, 124-127, 133, 138, 139, 150, 151, 161-163, 173-175, 183-187, 196, 201-204, 217, 218, 220, 237, 239, 245-247, 266, 267, 277, 281, 282, 284, 300-303, 320, 322-325

racionalistas 87

raiz quadrada média residual padronizada 140

random coefficient modeling 295

randomização 290

ratio communatily index 93

razão de validade de conteúdo 155

razão de verossimilhança 131, 133, 320, 321

razão qui-quadrado 140

receiver operator characteristic curve 131

rede egocêntrica 251, 252

regressão 11, 15, 41, 45, 47-52, 54-61, 63-67, 79, 83, 143, 173, 189, 208, 210, 296

regressão linear múltipla 15, 54, 56-58, 60, 63, 64

regressão linear simples 47, 48, 52, 54, 56, 58-60, 63, 64

relações causais 107, 287, 307-309

relações proximais 249

resíduos 47, 48, 50, 52, 53, 55, 58, 66, 67, 126, 293, 295

resposta descuidada 166

resposta socialmente desejável 154

respostas centrais 154

respostas extremas 154

retenção fatorial 89, 94, 99, 100, 102

RMSEA 100, 112, 113, 115, 121, 124, 127, 138, 140, 143, 172-174, 176, 179, 186

robust diagonally weighted least squares 95, 143, 145

rotação fatorial 89, 95, 96, 102

rotações ortogonais 95

RStudio 17, 108, 113, 118-127, 138, 175, 191, 193, 196

saúde mental 11, 16, 129, 131, 138, 251, 288, 332, 336

Scheffe 23, 24

significância 17, 20, 28, 29, 37, 39, 45, 57, 66, 91, 99, 211, 212, 271, 273, 274, 277, 278, 282-284, 295

significância clínica 17, 271, 273, 274, 277, 278, 282-284

simulação estatística 94

sociograma 253, 262, 264

softwares free 88

source 203, 252, 255, 266

spitefulness 193

SPSS 24-29, 31, 32, 36, 40, 44, 61, 64, 72, 84, 90, 91, 106, 144, 193, 217

standardized 174, 175, 179

stepwise 57, 58, 201, 209, 211, 212

Storge 92

subscrito 167, 169

tabela de nós 252, 255, 262

tabelas de arestas 252

tamanho amostral 188, 189, 192, 236, 240

tamanho de efeito 34, 37

target 252, 255

taxas de suicídio 288

técnica de redução 88

técnica de retenção 94, 100

teoria causal dos erros 312, 313

teoria clássica dos testes 219, 220, 246, 305, 310

teoria da variável latente 305, 310, 312, 321

teoria de cálculo causal 307

teoria de capital social 250

teoria de mensuração conjunta aditiva 318

teoria de resposta ao item 12, 17, 96, 102, 219, 220, 222, 223, 246, 247, 305, 310, 329, 332

teoria do-cálculo 310

teoria dos cinco grandes fatores 87, 89

teste de Barlett 20

teste de Durbin-Watson 50

teste de esfericidade de Mauchly 36, 37

teste de hipótese nula 293

teste de Levene 20

teste de Mardia 90, 99

teste F 20, 295

testes de invariância 11, 16, 139, 143

testes de post-hoc 23, 24

testes de qualidade de ajuste 20

tetracórica 91

threshold 137, 199

tidyLPA 193, 196, 197, 203

TLI 100, 112, 113, 127, 138, 140, 172-174, 176, 179, 186

traço 153, 155, 157, 161, 219, 221-223, 227-229, 231, 233, 235, 236, 240, 243, 305, 306, 310, 313, 315, 316, 320, 321

traços latentes 153, 219, 222, 223, 227, 240, 292, 316

transformação exponencial 199

transtorno antissocial 199

transtorno borderline 187

transtorno da personalidade borderline 129

Tukey 23, 24, 26, 28, 29, 318, 323

Ucinet 252, 253, 263, 266

unidirecional 253

unscrambling the scrambled eggs 187

validação de perfis 189

validade ecológica 192, 270, 273, 288

validade interna 17, 269, 270, 288

valor preditivo 130-133

valor preditivo negativo 132

valor preditivo positivo 131, 132

valores ausentes 73, 92

variabilidade do item 89

variabilidade total 44

variacionais situacionais 314

variância comum 88, 89, 95, 97, 99, 100, 241, 292

variância entre grupos 22

variância explicada 67, 89, 94, 100, 182

variância intragrupo 22, 23, 28

variância total 44, 88, 89

variâncias únicas 110

variáveis características 312, 314

variáveis categóricas 17, 112, 188, 207, 210, 325

variáveis contínuas 112, 188, 207, 296

variáveis disposicionais 306, 307, 314, 316, 317

variáveis explicativas 15, 17, 54

variáveis inter-relacionadas 288, 289

variáveis intervenientes 270

variáveis preditoras 41, 55-59, 63, 64, 68, 188, 192

variáveis problemáticas 94

variáveis situacionais 306, 307, 314-318

variável latente categórica 188

Varimax 95

verossimilhança 112, 131, 133, 233, 235, 236, 240, 320, 321

viés de resposta 140, 154, 165, 183

vieses 17, 55, 153-155, 161, 165, 182, 183, 190, 287, 290, 305, 318, 331, 335

weighted least square mean and variance adjusted 123, 175

yea-saying 154